中国科学技术大学建校60周年
中国科学技术大学研究生院建院40周年

献给中国科大研究生的记忆

《中国研究生》合肥通联站十年文萃

2007/2016

主　　编

张淑林　裴　旭　李金龙

汇编工作组

李　璐　唐丽佳　黄　红　刘　华
王　晶　王筱萌　张学谦　李芹娜
崔育宝　陈宏波　李　昂　孟　雷

中国科学技术大学出版社

内 容 简 介

2007年，由教育部学位与研究生教育发展中心主管的《中国研究生》合肥通联站依托中国科大研究生院揭牌成立。2007～2016年，《中国研究生》合肥通联站共招收培养近400名中国科大研究生通讯员，这些通讯员在我校研究生教育招生宣传、人才培养、学位授予、科教融合、学术研究、社会服务、国际交流、文化传承创新等方面的工作中撰写了大量的、优质的新闻报道和文化散文等稿件。这些稿件发表于1994年创刊的《中国科大研究生教育》期刊上，它们以研究生的视角记录了中国科大研究生教育十年来蓬勃发展的点点滴滴。本书从2007～2016年《中国科大研究生教育》中精选了近100篇文章，希望本书能成为中国科大研究生院建院40周年的献礼之作，也希望本书能成为中国科大研究生教育新时期新发展的微观档案，更希望本书能成为中国科大研究生的温情记忆！

图书在版编目(CIP)数据

献给中国科大研究生的记忆：《中国研究生》合肥通联站十年文萃(2007～2016)/张淑林，裴旭，李金龙主编. —合肥：中国科学技术大学出版社，2018.1

ISBN 978-7-312-04336-9

Ⅰ.献… Ⅱ.①张… ②裴… ③李… Ⅲ.中国科学技术大学研究生院—校史—2007—2016—文集 Ⅳ.G649.285.41-53

中国版本图书馆CIP数据核字(2017)第244912号

出版 中国科学技术大学出版社
安徽省合肥市金寨路96号，230026
http://press.ustc.edu.cn
https://zgkxjsdxcbs.tmall.com

印刷 安徽省瑞隆印务有限公司

发行 中国科学技术大学出版社

经销 全国新华书店

开本 787 mm×1092 mm 1/16

印张 20

字数 512千

版次 2018年1月第1版

印次 2018年1月第1次印刷

定价 58.00元

前　言

2007 年，由教育部学位与研究生教育发展中心主管的《中国研究生》合肥通联站依托中国科大研究生院揭牌成立。2007～2016 年，《中国研究生》合肥通联站始终以《中国科大研究生教育》为平台，以研究生视角、通讯员情怀为指引，撰文发稿，汇智成章，她与中国科大研究生教育一同成长。她欣赏着中国科大的卓尔不群，见证着科大学子的风华正茂，赞叹着科大人共同创造出来的荣耀光辉……

十年来，《中国研究生》合肥通联站共招收并培养近 400 名中国科大研究生通讯员，这些通讯员在我校研究生教育招生宣传、人才培养、学位授予、科教融合、学术研究、社会服务、国际交流、文化传承创新等方面的工作中撰写了大量的、优质的新闻报道和文化散文等稿件。这些稿件发表于 1994 年创刊的《中国科大研究生教育》期刊上，它们以研究生的视角记录了中国科大研究生教育十年来蓬勃发展的点点滴滴。

恰临金鸡祥瑞，值此之际，中国科大研究生院特推出《献给中国科大研究生的记忆——〈中国研究生〉合肥通联站十年文萃(2007～2016)》。

全书共设十个各具特色的专栏，从 2007～2016 年《中国科大研究生教育》中精选了近 100 篇重彩文章，我们只想把最好的给予每一个亲爱的可爱的科大人。卷首语是中国科大研究生教育十年来的时光流影。无论是“致敬，科大梦”的科大赞歌，还是“心怀文化自信，矢志科教报国”的谆谆细语，抑或是“写给亲爱的可爱的即将远行的每一位毕业生”的浓情蜜意，都是十年来《中国研究生》合肥通联站和《中国科大研究生教育》作为中国科大“记录者”与“瞭望者”展现的最诚挚的时代书写。科大学人、科大新星、缤纷科大、化成天下、情寄母校、学海行思、读书行路、攻略调查、探索思考等九个版块，浓墨重彩地展现了中国科大一丝不苟的教书匠、潜心科研的学术大牛、勤奋活泼的科大新星的风采，以及绚烂多姿的校园生活、情浓于水的师生情……因版面有限，我们只能再三取舍，任弱水三千，只取一瓢饮，只愿这一瓢为君倾心。

本书付梓之后，希望能成为中国科大研究生院建院 40 周年的献礼之作，也希望能成为中国科大研究生教育新时期新发展的微观档案，更希望能成为中国科大研究生的温情记忆！

编　者

2017 年 3 月 12 日

目 录

前言 …… (i)

卷首语

您的关注,是我们前行的动力 …… (003)
我们欢喜地离别——致 2010 毕业生…… …… (004)
新起点 …… (005)
壮志骄阳 …… (006)
用梦想点亮青春 …… (007)
致敬,科大梦 …… (008)
中国科大研究生教育正在奏响属于自己的时代强音 …… (009)
写给亲爱的可爱的即将远行的每一位毕业生 …… (010)
花开不败,爱不苍老 …… (011)
心怀文化自信,矢志科教报国 …… (012)
有大智慧才有大境界 …… (013)

科大学人

"做好自己的事情"——访新当选的中国科学院院士郑永飞教授 …… (017)
李曙光:人生就是一段马拉松 …… (021)
传道,授业,解惑——访张永德教授 …… (024)
上善若水 驾物成奇——2008 新当选 IEEE 会员徐善驾教授访谈 …… (028)
陈仙辉:潜心科研,辛勤育人 …… (031)
因材施教,全程管理,人文关怀——访中国科学技术大学俞汉青教授 …… (035)
我眼中的"筷子老师"——访中国科大 EPC 外教 Heiko Hansjürgens …… (039)
中国科大罗昭锋:MOOC 躬行者 …… (042)
我有特别的教学方式——中国科大外籍教师 Thomas 专访 …… (045)
困学守望,一苇以航——中国科大基础课从教者群像 …… (047)
灵感与努力共注,浇灌科技之花——访中国科大刘利刚教授 …… (050)
治学莫畏冷 "量"才当惜用——访中国科学院院士郭光灿教授 …… (054)
超越自我的执着人生——记中国科学院院士、分子生物物理学家施蕴渝 …… (057)
只希望无愧于教师这个神圣的职业——记第三届高等学校教学名师奖获得者霍剑青 …… (060)

科大新星

我是女博士，我怕谁 …………（067）
丁国亮：宝剑锋从磨砺出 …………（069）
张礼楠：歌王的多彩人生 …………（071）
万里奔袭长，壮志胸中荡——中国科大研究生畅谈2010年iGEM比赛心得 …………（073）
“小巷总理”履新记 …………（077）
邢洁和她的队友：制造仅属于自己的极地人生 …………（080）
2013全国百篇优秀博士学位论文奖获得者金贤敏：“我正在做一项激动人心的事情” …………（083）
中国科大iGEM团队：创造一个没有针头的世界 …………（086）
我在南极科考的日子：挑战并成长着——访第30次南极科考队员杨文卿、孙晨 …………（088）
自主创业正当时——访中国科大博士生罗文伯 …………（091）
光荣的背后——访中国科大暗物质卫星BGO量能器科研团队 …………（094）
不乏激情，勇于挑战——访中国科大“丁点团队”创始人丁超 …………（098）
携笔从戎，科技报国——中国科大博士国防生周鋆玲的别样青春 …………（101）
以己之力奉献社会，不求回报只愿无悔——访2015年中国科大志愿服务达人刘兴华 …………（104）

缤纷科大

南极！南极！ …………（109）
决不放弃，永不止步——2010年厦门国际马拉松比赛纪实 …………（112）
国旗与青春同飞扬——访中国科大国旗护卫队 …………（115）
谈一谈绿茵场上的巾帼们——访中国科大女子足球队 …………（119）
情牵地质，梦圆大别山——中国科大第二届大别山野外地质夏令营侧记 …………（123）
交叉的学科，创新的梦想——访合肥微尺度物质科学国家实验室 …………（127）
同步国运，辐射精彩——“揭秘”中国科大国家同步辐射实验室 …………（129）
让世界倾听中国声音——访中国科大语音及语言信息处理国家工程实验室 …………（132）
“high”到停不下来——走进中国科大健身房 …………（135）
献给郭永怀教授的科大赞歌——透视中国科大大型多媒体音乐剧《爱在天际》…………（138）
舌尖上的中国科大——美食文化节的那些事儿 …………（141）
生命不息，科考不止——采访我校科学考察协会前会长范晓东 …………（144）
合肥通联站，我想对你说——2015年优秀通讯员毕业寄语 …………（146）
“科大人绕地球一圈”，用跑步传播快乐——跑步爱好者协会小记 …………（149）
百花齐放，欣欣向荣——走进中国科大研究生实验室 …………（151）
爱在天际，触手可及 …………（154）
橡树与木棉的爱情——他和她的故事 …………（158）

化成天下

爱心接力——中国科学技术大学研究生西部支教纪实 …… (163)
骄阳下的微笑　脚印里的成长——暑期“三下乡”社会实践活动心得 …… (167)
荒漠大地上灵魂的守护者 …… (169)
科大研究生支教团:灯传三世火 …… (173)
支教生周鹏的突击:不抛弃,不放弃 …… (176)
那一年我们走过的支教路——访科大支教团第十五届队长刘慧 …… (178)
耕耘与感动——我愿做西北的一株胡杨 …… (181)
“原”来,你“海”在这里 …… (184)

情寄母校

飘在空中的电波 …… (191)
路、幸福、成长 …… (193)
九年 …… (195)
闪亮的日子 …… (197)
“科大摄影师”李雅清:要把科大的声音与精神传递给更多的人 …… (199)
我的梦,科大梦 …… (201)

学海行思

学术论文发表三部曲 …… (205)
读博的酸甜苦辣 …… (208)
我等待的,不是戈多 …… (210)
雨夜随想 …… (212)
最好的自己,在前进中 …… (214)
一朝代培生,永怀科大情 …… (216)
行与思:苏州调研散记 …… (218)
行走在红叶间——樱花科技计划之旅 …… (221)

读书行路

重读背影 …… (227)
灵魂,在路上 …… (230)
一国一河一人生——如此独特《巨流河》 …… (232)
偏执是理想主义者甘之如饴的自虐——浅评话剧《恋爱的犀牛》 …… (235)
由《加勒比海盗》生发开去——论山贼和海盗的管理学 …… (238)
从“奥斯维辛”到“死亡飞行” …… (241)

斯人若彩虹，遇上方知有——兼评纸本与影像中的《小王子》 …… (243)
《解忧杂货店》：倾诉，聆听，勇气，坚定 …… (245)

攻略调查

就业季：如何觅得好工作？ …… (249)
《中国科大研究生教育》读者调查 …… (252)
男学霸与女学霸的网购大比拼——中国科大研究生网购情况特别调查 …… (259)
中国科大图书馆图书荐购调查 …… (266)
“研究僧”VS“道”师，今天你们PK了吗？ …… (272)
中国科大研究生运动情况调查分析 …… (275)
研一新生生活小“攻略” …… (281)
研究生如何管理知识产权 …… (284)

探索思考

多人口发展中国家研究生教育比较研究及启示——以印度、巴西、墨西哥研究生教育改革发展为例 …… (289)
协同创新环境下的研究生联合培养人才资源共享机制改革 …… (295)
有了学会就有了自己的“家”——访中国学位与研究生教育学会副会长、中国科大副校长张淑林教授 …… (300)
适应新常态，开启新征程——全面培养世界一流的拔尖创新人才 …… (304)
后记 …… (310)

卷首语

十年文章，十年卷首。当年为科大人所津津乐道的教学成果、科技突破、奖章荣誉，现今或许已渐渐淡出人们的视野。曾经的开始和离别的情绪，或许早已平息在遥远的记忆中，但是你或许可以在这十年的卷首语中窥见十年间科大经历的似水流年。

十年间，校园里演绎过无数的故事，图书馆里来来往往无数的身影，实验室里发出过无数声叹息，同时也传来很多的科研喜讯，科大的研究生教育也逐渐形成了自己的特色。十年间，我们也见证了无数次的相聚和别离，我们为相聚欢喜，但是我们并不为别离忧伤，因为“东方欲晓，莫道君行早，踏遍青山人未老，风景这边独好”，科大学子已经与科大融为一体，一荣俱荣，一损俱损，我们抱着最真诚的心祝福所有的科大学子。

虽然十年的时间无法经历从沧海到桑田的巨变，但这十年的光阴成为了科大历史积淀中重要的一部分，点点滴滴都汇成了如今的科大。

您的关注，是我们前行的动力

当本期杂志放到您的案头时，团结奋进、开拓创新的 2009 年正离我们而去。《中国科大研究生教育》在您关注的目光中，在您热情的支持下，和您一起迎来充满希望的 2010 年。

2009 年是非常值得记录的一年。

这一年，学校立足学位与研究生教育的新形势，在学校"135"创新发展思路的指导下，围绕不断提高研究生培养质量这一中心目标，为研究生和导师提供一流的科研和实验条件，先后推动建立了分类管理"三大中心"，构建了研究生"五大公共实验平台"，搭建了研究生信息化管理"五大信息系统"，形成了学校具有特色的学位与研究生教育"3551 工程"。

这一年，研究生培养体系改革在稳步推进，逐步实现研究生教育规模、结构和质量的协调发展，研究生培养的长效保障机制和内在激励机制基本建成。尽管更为深层的改革还在推进，但改革和发展所展示出来的成果已经开始惠及全校研究生和导师。

这一年，构建服务型研究生院成效逐步展露，通过不断放权、合理授权，不断转变研究生院职能；通过革新服务流程和方式，利用先进的信息技术提高服务水平，更快、更好地满足了师生的各类需求。

这一年，本刊继续见证、记录、推介中国科大研究生教育的各项成果，并追随中国科大研究生教育的发展而创新。在延续了创刊 15 年风格的基础上，从形式和内容上进行凝练，进一步坚持以师生关注焦点为中心，以科大研究生教育发展战略为导向，以及时准确反映科大研究生教育成果为准则。

在新的一年里，中国科大研究生教育的各项事业将会持续推进，完善的质量保障机制、全新的服务理念、功能强大的数据平台都将给我们带来更多的惊喜。而这些可以预见的惊喜也将促使我们立足科大、面向全国，以全新的面貌为师生员工提供一份报道更充分、反应更及时、内容更详尽、表现更专业的期刊。

您的关注，是我们前行的动力！我们的努力，值得您的关注！

【摘自《中国科大研究生教育》2009 年第 4 期，总第 77 期】

我们欢喜地离别

——致 2010 毕业生……

当本期杂志摆上案头的时候，时序在气候的变幻莫测中已悄然进入夏季。这是科大校园里最繁忙的季节。学期末的复习、备考，假期生活的准备、谋划，许多同学的脚步开始更加匆匆。

这是离别的季节。论文答辩的海报随处可见；身着学位服的毕业生们开始相约着合影留念；在生活多年、熟稔的校园里欢喜地说着离别，憧憬地道着再见。进入科大多年，终于可以不用再每日奔波在实验室和图书馆之间，终于可以不用为一个数据而苦思冥想、彻夜难眠，终于可以放下书本，细细地打量生活多年的校园，打量这似乎一夜之间出现的许多未曾留意的景观。

这是开始的季节。生命的每一瞬间都将一去不返，而未来又总有新的生活等着我们去创造。多年的艰辛努力，多年的展卷苦读，迎来这样一个繁盛的季节，连离别都充满欢喜和向往。欢喜而去，是因为看得到欢喜的未来，看得到崭新的开始。青春诗歌的章节在这座安静的校园里告一段落，宏图伟业必将在一个更广阔的天地继续展开，七月在野，八月便在宇，从这里离开的每一个人，都将带着深深的科大烙印，秉承着科大精神，继续书写着科大人追求卓越、勇于创新的篇章。

这是酝酿突破的季节。刚刚举办的中国 MBA 发展论坛、正在制订的“985 工程”中长期建设规划、不断完善的导师聘任机制等，中国科大学位与研究生教育在不断酝酿、努力创新，在苦练内功、寻求突破，在尽心尽力……应届的毕业生在这繁盛的季节里带着自信，欢喜地离开校园。

芳华园里的碧草木桥，枇杷树下的古木夕阳，静默的图书馆，喧嚣的食堂……行走多年的校园，还将有更多的学生行走在其间。这座校园因为离别而欣慰，也因为离别而更令人神往。

因为我们在这里一起成长！

【摘自《中国科大研究生教育》2010 年第 2 期，总第 79 期】

新　起　点

盛夏已去，秋意渐浓。你听，那校园里的蝉鸣正渐渐消逝；你看，那被酷暑灼烧的梧桐正绽放着金秋最后的灿烂。当骄阳退去，当些许的微风轻轻拂过你的脸庞，你是否感到科大此刻的舒缓呢？

矗立于新学期的起点，我们为科大的学位与研究生教育喜获硕果而振奋，为即将踏上新的征程而呐喊。招生思路的转变，培养模式的改革，让我们在这金秋的季节喜获丰收。在全国百篇优秀博士学位论文奖评选会上，在科学家宣讲团里，在激情欢笑的夏令营中，我们斩获着五篇全国百篇优秀博士学位论文奖的佳绩，我们展示着质朴科学家的风采，我们汇聚着年轻激昂的心！

收获的喜悦让我们充满着对未来的期待。新的学期，我校学位与研究生教育将向更深层次推进，管理重心进一步下移，将全力推进各学院"管理向服务的转变"，加强自身队伍建设，努力提高专职队伍的信息化管理服务水平，同时将工作重心立足到科学学位研究生教育当中，以博士人才培养为目标，坚持精品教育，积极培育、竞争国家重点学科，争取全国百篇优秀博士学位论文奖等。作为职能部门的校研究生院将充分发挥宏观引领作用，不断提高服务水平，积极为学校学位与研究生教育搭建统一的信息管理平台、服务平台、资源竞争平台，并对现有的正在实施的各类研究生创新计划项目进行整合、凝练，努力打造创新计划品牌，坚持优质教育资源面向全校开放，不断扩大品牌创新计划的受益面。

金秋开启，让我们深深地祝福那些刚踏入科大的莘莘学子；让我们深深地祝福那些正在攀登科学高峰的科大老师们；让我们深深地祝福那些为守护这片纯净、专注、青春、祥和的科大校园而默默奉献的每一位科大人；让我们深深地祝福我们的科大在新学期里取得更大的成就与辉煌！

【摘自《中国科大研究生教育》2011 年第 3 期，总第 84 期】

壮志骄阳

合肥的四季好像并不怎么分明，萦绕于耳畔的似乎还是那娇软的莺啼燕啭，抚摸着脸庞的似乎还是那温润的春风细雨，扑鼻而来的似乎还是那芬芳的春泥香草，映入眼帘的似乎还满是那繁盛如锦的樱花，却不知白驹过隙、斗转星移。曾几何时，头顶的阳光忽然刺眼起来了，树梢的绿叶骤然鲜亮起来了，路边行人的步履悄然轻盈起来了，科大校园的色彩倏然缤纷起来了，闷热的空气中散发着毕业的兴奋和躁动，虚掩的心扉被灿烂的阳光一寸寸地穿透而敞开了，大口吸收天地之间的精华，沉睡的激情被聒噪的知了一声声地呼唤而苏醒了，熊熊燃烧起来了……是的，我们先是切身感受到而后才恍然醒悟到：夏天到了。

夏天是炙热的。中国科大-香港城大第六届博士生学术论坛上两地学子的交流是热烈的，中国科大软件学院成立十周年所取得的成果是骄人的，中国科大获批 3 个国家级工程实践教育中心的消息是喜人的，中国科大"211 工程"三期建设所取得的成就是辉煌的，还有那"See You"毕业晚会上唱响的每个音符、键盘上敲出的每个符码、校园网中传输的每个比特也都是炽热的……怀揣滚烫的理想，饱含满腔的热情，接受科大精英教育的我们站在毕业门槛上，不由自主地张开双臂想去拥抱整个世界，渴望到广袤的世界中去探索属于自己的道路，去翻阅生活和社会这本卷帙浩繁的无字之书。

夏天是晶莹的。挥洒着晶莹的汗水，我们如饥似渴地探求知识和真理，孜孜不倦地寻找心仪的工作，积极投身于如火如荼的社会实践中；中国科大暑期大学生夏令营和教授招生宣讲团继续热火朝天地开展着，不遗余力地吸纳优质生源。在晶莹的泪光中，我们挥手告别情同手足、与自己一同成长的同学，告别恩如父母、谆谆教导自己的师长，告别宛如家园、培育自己成才的母校，彼此互道一声珍重，深情地说一声："毕业了，我依然爱你。"

夏天是橙色的。那些阳光灿烂的日子是橙色的，那些激情燃烧的青春是橙色的，那些被现实打磨、被风雨洗礼的理想是橙色的，那些微笑着面对生活、执着地追寻梦想的我们是橙色的……

这个夏天，我们和《中国科大研究生教育》一起收获成长的硕果，一起踏上崭新的征途，一起迎着如火的骄阳继续挥洒我们的壮志豪情。

【摘自《中国科大研究生教育》2012 年第 2 期，总第 87 期】

用梦想点亮青春

最后的一片梧桐叶坚守在树丫的一隅，于寒风中织着不舍。萧瑟的冬色映衬着天空，似乎在静候深冬的到来。皑皑的不是白雪，而是付出的那份火热心情的告白；蔓延的不是寒意，而是那因收获而展开的笑颜。校园的冬天恍惚了岁月，这儿并没有呈现“岁月如流成枯枝，日月如梭韶华逝”，却迎来了丰收，更迎来了希望。

2012 年，科大人并没有因玛雅人的预言而停滞不前，而是迎接着永恒的东风，将梦想插在了不断被创造的科学高峰上。站在 2012 年的尾巴上，我们回首看我们走过的路，在 2012 年的 366 天里，没有一分一秒不留下我们深刻的足迹。

这一年，我校高质量地完成了“211 工程”三期国家验收工作，并在此基础上进一步总结、完善，为新一期“211 工程”建设积极部署，与此同时，“985 工程”、中科院“知识创新工程”建设工作也在有条不紊地进行着。

这一年，我校依然坚持“走出去，请进来，再走出去”的研招宣讲战略，广开思路，推陈出新，科学家报告团、暑期夏令营、教授宣讲团三大举措已成为中国科大研招品牌活动。

这一年，学科建设再创辉煌，获得工程博士专业学位授予权，18 个省级一级重点学科获批，为新一轮国家重点学科竞争打下了坚实的基础。

这一年，研究生教育创新计划各项工作取得一系列成就，创新平台、质量文化的营造以及多方位的国际交流合作将研究生教育工作推向一个更高的层次……

这一年，中国科大有太多业绩值得我们骄傲。然而，梦想没有止步，创新从未停止，尽管研究生教育“路漫漫其修远兮”，但数代科大人“创寰宇学府，育天下英才”的梦想却不曾改变，我们“上下求索”之心也从未动摇。

最美的心情，是在收获之后再一次怀抱梦想，整装待发。这是又一个出发的季节，是一场新的旅行，更是一次新的重生。让我们一起潜心学习，致力科研，用梦想点亮我们的青春！亲爱的同学们，号角已经吹响，你们，准备好了吗？

【摘自《中国科大研究生教育》2012 年第 4 期，总第 89 期】

致敬，科大梦

苍穹之下，寰宇之中，年轻的科大已经悄然走过了55个春秋。仰望星空，这里远离世事与喧嚣；脚踏实地，这里铸就创新与辉煌。

每一个科大人都不会忘记"红专并进，理实交融"的朴实校训。55年来，无论是在京建校还是南下创业，优秀的中国科大人始终坚持"精品办学，英才教育"理念，矢志传承不断开拓创新的优良传统，岿然保持教学与科研相结合、理论与实践相结合的鲜明特色，培养出了一大批德才兼备的高层次优秀人才。

2013年，中国科大55岁华诞，这也是母校辉煌的又一个年轮。这一年，我校15名优秀学子分获2012年全国百篇优秀博士学位论文奖及全国百篇优秀博士学位论文提名奖；这一年，我校科学家报告会暨2014年研招宣讲咨询活动走进全国十六大城市；这一年，中国科大研究生微纳加工中心、国家级工程实践教育中心揭牌；这一年，MBA、控制工程两个国家级专业学位研究生教育综合改革试点项目通过国家验收……

时维九月，序属三秋。新的年轻的面孔在科大校园中出现，他们带着梦想在人生最美好、最灿烂的年华选择了中国科大，甘心做一名科大人，在教室和实验室中挥洒青春、探求知识，这是多么让人激动和羡慕的画面！

选择了科大，就选择了与浮躁无缘；选择了科大，就选择了和智慧为伴。55年来，一辈又一辈的科大人用自己的科研成果和创新精神诠释了"创寰宇学府，育天下英才"的科大梦。

迎接着永恒的东风，中国科大人一直走在探索、创新的道路上。因为他们知道在浩瀚的宇宙中，有一颗星，它的名字叫中国科大。

【摘自《中国科大研究生教育》2013年第3期，总第92期】

中国科大研究生教育正在奏响属于自己的时代强音

对于一所善于绝地反击的顶尖大学而言，2014 年，这个在公元纪年史上本应平凡的一年因其与生俱来的进取基因而不再平凡；对于一所臻于精研学术的寰宇学府而言，2014 年，这个在政经社会坐标上激荡澎湃的一年因其化育精英的厚重使命而一往无前。

今日，可爱的 2014 年已成为过去，在 2015 年的开端回望 2014 年这所大学和这所大学的研究生教育，难以一言以概之，却可大致梳理出这一年中她的动与静、她的改革与坚守。

2014 年，中国科大在坚守科教结合传统中大幅拓展科教结合范畴。本年度，中国科大研究生院科学岛分院成立，两大科教力量的深度融合逐步进入“深水期”；多位校领导先后到中科院南京分院、沈阳金属所、苏州医工所等单位调研工作，中国科大与国内顶尖科研平台协同育人的宏大构想驶入“快车道”；学校研究生院申报的“基于科教结合的两段式交叉型人才培养模式的探索与实践”教学成果荣获首届中国学位与研究生教育学会研究生教育成果一等奖，标志着中国科大的高端人才培养模式将开启中国研究生教育的“新常态”。

2014 年，中国科大在坚守人才培养使命中努力提升人才培养质量。本年度，除了 5 篇全国百篇优秀博士学位论文、16 篇中国科学院优秀博士学位论文之外，中国科大研究生在 IUMAS-6 国际会议、iGEM 国际比赛、国际大学生 RDMA 编程竞赛、国际机器人智能学术大会、“创青春”全国大学生创业大赛、“百人会英才奖”等重大奖项评选中屡获佳绩；由北京大学、复旦大学、中国科学技术大学、南京大学、清华大学联合主办的第一届五校联盟博士生学术论坛成功举办，由中国科大领衔打造的物理学科博士生学术交流顶尖平台正式形成并发挥了其积极影响；语音科技、生命科学工程科技研究生学术论坛先后举办，选派优秀博士研究生参加年度诺贝尔奖获得者大会项目、樱花科技计划项目、优秀学生国际交流资助计划相继实施，中国科大研究生的科研素养和学术视野得以提升。

2014 年，已然走远，在这一年，中国科大研究生教育在科教结合和人才培养的动与静、改革与坚守中奏响了属于自己的时代最强音；2015 年如约到来，在这一年，属于中国科大研究生教育的时代强音必将更加嘹亮。

【摘自《中国科大研究生教育》2014 年第 4 期，总第 97 期】

写给亲爱的可爱的即将远行的每一位毕业生

又一个毕业季，充满了离别与送别，充满了热情与悲情，充满了回忆与回眸的炎热六月如约而至。倏忽数年，时光易逝，未曾尽兴便又复归离散，多少苦辣酸甜化为风生笑谈？在亲爱的可爱的即将远行的每一位同学或饱蘸喜悦或以泪挥别的这一刻，我们想与你谈谈。

亲爱的同学，你是否还记得当初义无反顾地选择赴中国科大深造读研的那一瞬间？“潜心学术，立志科研”也许是那一刻最纯粹的祈愿。在中国科大的这几年，也许你至少有三分之二的岁月徜徉于实验室、图书馆安静的空间，也许你最多三五次可以率性地对自己的生活做出恣意的安排，但当你站在研究生生涯的尾巴上蓦然回首时，我们相信，一切繁忙、苦累、孤寂乃至折磨都将化为上下求索的嫣然与泰然。从中国科大最严苛的科研训练中走过的你已然涅槃，将数年青春献给崇高学术的此刻，你实现了美丽的蝶变。

可爱的同学，身着学位服或者佩戴毕业戒指的你是否已然体悟曾经用努力与勤奋践行的“勇攀科学高峰，红旗高过无穷”意味着什么？意味着你曾经流下的每一滴汗水都在折射中国科大学术至上、作育英才的誓言，意味着你用自己的知识与智慧为中国科大、为中国科学桂冠镶嵌了一颗永远属于你的明珠，意味着你在中国科大接受研究生教育的这几年青春无悔、岁月如歌，更意味着你对得起当初自己内心的选择，对得起父母亲人的祈盼，对得起师长母校的重托，对得起永远不能忘也永远须担当的那四个字——科教报国。

即将远行的同学，即将踏上新征程的你是否还会再一次用依依不舍、念念不忘来流连这个“中国唯一放得下一张平静书桌的大学”？当流苏在充满着激情、沉淀着梦想的大礼堂被轻抚至学位帽的左前檐时，当“USTC”从中国科大英文简称成为中国科大人“Use Science to Create”的使命时，不要悲伤你此后的生活再也没有大学围墙把尘世喧嚣阻挡，也不要忧虑在未来无穷无尽的征程中缺乏一往无前的勇气。无论你身处 960 万平方公里国土的任何位置甚或远赴重洋仗剑天涯，请君铭记：你的身后是拥有 57 年辉煌历史和至高国际声誉的中国科大，你的身后还有 30000 余名中国科大研究生校友永远是你的拥趸，“莫愁前路无知己，天下谁人不识君”。

亲爱的可爱的即将远行的同学——请允许我们再一次也是最后一次这样称呼你——当你踏上开向未来的列车，到远方的远方寻找无可名状的梦想时，如果可以，请你背对司机而坐，那样就可以“人往前走，心向后看”——最爱你的母校就在你心灵的目光里默然伫立，不移不易，不离不弃，永远支持你的抉择无悔，也等待你的归来有期！

【摘自《中国科大研究生教育》2015 年第 2 期，总第 99 期】

花开不败,爱不苍老

“一轮秋影转金波,飞镜又重磨。”清风徐来,花好月圆,银烛流萤,中国科大在这个金色的季节里尤显沉静、温暖和澄澈。从 1958 年到 2015 年,中国科大迎来了自己的 57 岁生日;从 1994 年到 2015 年,《中国科大研究生教育》也在 21 年的征程中刻下了第 100 期的荣耀之光。无论是 57 载的光辉历程,还是 21 年的乘风破浪,时光苍老了言,苍老了颜,却苍老不了爱的心。

爱人者,人恒爱之。中国科大这位仁爱、宽厚和睿智的母亲对莘莘学子总是一往情深。不信,你看那身着七彩 T 恤的营员,他们的脸上满是欣喜,不时跳动的活泼身影搅动了眼镜湖那一汪池水,连天使路上的排排梧桐都沙沙作曲,为之动容。七月,2140 名优秀学子齐聚科大,他们感科大之精神,品科大之文化,在收获中国科大满满的爱意之时,也不禁吐露心声:“我爱你,中国科大!”

敬人者,人恒敬之。九月,中国科大大礼堂里气氛庄严隆重。中国科大校长万立骏院士的朴实寄语点燃了 2015 级研究生的壮志雄心。中国科大不仅拥有一颗追求卓越的心,更拥有一颗敬重学子的心。敬贵在尊敬,重贵在器重。秉承精英教育、坚持个性化培养的中国科大必将收获心爱的孩子们的浓浓爱意。愿亲爱的即将在中国科大启程的你们,心有猛虎,细嗅蔷薇;志存高远,脚踏实地;红专并进,理实交融;活泼英勇,迎接东风,开启人生的新征程!

周公吐哺,天下归心。57 载春秋,21 年见证,100 期荣光。时间的积雪非但无法冻坏新生命的嫩芽,还令中国科大与无比优秀的你们潜心沉淀,扎实成长,必成大器。白云怡意,清泉洗心,沉静从容。让我们再次陪你从夏季的最后一夜,散步进秋天,拥抱人生、梦想与爱。纵时光流动,纵天荒地老,中国科大,吾爱不老,时光永远因你而美丽!

【摘自《中国科大研究生教育》2015 年第 3 期,总第 100 期】

心怀文化自信，矢志科教报国

在离别与送别、感怀与感激、祝福与告诫呼啸而来的毕业季，我们醉笑陪公三万场，不诉离殇，因为痛饮从来别有肠，只待你功成名遂，报国，还乡。

博学之，审问之，慎思之，明辨之，笃行之。学问思辨，身体力行，是我们一生的功课。可爱的科大人，感谢你们在最宝贵的青春岁月里，与书为友。虽一点青灯，虽难免孤独，却觅得学问知音，高山流水伯牙绝弦之妙自在心间。

知之者不如好之者，好之者不如乐之者。生活是最动人的情话，兴趣是最好的老师。追求心之所向，是我们一生的幸福。科大之所以为科大，在于其尊重每一个学者的学术自由，更在于每一个坚守并耕耘自己乐土的你们。感谢你们，用自信、自知、自省、自强写下了一封封对科大的情书。

“风物长宜放眼量”，眼界决定境界，作为决定格局。中国科大源起两弹一星，矢志科教报国。在敢为人先、勇于创新的“养人”的中国科大，希望你们胸怀壮志，心有国家，不自私、不偏狭，乐奉献、勤付出，忌做精致的利己主义者，勇当时代的弄潮儿。

东方欲晓，莫道君行早，踏遍青山人未老，风景这边独好。彻夜不眠的实验室，深夜灯光斑斓的图书馆，夹带旧时光的校园卡，一鉴亭的红叶荷花……自新生典礼的第一次相见起，你们就已经与科大融为一体，如今，你们学得文武艺，踏出科大门，请记住，你们荣则科大荣，你们辱则科大辱。

毕业季，我们不说再见，因为总有一天我们会再相见。愿每一位科大人不忘初心，心怀文化自信，矢志科教报国。常回家看看，科大，永远是你们的自由星空！

【摘自《中国科大研究生教育》2016 年第 2 期，总第 103 期】

有大智慧才有大境界

古今中外，小至一个人的成功，大至一个国家的强盛，都离不开大智慧。大智慧是人观察事物、思考问题的综合能力与超越感性经验的领悟能力。在大智慧之光的朗照下，今夏的中国科大格外闪耀。

正确处理我者与他者的关系是个体拥有大智慧的体现。七月，因为科大人包容开放的心态，“十八路大军”近3000名优秀大学生会师中国科大，近距离感受她的独特魅力，营员规模和学科覆盖面再创新高。此后不久，第十八届研究生支教队接过队旗西征宁夏，像111名前辈那样将个人的成长融入到社会变迁与时代发展之中，一代代支教人的品质传承铸就了中国科大研究生支教团的良好社会声誉。八月，白春礼院长调研中国科大，“全院办校，所系结合”迎来了发展的新阶段。

坚定信仰、扎根基层是一个基层党组织拥有大智慧的体现。六月，中国科大研究生院党支部召开“两学一做”专题党课学习教育活动，校党委常委、副校长张淑林做了《践行“两学一做”，促进“双一流”建设》的主题报告。与会党员和积极分子无不被老一代科大人居安思危、脚踏实地的工作作风所感染，他们纷纷表示将永远跟党走，并积极创新，为我校“双一流”建设做出贡献。

重视并加强优秀传统文化的传承与创新是一所大学拥有大智慧的体现。八月，由中国科大主导研制的世界首颗量子科学实验卫星在酒泉卫星发射中心用长征二号丁运载火箭成功发射升空。值得一提的是，这颗量子卫星以“墨子”来命名，不仅与量子卫星的使命相符，更体现了科大人的文化自信。九月，万立骏校长在2016级研究生开学典礼上号召研究生新生学好、用好中文，台下同学反响热烈。

“风后面是风，天空上面是天空，道路前面还是道路。”纵前路茫茫未可知，科大人追寻大智慧的脚步也不会停歇，因为他们清楚心有智慧是坦途！

【摘自《中国科大研究生教育》2016年第3期，总第104期】

科大学人 ▶▷

古语有云:“师者,所以传道受(授)业解惑也。”韩愈《师说》之“传道受业解惑”,是指教育的综合过程:传道,授业,解惑,三者并列而行。老师,不只是简单的教书匠,还要教授学生为人处世的道理,为学生答疑解惑。在科大,有一丝不苟的教书匠,无论是院士、博导还是讲师,他们都乐于坚守在教书育人的岗位上;在科大,还有钻坚研微的科研狂人,他们苦心孤诣,砥志研思,不仅创造了一个又一个的科学奇迹,也带领他们的学生攀登上科学的高峰。

本篇收录的文章正是描述了这样的科大学人的形象。他们中有坚持营造和谐的课堂氛围,通过各种精心设计的教学环节激发学生兴趣的第三届高等学校教师名师奖获得者霍剑青教授,有把培养年轻人当作最大的人生使命、大力支持学生创新的程福臻教授,还有潜心科研,辛勤育人的陈仙辉教授,以及教导学生科学求真,文艺求美,信仰求实的张永德教授。张教授不仅教学生科学技术以增长知识,提高“武功”,也培养学生追求奉献和求真的“武德”。

正是有了这样一群几十年如一日辛勤耕耘的科大学人,才有了科大层出不穷的科研成果和遍布海内外的科大人。

“做好自己的事情”

——访新当选的中国科学院院士郑永飞教授

文/曾　皓　胡胜友

“是荣誉，更是一种期待，意味着我要用更高的标准来要求自己，在科学研究和人才培养方面做出进一步的创新。”对于此次当选为中国科学院院士，郑永飞教授表现得谦虚而淡然，他如往常一样在实验室里继续他手头上的科研工作。

语言干净利落，表情轻松自然，郑永飞教授举手投足间透着勤勉与自信。“做好自己的事情，努力做得更好，不去想太多的事情，否则一事无成。”朴实的话语道出了这位50岁的院士成功的诀窍。

最看重民办教师经历

从安徽长丰土山乡的一个民办教师，到享誉海内外的地质学家，再到“新科”院士，他最为看重的，就是当民办教师的那一段经历。“不仅仅是因为那时年轻、美好，更因为后来不论是做学生还是当老师，都从民办教师的经历中受益，那是书本上学不到的感悟啊！”郑永飞深有感触地说。

与那个年代里很多上山下乡的知识青年一样，在上大学前，郑永飞曾在乡下待了2年半时间。那时候，他当过村里的广播员，做过民办教师。受到家庭的熏陶，郑永飞从小爱好文学，《三国演义》《水浒传》《林海雪原》等古典和现代作品他都烂熟于心，空闲时还自己写点古典诗歌。文学功底深厚、博学多才的郑老师，也备受当地学生的尊重和喜爱。

“那时候，我就明白了，好老师的标准其实很简单：一是要想办法让学生能听懂你的课并且乐意听下去；二是让学生在下课后一小时内就能把你布置的作业做掉。这就是对老师教学效果的检验。”郑永飞说。从当民办教师教乡村里的孩子们开始，直到站在全国著名高校的讲台上，面对来自全国各地最优秀的学生，郑永飞一直用这两个看起来简单但做起来很难的标准要求自己。

1978年，郑永飞考入南京大学地质学系。“很多人问我为什么会选择地质学这个既冷门又艰苦的专业，我只能告诉大家，与其说是我选择了地质学，不如说是命运选择了我进入这个领域。”郑永飞说，那时候处于恢复高考前后，谈不上兴趣和爱好，只觉得能进大学，有个学习机会，就应该好好学习，学出好成绩来。

大学期间，得益于民办教师的经历，他掌握了一套很好的学习方法，成绩一直名列前茅。“上课时，我好好记笔记。下课后，我及时整理笔记，并找来参考书，把笔记补充更完善。每次考试之前用两周进行系统复习，把所有笔记从头再看看，该记的记，该背的背，然后把教科书从头到尾再来看一遍，找出重点和难点。”郑永飞说，一直复习到考前的头天下午，他就钻进图书馆看看小说、读读诗歌，兴致盎然的时候还自己写上一首诗，晚上去看一场电影，第二天则以轻松、自信的心态进考场。

由于学习成绩优秀，郑永飞提前进入硕士研究生学习阶段。那时候，他觉得地质学与数理化是两张皮，一直在思考着采用什么方法将它们有机结合起来。带着这个问题，他花了大量时间和精力选修了原子物理、量子化学和统计力学等有关课程，希望把数理化知识和地质学知识更好地结合起来，使地球化学在数理化基础上获得更大发展。也就是这样，他渐渐“迷”上了地球化学，对有些深层次科学问题产生了好奇心。7 年的本科、硕士研究生阶段的系统学习和训练，为他今后科研上的腾飞打下了坚实的理论基础。

做研究不能心存功利

在郑永飞的诸多科研成果中，特别值得一提的是，他的《矿物氧同位素分馏系数的理论计算和实验测定》是在一等奖空缺的情况下，与其他 27 项成果共同荣获 2004 年度国家自然科学二等奖的。

此次获奖成果是由 26 篇系列学术论文组成的，这些论文都发表在国际权威地球化学刊物上，是他 12 年研究论文的集合。

“做学问不能有功利思想，科学研究既需要创新，又需要积累，要有十年磨一剑的耐力和甘于寂寞的勇气。”谈起获得的国家自然科学二等奖，郑永飞感慨地说，“科研需要静下心来思考，一旦有了功利思想，就很难做出大成果、成就大事业。”

矿物稳定同位素分馏系数的确定是公认的世界性难题，郑永飞早在南京大学攻读硕士学位期间就潜心于此，直到在德国哥廷根大学留学期间取得突破。早期，人们用统计力学方法计算气体分子的同位素分馏系数，但它对于固体矿物不适用。以后人们通过实验测定或自然观察进行校准，而由于受条件限制只能得到零散的结果。20 世纪 80 年代初，有人提出了一种增量方法，即用矿物结晶化学原理计算硅酸矿物之间氧同位素分馏系数，但其结果与实验数据和自然观察相比，仍然存在较大的偏差，更不能应用于同位素地质测温。

郑永飞迎难而上，紧紧盯住学科发展前沿，不断探索着将这一领域的研究向前推进。他独辟蹊径，从理论和实践两个方面同时推进自己的研究，将矿物结晶化学理论与量子化学原理相结合，科学地修正了前人的增量方法，在理论上完善了矿物晶体结构和化学成分与氧同位素配分之间的函数关系，对地质上若干重要固体矿物的氧同位素分馏系数进行了理论计算，先后在国际权威学术期刊上发表了 3 篇论文，这 3 篇论文后来成为地球化学领域的经典论文。在德国图宾根大学做博士后研究期间，他选择同位素分馏系数的实验测定作为主攻方向，继续深化这个研究领域。

1993 年秋，郑永飞回到中国科大工作。安家、建实验室、组建团队、买设备、申请经费……一切白手起家。尽管条件比较简陋，一切尚处起步阶段，但凭借科学家的直觉和对学术研究前沿的敏锐把握，在中国科学院、国家自然科学基金委和学校等多方资助和支持下，郑永飞教授拓展了自己在国外的高水平工作，自己动手和指导研究生继续修正增量方法，对地质上有用的其他矿物进行了氧同位素分馏系数的理论计算，对矿物和岩石的化学成分和晶体结构效应进行了定量评价，取得了与实验测定和自然观察相一致的结果。与此同时，他指导研究生进行低温化学合成，从实验角度测定了一些难于在高温条件下测定的矿物分馏系数。

十年磨一剑，厚积薄发。基于该项研究，郑永飞研究团队共发表了28篇高质量学术论文，并被国际同行广泛引用（SCI检索他引计837次）。1997年，美国出版的《地球化学原理》教科书中，就有7页篇幅专门用来详细介绍增量方法的基本原理、计算公式和方程以及主要结果图表。世界上几个著名出版社出版的《矿床地球化学》和《稳定同位素地球化学》等教科书或系列专著也对该方法进行了简介。

大年初一为学生改论文

在潜心科研的同时，郑永飞也非常重视教学和研究生培养工作，除了承担着高年级本科生和研究生的专业课外，还指导着十几名博士、硕士研究生。只要一有空闲，他都会来到学生们身边，和他们一起讨论、一起交流，共话科学与人生。

"导师是研究生从事科研活动的第一榜样，这是我指导研究生做人、做学问的基本出发点。"从指导研究生阅读专业文献，到带领研究生进行野外地质考察，设计室内地球化学分析项目，直至听取研究生对获得的第一手资料做总结和分析，郑永飞都是全程参与，有意识地引导和鼓励他们建立起判断问题、发现问题、解决问题的能力，训练他们从事科学研究的"基本功"。

徐宝龙是郑永飞回国后培养的第一个硕士研究生，他的学位论文成果发表在国际顶级地球化学刊物《地球化学与宇宙化学》上，现在该生已经毕业十余年了，也已做出了自己的事业，而该生的论文却是郑永飞教授在大年初一修改出来的。

"那是1998年大年初一，家里还没有通暖气，人感到特别的冷，在家总看电视又觉得没多大意思，于是翻开了学生刚写的英文论文，逐字逐句地修改起来。"郑永飞回忆说。

"郑老师治学态度严谨，对学生要求非常严格。对我们写的论文，他总是逐字逐句地修改，不放过任何一个不妥之处，哪怕只是个小小的标点符号。"前不久，刚刚在国际权威学术刊物《化学地质学》上发表论文的女博士生赵彦彦告诉记者。对每个学生的投稿论文，郑老师都要反复推敲，前后修改几十遍。

为拓展学生的国际化视野，尽快将学生带到科技最前沿，郑永飞每年都要选派2～3名博士生和青年教师参加国际地球化学年会，并提供经费资助。在他的实验室，几乎每个研究生都参加过国内外学术会议并做口头报告或壁报展讲，在国内外学术刊物上发表过研究成果。

"只有我们知道别人做了什么，才能知道怎样把自己的事情做得更好。"这是郑永飞经常挂在嘴边的话，也是用来激励学生的话语。

"每次参加会议前，至少要在实验室试讲一遍，达到一定效果才能放行。"郑永飞的博士生、现在留校任教的赵子福教授介绍说。每次郑老师都要大家做好PPT文件，精心准备自己的汇报材料，目的是要在有限时间内表达清楚自己的成果，充分展示自己所做工作的要点。

"与大师亲密接触，与同行互通有无，能充分接触到国内外最先进的科技信息，把握世界科学前沿。"张少兵在郑永飞的指导下，以第一作者身份先后在国内外学术刊物上发表了7篇论文，成为固体地球科学领域最优秀的博士毕业生之一。如今，他正在从事博士后研究工作，自主申请的国家自然科学青年基金项目已经获得资助。

与此同时，郑永飞还鼓励学生出国参与合作研究，为研究生提供更多的国际交流机会。2009年6月底，郑永飞选派博士研究生陈伊翔去日本冈山大学参加一个实习项目，在冈山大学教授的指导下，陈伊翔主要研究榴辉岩的同位素年代学，为期一个半月。由于扎实的数理功底、较强的敬业精神，以及工作中表现出的创新能力，陈伊翔受到了日本同行的好评。正在实验室整理地质标本的陈伊翔说："增长了见识，了解了同行之间的工作进展，也为我们今后的合作奠定了基础。"

心中装着沉甸甸的责任

虽然肩负着繁重的教学、科研和管理任务，但作为连续三届全国人大代表的郑永飞，还时刻怀揣着人大代表这份沉甸甸的责任，他关注的目光，时时投向高等教育事业。

对当前的学术浮躁风气，郑永飞深感忧虑。他强烈反对学术上的粗制滥造、抄袭剽窃、弄虚作假，身为人大代表，他感受到自己对维护学术纯洁有不可推卸的责任。在全国人大会议期间，他多次以书面或口头形式发表了反对学术腐败、完善学术评估体系和职称评定标准、加大监察力度的提案和发言，引起了强烈反响。而在日常工作中，郑教授对研究生全程把关，参与学生选题、研究的全过程，给予学生最及时和细致的指导。"学生做的事我很了解，要学生阅读的文献我先阅读，如果他们有抄袭行为，第一个知道的就是我。"郑永飞坦言。

近些年来，随着高等教育事业的迅猛发展和高校招生规模的日益扩大，人才培养质量堪忧。长期工作在教学科研第一线的郑永飞，充分履行人大代表职责，就高校扩招后如何保证教学质量、高校学位教育和人才培养等方面提出了很多合理化建议。同时，他在自己的课堂上积极倡导启发式、讨论式、探究式教学，充分发挥学生的主体地位，把教学的着力点放在学生对知识接受和理解能力的培养上。

如何提升国家科技创新能力一直备受郑永飞的关注。2006 年"两会"期间，他在接受有关媒体采访时认为："自主创新首先要从基本功做起，现在许多人急于求成，不愿从基础做起，不愿付出艰苦努力。自主创新要知己知彼，跟踪世界最先进的研究成果，不能闭门造车，拿着别人早就有的东西到处叫喊是'自主创新'。""学术思想苍白，谈何自主创新？"要实现国家创新体系建设的目标，他建议："首先必须加强对科学研究的重视程度，尊重科学研究发展的自身规律，并且在此基础上花大力气抓科技人才队伍建设，创造文化氛围使科研人员真正做点'新的、正确的东西'。"

作为民盟安徽省委副主委、民盟科大主委，郑永飞积极参加安徽省和中国科大组织的民主党派考察调研活动。"和一些民主党派负责人聚在一起学习、畅谈、考察、调研，提出一条条真知灼见，推进解决一个个关乎民生的难题。"担任民主党派负责人以后，郑永飞觉得自己关注的视角更广了，发挥的作用也不同了，不再只是侧重专业领域或想着怎么管理协调，而是从自然科学到社会科学，以科学家的思维，从全社会的角度，看事情，想问题，提建议。

"不仅要做好自己的事情，还要更多地关注创新人才培养、科技创新等社会关心的热点问题，认真履行人大代表职责，积极参政议政，从战略层面提出更加合理的建议，发挥院士在政府决策中的咨询作用。"郑永飞说，"如果我的付出能够加快缩短中国与发达国家在科学研究和人才培养上的差距，我将努力去做。"

科技前沿风光无限，科学探索永无止境。当选中科院院士，对郑永飞而言，这只是一个新的起点，一个新的挑战。谈起今后的工作，郑永飞说："踏踏实实做好眼前的事，坚持做好值得做好的事，努力做得更好些，为中国科技发展和人才培养做出更大的贡献。"

【摘自《中国科大研究生教育》2009 年第 4 期，总第 77 期】

李曙光：人生就是一段马拉松

文/徐　涛

李曙光，地球化学家。1965 年毕业于中国科学技术大学地球化学专业并留校任教；1983 年至 1986 年，在美国麻省理工学院地球与行星科学系进修；先后多次赴德国马普化学所、香港大学做访问学者；现任中国科学技术大学教授，2003 年当选为中国科学院院士。据美国科学信息研究所(ISI)2005 年 1 月统计，李曙光院士以第一作者身份发表的论文的 SCI 总引用频次为 667 次，平均单篇引用 20.21 次。2005 年获何梁何利科学技术进步奖。

李曙光院士已年届 70，在科大任教也有 46 年了，在这些年当中，李曙光院士始终勤勤恳恳，奋斗在科教的第一线。他有他自己的动力，在培养学生的过程中他遇到过许许多多的困难，他对青年学生也有很高的要求和期望，让我们一起来了解李曙光院士。

责任、兴趣、毅力、认真、合作

青年学生是国家未来的栋梁，他们应该具有什么样的素质呢？可能每个人的看法都不一样，但是李曙光院士对于青年学生的要求简单概括来说就这几个字：责任、兴趣、毅力、认真、合作。

李曙光院士认为，当代大学生应该树立自己的志向，要具备社会责任感，这是最重要的。有社会责任感就有一种动力，而不是单纯地追求个人前途。这样对社会有责任心的学生，志向高远，就不会计较小利和眼前得失，就能够认真地把事情做好。这与做人的道理是一样的。

做科学家除了要有责任心之外，当然也得对科研有兴趣，这样才能在专业领域有更好的发展。李曙光院士认为每一个有志于科学研究的青年学生都应该对从事科学研究有兴趣，具体研究哪一专业并不重要。不管学什么专业，对科学研究有兴趣，这就是最好的导师。兴趣不是天生的，是可以培养的。兴趣来源于对一个专业领域的了解和成就感，当学生深入地学习专业领域的知识时，随着了解的加深，就会越来越有兴趣；而当科研获得成功有了成就感时，就更加有兴趣了，更大的兴趣又支撑着更深入的学习和研究，形成良性循环。兴趣和成就感是成正比的。

除了责任心和兴趣之外，意志力、毅力、吃苦的精神也很重要。在科研的过程中，往往会遇到很多困难，坚持不下去，或者投机取巧是不行的，做这一行需要付出艰苦的劳动。有成就的人，并不一定是那些获得“高考状元”称号的人，而往往是那些特别有毅力、能够持之以恒的人，他们的回报和付出是成正比的。某一段时间的基础打得不好，以后通过坚持不懈的努力还可以追上来；以前基础打得再好，但是如果管不住自己，游戏人生，虚度光阴，最终还是会荒废。“人生就是一段马拉松”，某一段的失败没有关系，最终那个坚持不懈、有着清晰的目标、通过意志力战胜一切困难而站在终点的人才是成功者。

另外，李曙光院士认为认真、诚实的品格对自然科学研究尤为重要。不能玩虚的，你做出来的结果别人是要验证的，实事求是才是王道。还有，青年学生要善于与他人合作，科学研究不可能仅由一个人完成。与他人能合作好靠的是为人，在小事上不要计较，不要怕吃亏，要看到他人长处和合作对工作的效益。如果跟别人合不来，无法交流，那么什么事都干不成。

正确看待所获得的荣誉

社会上存在很多荣誉的评比，例如每年都会评比的全国百篇优秀博士学位论文，各单位都比较重视。对于类似这类奖项的评比和颁发，李曙光院士认为，设立这个奖项的初衷是好的，能够提高博士生的培养质量，也有研究经费的奖励，能够对青年学生开展工作起到促进作用。国外的学会基本上都有类似评比和奖励。科大今年有5位学子获得全国百篇优秀博士学位论文奖，值得高兴、庆贺。但是，我们要保持头脑清醒。

首先要说明，学生在从事博士论文研究期间所获得的荣誉是在导师的指导下才获得的，不一定代表学生毕业后也能取得同样的成就，它还不能代表学生自己独立的科研能力，除非真正是自己独立研究获得的，那就另当而论了。对于博士生来说，要保持清醒，不骄傲，因为这只能说明你在博士阶段做得不错。

另外，李曙光院士希望这种荣誉不要成为各单位攀比的指标。如果各单位为了这个荣誉采取包装的手段，通过延期或把几个人的工作绑在一个人的身上，这就违背奖项评选的初衷了。评奖项并没有什么错，就像职称一样，本身并没有错，要是行政部门非要以这个来进行攀比，那就错了。研究生教育质量最终的评比指标是看能出多少人才，获得荣誉并不一定代表以后的成功，社会声誉是通过这个学校培养出来的杰出人才为整个社会做出的贡献逐步树立的，而不在于一时获得的荣誉。

如何处理指导研究生过程中遇到的困难

在做指导老师的过程中，会面临许多困难，李曙光院士认为，其中最大的困难就是有些学生不努力，对科学研究不感兴趣，或专业基础比较差。遇到后面这种情况，一般都是叫他们补一些地质学的课程，但是这个难度比较大，只能因材施教。

例如，地质基础差，以前是学化学出身的，那么就要他们多从事仪器分析工作，掌握一技之长，并研究一些地质背景较简单的课题；如果学生不努力，对科学研究不感兴趣，那么硕士毕业之后，就不需要接着读博了，直接工作。

在博士生的培养方面，也会遇到困难。比方说，博士必备的技能除了要能做实验研究之外，还要能将研究成果写成英文论文，能够和国际同行交流，这其实是很重要的一种能力。因为对于博士生来说，其毕业后的工作岗位多是在研究所或者高校做研究工作，否则就没有必要读博士了。在这些岗位工作都需要写论文。但是英语不是我们的母语，谁在开始阶段都会感到很困难。博士生阶段是训练并获得这种能力的最佳时段，因为有老师指导和帮助你修改论文，使你能较容易地通过英文论文写作关。李曙光院士对自己博士生的第一篇论文通常要帮他们改7～8遍，甚至十来遍，这需要付出很多的心血。学生通过国际论文的写作，修改，投稿，再修改，直到发表的过程，就积累了经验，以后脱离了导师的指导，独立写论文就轻松多了。如果博士期间不写，没过这一关，工作之后或者博士后期间一般都是自己改，没有导师指导，那么在写论文的时候就非常困难了。作为导师，就应该要求他们加强这方面的学习和训练。

选择适合自己的“坑”

一个人多年从事一个行业，除了自己对这个行业有着很深的感情之外，还有一些其他的原因，李曙光院士从事科研工作已经有几十年了，现在还在坚持不懈地继续工作，这里面也有他自己的动力。

最大的动力就是像李曙光院士所要求青年学生的那样，即自身所具备的社会责任感。李曙光院士认为，人活在这个世上总要有所作为，我们国家办这所大学是因为国家需要科学家。人生在世，衣食住行都离不开社会的提供，因此也一定要为社会做点事。只有纯粹的精神信念才能支持一个人将一条道路坚持不懈地走下去。

除此之外，李曙光院士还认为这是他对自己个人的一个估价。李曙光院士说：“在读大学期间，认为自己什么都能做，学习成绩优秀，又当过校学生会主席，发展得很全面。但到工作之后，了解到自己还是比较适合做教学和研究工作的。以前觉得自己能够从事行政工作，以为这跟学校的学生会是一样的，但是后来意识到完全不是一回事。学生会工作不涉及利益分配，而社会行政管理工作的要求相当高，涉及怎样分配社会各阶层的利益，按什么原则分配，怎样既保证各方面的积极性，又保证和谐，这里面的学问太大了，不是每个人都能够做好的。后来觉得自己没有这方面的能力，还是适合做科研。而且我也确实感到每上一门课，做一项研究，都有成就感。这也是我坚持自己业务工作不动摇的动力之一。”

李曙光院士说：“‘一个萝卜一个坑’，每个人都应该待在适合自己的“坑”里面，人贵有自知之明，所谓“贵”，是因为不是每个人都能及早地正确认识自己。”

李曙光院士在本次采访中主要表达了他对当代大学生的看法，并提出了要求，这些都很值得我们去学习，都是在今后的学习、工作过程中十分有用的。我们要严格要求自己，争取跑赢人生这段马拉松。

【摘自《中国科大研究生教育》2011年第3期，总第84期】

传道，授业，解惑

——访张永德教授

文/melody(笔名)

张永德，我校近代物理系教授。1984～1985 年担任主教练主持我校 CUSPEA 班工作，当年我校被录取赴美攻读博士学位总人数超过全国其他所有重点大学，为科大首次夺得团体冠军；1995 年指导博士论文获中科院研究生论文最高奖——中科院院长特别奖；多次获中科院、省、校优秀教师、优秀导师称号；1997 年 4 月被选为奥地利科学院通讯院士；2004 年被选为我校首批特聘“课程讲座教授”；2006 年获得中国科学技术大学(首届)“困学守望”终身成就奖。

张永德老师承担着我校本、硕、博多门课程的教学工作。每个学期伊始，在同学中关于要不要选他的课的讨论总是进行个不停，想听他的课的学生说他的课有趣生动，人也亲切；怕听他的课的学生说他的课太难，一偷懒就要被他批评。究竟是个什么样的老师让学生们这样又爱又怕呢？本刊记者带您走近他，了解他的治学和为人。

半路出家的老师

张永德老师生于安徽省安庆市，1959 年以优异成绩毕业于北京大学物理系，被分配到第二机械工业部(核工业部)，从事国防原子能研究工作。这期间，他和家人辗转于西北戈壁、西南深山二十余年。说起那段岁月，张老师感到自豪：“一代人做一代人的事。国家那时候需要，让我有机会从事这个事业，我感到很自豪。回想起来，那一段年华脑子十分好使。我们一个小组十二三个人在一起工作二十来年，结果是圆满完成了任务。集 40 万人的共同努力，我们终于为自己的国家撑起了一把核保护伞。国家对我们也很好，生活上尽量给予照顾。”

1981 年，由于国家战略调整和子女教育原因，张老师调离原子能研究岗位，来到中国科学技术大学。过去的业务知识、工作成绩全部都得扔掉。凭借大学时对量子力学的喜爱，张老师转向量子理论研究。几乎从零开始的状况，对于 45 岁的他来说，难度很大。张老师主动申请教学任务，逼着自己学习。任务定下来，自然就有压力。1982 年快放暑假时他才确定暑假过后给研究生上“高等量子力学”课。当时他完全不了解高等量子。有人给他写了个纸条，上面仅仅写了前几章的章名，他决定干脆用朗道、狄拉克的经典著作，从大师那直接学，避免被误导的可能。张老师爽朗地回忆道：“效果挺好，我跟同学们说，这是刚买来的，他们都说不像啊。”张老师说：“到科大后，虽然做了一些科研工作，发表了一些论文和著作，但是那都是次要的，主要还是幸运结识了一批好学生，并对他们的成长出了一点点力。”

“回顾平生，现在想想自己的这两段人生，心里感到很充实，很安详。”张老师说。

治学之道

谈到常被提起的创新问题，张老师认为，重大的创新总会是一个过程，在过程中谁也无法告诉你该往哪走，所以创新要讲究治学之道，水到渠成。过程中有两点需要注意：第一是树立正确的价值观。应该明白，上网聊天、逛街，舒服但没价值，时间长了浪费生命；金钱、名利根本上也是没价值的。他强调，人生的价值只在于(向民族、向社会、向别人的)奉献，不在于(向国家、向社会、向别人的)索取。青年人十分需要树立这个唯一正确的价值观。第二是讲究治学之道。价值观是战略性的，调动你终身的潜力，指引你终身的方向；治学之道是根本方法，科学有效地管理你每时每刻的行动。

那么何为治学之道呢？张老师拿研究生们最常遇到的问题做了解释：比如一个调研任务，要求学生在两个月内对某领域进行调研并做出报告。学生拿关键词一搜索，三十篇文章，第一篇看下来一个星期，很多地方读不懂。张老师引用培根的话说：“读书比作吃菜，有的菜只要尝尝，有的菜只要吞下，有的菜要仔细咀嚼消化。”他接着说：“读文献也一样，有些只需要看看头看看尾，有些只要囫囵吞枣，读一遍过去，而有些经典的重要的文献需要仔细咀嚼消化。这既踏实了，又有效率了。”张老师又指出：“学生读文献经常会被卡住。一卡住就立刻去找参考文献，又被卡住了，不得不再去查参考文献的参考文献，就这样，原来的任务忘掉了，在知识海洋里开始漫无目标地游泳了。结果一定会被淹死：读了一大堆文献，但没有一篇文献读懂了，都是一知半解的。脑袋大了，信心没了，感觉到处都是地雷。为了避免出现这类毛病，记住陶渊明的话‘好读书，不求甚解’。你做个记号，硬着头皮跳过去，接着读；然后又碰到问题，再跳过去，再读；没准一篇文章十来处画了记号，没关系，读到底。当你终于读完全文时，回过头来再读第二遍，没准你就搞懂了一两个难点，再读第三遍。等到还剩下几个问题时，去找参考文献，或是向导师、师兄请教。经过思索之后再问人，别人也更愿意回答你。”

张老师认为，治学之道的要义在于：驭使小道，讲究中道，追求大道。很多老师强调“书山有路勤为径，学海无涯苦作舟”。按理，勤奋刻苦的重要性，研究生们早就知道，导师如果还一味强调，就会让学生误以为勤就是一切，苦就是一切，方法是不必讲究的。其实，这个时候导师很有必要传授给学生治学之道。不要忘记韩愈说的老师的职责：“师者，所以传道授业解惑也。”这里，韩愈首先注重的是向学生传授做人和治学的道理。

除了治学之道之外，张老师还鼓励青年学生要“提高悟性”。准确了解量子理论不算十分容易，需要些努力，还需要一点悟性。老师可以举重若轻，但不能改变它的重量，老师教学生怎么举，最终学生也必须出力举起来。同时也要“学有专攻”。做学问不能“雨过地皮湿”。现在不少学生担心就业，不能踏实学习。张老师认为，俗话说：“荒年饿不死手艺人。”“学有专攻”的人就比较不担心失业。

张老师还告诫研究生，要拓宽知识面，为以后的科研打好基础。读书要读原著，读经典著作，读经典文献。只要可能，几本好书同时对照着读。俗话说：“不怕不识货，就怕货比货。”通过比较对照，往往容易求得真知，摸到问题症结之所在，同时也有利于多考量、多思索，破除成见，减少迷信。

做“导师”，别做“老板”

在张老师看来，这辈子最欣慰的两件事：一是把中青年岁月奉献给了国家的核工业，二是在中晚年岁月和许多优秀学生建立了终身友谊。他的学生有很多，不少学生读书时经常在张老师家吃饭，后来走向了不同的工作岗位，成功的有不少，暂时失意的也有。曾经，在张老师的一门研究生“高等量子”课上，两个少年班本科生也来听课，学期结束时他们要求考试。张老师专门给他们出了张卷子，就在张老师家里考。说起这事，张老师记忆犹新：“那是个寒冷的冬天，我夫人给他们在客厅里生了个煤球炉子，一个考了 93 分，一个考了 67 分。我写了成绩单给了少年班。第二年我担任 CUSPEA 总教练，让他们过来。两个人成绩都很不错，他们最后都被美国高校录取。”和学生们分手后，他们命运的跌宕起伏，一直牵动着张老师的心。说到学生的成就，张老师喜悦万分；说到学生的暂时失意，张老师怜惜挂念。

张老师认为，一个好老师，要“学问好，为人好，缺一不可”。他说：“作为导师，不要让学生称呼自己为‘老板’。老板和导师平时看不出差别，都会督促学生读书、做科研，但在关键时刻表现得不一样。当学生的前途跟导师的科研利益有矛盾时，谁服从谁？老板对学生的前途考虑得比较少，会觉得你给我干活我付你工资，之后两清；导师以培养人才为主要目标，对学生的前途考虑较重，认为科研是培养人才的手段，而不是导师获利的手段。中国传统文化里的师生关系，（至少首先）不是利益的结合。中国传统的好东西不能丢，西方的好东西，例如求新精神、激励机制、科研方法，都应该学，但西方老板和雇员的关系不能转移到师生关系里来。做导师要有仁爱之心，要适当放下自己的名利之心。学生偷懒不成器，你可以督促他；他不懂，你什么都不管，只顾自己跑出去求名求利。要知道，你对学生没有真情，学生对你也难以有真情。最终只剩下‘利益的结合’。大家常听说学生怀念以前导师的，很少听到雇员怀念以前老板的。”

科学求真，信仰求善

让很多同学感到吃惊的是，张老师从事科学研究这么多年，在哲学上也有自己的独特思考。他说：“自然界有无穷多精美的规律存在，万事万物都必须遵守这些规律。这是一种无处不在的和谐美。我们整个宇宙，物质世界只占 5%，其余 25%是暗物质，75%是暗能量。就这 5%，人们还懂得很少，在自然面前我们的认知只相当于一个三四岁的小孩，所以对自然要抱有敬畏之心。”

张老师说：“自然界的奥秘无穷多，就像是一个无穷大的平面，一个人掌握的知识可以被比作平面上的一个圆，圆内面积是他掌握的知识，圆外面积是他没掌握的知识。于是就有一句名言：一个人掌握的知识越多，他没掌握的知识也就越多！实际上，科研做得越多，越觉得科学是没有穷尽的。人类实在没有任何理由‘自我膨胀’，以‘宇宙主宰’自居！在自然面前，人类应当永远保持谦卑。”他又比喻说：“你看海豚，它永远也不知道山川、沙漠、森林和草原；你看蚂蚁，祖祖辈辈都在做平面运动，父蚂蚁、母蚂蚁不知道也没教小蚂蚁跳。我们看它会觉得它们有局限性。同样，我们反躬自省，人类的认知能力，不见得就没有某些天生的不可能通过将来进化过程改进的重大局限性。这涉及人类的眼耳鼻舌身，加上人类能够发明的全部探测系统，归根结底是否具有完备性。这种局限性是否存在是一个未经论证也无法论证的问题。退一步说，人们即便没有理由说它们存在，也没有理由否定它们存在！作为说明，举一个可以通过将来科技进步加以改进的局限性的例子：你眼睛的感光细胞只开了一个很窄的窗口，窗口以外波段的光，虽然是客观存在的，但你看不见。你看到天空是蓝的，树叶是绿的，其实完全依赖于你眼睛的感光细胞这个探测系统。如果你的感光细胞窗口开在红外，你看到的景象就是另外的样子。所以连你亲眼看见的东西也不能是绝对算数的！自然界有无穷大范围、无穷多侧面、无穷深层次，你只看到很小范围、某个侧面、个别层次，你就以为你掌握了绝对真理、全部真理。'道可道，非常道'，第一个道是绝对真理，是外在于人类的客观永恒的存在。但是，当人们以人能理解的方式、用人能接受的语言把它们说出来，就成了可道之道，必定就是相对真理，也就不是永恒不变的绝对真理。你只能通过建立一个个相对真理，逐步逼近绝对真理。在逼近的过程中，人们追求自身价值，为人类创造物质文明。"

张老师常常在课堂上告诉学生们，科学绝对不是生命的全部。他认为，科学求真，文艺求美，信仰求善。人有善念的基因：敬畏、感恩、善良、同情、友爱，但也有恶念的基因：贪婪、私欲、虚荣、仇恨。全部科学技术只教你增长知识，提高才能，教你武功，但没有教你武德，没有教你怎么做人。不是赚的钱越多人就越有价值。一个人的价值只在于奉献，不在于索取。

张永德老师年逾古稀，对人生有自己的感悟："小孩生下来拳头是攥着的，首先发出的声音是哭声，表明'人头难顶'，作为优秀人才的'君子'是要自强不息的；人死的时候，手总是撒开的，叫作'撒手归西'，连一点势和一分利他都带不走！看透这短短人生之后，为什么不利用这段生命为民族、为别人做点事呢？比尔·盖茨赚了大钱，可以说钻进钱眼里去了，我开始只佩服他赚钱的本事；但他不躺在钱眼里面享受，而是声明将捐献所有的钱，并辞职做慈善，他又从钱眼里出来了。从钻入钱眼到穿出钱眼，他潇洒、漂亮地画了一个完美的圆——一个大写的'人'的完美人生。"

【摘自《中国科大研究生教育》2012 年第 1 期，总第 86 期】

上善若水　驾物成奇

——2008 新当选 IEEE 会员徐善驾教授访谈

文/金　恬　张　倩

美国电气与电子工程师协会（The Institute of Electrical and Electronics Engineers，IEEE）是全球规模最大、最具权威性的跨国学术组织，会员来自全球 160 个国家和地区，下设 39 个专业分学会，领导着信号和信息处理、电力、电子、计算机、通信、控制、遥感、生物医学、智能交通和太空等技术领域的最新发展方向，是这些领域科技创新的源头，已经颁发了 800 多种技术标准。IEEE 每年主办或协办 300 多项专业性国际学术会议，其各专业分学会的出版物是国际上最具权威性的学术刊物，是各国电子电器领域科学家和学者发表最新研究成果的首选。截至目前，中国大陆地区仅有 30 余位学者当选为 IEEE 会员。

在经过严格评审后，IEEE 不久前公布了其 2008 年新当选的会员名单，中国大陆地区又有 4 人当选。中国科大电子工程与信息科学系教授徐善驾因在介质导波结构研究领域所取得的杰出成就和所做出的卓越贡献，被遴选为 IEEE 会员，他也是中国科大教师获此殊荣的第一人。

得知徐善驾教授当选为 IEEE 会员，我们马上联系对他的专访，期望能早日一睹大师风采。但徐老师因为忙于学术，我们一直无缘得见，直到他应邀做了一场激励学子奋发上进的报告，我们才在报告的间隙对他进行了短暂的采访。

当选感言：我只是为大家来拿这个荣誉的

我们的采访，自然是从徐老师刚刚当选为 IEEE 会员开始的。一向谦逊的徐老师把这归功于三个方面：第一是个人所在的环境，第二是周围人的帮助与支持，第三才是个人的努力。

徐老师认为，他有今天的成就，与中国科大素来提倡的自由平等的学术氛围密不可分。他认为，在科大，没有丝毫门户之限，选拔人才“不拘一格”。1986 年，时任讲师的徐善驾老师被破格提拔为教授，这是对他科研能力的肯定，更是一种激励。此后，他在攀登科学高峰的征程中更是锐意进取、开拓创新，科研成果层出不穷。比如：他首次提出用高次有限元与模网络相结合的电磁场工程化法，成功地解决了我国东方红 3 号通信卫星多馈源波束形成网络的分析和设计问题，为我国卫星通信事业做出了积极的贡献；他最早把数值方法和耦合模理论相结合用来解决不规则变截面波导结构中模式耦合和变换问题，有效地解决了多种波型变换器的分析和设计难题，获中国科学院自然科学一等奖；他提出多种新颖的介质周期漏波天线，首次研制成功了毫米波全向天线，填补了国际空白；他对边缘元的数学基础和实施技巧进行了深入的研究，取得了重大进展。

能在自己的专业上做到精深，一展心中的抱负，徐善驾教授可谓是名副其实的“善驾于物”。然而，不管身上闪耀着多少光环，他却始终那么随和，那么兢兢业业。凡是与他合作过的人都说，与徐老师一起做科研真是一件令人愉快的事。徐老师在同行中的口碑从IEEE会员遴选的过程可见一斑：如在IEEE会员推荐、提名、遴选的整个过程中，当事人都是毫不知情的，这个程序保证了所有当选者无论是学术水平、研究操守还是个人声誉都是令人折服的。然而，在采访中，徐老师面对这一学者所能获得的最高荣誉，依然谦逊地认为这一切离不开身边的人的支持，他十分淡定地表示：“我只是为大家来拿这个荣誉的。”

但是大家都知道，获得今天的荣誉，当然与他个人的努力是分不开的。即使在十年浩劫期间，当许多人不得不放弃理想的时候，他依然不停止学习。在接受采访时，徐老师给我们回忆了这样几个场景：一个偶然的机会，他从旧书摊里淘来了一本专业英语书，便偷偷地坚持阅读，让自己的学术心态保持在活跃状态。“功夫不负有心人”，改革开放初期，选拔出国访问学者时，他如愿以偿。长达十年的研究停滞让徐老师倍加珍惜这来之不易的学习机会，出国后的他见到了先进的仪器设备，“真恨不得每天工作24小时”。他的刻苦让他的导师对他曾下过这样的断言：“我相信，不管徐先生以后做什么工作，他的成果同样辉煌。”

教书育人：激发学生的科研好奇心

徐老师潜心学问数十载，丝毫不曾为名利所动。他不止一次说过：“我为什么要做科研？时时激励着我的是我强烈的好奇心，是对自然科学真理的追求，是对自然科学知识的渴望。”他从不计较论文发表的数量或排名，他觉得研究的整个过程就是最好的回报。在他看来，做学问就要全力以赴，处处做有心人，而不是太过计较会取得什么样的成果，以免被功利心蒙蔽了智慧和灵感。只有以轻松愉快的心情去做科研，才能够轻装上阵，激发智慧。

他的这一治学理念也体现在教书育人中。他认为科学的教学方法就是激发起学生对科研的好奇心，像他本人一样，把兴趣融合在整个研究过程中。他时时告诫学生们：“不要为了写文章而写文章，论文是自我的积累，是成长的阶梯，是进取的铺路石，所以一定要踏实地走好研究过程的每一步，要精益求精，要把错误消灭在实验室内，而绝对不能把它们带到外面去。”

徐老师的教学方法也别具一格。他常常让弟子们参加国内外的各种学术会议，把他们推上国际学术舞台，让他们接触学科前沿，开阔眼界，启发思维。意犹未尽之余，笔者走访了他的几位弟子。他们介绍说，徐老师从不限制学生的发展，反而积极鼓励弟子们在自己感兴趣的领域内勇敢探索。他给研究生上“介质导波结构及其应用”，即使是上了近20次的课，每次上课前他都会认认真真地备课，每次都会提前来到教室准备。在课堂上，徐老师会规定每个学生在课余阅读一篇文献，然后每次给出一节课的时间让他为其他同学讲解并回答问题。在准备的过程中，他可以向徐老师咨询任何相关的知识，徐老师都会不厌其烦地给予解答。但是，当学生上台讲解和回答问题的时候，却不允许犯任何原则性错误。徐老师的这种教学方法，帮助学生建立了研究的思维，促使学生主动去发现问题，解决问题，至今仍为他的学生们津津乐道。

因此，在他的学生看来，徐老师不仅是一位成果卓越的学者，更是一位诲人不倦、默默耕耘的教育名师。他曾被授予“全国模范教师”称号，从他门下走出了校信息科学技术学院的第一位博士和第一位博士后。他的弟子们无论是在国内还是在国外，都在各自的岗位上创造着别样的辉煌。用“桃李满天下”来赞誉徐老师的教书育人，丝毫不为过也。

生活：我只是一个普通人

徐老师是优秀学者，是“杏坛名师”，但在他的学生眼里，他同时也是一个普通人，谦虚，和蔼，幽默，正派。实验室里、三尺讲台上，他精益求精、一丝不苟，但走下讲台，他又是一位从不斤斤计较、淡泊名利、平易近人的慈爱长辈。也许刚刚在实验室里板着面孔对弟子们仪器操作中的一丝瑕疵“不留情面”地一顿批驳，但走出实验室，他又会跟这一帮弟子前呼后拥地去吃麦当劳、看美国大片。

他提倡“积极人生”的心态，不嗜烟酒，喜欢戏曲，关心时政。同时他也是一位性情中人，如果学生犯了错，他会立即当面指出，但事后绝不会去计较。他和夫人同为中国科大有名的教授，却只是一心一意地做着学问。即使在今天，他有足够骄傲的资本时，依然如故，视名利为身外物，把自己取得的成就称为“都是喜出望外的”，而他所做的只是“在强烈的好奇心驱使下把工作做好”而已。

他的这种心态也使他对弟子们的言传身教绝不仅限于科研。他常常告诫学生：“现在不要老想着赚钱，尽量多学点知识，将来其他一切都会是知识创新过程中的副产品。”“桃李不言，下自成蹊”，徐老师用他的学术成就、个人风采影响了并继续影响着他周围的所有人。当我们的心灵不经意间被急功近利所蒙蔽时，是否应该抬起头仰望一下这位充满激情和冲劲的前辈？

【摘自《中国科大研究生教育》2007 年第 4 期，总第 69 期】

陈仙辉：潜心科研，辛勤育人

文/蔡立英

陈仙辉，1992年中国科学技术大学物理系博士研究生毕业后留校任教，现任中国科学技术大学物理系和合肥微尺度物质科学国家实验室教授、博士生导师，专注于强关联电子材料和高温超导领域的研究。1998年获国家自然科学基金委员会"杰出青年"基金资助；2002年获聘为教育部"长江学者奖励计划"长江特聘教授；2009年获中国物理学会叶企孙奖、教育部长江学者成就奖、香港求是科技基金会求是杰出科技成就集体奖；2010年获安徽省科学技术一等奖、高等学校科学研究优秀成果奖(科学技术)一等奖。

陈仙辉教授在教学科研一线辛勤耕耘了20多年，不仅兢兢业业潜心科研，在高温超导领域取得了一系列举世瞩目的成就，而且勤勤恳恳培养学生，培养出了一批出类拔萃的优秀人才。陈仙辉教授对于科研和育人都有自己独到的体会，让我们一起来学习吧。

科研：积累、坚持、敏感、速度

科研要取得成功，关键因素是什么呢？陈仙辉教授总结了几个关键词：积累、坚持、敏感、速度。科学研究是一项长期积累、厚积而薄发的工作，纵观科学史上的伟大成就，没有一项是一蹴而就、轻易取得的。积累的过程同时也是一个坚持的过程，科学研究过程中难免会遇到各种各样的困难，知难而退、浅尝辄止的人是不可能有大作为的，而成功总是眷顾那些孜孜不倦、坚持不懈的人。做科研，非常重要的一点是对科学问题的敏感，一切科学研究的起点首先是发现问题，然后才是分析问题、解决问题，一个优秀的科学家应该时时刻刻敞开大脑和各种感官通道接收来自外界的信息，并且敏锐地捕捉有意义和重要的问题。譬如苹果砸到牛顿头上促使牛顿发现了万有引力三大定律，前提是他对这个问题以前曾有过思考和积累，而苹果就像是一个触发器触发了他的灵感。陈教授还强调"科学只有第一，没有第二"，当今国际竞争日趋激烈，科技实力的竞争就是综合国力的竞争，同样的成果你比人家迟一天发表，那么你的成果就没有价值了。

陈仙辉教授在国际上首次获得了临界温度达到43 K的铁基化合物超导体，这个研究成果的取得过程就是科研注重积累、坚持、敏感和速度的很好例证。自从层状铜氧化合物高温超导体发现以来，科学家一直都在致力于寻找更高临界温度的新超导体。2008年2月，日本科学家报告说，镧氧氟铁砷可以在26 K观察到超导电性。陈教授得知这个重要消息的时候正在外地开会，下飞机时已是夜里11点，他直奔学校，当夜就与几名研究生讨论和制定研究方案并开始工作。陈教授凭借对超导体的长期研究，直觉认为以磁性离子钐取代非磁性离子镧会提高超导临界温度。经过一个多月没日没夜的拼搏，2008 年 3 月 25 日凌晨 3 点，陈仙辉研究组第一时间向 *Nature* 杂志投稿，报道钐氧氟铁砷超导临界温度 T_c 达到 43 K 的研究成果，突破了 BCS 理论的麦克米兰极限（39 K）和磁性抑制或破坏超导电性的规则，证实了这些铁基化合物是铜氧化物之外的另一种非常规高温超导体。

Nature 审稿人高度评价该工作“是扎实的，有助于创建这一领域的基石”。该论文被科学观察（Science Watch）网站评选为 2008 年度十篇热门论文之一，其引用率在物理类排名第二，在 *Nature* 杂志上排名第一，相关成果与国内外同行的工作一起连续入选 2008 年美国 *Science* 杂志评选的世界十大科学进展、美国物理学会和欧洲物理学会评选的物理学重要进展、我国“两院”院士评选的世界十大科技进展新闻、国内十大科技新闻等。

成才：独立思考、毅力、激情

独立思考、毅力和激情，是陈仙辉教授认为优秀学生应该具备的三种素质。陈教授特别看重学生的独立思考能力，希望青年学生不要人云亦云、随波逐流，要争做独辟蹊径的开创者，而不是亦步亦趋的追随者。学习和科研有时候是枯燥苦闷的，特别需要同学们有苦中作乐的精神，以顽强的毅力和持久的激情勇攀科学的高峰，其根本动力源自对所学专业的兴趣和热爱。

陈教授最津津乐道的学生是当年物理系的本科毕业生刘中书，称赞他是自己带过的学生中最优秀的，因为他具备专业精神和独立思考的能力。当时陈教授给刘中书一个任务，让他解一个稳定的掺杂碳 70 的晶体结构，而刘中书在物理系只学过固体物理的一些知识，不足以解晶体结构，但他接下了这个研究生都不敢接的活，自己去钻研。因为当时实验室只能提供解晶体结构的程序，于是陈教授特意让生物系讲解大分子结构（大分子比超导体的晶体结构复杂）的老师给他提供指导。刘中书最后解出了第一个稳定的掺杂碳 70 的晶体结构，论文发表在 *J. Am. Chem. Soc.* 上。陈教授特别欣赏刘中书迎难而上的勇气、认真的态度、钻研的精神以及坚持到最后的毅力，欣然推荐他到西班牙的马德里大学深造。但是因为身体原因，刘中书后来既没有出国，也没有读研，而是进入了华为公司工作。刘中书因能力突出而得到高层赏识，干了三年就升到技术主管，这时他却出人意料地辞职了，因为他觉得华为已经没有东西可学了，接着他先是跳到一家小公司，等到时机成熟创业开公司，并干得很成功。陈教授总结刘中书走出不寻常的成功之路的原因是：他对个人的人生规划和未来发展道路不仅有自己的独立思考，更有坚持不放弃的精神。

陈教授感叹当下很多科大学生盲目跟风出国，忙着考 GRE 和托福却搞不清楚出国的目的，一心为出国提高 GPA，而忽视了其他能力的培养。陈教授大声疾呼科大学生应该保持头脑清醒，对出国要有自己的一个判断，还提倡青年学生应该形成多元的价值观，学校和社会也应该有一个多元化的评价体系来对学生进行引导。

如何培养优秀的研究生

严格，甚至严厉，是学生对陈仙辉教授的普遍评价。陈教授因为深感肩上的责任重大，所以对学生严格要求。对于实验数据，他要求学生反复验证直到能拍着胸脯保证数据是准确无误的为止，因为科学容不得半点马虎；对于论文，他也是指导学生至少修改六七遍才准许学生投稿。陈教授被称为是以实验室为家的“全天候导师”，他和学生一起“泡”实验室，在科研实践中培养学生，鼓励学生在科研中做出贡献。

陈教授把学生分为两类：一类是有独立思考、主观能动性比较强的学生，他们对自己有较高的期望和严格的要求，自我鞭策，主动学习，这类学生是让导师比较省心的，导师要做的就是适时地对其进行研究方向和科研方法的引导，注重他们能力的培养，尤其是独立思考的能力，使其将来离开导师的指导也能独立工作；还有另一类学生，他们对于读研究生的目标不明确，对研究生阶段培养之于个人将来发展的重要性认识不足，对于这类学生，导师的任务就比较重，首要的就是引导他们培养独立思考的习惯，提高他们的思想认识水平，注重其综合能力的培养。

陈教授经常告诫学生读研不要混学位和文凭，既然选择了读研这条路，就要静下心来努力研究，在这个过程中提高自己的综合素质，为将来面临的各种挑战打下基础。陈教授非常理解现在的学生比他自己读书时代面临的压力要大得多，但是他认为学生一味地受压力困扰也是于事无补的，压力过大反而有副作用。陈教授建议学生们放下思想包袱，有些问题即使考虑了现阶段也解决不了，还不如抛开。每个人在特定的年龄和阶段都有特定的事要做，做好本阶段该做的事就行了。

“我不是要让我的学生都做科研、做理论研究，我更看重的是能力和素养的培养，能力是触类旁通的。”陈仙辉教授细心地考虑到每一个学生的出路问题，因材施教，努力发掘每一个学生的潜力。

与人交流是一种极好的学习方法

对于杨振宁先生在《九十自述：我的学习与研究经历》一文中谈到的研究生培养的几点感悟，陈仙辉教授非常赞同，极力推荐同学们去仔细阅读和体会。杨振宁先生谈到，与人交流是一种极好的学习方法。

陈仙辉教授也认为交流不仅对于经商和从政非常重要，对于科研也很重要，却常常被忽视，以至一些不明所以的公众对科学家形成的一个长期的刻板印象就是：科学家是整日封闭在实验室里埋头做科研、与世隔绝的怪人。其实不然，在科学日新月异和国际合作日益频繁的今天，闭门做科研是注定要落后的。科研上的交流既可以是在学术期刊上发表论文，让别人知晓自己的研究成果，也可以通过阅读国际同行发表的研究论文，了解别人已做的工作，从而少走冤枉路并从中找出重要的问题。不过，学术期刊对科技成果的发布难免有一个时间上的滞后，参加国内和国际学术会议是学术交流的一种更直接、更快捷的方式。往往自己一个人抱头苦思冥想百思不得其解的问题和困惑，经过和同事、导师、朋友等交流之后，思想的碰撞突然就擦出了灵感的火花，茅塞顿开。但是前提是要有积累，这样别人的话才能激发你的灵感。

陈仙辉教授的低温高压实验室会定期举行“两会”——组会和文献报告会，以锻炼学生的表达和交流能力。此外，陈教授近几年来每年受邀参加十多个国际学术会议，这也会给研究生带来参加国际学术会议的锻炼机会。

谈到未来的目标和愿景时，陈仙辉教授淡然微笑道：“大凡科学家做研究不想有所突破是不可能的，有梦想才会有动力和激情，但是满脑子只想着成果也是不可能做好科研的，成果从来不会随心所欲地从天而降。我现在也快到知天命之年了，能以年轻人的旺盛精力拼命工作的宝贵时光正在一点一滴地从我指尖溜走。我现在的心愿就是潜心做自己喜欢的科研，这也是我此生最大的幸福。至于出成果，那是水到渠成的事，顺其自然就好，我只想脚踏实地地走下去。超导既有深刻的物理内涵，又是一类应用性极强的材料，我希望在今后能更多地把超导应用于国防和民生，尽一点应尽的社会责任，做一点力所能及的贡献。再者，作为老师，就应该为这个领域培养一些后继人才。”

【摘自《中国科大研究生教育》2012 年第 2 期，总第 87 期】

因材施教，全程管理，人文关怀

——访中国科学技术大学俞汉青教授

文/马睿祥

世间千里马常有，而伯乐不常有。科研领域的“千里马”总是伴随着导师伯乐的辛勤耕耘和谆谆教诲而成长的。说到培养优秀研究生的“伯乐”，就不得不提到中国科大化学与材料科学学院全国百篇优秀博士学位论文奖获得者的指导教师、长江学者、国家杰出青年基金获得者、“百人计划”入选者俞汉青教授。

俞汉青教授主持过国家自然科学基金委员会杰出青年基金、“863”计划、中国科学院“引进国外杰出人才”计划等科研课题的研究。他是首批“新世纪百千万人才工程”、长江学者特聘教授，在育人方面，俞教授也走在了前列：从他实验室走出的研究生得到高校和科研单位的交口称赞，他指导的学生更是多年获得全国百篇优秀博士学位论文奖和全国百篇优秀博士学位论文提名奖。

谈到研究生的培养，俞汉青教授将自己的体会归纳为三个方面：因材施教、全程管理、人文关怀。在他看来，没有不聪明的学生，只有不用心的老师。

他说：“一个合格的研究生导师应该尽可能为研究生创造一个适合学习和研究的好环境。在研究生成长成才的过程中，导师所需要做的，不仅是要指导他们的学习、帮助他们修改论文，更重要的是正确的引导，要及时为研究生的选课和选题，甚至就业提供参考意见，使研究生所学知识有用。除此之外，导师还应该多与学生沟通，与其共同探讨问题，并为他们的成长提供咨询和帮助。”

学业上因材施教重引导

在目前的现实情况下，面对基础参差不齐、学习能力强弱不一的研究生，导师的精力往往有限，在培养上常常“捉襟见肘”，难以从学习、生活、工作等各个方面一点一滴地去指导学生。在这种情况下，导师应该如何给予研究生有效的指导？

孔子在几千年前就给出了答案：因材施教。古人的智慧在俞汉青教授的培养方案中得到了充分的体现。他指出，目前主要存在于部分研究生中的共性特点有：思维训练不足，动手、思考能力不强，团队、奉献精神弱，心理脆弱……要克服这些共性的弱点却需要不同的发展对策：有些学生需要耐心的指导，有些学生只需要大方向的把握，有些学生更需要鼓励，有些学生可能更需要压力……

依据学生的情况，俞汉青教授把研究生大致分为听从型、自主型、开拓型三种。对于听从型学生穷于思考、过多依赖导师的这一特性，在培养上，一方面他主张让这类学生花大量时间跟着师兄、师姐学习，并进行反复的思维训练，逐步让其从中获得有益启发；另一方面，对他们应提早安排学习任务和研究计划，导师要从选题、提纲、实验、写作等几个方面多与之讨论，并最终协助他们完成论文研究和撰写。

而对于自主型和开拓型的学生，他认为更多地放手让其施展才华，经常与其讨论探索性的问题会让该类学生发挥更大的能动性“空间”，也能使他们更好地融入到科研工作中去，产生意想不到的想法和成果。

“以产电微生物的筛选为例，”俞汉青说道，“近年来产电微生物由于其强大的降解污染物和产电能力，而引起环境、能源和生物界的广泛关注，成为一种明星微生物。但是，从自然界找到这类细菌是一个费时、费力和费钱的工作。一次我在组会上无意中提到可否利用变色的原理来快速筛选产电微生物，当天晚上我的一个研究生院士杰就来找我说他也许想到了一个办法。”

俞汉青微笑着说：“我当时真未太留意，只是告诉他去试试。结果过了几天，他真的兴奋地告知我他已经找到了一种利用纳米三氧化钨筛选产电微生物的方法。”俞汉青立即从实验室抽调相关的研究生加入到该项工作的研究中。经过几个月的努力，院士杰和合作伙伴们建立了一种筛选产电微生物的高通量方法，并从合肥的河流中筛选到以前未被报道的新产电微生物。该项成果已被 *Nature* 的子刊接收发表。

盛国平和穆杨也是俞汉青教授来中国科大建立实验室初期指导过的学生，他们先后获全国百篇优秀博士学位论文奖、全国百篇优秀博士学位论文提名奖，并都是国家基金委优秀青年基金获得者，穆杨还入选了 2012 年的“青年千人计划”……谈及这些优秀的爱徒，俞汉青教授的面庞总是洋溢着兴奋和喜悦。他特别注重对该类学生的“因材培养”，充分挖掘他们的兴趣和才干，而在平时的学习交流中，他更注意的是引导和启发思维。

俞教授一直坚信，只有将学生个人的兴趣、优点与科研项目的具体问题相结合，才能达到“在探索中学习，于研究中成长”的研究生培养目标。

过程中细节管理把全局

研究生培养的过程管理是研究生教育的重点和难点，每周组会和月报制度固然富有条理和结构，但是有效的过程管理还是少不了实验室成员自身的勤勉、自律。在管理过程中，俞汉青教授尤其推崇个人和老师、个人和同学间密切的互动和相互的学习。此外，他还特别强调了在师生沟通交流过程中电子邮件的重要性。

他认为电子邮件比当面交谈更能促进师生双方的深入交流：一方面，有的学生性格内向，当面交谈时常常无法充分表达自己的观点和需求，而文字相较语言而言，更具逻辑性和条理性，更清晰明了，便于师生双方理解对方的想法、思路；另一方面，很多导师由于种种工作原因，时间可能比较紧，难以也无法和每个学生都保持长期的面对面的沟通，此时电子邮件便是一个很好的补充。

俞汉青教授说自己会参与学生选题、研究的全过程，从全局上给予学生有效的指导，特别是针对那些阅历浅、经验不足的学生。在指导过程中，他对“度”的把握很到位，“过犹不及”，对于绝大多数学生，他不会替他们把一切都规划好，那样的学生会学得很“呆板”，依赖性很强，对其各项能力的锻炼均无益。

俞汉青教授强调，研究生培养中过程管理的落实重点就是对研究生综合能力的培养，即学生的学习能力、执行能力以及坚持能力等的培养。科学研究是一项持续、艰苦的工作，在此过程中，需要的不仅仅是天分，更是对解决问题的执行能力。对于自然学科来说，实验操作尤为重要，而良好的实验执行能力是必不可少的，这也是一个研究生必备的基本素质。

针对不同学生的不同特点，俞教授会进行“方向性”的把握：对于动手能力不强的学生，他在其培养计划中则加重了实验的比重；对于协作精神欠缺的学生，他更多地组织其参加实验室的集体活动；对于性格内向的学生，他在节假日给予更多的关怀；而对于不适应或不喜欢自己实验室研究工作的学生，他则主动帮其寻找其他出路……谈到这些，俞汉青总是会说：“每个学生都是一块原材料，各有所用，关键看你如何去引导他、塑造他。”

倪丙杰是俞汉青教授带出的第二位获得全国百篇优秀博士学位论文奖的博士生。他在合肥工业大学硕士刚毕业、正式入学攻读博士学位之前，俞汉青就安排他到合肥的一个废水处理厂从事实验工作。“每个周末我会和他进行一个下午的深入交流。”俞汉青介绍说。经过这段“学前训练”，倪丙杰在 9 月正式入学的时候，已经熟练掌握了各种“武器”，在博士期间独自完成了本应由三位博士生共同完成的课题，取得了丰硕的成果。

孙敏也是硕士毕业后来到中国科大跟随俞汉青教授读博的。在读博期间，俞汉青认为她的原有选题无法最大限度发挥其特长，便及时建议她调整研究方向，选择了一个研究热点进行转型。此后，孙敏在新的研究领域表现得游刃有余，她的学位论文获得了全国百篇优秀博士学位论文提名奖。

谈到管理经验，俞汉青觉得最重要的是“摆正心态”。他说，“我们不是要把所有的学生都锻造成同一个零件，而是要让其呈现‘多样化’，在满足其自身需求的同时，适应社会的发展需要”，“我们将部分学生培养成学者、研发主管，这是一种成绩，我们很欣慰。而如果研究生能在我们的指导下能力有所提高，学到一技之长，使其生活质量得到改善，这何尝不是另一种成绩呢？我们更应该感到宽慰”。

生活上人文关怀显关爱

“研究生导师不仅要充当学生学业、科研的领路人，更要在研究生的生活中承担另一份责任与担当。”俞汉青教授如是说。他认为研究生教育归根到底是“以人为本”的教育，只有用充分的人文关怀去对待你的学生，你的学生才可能在关怀下全面、健康地成长，才可能全身心地投入到科研工作中去，才可能在专业上取得进展和突破。

所谓人文关怀，就是充分了解研究生的真实想法和实际需求，积极换位思考，给予研究生实实在在的关怀和帮助。俞汉青教授认为现在的研究生在生活中的主要问题有两个方面：一个是经济上的困难，另一个是个人感情上的困惑。作为一名老师，他对经济困难的学生总是设法从多方面给予支持；而作为人生的前辈，他对处于恋爱中的学生也总是抱着“不反对，不干涉”但适度正确引导的态度。他认为，研究生首先是一个拥有七情六欲的正常人，美满的感情生活对于科研工作是一件百利无一害的事情。作为导师，自己在尊重学生的前提下，适当给予学生情感咨询和指导是作为一个“过来人”的责任。

除了来自生活和感情方面的压力之外，就业问题对于当今的研究生也是一个回避不了的现实问题。于是，俞汉青教授鼓励自己的学生积极参与和他校研究生以及与已毕业研究生的交流。他认为，年轻人之间关于就业的看法和选择可能更容易形成共鸣，学长学姐的成功事迹可以对他们的就业之路提供宝贵的借鉴和经验。

俞汉青教授认为，人文关怀不仅要有爱心、责任，更要讲究方法。一个中国科大本科学生曾经整日沉迷于电脑游戏，无法自拔，甚至濒临退学的边缘。俞汉青了解情况之后，专门为该学生设定了一套“特殊计划”：要求他每天跟自己一起早上八点到实验室，晚上十一点离开实验室。“这个学生的数学基础比较好，我就让一个学生带着他做实验，让他完全没有时间和精力去打游戏。”谈及此，俞汉青笑着说，“一些年轻人不务正业，一方面原因是缺少管教，而另一方面却是精力旺盛造成的。我让他把旺盛的精力全部投入到科研工作中去，变‘堵’为‘疏’，问题自然就解决了。”

研究生教育是一项长期、复杂的工作，不同类型的导师有着不同的见解和模式。俞汉青教授作为中国科大全国百篇优秀博士学位论文奖获得者的指导教师，在多年辛勤教育工作中总结了自己的经验：学业上严格要求，过程中细节管理，生活上人文关怀。他认为世间不缺少伯乐，更不缺少良驹，但唯有伯乐将自己的经验和良心倾注到“千里马”的培养过程中去，才会助“千里马”驰骋沙场，问鼎荣誉。

十多年的导师生涯平添了俞汉青许多白发，但他从未感到疲惫。作为一名资深足球球迷，他觉得自己在研究生培养的探索之赛上才刚刚开球，这场比赛不仅仅需要自己传出好球，更需要自己的学生积极参与进攻，全队上下一心，才能取得最后的胜利。

【摘自《中国科大研究生教育》2013 年第 4 期，总第 93 期】

我眼中的"筷子老师"

——访中国科大 EPC 外教 Heiko Hansjürgens

文/唐丽佳

中国科大英语语言实践中心(EPC)有着一群可爱可亲的外教,他们来自不同的国家,有着不同的理想,最后却漂洋过海来到中国,投身到语言教学的事业当中,用自己的知识和信念担当着文化传播的使者。来自德国的英语外教 Heiko Hansjürgens 正是我校这支友善队伍中的一员。

邂逅便已倾心科大

机缘巧合来到中国学习汉语,最后决定留在中国担任英语外教,Heiko 一直在积极探索人生的可能性,遵循着简单快乐的生活追求。在中国科大正式任教之前,Heiko 已经在合肥生活了三年,也曾在合肥市其他高校担任过英语外教。谈到来科大教学的感受,Heiko 面带微笑,回忆着当年教学的难与乐。"初到科大任教时,每周忙于英语日常交流的课堂教学和 EPC 的口语课程,因为第一次接触科大的教学模式,很担心达不到理想的课堂效果,所以经常会起早贪黑备课。"Heiko 继续讲道,"我认为教师是太阳底下最光辉的职业,所以我要求自己以认真、负责的态度对待工作,所幸科大的学生也都非常聪明、友好,每次上课都让我感觉特别的充实和快乐,我也渐渐习惯并享受在科大的工作和生活。"

Heiko 会四国语言,除了熟练掌握德语、英语、印尼语之外,在中国学习工作的这几年,Heiko 也较好地掌握了中文的书写和日常交流,可谓是半个中国通。很多中国学生在第一次选修 Heiko 的英语口语课程时,不免担心课堂上出现沟通尴尬的场面,可是结果却令他们大吃一惊。有的学生常常感叹:"这个外国老师真是太厉害了,我还以为他只会简单的中文交流,没想到他连当下的热门词语也运用得炉火纯青,时不时还用中文帮我们解围。"

德国人都特别守时,但是 Heiko 却有个"坏习惯"。为了缓解学生们的课前紧张情绪,多跟学生们交流,Heiko 每次上课都会提前几分钟到教室,与在座的学生聊聊学习和生活情况,鼓励他们在课堂上多用英语发言交流。Heiko 也有个"好习惯",那就是用心记住每个学生的名字,以礼待人。Heiko 说:"我知道中国大部分的姓氏,所以很多学生的名字我都会认会读,但是我想把他们的名字都记住,我觉得这是对每个学生的尊重。"Heiko 不仅平等、真诚地对待学生,对待身边所有的人也都非常的谦逊真诚,连校园的快递员、保安们都对Heiko 的为人处世赞不绝口。

说起在科大的生活,Heiko 更多的是感谢。他说:"不仅科大的学生很友好,科大的工作人员也都非常友善,邻里关系也挺和睦。科大不仅给我们提供了住房、硬件设备等等,各种服务也很到位。一旦这些设施出现问题，工作人员总是第一时间提供帮助，为我们消除了很多烦扰，提供了生活上的便利。”Heiko 说在科大工作、生活正是自己追求的简单快乐，在这里，他收获了很多，所以他会把这一切都记在心里，用更好的工作状态来回报科大。

飘洋过海来看你

似乎所有的浪漫故事都来源于西方。电影里美好的爱情与实际也许相距甚远，然而，Heiko 和爱人 Lois 的故事却是那么的温暖、甜蜜，比电影里的情节更让人向往，正如歌词里说的那样，“那时候的爱情很简单”。

他们相遇于偶然，却相爱于必然。Heiko 出生于德国，而他的爱人 Lois 出生于印度尼西亚。当时，Heiko 的一位朋友经常去印度尼西亚，并在印度尼西亚遇到了 Lois 一家，本想着把 Lois 的妹妹介绍给 Heiko，可是机缘巧合，却把 Lois 妹妹的名字误写成了 Lois。就这样，Heiko 拿着朋友给的联系方式与 Lois 一来一往做了五年的笔友。谈及当时的情景，Lois 害羞地说：“我收到信的时候很纳闷，因为不知道 Heiko 是谁，所以就非常客气地给 Heiko 回信，书信大部分是生活日常和人生价值之类的内容。在这样长时间的信件交流中，我慢慢了解到 Heiko 的品性，所以决定去德国见见这位神秘的朋友，没想到一见倾心。”对于跨国恋情，Heiko 和 Lois 有着较为开明的态度，可是双方的家长却有所顾虑。最后在二人的不断沟通和坚持下，他们终于修成正果，在德国完婚，建立了温馨的家庭。

在科大，Heiko 和 Lois 也尽情地享受着两人的幸福生活。Heiko 平时会练习吉他来培养兴趣，而 Lois 则会练习厨艺和绘画等，两人用心装扮着自己的家。一截枯枝在他们家里也能变成一件艺术品，满墙的油画、精致的小盆栽、别有风味的“韩巴克”咖啡屋等等，都透出他们生活的情趣和对彼此浓厚的爱意。

“家家有本难念的经”，Heiko 和 Lois 也会因为家庭琐事而争吵，可他们两人懂得相互包容和支持，一起面对生活中的琐碎和难题。Lois 在墙上写着这样一段关于爱情的箴言，让我记忆犹新：“In this house，we are real，we make mistakes，we say I’m sorry，we give second chances，we have fun，we give hugs，we forgive，we are patient，we love.”真正的爱情或许正如 Heiko 和 Lois 一样，不强求，不苛责，但共同分享人生苦乐，相守一生。

勤奋好学的“筷子老师”

遗传了德国人的优良基因，Heiko 算得上是目前中国科大 EPC 个头最高的老师了，190 多厘米的身高，笔直修长的双腿如同筷子一样，如果在科大校园看见一个高高瘦瘦的外国男子，那想必就是 Heiko。“‘筷子老师’是学生给我起的外号，其实我还挺喜欢的，”Heiko 笑着说，“不过我算是家里面比较矮的了，我的家人，尤其是男性，基本身高都在 2 米以上。”Heiko 边说边拿出手机翻看家人的照片。

如果说人高腿长是 Heiko 的外在特点，那么勤奋好学则是他的内在品质。“对不起，请问你刚刚说的是什么？能不能告诉我？我马上用手机查下词典。”在中国生活的这几年，Heiko 非常注重中文的积累，在交流过程中遇到不懂不会的中文词汇，Heiko 都会有礼貌地询问词语的意思或者查电子词典，并做必要的记录。对于一些重要的知识点，他会抄写下来贴在家里，以便及时回顾，有的甚至会贴在洗漱间，便于洗漱的时候记忆。在每周五举行的

EPC 外教讲座上，也常常能看到 Heiko 高高的身影，他总会准时参加并坐在第一排，以便更好地了解其他老师的上课方式和特点，在收获知识的同时也利于自己职业技能的提高。

Heiko 说德国是个十分注重学习的国家，他也希望中国学生都能以积极的态度对待学习，培养良好的学习习惯。谈及学习语言的秘诀时，Heiko 对学生们学习英语的建议则是多读、多记和多说，他认为没有事情是可以一蹴而就的，只有时常保持学习的热情和努力坚持的信念，才能厚积薄发，取得好的成绩。

编 后 语

每次在校园里碰见 Heiko，总会看见他脸上挂着微笑，热情地同身边的学生们问好。希望他和爱人能够享受在中国科大的生活，也祝福所有的外籍教师在中国科大都能一切顺利！

【摘自《中国科大研究生教育》2016 年第 4 期，总第 104 期】

中国科大罗昭锋:MOOC 躬行者

文/吴海霞

“同一年龄的所有学生使用相同的教材,参加相同的考试,教学效果也按同样的考核尺度评估。教学以工业生产为效仿对象:每一天都被均匀地分割为若干个时间段,每段时间的开始和结束都以敲钟为号。”戴曼迪斯在《富足》中这样描述我们曾经习以为常的教育形式。而这种随着工业革命诞生的教育形式,如今却受到了挑战。从 2012 年开始,一种被称为MOOC(Massive Open Online Course,大型开放式网络课程)的教学模式以闪电般的传播速度蔓延到了绝大部分文明生根的地方,并像任何一个流行的新事物一样引爆了火热的讨论。

对于中国科大的罗昭锋老师而言,MOOC 不仅仅是茶余饭后谈论的对象,更是他身体力行在做的一件事情。从 2013 年春天至今,他的 MOOC 课程“文献管理与信息分析”已经有了上万名遍布全国各地的网络学员,课程视频累计播放次数超过百万次。“桃李满天下,春晖遍四方。”这成了罗昭锋的真实写照。

踏上讲台,源于分享

在罗昭锋的课堂上,被高频率提及的一个词就是“分享”。不仅因为这是一门跟信息相关的课程,而且因为这个词本身就代表了他的生活理念:“赠人玫瑰,手留余香。”这句关于“分享”的箴言美丽而浪漫,但却鲜有人能真正践行。其实,罗昭锋踏上讲台的过程就是源于一次次的分享。

虽然身为生命科学方向的学者,但从很多年前起,罗昭锋便开始专注于文献管理的研究。2004 年的 10 月,罗昭锋在西区三教做了一次 Endnote 软件的培训,从 10 年前的照片可以看到当时的盛况,走道和门口都挤满了热情的听众。受此鼓舞,以后每个学期他都要在学校做几场报告。而在之后的 2006 年和 2007 年他又分别写了两本有关 Endnote 的电子手册放在网上供人免费下载使用。2008 年,“文献管理与信息分析”正式在学校开课,引起了很大的反响,从 2009 年至今一直是全校最热门的公开课之一。当被问及为什么要开这样一门课时,他这样告诉记者:“我自己也做科研,我也需要用到这些工具和技能,这门课就是把自己通过摸索积累的经验分享给大家。”

从 2008 年到今天,六个年头过去了,在每一学期“文献管理与信息分析”的第一堂课上,罗昭锋都会给学生强调分享的意识,而这也是他选择 MOOC 这种教育模式的一个重要原因。

信息爆炸的时代，MOOC 应运而生

罗昭锋的“文献管理与信息分析”是中国科大的第一门 MOOC 课程，就在接受采访的前一天，他还在为于 5 月 27 日登录“中国大学 MOOC”（中国顶尖高校在线学习平台）的课程做录制准备。由于与传统课堂不同的教学特点，MOOC 课程的准备时间是前者的好几倍，需要专为网络学员设计课件，对着镜头练习……

社会发展越来越快，不断的变化要求我们保持终身学习的习惯，唯有这样才能不被淘汰，而网络课堂让我们的学习可以不受时间、空间的限制。MOOC 的初衷便是探索一种更为自由、高效、轻松的学习模式。在罗昭锋看来，MOOC 盛行的时代逻辑也在于此。从另外一方面来讲，社会发展是一个信息、知识逐渐积累的过程，随着信息技术的发展，信息传播越来越快，我们每天面对的新东西也越来越多。在这个信息爆炸的时代，我们每个人都面临一个问题：这些不断产生的新东西我们该怎样去学习？“对每个人来说，学习更多的知识，意味着要么延长学习时间，要么提高效率。而我们每天的学习时间是有限的，所以我们只能希望花比较少的时间去高效地学习。在信息社会的今天，高效学习对我们每个人来说都是一种挑战，我认为这也是推动 MOOC 盛行的一个重要原因。”罗昭锋说道。

MOOC 课程的另一个重要特征就是短视频化，即在课程的制作过程中，把主题分解，变成几分钟长的学习短片，在短片播放过程中设置小测试，以检验学生的学习效果。由于注意力被更多事物“争夺”，现代人能够容忍的内容长度越来越短，阅读、学习都向着碎片化的趋势发展，在 MOOC 课堂上，视频时间变短会使人注意力更集中，让人可以利用碎片化的时间进行高效地学习。而网络和智能终端的普及为这种碎片化学习提供了物质条件。罗昭锋认为高效学习、碎片化学习和终身学习是现在人们学习的三大客观需求，而 MOOC 的授课方式与之相契合。

为人师，学生的认可是最大动力

从 2008 年在学校开课，到 2013 年开始做 MOOC，在罗昭锋的教师生涯中，学生的认可是他前行的最大动力。在他看来，课程就像产品一样，课程好不好，“用户”说了算。在上“文献管理与信息分析”这门课的过程中，他一直把优质内容和“用户体验”摆在最重要的位置，“优质内容就是要有‘干货’，内容要有吸引力；好的体验就是要轻松快乐地学习”。

在罗昭锋的课程中，互动非常重要，他会定期地跟学生交流，每周五晚上八点半，他都会在 QQ 平台为学生答疑解惑。此外，每次上课之前，都会有邮件和短信通知，上完课后他也会在课程平台上和学生互动。

在课程平台上，在微博上，学员的反馈让罗昭锋感到欣慰。一位 51 岁的女学员在给他的信中写道：“尽管时常去科大听听讲座，看看文化交流节目，始终没有勇气走进课堂。是您的网络公开课，让我一边享受科大文化气息，一边增补职场专业知识……感觉自己的生活美极了。”知识能改变人的命运，也能给人无穷的精神力量。“赠人玫瑰，手留余香”，自己的分享能够帮助到别人，这无疑给了罗昭锋坚持做 MOOC 的动力。

教育的未来

在信息社会，人们期望用技术打破阶层的藩篱，实现教育的平等，缩小知识的鸿沟，MOOC为此带来了希望。MOOC的兴起会对传统教育产生什么影响？未来的教育将会呈现什么样的格局呢？

在罗昭锋看来，未来将会呈现一个多种教育形式共存的局面。与很多认为MOOC将颠覆传统教育的观点不同，他觉得MOOC与传统教育相辅相成。“网络教学并不能完全替代传统课堂，比如有的学科是实验学科，网络无法实现这个功能。从中小学到大学，每一个阶段都有一些课程适合做成MOOC的形式，每一个阶段都有一些知识可以通过MOOC获得补充。”罗昭锋说，“尽管传统教育会受到一些冲击，但MOOC并不能也不会取代传统教育，而是对后者有益的补充。教育的本源是对知识的传递，是对人的培养。利用恰当的形式使更多的人获益，这才是MOOC的初衷。”

【摘自《中国科大研究生教育》2014年第2期，总第95期】

我有特别的教学方式

——中国科大外籍教师 Thomas 专访

文/杨　舒　孙萍萍

Thomas Freitas 是来自美国德克萨斯州的一位帅小伙，如今是中国科大英语实践中心(EPC)和研究生日常交流英语课程的一名老师。曾获得世界级射击比赛冠军的他因为外表阳光帅气、教学方式独特而在研究生中拥有着超高的人气。为了进一步探寻他受欢迎的原因，我们对他进行了一次专访。

初见 Thomas，你会不由自主地被他朝气蓬勃的面庞和标准的美式口音所吸引，他亲和地让我们直接称呼他为“Tom”：“我不喜欢学生们叫我‘professor’或者‘teacher’，这样显得疏离而又客气，我更喜欢学生像朋友一样称呼我‘Tom’。”正当惊讶于他直接而又爽朗的性格之时，他又补充道，“其实，我也有中文名字叫飞虎龙，我喜欢有力量的事物。”说完，他抱歉地笑笑说自己的中文并不怎么好。Tom 虽然出生在美国，但他来自一个多重混血的家庭，父亲的家族来自葡萄牙，母亲是英德混血的美国人，这也是他拥有与其他美国人不一样的棕色头发和灰色眼睛的原因。

Tom 曾经是一名双向飞碟射击运动的世界冠军，他的爷爷在射击领域颇有造诣，并带领 Tom 进入射击领域，爷爷的教导成为他童年的主要回忆。爷爷曾经在训练中告诫他，一定要尊重自己所做的事情，时刻保持冷静和专注，如果不能很好地控制自己的情绪，最好直接放弃飞碟射击。因为这项运动需要极高的专注力与速度，稍有闪失就会出现脱靶的失误，而这种失误却又是常见的，所以，射击者唯有冷静沉稳，并在不断的失误中反复训练，才能一步步成长和提高。对射击的兴趣和反复练习使他在一次世界级射击比赛中获得了冠军，只是这份荣誉并没有促使 Tom 继续他的运动生涯，他很快认识到年轻人在飞碟射击中更具优势这一现实，比起射击他更想从事教学事业，因而终结了职业运动员的训练，转而进入一所高校开始专业知识的学习。但射击训练的经历，却对 Tom 今后的学习和教学产生了重要影响，让 Tom 逐步锤炼出良好的情绪控制能力和专注度，并且使他在今后的教学中对学生表现出极大的耐心和细心。

当然，Tom 在教学中的成就要更多地归功于他在大学期间攻读心理学学位的经历。他细心地总结了教学的心得：射击运动是项单人活动，最终的成败取决于射击者个人。但教学不是，教学是一项团体活动，它的成败往往取决于学生。并且从心理学研究来看，相对于批评，鼓励更容易激发学生的主动性。所以，作为老师，Tom 倾向于以引导者的身份鼓励学生互动，让学生成为课堂的主体。为此，他通过各种方式向学生传达他对中国文化的了解与热爱，从而缩小与学生们的距离，并希望学生能就中华文化和国内热点问题和他进行英文交流。文化代沟并没有影响他与学生的交流，作为年龄相仿的“外国大哥哥”，他一直努力与学生建立平等的朋友关系，并不希望学生把他看作遥不可及的刻板老师。事实也证明，不仅学生在课堂交流中获得了较多收获，他也从学生身上学到了很多。

谈及每次课堂开始的点名环节，Tom 感慨万千。Tom 说在美国，老师从不在乎学生的出勤率，因为大学生需要为课程学习支付高额的报酬，缺勤只是学生自身的损失，不需要用点名来捆绑学生的来去自由，如果学生对他的课程不感兴趣，可以随时离开教室。但是作为学校给定的任务，Tom 也不否认点名的合理性，以出勤率作为考核学生成绩的标准之一。

中美高等教学存在着巨大差异，Tom 认为在某些方面，美国的学生可能拥有更大的选择自由度，他们善于质疑老师的观点并表达出自己的想法，师生之间有更多的互动，而不是停留在固定的教与学的层面。美国学生也拥有更多的实践机会，除了理论学习外，他们往往还有出国交流、社会兼职的经历，在旅行、社会实践和文化交流中增长阅历。他对科大学子们的社会适应能力表示担忧，他希望科大的学生可以为走向社会、进入工作岗位及早做好准备，不仅仅是遵循固有的培养模式进行就业选择，也可以通过不断的实践找到适合自己的发展路径。在出国留学方面，他也建议学生们提前做好尝试与接受的准备，在一个陌生的环境里，只有不断地尝试，才能真正地把自己融进当地的社会，也才能获得更好的自身发展。就像他来到中国，才知道黑色的皮蛋、怪异的臭豆腐也可以如此的美味。只有经过亲身尝试，才会发现事情的不同面，也才能发现更多的美好之处。

通过交谈不难发现，Tom 对于很多事情都有很浓的求知欲。他曾前往许多国家去探索自己未知的事情：去葡萄牙探寻自己混血家族的历史，去意大利感受古欧洲文明，来中国学习上下五千年的悠久文化。对于科学的痴迷使他最终选择来到中国最好的科研高校——中国科大进行英语教学。今年是 Tom 在中国的第五年，也是在科大的第五年，他对于科大人的勤奋与刻苦表示钦佩："非常感谢来自不同学科的学生，让我有机会了解到更多的科学知识。"

Tom 从未停止学习和对社会、自然的探寻，这五年里，他去过中国许多地方，北到内蒙古，南到桂林，但黄山却是他去过次数最多的地方。除了在距离上比较近之外，黄山美景的千变万化，极富吸引力。他提到美国的许多景点都是原生态的，如果想去爬一座山，需要自己摸索很久的时间，才能找到去路。但在黄山如此大的风景区，他可以沿着人工开辟的道路和指示牌，快速地找到自己的理想目的地。

活到老，学到老。Tom 告诉我们，这个春节过后，他会先回家，之后会转去南美洲，在语言最不相通的环境中，继续英语教学方法的探索。他希望自己能在教师的道路上走得更远，成为一名更加优秀的英语教学者。也许正是这种执着与热爱，时刻准备着和实时总结的坚持，让 Tom 既可以成为一名世界冠军，也可以成为最受学生欢迎的老师。对于未来是否还能回到中国，他表示这还是一个未知数。期待在未来的科大校园能够继续看到 Tom 的教学身影，也期望他能将更加多元化的文化传播给我们！

【摘自《中国科大研究生教育》2014 年第 4 期，总第 97 期】

困学守望，一苇以航

——中国科大基础课从教者群像

文/刘迈克　陈宏波

重视基础课教学是中国科大的优良传统。当国内其他高校仍在为“重科研、轻教学”的问题抓耳挠腮的时候，教学和科研并重的中国科大，持续在基础课教学上祭出“组合拳”，使科大学生因基础“宽、厚、实”而持久受益，并形成了独特的竞争优势。在众多举措中，我们不得不提到的便是“困学守望”教学奖的设立。2006 年，为维持和提高中国科大长期保持的高质量基础课教学水平，774 校友刘亚东毅然出资 60 万元，奖励在中国科大承担数学、物理基础课教学工作的优秀教师。该奖涉及 20 多门基础课程，涵盖多种奖项，包括“困学守望”育人终身成就奖、“困学守望”杰出教学奖和“困学守望”优秀教学奖等，覆盖各个年龄段的基础课从教者。

“困学”语出《论语・季氏》：“困而学之”，意为遇到困惑的时候就学习；“守望”则代表设立者的初衷，在人心渐浮渐伪的大环境中，刘亚东等校友希望“教师，尤其是从事基础课教学的教师，能够静心守护在教书育人的神圣岗位上”。所谓“国将兴，必贵师而重傅”“师尊则言信矣”，概莫能外。迄今为止，“困学守望”教学奖已历十届，获奖人数逾百，成效日显，响应者渐多。本刊将从新近一届获奖者中试举三隅，描摹“老中青”三个年龄层基础课从教者群像，以飨读者。

“基础”楼：固本强基，老骥千里

“青山原不老，为雪白头。”从楼立人老师第一眼见到科大起，他对科大的这份挚爱已经保鲜了 56 年。

采访一开始，楼老师就挺自豪地告诉我们，当他还只是一个本科生的时候，科大基础课的教鞭主要由华罗庚先生、钱学森先生、严济慈先生等老一辈科学家执掌，重视程度可见一斑。耳濡目染，后来这也就成了他奉行一生的教学理念：“基础课学好了，才有后劲。”

见我们面有惑色，楼老师进一步解释说：“基础课主要呈现的是人类探索自然界的过程以及由此得到的基本知识和规律，而如何从大量现象中总结出基本规律，恰是各行各业从业者的必杀技。因此学好基础课意义深远，这也是我参加实际工作以后的切身体会。”那么，这般重要的课程如何才能教好？相信这也是教育界普遍关注的问题。对此楼老师结合自己的教学经历提出了真知灼见：“学科内容更新虽然有一个过程，但我们仍要主动出击，将学科前沿知识总结和提炼到自己的课堂中来，这样才能深化知识，始终站在时代前沿。”谈到不同年代学生的区别，从事教学工作四十余载的楼老师认为：“早期的学生会把大部分时间放在功课上，学习也更加认真刻苦；而现在的‘90后’思维更加开放，想法更加多元，与老师的交流互动也更频繁。”

退休后的楼老师除了带研究生，还担任研究生专业课“固体光跃迁过程”的教学工作。楼老师说：“即便是研究生也应加强基础知识的学习，当然，他们的侧重点应该是学会利用基础知识来处理具体问题。在这个过程中，除了跟着老师学习以外，还要不断提高自学能力，努力拓宽自己的学术视野。”

“与老年大学相比，我还是更加喜欢待在实验室里多和学生们交流讨论，感受新生代的活力。”这就是楼老师，纵然已经退休，纵然抱恙在身，但仍不忘教师的天职，在平凡的岗位上从事着不平凡的工作。或许，这才是真正的大家风范。

“萌主”崔：教学相长，中原之光

如果要评选科大最萌的老师，那么，“在中流击水”的崔宏滨绝对是一个绕不过的人物。刚一见面，老崔就给了我们一个微笑，萌萌的心性溢于言表。

“光学”和“原子物理学”是崔“萌主”的两大法宝。在众多基础课中，老崔为什么偏偏选中它们呢？“这两门课比较难，我上大学的时候没有学好，现在是来补课的。”老崔不好意思地笑了。然而这不正是“困学”吗？正因为老崔先后扮演过听课者和讲授者这两种角色，因此他总是能站在他者的角度来看待自己的教学工作，从而持续提高教学质量。

如果说当初的选择多少透露着一丝无奈的话，那么对于现在的老崔来说，当老师“既是兴趣也是才能”。我们进门的时候他还在认真地备着课呢！相比于以科研为主的年轻时代，人到中年的他把大部分时间都投放在基础课教学上。“科大很尊重和宽容老师，即便我从事的是显示度没那么高的基础课教学，也会有不错的发展空间。良好的文化生态正是我们的底气之所在。”

在老崔看来，教好基础课，最重要的是创新和互动。“教学也需要研究。”在备课过程中，老崔会找出每一个知识点赖以提出和发展的原文文献进行阅读，发现其中的问题并创造性地解决问题，有时甚至会提出比原来更简捷的解决方法。除此之外，把握领域最前沿的知识也是他的拿手好戏。因为这种努力，他编撰出了被学生奉为经典的《光学》和《原子物理学》这两本教材。但他并不固步自封，使用这两本教材的科大学生也不会满足于老师给出来的解答。于是在他们的互动中，这两本教材的内容仍在不断更新。在教学方法上，上过老崔课的人都知道，他一直坚持随堂测验，题目开放性很强，没有固定结论，主要考察学生是否了解相关理论背景，捎带训练下他们的思维。课堂上，学生有问题可以直接打断老师。有的学生问题很多，甚至会问到让人崩溃，但他每次都耐心地进行讲解和引导。曾经有一个参加普林斯顿大学面试的学生拿着一道关于小孔成像的面试题和老崔讨论，在他们的共同努力下，找到了比费曼更好的计算方法，受到了老师和同学的一致认可。曾经还有学生问他：“崔老师您是普林斯顿毕业的吗？课讲得这么好。”老师骄傲地说：“我是科大毕业的。”

“杀手”徐：宽严相济，后浪有力

徐春凯老师是在实验的间隙接受我们采访的，对此，我们深表感谢。毕竟，作为一名青年教师，他需要拿出70％左右的时间来跟科研压力这头“拦路虎”肉搏。

刚一进门，那干净得一眼就可以装下的“小隔间”似乎在向我们宣示主人的纯粹。而简洁的“界面”往往意味着复杂的后台。果不其然，徐老师一开口，就暴露了他秒速达六七个字的语速以及远快于此的大脑运转速度，也就是说，只要你的思维稍一松懈，你的左耳很快就会发生严重的“交通堵塞”。这不得不让我们正式将眼前的这位“玉面小生”同荣登“科大琅琊榜”的“杀手徐”画上等号。毕竟，在科大这个高手如林的微江湖，不是任何一个老师都能被冠以“杀手”的头衔的，它说明受封者对自己、对学生有着严格的要求。“刚开始从事教学工作的时候，我带的班级不及格率最高可达 15%。”徐老师不无自豪地说。即便挂科率如此之高，徐老师执教的“电磁学”仍多次被学生评为优秀课程，这暗示了学生对从教者人格魅力和教学素养的认可，也体现科大学生迎难而上的风骨。

难能可贵的是，这个“杀手”并不太冷。在徐老师的课堂上，想提问或者觉得自己的理解跟老师的讲授有所出入的学生随时可以摁下“暂停键”。有时，徐老师还会专门邀请他们上台讲，自己倒像个学生一样毕恭毕敬地站在一旁听，可谓宽容之至。让徐老师印象深刻的是一个高二保送生。虽然尚未到入学之时，但他却主动地到徐老师的课堂上旁听，并且还取得了期中考满分、期末考 98 分的好成绩。“等你入学的时候，拿着这张成绩单来找我就可以免修这门课程了。”一个善于“变则通”的“杀手徐”跃然纸上。

经过十余年的摸爬滚打，徐老师在基础课教学的传承与创新上显得游刃有余起来。在教学理念上，他和前辈们一样注重拆掉学生思维中的墙并引导他们学会独立思考，以此来重构他们的思想体系。“每当我讲解一个问题的时候，我更喜欢强调的是这个问题的起源和演变，以及其背后蕴含的物理思想、物理意义，而不仅仅局限于推导和运算。”在教学内容上，他融汇了前辈的讲义和学科前沿知识，逐步形成了自己的教学体系；在教学方法上，他一手抓“互联网＋教学”，一手仍握着粉笔写板书，既不守旧，也不忘本，一切以教学对象和内容的需求为导向。可以说，这位青年教师正逐渐从前辈手中接过基础课教学的衣钵。也无怪乎“困学守望”优秀教学奖、青年教师基本功竞赛一等奖、杨亚校友爱岗敬业奖统统向他靠拢。

“凡心所向，素履所往，生如逆旅，一苇以航。”在知识的麦田里，这样一群朴实无华、清净自持的基础课从教者的“守望”构成了我们“困学”时最坚实的土壤。我们能做的便是道一声感恩，再道一声感恩，然后在这一声声感恩中尽快长成金黄。

【摘自《中国科大研究生教育》2015 年第 4 期，总第 101 期】

灵感与努力共注，浇灌科技之花

——访中国科大刘利刚教授

文/唐丽佳

刘利刚，中国科学技术大学教授，博士生导师，中国科学院“百人计划”入选者，国际会议SPM 2014、SGP 2015、CVM 2016的论文共同主席，学术期刊*CAGD*，*IEEE CG&A*及《软件学报》编委，研究方向包括计算机图形学、3D几何建模与处理、3D打印等。刘教授于2001年在浙江大学获得应用数学博士学位，2001年至2004年在微软亚洲研究院从事计算机图形学研究，2004年至2011年在浙江大学数学系工作，2009年至2011年在美国哈佛大学进行学术访问。他已在计算机图形学顶级（TOP）期刊*ACM Transactions on Graphics*上发表16篇论文，主持3项国家自然科学基金项目，获得2项国家发明专利和15项计算机软件著作权，并荣获“微软青年教授”奖（2006）、陆增镛CAD&CG高科技奖一等奖（2010）、国家自然科学奖二等奖（2013）、中国科大校友基金会青年教师事业奖（2014）等奖项。

近期，中国科大数学科学学院国家数学与交叉科学中心（合肥）的图形与几何计算实验室及“创客空间”研究小组，在3D打印（快速制造）领域取得了重要研究进展，提出了一种快速、廉价制造大物体的技术。该研究成果论文已被计算机图形学领域的顶级（TOP）会议SIGGRAPH 2016接收，并全文发表在计算机图形学领域的顶级（TOP）期刊*ACM Transactions on Graphics*上。为了揭开3D打印技术在快速制造领域的神秘面纱，进一步了解我校图形与几何计算实验室及“创客空间”研究小组，本刊记者特地采访了该项成果的通讯作者——数学科学学院刘利刚教授。

合肥的天气一如往常，五月初就让人感受到了夏日骄阳火辣的热情，我如约来到管理科研楼12层，刘教授早已在办公室等候着我的到来。刘教授带领我参观了数学科学学院的“创客空间”和图形与几何计算实验室，并亲切、热情地与我交流自己的科研心得，在轻松、愉快的氛围中开启了本次采访之旅。

3D打印并非虚幻缥缈之物

随着科技的发展，3D打印技术以多领域的应用逐渐进入人们的视野，成为当下热议的话题。“3D打印并没有众人口中说的那样神奇虚幻。”刘利刚教授深入浅出地介绍了他眼中的3D打印，“3D打印是增材制造技术的俗称，是主要依据三维CAD设计数据，采用离散材料（液体、粉末等）逐层累加起来制造物体的技术。相对于传统的铸造、锻造、数控加工等制造工艺，3D打印是一种新型的材料累加的制造工艺，自20世纪80年代开始逐步发展，也被称为快速成型、分层制造等。3D打印机就是一种工具,能把虚拟的数字模型打印成具体的实物物体。”

刘利刚教授前些年曾提出3D打印技术的4M概念,他认为3D打印主要涉及三个领域,分别是设备(machine)、材料(material)和建模(modeling),这三者相辅相成,缺一不可,共同支撑着制造(manufacturing)。3D打印制造则涉及两个基本问题:一个是制型,另一个则是造物。制型是将物体的形状设计并构建出来,主要是运用适当的建模工具和手段将物体的形状进行表达。造物即指将物体的实体加工出来。加工方式不尽相同,比如铸造工艺,即把材料注入到模具里进行铸造成型;又如锻造工艺,是将金属材料加热进行敲打成型;数控加工工艺,则是通过车床、铣床等把金属等材料打磨成型。然而,这些制造工艺无法加工形体复杂的物体,也极易造成材料浪费。3D打印则可以对任意复杂的物体进行成型,是对现有这些制造工艺的有效补充。说起3D打印技术,刘教授认为该项技术作为一种新型的制造技术,其主要优势体现在能对各种复杂物体成型、实现个性化定制和降低制造门槛使之可以变成家用三个方面。

和而不同,共创发展

不同于中国科大其他学院对3D打印的工艺和材料等领域的关注,刘利刚教授团队集中于4M中的建模(modeling)研究,包括面向3D打印的三维建模与设计及几何算法研究等。

刘教授边讲解边带领我参观“创客空间”的3D打印机、平面激光切割机等设备。刘教授耐心地介绍:“3D打印通过快速自动成型系统与计算机图形数据结合,可以制造出各种形状复杂的物体,但因为打印机体积有限,无法直接打印体积较大的物体。而平面激光切割机虽然只能制造具有2D形状的物体,但切割速度非常快,制造材料成本低。”

“创客空间”里面摆放的各种实物模型就是本次项目在3D打印快速制造领域取得的成果。刘教授继续解释道:“我们这次所利用的3D打印和平面激光切割结合的方法,主要是将3D模型表达为内部的凸多面体粗略表达及外部的精细表达,凸多面体的面是由激光切割版块,通过空间的自锁结构组装成内部的支撑结构,将3D打印部件贴附到支撑结构上,保证物体表面的细节外观,这个方法比简单的分块打印方法节省60%的材料成本和制造时间。”

实际上,2013年刘利刚教授团队就对省材的3D打印技术进行了相关研究。本次项目的最初想法于2015年4月提出,并得到了其他兄弟院系和海外合作者的支持,其中就包括中国科大计算机科学与技术学院特任副研究员宋鹏老师。刘教授说当时把自己的想法跟宋老师进行交流后,便得到了宋老师的大力支持,从创意想法的讨论到具体过程的实施,双方都是在愉快的合作氛围中进行的,并取得了优秀的研究成果,同时体现出中国科大“跨系合作”的精神特点。

科研无坦途

刘利刚教授提到,兴趣才是内在的真正驱动力,而不是文章指标等条条框框,在兴趣的指引下,加上刻苦的钻研,才会激发出无限可能。本次项目工作量大,刘教授细细回想起来,觉得印象最深的事情则是对于关键核心算法的突破和成品的制造与拼装。“当时团队试图用一个多面体去逼近一个三维形状,可是最初设计的时候想得比较简单,后面发现有更好的想法，觉得兴奋不已；还有一个则是成品的具体制造，就是怎么把模型完美拼凑成型，这个过程也是非常有趣和具有挑战性的。”刘教授解释说，“无论是算法设计与编程，还是成品的制造与拼装，都需要较强的综合能力，这也非常考验团队的合作和动手能力。”

“万事开头难，想要在科研上有所突破，好的问题和想法非常关键，找到一个具有挑战性和创新性的好问题，往往就预示着成功。”刘利刚教授谈起本次的科研突破有感而发，“接下来就需要把好的想法变成算法、代码，具体落实实施，这就需要团队有良好的思考力、行动力、执行力。”刘利刚教授认为做科研就是“好问题＋好方法”的完美结合。失败乃科研常事，成功却弥足珍贵。但只要认准目标，坚定信心，不放弃，成功也是容易获得的。

对于未来的研究方向，刘利刚教授满怀信心，他说：“因为现在3D打印还处于平面堆积阶段，在今后的研究中，我们团队将会通过机器人和3D打印结合进行空间打印，主要利用机器臂直接在空间中成型；另外借助智能材料与3D打印结合，对该领域进行进一步扩展研究。”刘利刚教授深知科研无坦途，需要长时间研究，但只要有好的想法，团队就会一直推进实施，致力于3D打印技术的应用与发展。

以梦为马，扬鞭前行

受益于曾经在微软公司的工作经历，刘利刚教授不仅拥有扎实的理论知识，同时具备着丰富的实践经验，这也让他在理论研究的过程中更关注实际问题的解决。数学科学学院的“创客空间”就是在刘利刚教授的提议下建立起来的，3D打印机、3D扫描仪、激光切割机、六轴机器臂、VR眼镜、移动机器人平台、四翼飞行器、电动工具、五金工具等各种电子仪器和设备，以及摆放在实验里的各类模型成果，如同筑梦乐园一般引人入胜。

刘利刚教授热情地介绍着数学科学学院“创客空间”的发展及运作情况：“听起来‘创客空间’跟工科专业更为相关，而我们数学科学学院则注重理论研究。现在我的学生中有几个正在创业，我们老师在后面提供技术支持，就如讯飞早年的发展模式一样。”“创客空间”扮演着孵化器的角色，目的是给本科生和研究生提供一个开放的、有创意的硬件与软件实现平台，响应国家号召，致力于创新创业。目前创客空间研究小组已经有多项成果论文在国际期刊上发表。

与此同时，刘利刚教授目前也是中国科大先进技术研究院阿巴赛3D技术创业团队的技术顾问，致力于3D技术的实践与应用以及3D技术的人才培养。作为该领域的弄潮儿，刘教授乐在其中，并且希望3D打印技术能在更多领域得到应用并早日进入平常百姓家。

选贤才，优管理，展未来

如果说老师是团队的灵魂人物，那么学生则是为团队不断注入生命力的源泉，看人选才是导师在团队构建过程中最为看重的环节。说到对学生的选择，刘利刚教授精炼地说着自己的“三好学生”标准，即态度好、数学好、编程好的学生。首先，态度决定一切，对科研的认知程度如何、对研究领域是否有兴趣、做事是否踏实等是选才的首要条件；其次，作为数学专业的学生，良好的数学基础、严密的思维方式及逻辑能力是必不可少的；最后，要把好的想法付诸实际，就需要兼具优秀的算法设计和编程能力。

对于学生管理方面，虽然刘教授平时要处理科研、教学和行政等事务，但由于拥有高效的时间管理方法，因此他仍有较多的时间和精力关注学生成长和学习。“我对学生实行分类管理。对于自控力不强的学生，我通过提出严格要求鞭策他们协调和管理自己的学习和生活，使他们拥有端正的学习态度和高效的做事方式。对于自觉性较强的学生，我会提出更宏观的要求，给予一定的空间和自由让他们自主学习，帮助他们获得更大的发展和提升。”在人才选拔管理上，刘教授践行着“20—80 原则”，不断推动整个团队的拔尖发展。

谈到对中国科大学子的期望时，他说合肥的经济发展虽不如北京、上海等发达城市，没有那么多大型的 IT 企业，但我们应充分自信，既要相信科大的教学资源和硬件设施，也要相信自身的能力和潜力。刘教授建议学生们要充分运用科大提供的学习资源和网络平台，在学习知识的同时通过听前沿报告、讲座，积极关注科技新闻和未来动态等形式，掌握学术前沿发展，扩大自己的视野，加强对科研定位的深刻认识，更好地促进自我发展和完善，做有理想、有追求、有文化、有担当、有道德的科大学子。

后　记

透过刘教授的话语，我能深刻感受到一位学者对自己研究领域的钟爱、对自己团队的信任和对学生的殷切期许，也从侧面了解到刘教授是个负责刻苦、积极努力、严谨乐观的人。在此，祝愿刘教授团队在今后的科研道路中取得更多的成果和进步，不断推动人类科技事业的发展！

【摘自《中国科大研究生教育》2016 年第 3 期，总第 103 期】

治学莫畏冷 “量”才当惜用

——访中国科学院院士郭光灿教授

文/李金龙 陈 颖

被称为“高锟型科学家”的中科院院士郭光灿，今年已届七十。初见郭光灿，并未感觉到他身上的院士光环，脸颊瘦削、目光睿利、微笑谦和、语速略快，这是他留给造访者的第一印象。他从阳光下缓步走过，安静而沉着，一如他走过与量子结缘的31年：39岁，开始量子研究；42岁，主持召开全国第一个量子光学学术会议；49岁，结集出版量子光学课程讲义；55岁，独立完成我国量子信息领域第一项重要工作——量子编码；57岁，建立我国量子信息领域第一个省部级重点实验室；59岁，成功申请我国量子信息领域第一个“973”项目；60岁，获得我国量子信息领域第一个基金委优秀创新群体基金；61岁，凭借“量子信息技术的基础研究成果”获得我国量子信息领域第一个国家自然科学奖二等奖。

从无名学者到量子专家，习惯在“一个学科方向还比较‘冷’的时候参与进去”的郭光灿如今已名满天下。然而他“老骥未伏枥，志犹在千里”——谈及理想，他“准备把精力全部投入到量子计算机的研究中去，在20年内，使我国占领量子计算机研究的制高点”。谈及育才，他“不相信在中国的土地上培养不出一流的科学家，我国已经具备足够的条件让学生做出非常高水平的研究”。

甘坐冷板凳 终成大气候

在郭光灿的科研理念中，在一个学科方向还比较“冷”的时候参与进去，才有更大的发挥空间。1981年，郭光灿到加拿大多伦多大学做访问学者，剑走偏锋，选择了“在国外已具有成熟的基本理论框架”却被国内学者认为“不会有太多理论内容且无前景”的量子光学作为研究主攻方向。至此，他成为了致力于量子光学领域弥补中国与世界20年差距的第一人。

而如何弥补这个差距并赶超西方先进国家成为当时郭光灿最为关心的问题。于寂寂无闻中辛苦钻研10余年后，他终于意识到量子光学的发展前景是量子信息，依托这一交叉学科形成的“新生长点”，中国可能会获得赶超国外的重要机遇。这对于已然50岁、懂量子不懂信息的他来说是一个不小的挑战。

倔强的郭光灿并没有放弃对未知领域的钻研，在发奋改变落后局面的使命感和科学价值的鉴赏能力的驱使下，他从信息学基础做起，甘心“板凳坐得十年冷，文章不写半句空”，终于在1997年因完成“量子编码”的研究工作而一战成名。

愿坐冷板凳，终成大气候的郭光灿在全力研究量子光学和量子信息的数十年中，尤为欣赏与他秉性一致、潜心科研的年轻学生。

李科于 2004 年因“对量子信息感兴趣”而转投到郭光灿门下攻读硕博研究生。他在攻读博士期间选择了量子信息领域“很多牛人十几年都做不出来的高难度课题”坚持研究，直至毕业前一年还未发表过一篇文章。面对这样不为世俗所动、执着于一个领域且一定要做出个名堂的学生，郭光灿对其的许诺是：“只要做到，你就坚持去做，做到哪一年，我就支持你到哪一年”，并资助其赴印度和英国交流、学习，虽然深知所给的课题研究困难重重，但依然以高于其他研究生的待遇支持李科全力以赴攻克“量子信道私密容量不可加性”这一难题。

一年后，李科的论文“首次证明了量子信道的另一个容量即私密容量也是不可加的，解决了多年来悬而未决的难题。同时，再次认证量子容量的不可加性，推翻了以往学术界认为量子容量的增量是来源于单条信道的私密容量这一猜测”。兴奋之余的郭光灿特意为李科写了一篇名为《甘坐冷板凳的研究生》的文章发表于《科学时报》——这是他第一次专门为学生写此类文章。郭光灿对淡泊功利、精心学业的年轻人的惺惺相惜之情，由此可见一斑。

盛名震寰宇　诲人亦如初

进入 21 世纪，郭光灿在我国量子信息领域的影响力逐渐凸显。2001 年，郭光灿成为量子通信和量子信息技术“973”计划项目的首席科学家；2003 年，入选中国科学院院士；2004 年，在国际上首次解决光纤量子密钥传输过程的稳定性问题，通过实际通信光路实现 125 公里单向量子密钥分配；2009 年，实现芜湖量子政务网；2011 年，成功制备出八光子纠缠态；2012 年，实现目前世界上最高保真度的固态量子存储器……

多项令世界为之侧目的科研成果没有让他“在弦和圈的美丽中迷失方向”，他早已明确自己将来 20 年努力的方向：成功研制量子计算机和实用的量子通信系统及为国家培养一大批量子研究领域的骨干人才。

从 23 岁毕业留校至今，郭光灿一直站在教学第一线，为学生讲授“量子力学”“量子光学”“普通光学”等多门课程，其中“量子光学”他已讲授了 20 余年。和每一位执着奉献、珍惜人才的老师一样，郭光灿十分注重人才的培养，对于优秀的学生更是求贤若渴。量子信息是一门新兴学科，国内外人才都非常紧缺，故而为国家量子领域培养更多的年轻人，建立一支高水平的科研团队是郭光灿目前的当务之急。

而解决这个“当务之急”的第一步，无疑是对高水平研究生的培养。“一个实验室能够出科研成果跟高水平的研究生是相辅相成的，如果你没有高水平研究成果，也很难有高水平的学生；当然如果没有好学生，也不容易出成果。因为年轻的学生队伍是科研的生力军。”在郭光灿领衔的中国科大量子信息重点实验室里，所有的研究生都是“长周期培养”，即硕博连读或本硕博连读的一体化的教育模式。

他之所以“苛刻地”要求所有学生必须“硕博连读”或“本硕博”连读，是因为“量子领域很艰深，要做最前沿的课题，得从基础做起，一两年或两三年时间是不够的”，郭光灿说：“我不要硕士，也不要硕士考博士。硕士两三年很难做出成果，由硕士考过来的博士，其功底往往不够深厚或与我的课题相距较远。只有在硕博连读或本硕博连读的长周期培养下，我才可以非常有计划地把每一个学生的基础打好，然后将其一步一步引导到量子最前沿。”

“苛刻”做科研　差异砺师生

除了在研究生培养模式上苛刻要求，郭光灿也要求身系教育重任的教师“克服浮躁和功利，专注教育”。“并非所有的老师都适合搞科研，如果他本身对科研不感兴趣，或者是把科研当作牟利工具，或者把培养学生作为完成科研任务的工具，这种老师是培养不出高水平的研究生的。”他在接受采访时说道，“目前的教育系统内部需要进行一些改革，比如评价体系的改革，不能看其文章的数量，要看其科研的质量和意义。也可以从教师科研业绩上进行评价，以此作为增加或限制其所带研究生的名额的指标，不搞平均分配。”郭光灿如此说，也在实验室中如此做——按照实验室中博导的研究方向和科研能力公平分配研究生资源。

郭光灿在实验室硬件装备上也要求尽力做到与国际一流水准持平。进入中国科大量子信息重点实验室，可以看到这里装备了量子光学实验平台、量子密码实验平台、量子点实验平台、完备弱电测量系统、原子系统实验平台、介质微腔实验平台、表面等离子体实验平台等。有志于量子科学研究的年轻学子不必出国，因为在这里就完全可满足他们做科研的硬件条件，更何况在这个实验室中，如果有需要随时可以出访。

同时，郭光灿也大幅度提高研究生待遇。“我的研究生可以在较好的待遇下潜心从事科学研究。实验室还有一笔资金，专为鼓励差异而设，目的就是奖励给优秀研究生。”郭光灿的举措消除了学生全身心投入学习、研究的后顾之忧。为了给对量子科学研究感兴趣的学生们更大的发挥空间，郭光灿鼓励学生出国访学，并付诸行动——每年都会选派一定比例的研究人员到国外学习考察。而郭光灿对这些年轻的科研人员的唯一期望和要求是：“发表论文不是科学研究的最终目标，重要的是所做的研究具有价值，对科学发展能够产生真正的影响。”

31 年的岁月，雕刻了一个男人的面庞，却也熔铸了他的智慧。如今的郭光灿，依然如初——教书育人，致力科研，倾尽毕生心血，带领他的团队奋战在量子科学研究第一线。郭光灿和他的量子信息团队，昨天、今天和明天所有的努力都在瞄准科技的最前沿！

【摘自《中国科大研究生教育》2012 年第 4 期，总第 89 期】

超越自我的执着人生

——记中国科学院院士、分子生物物理学家施蕴渝

文/袁玲玲

施蕴渝，女，中国科学院院士，中国科学技术大学教授、博士生导师。1942 年 4 月生于江苏省南京市，1965 年毕业于中国科学技术大学生物物理系，1997 年当选为中国科学院院士；曾分别在意大利罗马大学及 CNRS 结构化学研究所、荷兰格罗宁根大学、法国 CNRS 结构生物学实验室、理论化学实验室进修或合作研究；现任中国科学技术大学学术委员会副主任，中国科学技术大学学术委员会结构生物学实验室学术委员会主任，教育部高等学校生物科学与工程教学指导委员会主任委员，中国科学院生物学部常委，中国科学院知识创新项目负责人；在 *Biochemistry*，*J. of Biomolecular NMR*，*J. of Computer-Aided Molecular Design* 学术期刊上发表论文 60 多篇；曾获中国科学院自然科学奖二等奖、三等奖各 1 项，两次获"863"计划先进工作者三等奖；享受国务院政府特殊津贴。

"人的一生犹如登山，登山的艰辛，带来了登山的快乐。学习，学习，再学习，不要固步自封，敢于触及自己不懂的东西，敢于超越自己。学会宽容，学会理解，真诚待人，对同事，对学生都应这样。"正是在这句座右铭的指引下，中国科学院院士、分子生物物理学家施蕴渝教授执着地实现了自我的超越。

人生的成长之路，自始至终无不充满着坎坷与艰辛，如果你认定了目标坚定地走下去，你便超越了自我，离成功只有一步之遥。如果你以海阔天空的胸襟面对人生，一路走来只会有回忆的幸福而无缺憾。

与母校共成长的艰辛之路——陪伴母校五十年风雨历程

1960 年，18 岁的施蕴渝考入中国科学技术大学生物物理系。对于当时的情况，施老师记忆犹新，"我们进校时，条件非常艰苦，但能进入科大学习，同学们都感到十分幸福。因为当时 100 个同龄青年中只有 1 个人有机会上大学"。后来科大南迁合肥，这对于施蕴渝来说是人生中的一次极大转折，1970 年 2 月，风华正茂的她毅然决定留在母校与母校共渡难关。

1979 年，施老师出国进修，国外的学习生活使她一下子开阔了眼界，知道了中国和世界的差距有多大，应该如何搞科研。更难能可贵的是，施老师的学习目标始终如一——报效祖国。国外先进的科学技术条件、优越的生活条件，都没能让她有丝毫留恋，她毅然回国，加入了建设科大的行列中。因为她觉得，为国家科研做贡献是理所当然的。"我是 1981 年回国的，我在国外做了两件事情：一个是计算生物学研究，一个是结构生物学研究。回国后我发

现没有任何研究条件，几年内我申请不到一分钱。一直到1985年，我才申请到第一批国家自然科学基金5万元。那时科大只有一台公共的大计算机，但是计算速度太慢，程序放进去算一年也算不出结果来。”面对简陋的科研设备和少得可怜的科研经费，施老师不畏艰难，孜孜以求，终于在1986年申请到了“863”项目，着手研究有关计算机分子设计的课题，从35万元科研经费中调拨经费配备了一台计算机，开始了艰辛而充实的科研之路，随后她率先领导创建了中国科大结构生物学开放实验室。

20多年来，她领导实验室建立了多维核磁共振实验研究蛋白质结构与功能的系统方法，研究了一些重要蛋白质如转录因子、蝎毒蛋白的溶液结构与功能的关系，在计算生物学方面深入开展了同蛋白质分子设计与药物设计有关的基础理论和方法学研究。其所取得的创造性结果，引起了国际同行的关注。

自强不息的坚定人生态度——一生专注于科研的女院士

做女人难，搞科研难，做女科研人员难上加难。作为凤毛麟角的女院士，施老师认为在科研领域里男女是平等的，女性要想取得成绩，必须永远主动进取。作为女性科研人员，除了工作之外还要承担家务劳动和子女教育。如何处理好家庭和事业之间的关系？施老师认为最主要的是要自强不息，不要觉得自己是女性就顾虑重重、优柔寡断，人在追求生活目标的过程中没有性别之分。在生理上女性并不比男性差，甚至有着得天独厚的优势，如性格上的细腻、坚韧、耐力等特质，女性要明显强于男性，有助于女性在科学领域施展抱负。“在学业的各个阶段，女生不比男生差，为什么到了后期就退到‘二线’了呢，我觉得这很大程度上在于观念问题。女同志在生育和教育培养孩子的时候的确很辛苦，但随着社会的进步和发展，人们的观念也在不断改变，越来越多的家庭中不单是女性要承担家庭责任，男性也要承担，这是社会发展的趋势。在我出国的两年里，我爱人就承担了很多家务劳动。我觉得对孩子的照顾不够，感到内疚，还好家里人很理解我，同时也很支持我。”

在问及工作和家庭两者何者更重要时，施老师毫不犹豫地回答：两个都重要，不要舍弃任何一方！当然，从事科研工作非常艰辛，对家庭会有一点影响，但要学会协调，事业的成功离不开家庭的支持。

问及对于越来越多的女学生选择科研之路有何看法时，施老师认为最重要的是自己要有坚定的信念，明白什么是自己的理想和追求，一个人任何时候从事任何事都会遇到很多困难，不要相信一帆风顺。一般来说，成功的女性都需要勤奋和执着，在事业上遇到困难和挫折时，别人不理解，自己一定要坚定。不管遇到什么困难，都要执着、勤奋和坚强地向前迈进。

平凡岗位上铸就的不平凡——深得学生爱戴的好老师

30多年来，施老师一直坚守在教学第一线，培养了一批计算机生物学与结构生物学交叉学科领域的研究生。尽管早已当选院士，她仍然坚持承担本科生基础课教学工作，先后教授过“生物学导论”“生物大分子的计算机模拟”“结构生物学”等基础课程。施老师由于治学严谨，善于将先进的科研成果和教学理念融入到教学实践中，深受学生爱戴，多次获得优秀教师奖，2007年被评为国家级教学名师。

“我是一位高校老师，我的天职就是教书。我喜欢给孩子们上课，我们家人都是教师，我觉得教师是一个光荣的职业。再说和年轻人在一起，我也很高兴。”对于获得国家级教学名师奖，施老师很平淡地说，“获奖是一种鼓励，其实在科大有许许多多老师在教学一线辛勤耕耘，获奖只是对今后工作的一种鞭策和责任。”

施老师十分重视培养良好的科研学习气氛，鼓励学生自由讨论和争论，她自己就经常和学生们在一起，“老师和学生要相互了解，师生之间应该是平等关系，现在科学发展很快，研究成果也不断被‘刷新’，院士也只是在某个领域做了点事，不可能什么都懂，和同学多接触，他们提出的问题，对我本身也有促进作用，教学相长嘛！”

关于到底要培养什么样的人，施老师认为“作为教师，不仅要给学生传授知识，还要帮助他们树立人生理想，培养他们的社会责任感、科学兴趣和科学精神，面对困难、失败、挫折的坚强、友爱合作和诚信，这才是最根本的。”

施老师一直珍藏着一张照片——郭沫若和华罗庚在操场上席地而坐，观看同学们演出的照片。“围绕在郭老和华罗庚身边坐着的女生们正好是我们班同学，我们参加十一舞蹈演出。郭老是科大首任校长，华罗庚是著名的数学家，可他们仍然与学生们坐在一起，我们觉得非常亲切。这种平等、民主的科研作风应该继承和发扬，也是科大精神的重要体现。”

在施老师心里，学生就如自己的孩子，她喜欢融入到学生中去，面对面地和他们交流，教他们如何做学问，如何做人，培养良好的世界观、价值观和名利观。她教导自己的学生要相互帮助，建立友谊，反对自私自利。“一个人在走人生之路的过程中需要许多人的帮助，所以你也要帮助别人。”她说。

2008 年，科大迎来 50 岁的生日，作为陪伴科大一起成长的施院士在谈到自己对科大精神的理解时这样说道：“科大精神就是科大人的一种责任心、一种事业心、一种使命感，以及对科大的热爱。科大人奋力拼搏，自强不息，努力攀登，追求卓越，不断创新。我认为这就是科大精神。”

就是因为这样一种精神，科大才能在那段艰苦的岁月中不甘沉沦，造就了今天的辉煌，也正是这样一种精神，伴随着施院士走过几十年奋斗进取、不断超越自我的科研人生之路。

【摘自《中国科大研究生教育》2008 年第 3 期，总第 72 期】

只希望无愧于教师这个神圣的职业

——记第三届高等学校教学名师奖获得者霍剑青

文/李雅清

采访霍剑青不太容易，因为她备课期间不希望被打断；采访霍剑青也不难，她的亲和力能让人很放松。访谈约在她的实验室，其间，她激动地拿起粉笔解释物理上最普通的重力加速度的测量实验，没想到，最传统的粉笔教学在信息时代还如此富有魅力，让人听得津津有味。话语简洁亲切，思维敏捷，举手投足间透着端庄和自信，这样的霍剑青让人感受到一种深入骨髓的教师情结，以及与生俱来的当教师的天赋。

"学无止境，教无止境"

1970 年 7 月，霍剑青从哈尔滨军事工程学院航空工程系航空仪表专业毕业后，被分配到河北张家口一家工厂当工人，后来辗转到安徽的马鞍山做了五年机关工作，1977 年初来到中国科学技术大学。那一刻，她无比兴奋，她和当时千千万万的知识分子一样，为迟来的"科学的春天"而欣喜，在那段国家整个科教事业起步腾飞的时间，学习几乎成了她生活的全部。

从进科大那天起，她一边做科研，一边忙教学，还一边当"学生"。20 世纪 80 年代初计算机刚刚兴起，科大开设计算机课程的时候，霍剑青就和她的学生们坐在同一间教室里听课，一起参加考试。"那时我们住筒子楼，一家四口挤在 16 平方米的房子里，在走廊里烧饭。房间的两边摆着床，中间有张大桌子，我们夫妻俩各占一边工作。孩子小，晚上都要等孩子睡着了，才开灯读书备课，所以经常会到凌晨两三点才休息。"这段简单又艰苦的日子，霍剑青很是留恋，"因为它让我成长得特别快"。

"讲课就像艺术家站在舞台上，要保持自己的最佳状态，淋漓尽致地发挥讲授技艺。"这是霍剑青从教 30 年的切身体会。多年来，她先后辅导过"普通物理"和"四大力学"课程，主讲过"热学""电磁学""大学物理实验"多门课程，受到了学生们的一致好评。同学们都说，霍老师能很容易地让学生理解实验的关键性原理和方法，让学生进入角色。

讲好课的关键在于备好课，这是霍剑青多年实验教学的经验。她不仅传授实验原理、理论和设计性的实验方法，还讲授有关实验背景，让学生了解这个实验曾经在哪些领域发挥怎样的作用，还将发挥什么作用。备课前，她总会推掉一切应酬，聚精会神地翻阅更多资料，精心准备实验，对教学内容提出新的想法，备课本上永远是密密麻麻的公式和实验草图。即便是教过很多遍的课程，她还在不断地研究课程的内涵、发展和应用。因此，她所讲的每门课都包含国内外最新科研成果，常讲常新，让学生越学越有兴趣，自己也越讲越有激情。

在日常教学中，霍剑青始终把"营造和谐的课堂氛围，通过各种精心设计的教学环节激发学生兴趣”放在首位，强调教学方法，注重实验教学的设计性、研究性和开放性，提倡实施以学生为主体、教师为主导的教学方法来提高教学质量。比如，同样是利用单摆测重力加速度，一般只做长度和时间的测量实验，霍剑青则不同，她会要求学生自行设计实验方案，使测量的重力加速度的误差小于百分之一，将使用仪器的实验转化成了设计性实验。学生需要根据实验要求，选择实验仪器和测量单摆的周期数。这样一个看起来简单的实验，加入了实验的设计性，就能很好地发挥学生在实验课堂中的主动性。听过霍剑青课的学生王嘉伟说：“做霍老师的实验，能够找到自我。因为实验不再是照搬书本上的步骤，而是我们自己动脑筋设计。这种实验让我们很有成就感，也慢慢地产生了自信。”

“物理实验是科学研究的基础”

“物理实验是科学实验的先驱，体现了大多数科学实验的共性，实验思想、实验方法以及实验手段等方面是各学科科学实验的基础，也是培养人才科学素质的重要环节。”霍剑青如此重视物理实验，所以从没离开过实验教学岗位。

中国科大在 1970 年从北京南迁合肥时，很多实验设备遭到破坏，实验教学几乎空白。1978 年，科大成立物理实验教学中心，霍剑青开始努力钻研开发新实验，她和其他两位教师在那间由简陋的工农兵学员教室改成的实验室里恢复了“用密立根油滴实验测电子电荷”的实验，开发了“光电效应法测普朗克常量”和“超声光栅——液体中超声波速的测定及超声场的光测”两个实验，并把近代物理实验发展到 10 多个，科大成为当时全国最早开设大学生“近代物理实验”课程的几个高校之一，为中国科大以后的整体实验教学水平的提高奠定了良好的基础。

20 世纪 80 年代后期，国内外科学技术的综合性、应用性也在加强，但是当时实验的发展并没有跟上这种形势，学生从电视和其他媒体得到的信息远远先进于实验带给他们的。“这导致学生对实验不重视，教师对实验教学的热情减退，实验的发展处于维持原样的状态，实验教学体系的缺陷和教学内容的陈旧逐步暴露出来。”热爱实验教学的霍剑青忧心忡忡。

1994 年，霍剑青出任中国科大天文与应用物理系主任，提出了建立物理实验课程新体系，并着手主持大学物理实验课课程体系、教学内容和教学模式的改革。她提出以素质教育为目标，打破传统的力、热、电、光和近代物理实验教学的封闭体系，建立从“基础物理实验”到“综合性物理实验”逐层递进的四级物理实验新体系，提高学生实验素质。这项改革思想和方案得到了学校领导和从事大学物理实验教学老师的广泛支持。

在新体系实验的建设中，霍剑青注重物理实验的时代性与先进性，她提出教学与科研相结合，教学内容和教学思想、教学方法要反映科技发展的新动态。之后，在学校领导、有关部门和院系的支持配合下，霍剑青团结带领全系和实验室教职工，充分依托中国科大基础研究和高新技术等领域的强大科研实力，更新实验教学内容，及时将教员的最新科技成果和新技术浓缩提炼，引入、渗透到基础实验教学和传统的经典课程内容中，形成了与科技发展相适应的教学内容；依托教育部世界银行贷款项目，建设国家名牌课程、“985 工程”、“211 工程”、教育部理工科基地、国家级精品课程、国家级实验教学示范中心等，全面进行了实验课程体系、教学内容、教学方法、教学模式等方面的改革，在多年的教学研究、教学改革和教学实践中产生了教学理念先进、教学内容丰富、教学条件优良的优秀教学成果，大面积提高了大学物理实验的教学水平和教学质量。这一物理实验课程新体系的建设，在国内高校中起到了很好的示范和辐射作用。

现在，该中心已成为教育部国家级实验教学示范中心，所承担的全校公共基础必修课“大学物理实验”是教育部国家级精品课程，所开展的“大学物理实验的改革与实践”获得国家级教学成果一等奖。目前，大学物理实验教学团队承担着中国科大每年5000多名本科生、32万人时以上的“大学物理实验课程”，多年来，培养的许多学生在世界学术前沿领域成就斐然，为中国科大培养高素质的本科生做出了卓越的贡献。

“教材是教学的依据。教学的目标、课程体系、教学内容、教学方法的改革必须从教材中体现出来。”霍剑青一直希望通过开发一套好教材，融合中国科大建校几十年来实验教学的精华和优秀成果，尤其是20世纪90年代以来的教学改革的新思想、新成果。

1995年，教育部要求按照新的体系招标出版一套大学物理实验教材。这对霍剑青来说是一个机遇，“教材标书的写法完全和我们前面做的工作相吻合，投标评审我们很顺利地通过了，所有教员都很开心。1998年正式立项按照四级物理新体系编写《大学物理实验》”。

霍剑青主持了《大学物理实验》教材的编写，提出了教材的编写思想、编写内容和编写方法。作为主编，她除了承担十五六万字的编写工作外，还组织了30岁到70岁年龄跨度的老中青教师相结合的编写团队。“教材是集体智慧的凝练。”霍剑青最终把这样的成果归结于大家的努力。

《大学物理实验》按照四级物理实验体系分四册编写。第一册教材内容属于一级物理实验范畴，是普及型实验，内容上主要是基本物理量的测量、基本实验仪器的使用、基本实验技能的训练和基本测量方法与误差分析等，涉及力、热、光、电、近代物理的各个知识点；第二、三册介绍二、三级实验，逐步增加了综合性实验和设计性实验的比例及难度；第四册的四级实验即研究型实验，以科研实践为主题，组织若干个围绕基础物理实验的课题，以科学研究的方式进行实验教学。教材强调设计性、研究性，“教材中没有写实验步骤，从一级物理实验开始，大多数实验包含了不同层次的设计性内容或研究性内容。各册教材虽在内容、理论、方法、技术上是分层次的，但是在提高学生的主动性，给他们的发展留有足够空间上的思想和做法上是相同的”。

这套教材出版后就被评为“高等教育出版社百门优秀教材”，并引起了国内高校的普遍关注，获得了良好的社会声誉。很多专业人士认为从这套教材中能感受到中国科大的实验教学特色和先进的实验教学内容，将计算机技术、光纤技术、磁共振技术、核物理技术、X射线技术、软X射线显微技术、光谱技术、真空技术、传感器技术等现代技术普遍寓于学生实验中，其中不少是各领域的科研成果。目前，这套教材已被作为国家“十一五”教材推出第二版，并被评为“教育部2007年普通高等教育精品教材”。

“我们把实验室搬进了电脑”

把实验室搬上计算机是霍剑青的得意之作。她将自己科研领域的“人工智能及计算机应用”成果融入基础物理实验中，研制了国内外第一套虚拟实验教学软件“大学物理仿真实验”，并发展为“大学物理实验远程教学系统”，与真实实验相结合，创造了实验教学的新模式，结合物理实验课程体系、内容的改革在教学中发挥了很好的作用，也受到了学生们的欢迎。目前它已在中国300多所高校中被推广使用。

实验对于理工科学生的重要性是不言而喻的。由于现在的实验仪器越来越精密，集成性越来越高，很多仪器从外表上看就是一个黑匣子，所以学生对实验仪器的运行机理难以真正把握，往往对整个实验囫囵吞枣，效果欠佳。面对这一长期困扰高校实验教学的难题，多年从事人工智能模式识别研究的霍剑青开始思索，能否利用计算机仿真技术来破解？1993年，她开始主持研究这一课题，从而在传统的真实实验之外，创造出“仿真实验”的新概念和实验教学新模式，创办了国内第一个物理仿真实验室，在这几年的教学实践中正发挥着不可替代的重要作用。

计算机仿真实验的引进，把物理实验课分成了两个阶段，即仿真实验阶段和真实实验阶段。学生可以先通过仿真实验，学习实验的设计思想、实验方法以及仪器的设计原理、操作原理与方法，甚至拟定好实验参数、实验计划等，再去完成真实的实验，也可以先做真实实验，再做仿真实验，用于对真实实验认识的深化、提高。

在霍剑青的实验室，我们看到，数学系的小李和同学们正在利用电子实验仿真平台，在虚拟的实验仪器上做“氢氘光谱拍摄”的实验，这个“跨专业”实验对于小李来说并不太简单。过去的一束光为什么能够出来多束不同频率的光？他对分光机理和实验仪器的构造产生了怀疑。他首先通过鼠标，将2米光栅拍摄仪“开膛破肚”，其内部构造、功能和实验反应便一目了然了，接下来，他根据自己的理解，设计了实验方案，并在计算机上反复实验，把实验思想、原理、方法和实验仪器的运行机理真正理解和消化，最终提交了满意的实验报告。

仿真实验为学生提供了创新平台，它与真实实验互为补充，起到意想不到的教学效果，大大提高了学生的创新能力，很快这项教学成果就被全国高校普遍采用，1998年被国家推荐到联合国教科文组织，在国际范围进行交流。目前“大学物理仿真实验”借助互联网，驶上了现代信息高速公路，实现了远程教学的目的，正在释放着越来越大的魔力。霍剑青因为这项“杰作”，获得了安徽省优秀教学成果特等奖和国家级教学成果一等奖，她还被教育部、国家自然科学基金会评为“在‘九五’期间，在国家基础科学人才培养实施工作中做出显著成绩”的先进工作者，并荣获“宝钢教育基金优秀教师”特等奖。2007年9月，霍剑青获第三届高等学校教学名师奖，得到了国家的表彰。

“培养年轻人才是我们的神圣职责”

在霍剑青看来，实验教学是集体智慧的融合，实验课更是长期积累、不断发展的课程。因此，她注重塑造团队精神，有计划地培养年轻人才。近几年中，霍剑青先后培养出5位年轻有为的实验室主任和20多位核心技术人员，为物理实验教学打造了很好的年轻人才梯队。

“遇到这样的老师，我很幸运，”年轻讲师杨旭对霍剑青有着不尽的感激，他在1995年刚进入霍剑青的实验室读研究生时，实验经验很欠缺，一切无从下手，“那时，霍老师似乎一下就了解到了我的困难，她告诉我不要局限于解决问题，要多看相关领域的文章，开阔思路和视野，提高创新能力，并且经常耐心地跟我分析、讨论，帮我理顺思路，找出课题的难点和关键点。”这些让杨旭很快上手，逐渐成长为物理教学实验室的骨干。

在霍剑青的实验室，研究生每隔一两周讨论汇报一次工作已经成为制度。大家或者谈体会，或者讲进展，围坐在那张方桌的，不管是谁，只要有问题或者好的建议，都可以拿出来。“大家充分地交流，思想的火花常常从这里迸发出来。”杨旭说，“大家在一起分析一个问题能更充分了解专业上最前沿的工作，明确甚至形成了自己的思路。”

霍剑青不仅教他们做研究，还教他们做人，培养学生强烈的责任心。杨旭研究生毕业后接手物理实验教学时，霍老师就百般叮嘱他要严谨、认真，对学生负责。得益于霍老师的指导，杨旭现在每次讲课都会保持很好的精神状态，努力寻找各种方法调动学生们的积极性，和学生们充分讨论来帮助他们启发思路。

点点滴滴，学生们都记忆犹新。一位叫李联臣的研究生在给霍剑青的来信中说："在实验室三年多的锻炼让我很快就能投入到工作中去。我们的实验室是一个大家庭，您给我们提供了非常好的环境和融洽的氛围，我们学到的不仅仅是知识。"

上课，做实验，带研究生，年近六旬的霍剑青，仍然活力充沛，像年轻人一样，把生活安排得像陀螺一般紧张运转。"所有这一切，只是希望无愧于教师这个神圣的职业。"她淡淡地说。

【摘自《中国科大研究生教育》2008 年第 1 期，总第 70 期】

科大新星 ▶▷

历经六十载，中国科大秉持着“创寰宇学府，育天下英才”的理念培养出了一位位优秀的学子，他们或在技术领域勇攀高峰，或专心科研，探索未知的边界，或驰骋商场，雷厉风行。江山代有人才出，如今的科大校园里，也正涌现出一批青春、活力的研究生。

我们有胸怀天下，不怕苦不怕累，愿为祖国贡献力量、奉献青春的国防生；我们有热爱学术，勤思考、善学习，在科研之路上坚持不懈、奋发图强的学霸；我们有不畏艰难，敢于挑战，为科学实践与心中理想去极地考察的南极科考团员；我们有个性鲜明，人格独立，既能与科研相伴，又能把生活过得多姿多彩的女博士们。这一个个积极向上的年轻人构成了科大生活的一幕幕鲜活的剪影，他们穿梭于偌大的实验室、盈盈书香的图书馆、烈日炎炎的操场、校园里的某个林荫小道，他们在科大找到了人生的归属与意义，科大也因他们的存在而变得生机勃勃。

张文木曾说过：“人须有志气、和气和浩然之气，志气为中，和气为表，内圣而外王。”从科大新星的身上，我们看到的是科大人所共有的远大的志向、善良的胸怀、豁达的气质，以及不抛弃不放弃的精神与权衡取舍的大智慧，他们是拥有悠久历史的科大的鲜活血液，让科大在岁月的长河中熠熠发光。

俱往矣，数风流人物，还看今朝。愿我们都不忘肩上的使命与责任，活出自我，为科大的明天开启更加辉煌的篇章！

我是女博士，我怕谁

文/杨晓杏

女博士，一向被归为“第三类人”，而书呆子，性格怪异，长相不敢恭维，这些也自然成了女博士的标签。很不幸地，我成为了这“第三类人”——白天愁论文，晚上愁嫁人。有时候，真的会在想，为什么当初选择这一条路？

长期一个人漂泊在外，想家的时间越来越多。对于人生的思考，也骤然多了起来，突然发现自己变得多愁善感了。曾经总是希望长大的我，终于开始反感成长。那个年轻的自己、阳光的自己、健康的自己，突然变得黯淡、茫然。如某师兄所说的，曾经那个活蹦乱跳的我，怎么变得像玻璃一样脆弱。好怀念花季的自己，很想回到那个花季时代。然而，我的怀念和期待，并不奏效。

每当听到“灭绝师太”的时候，心里就会难过好一会儿，这和两年前的反应截然不同。也许，两年前的我，还年轻，和周围的好友区别不大，可以从容地自嘲为“灭绝师太”。而如今，他们却都已经成家立业了，而自己却孤身奋斗，茫然地奋斗，难免难受吧。

前一段时间，我努力地去旅游，去玩耍，希望抓住青春的尾巴，精彩地生活，却换来别人一句句的疑问：“你论文怎么办？”“你该谈恋爱啦！”“你都多大啦，还那么不现实！”……是啊，连去玩都变得如此不安心。

面对着各种压力，我竟然如此放肆地耍青春，的确变得很不可理喻吧。终于，眼泪滑过我的脸颊。然而，正当我努力地进行检讨的时候，他们却又一个一个地安慰我。漠然、发呆，都藏在我的眼神中。我究竟该怎么样？

早上看到玉树的图片时，我突然问自己：在难过些什么？我拥有美好的生命，拥有亲人以及朋友的爱，拥有最好的时光、年轻的心灵、灵活的身体，可以欣赏美丽的花朵，可以看到生机勃勃的春天，可以品尝自己做的豆浆，可以安心地做我的女博士，可以安安静静地坐下来看书、搞科研……我，还有什么好抱怨的？

未来？未来？是否一定要在这个时候成家立业了，我才能称得上幸福？

是否，等到毕业了，我才能幸福？毕业的一刻，是否要有赚钱的好途径，才能高兴？好好工作的时候，我是否又要等到成家，才开心？成家了，是否还要生小孩才能满意？然后等到小孩读大学了，才能不忧心？再等到小孩结婚，才放心？……

以后的幸福，到底有多少？难道都只能在一刹那吗？还是，连一刹那都不能有？突然，豁然开朗，幸福和痛苦，本来就是天生一对。别以为有了什么才能幸福，更别以为有了什么就能幸福！如果只能看到痛苦的一面，永远都不会幸福；如果能看到幸福的一面，每时每刻都能幸福。

突然感悟到，读博的阶段，也许是人生最轻松的时候了。最起码，这是我小时候的梦想的垫脚石。也许，以后不一定能成为科学家，但是我却在经历着科研的过程。这个阶段不用去思考结婚的问题，不用去思考买房子的问题，不用有太多的经济压力。可以拥有很多年轻的好朋友，可以无羁绊地去旅游，可以安心地只是修炼自己，培养能力，熏陶美好情操。活在当下，以后，谁能知道会有什么变化，谁能预测自己这样做一定会幸福？生活变化莫测，只管好好享受现在，活好现在，对现在的我而言，就够了！

对啊，我是女博士，要担心论文，还要担心嫁人。但是，生活一点担心都没有，那该多没意思啊！难道工作、结婚后就没事情担心了吗？现在可以做的，就是努力学习，努力生活。尽管是书呆子，也要有灵气；尽管性格怪异，也要平易近人；尽管无法倾国倾城，但我总可以做到风度翩翩，或者阳光可爱，或者温柔善良，然后骄傲地对自己说，我爱女博士！

如今，我连“第三类人”都不怕做了，以后，我还有什么好怕的？

我是女博士，我怕谁？

【摘自《中国科大研究生教育》2010 年第 2 期，总第 79 期】

丁国亮:宝剑锋从磨砺出

文/戴 俐

丁国亮:2009 级精密仪器与机械专业博士研究生,美国"百人会英才奖"得主,第六届"挑战杯"中国大学生创业计划竞赛金奖,中国科学院研究生创新基金、中国科学技术大学研究生创新基金获得者,荣获全国"优秀学生干部"、安徽省"优秀学生干部"、中国科学技术大学"优秀学生干部"等称号。

爆发的小宇宙

少时的家境贫寒,使他习惯了要在困境中为自己铺设一条康庄大道;

求学路上的艰辛,让他明白了成功从不会一蹴而就,踏实的努力才是正道;

如今,当儿时的理想一点点地照进现实的时候,生活变得忙碌却很充实……

马上就要到美国威斯康星州立大学麦迪逊分校做联合培养博士生的丁国亮,非常庆幸和感激科大这个平台成为他的舞台,爆发的小宇宙让他充分地挖掘出自己的潜质,并尽情施展,一次次华丽地上演人生的各场剧目:校学生会副主席,校研究生会主席,创业大赛金奖、中国科学院研究生创新基金获得者……一个个绚丽的头衔背后是一颗志存高远、用努力诠释生命的年轻的心。

科大 8 年,雕刻时光

从本科到硕士再到博士,不知不觉,丁国亮在科大走过了 8 年的青春时光。说起对科大的印象,他的评价很中肯:科大的老师兢兢业业、诲人不倦、治学严谨。当初,能成为一名科大学生一直是自己的目标,终以优异的成绩考入科大时,兴奋之余便是珍惜;刻苦学习的间歇就去参加团学工作,全面发展。考研的时候,丁国亮生了一场大病,整整半年一直在医院里复习备考,这更磨炼了他的意志,见证了他的决心,当最终如愿以偿,考取了机械电子工程专业的研究生时他也印证了自己对科大学生的评价:勤奋刻苦、乐观向上。

领导力——优雅而精妙的艺术

多方面打磨自己从来都是他的学习原则,不奢求成为全才,但视野要广、格局要大、见解要深,是他对自己的要求。

从本科到研究生,丁国亮一直活跃在团学组织中。如果说在学生会时,他关注的是如何做事，锻炼基本的能力和素质，那么到了研究生阶段，尤其是担任校研究生会主席时，则开始对组织和团队的概念有了更多的理解。

在校研究生会，他不仅要发布命令、监督过程、评判结果，还要关注团队中的每一个人，关注他们的需求，整合资源，为他们搭建平台，给他们锻炼的机会。在他的字典里也没有层级关系，用他自己的话说："如果领导者把与团队成员间的关系视作井然有序的层级关系，那么领导者就会像一台工业机器的设计者，像对每一个齿轮和螺丝钉的安排一样来安排自己的伙伴。"

丁国亮对自己的个人修养和品质也非常看重，文字能力、表达能力、沟通技巧一个都不能少；策划、组织、协调也要面面俱到；正直、诚实、谦逊，他努力向这些优秀的品质靠近。玩转这门优雅而精妙的艺术，他还在学习和实践中。

人生规划走在先

在谈到对研究生新生的建议时，他语重心长地说道："建议同学们夯实专业基础，多学多问，学会交流，勤于交流；多参加实践活动，为自己创造学习机会，并善于抓住学习机会，注重综合素质的提高；为自己做好人生规划，有时候选择比努力更重要；见贤思齐，多思慎行；科学地管理时间，严格要求自己。研究生的道路才刚刚开始，祝愿所有的研究生新生在科大上演出自己精彩的青春大戏。"

【摘自《中国科大研究生教育》2010 年第 3 期，总第 80 期】

张礼楠：歌王的多彩人生

文/林 梅

张礼楠：2005级物理学院粒子物理与原子核物理专业博士研究生，2001年第16届中国科大“校园之星”歌手大赛冠军，2003年在中国科大举行“水上夜未央”个唱，2005年获全国大学生校园歌手大赛金奖，2009年获安徽电视台《南北OK王争霸赛》四强。

在科大，“张礼楠”这个名字可谓人尽皆知，没错，他就是在高校歌唱比赛中屡摘桂冠的来自科大物理学院的“歌王”！他不仅拿下全国大学生校园歌手大赛金奖，更在安徽电视台举办的《南北OK王争霸赛》中杀进四强。那么，作为科大一名在读博士，他是如何获得这些荣誉的呢？带着好奇，我们采访了物理学院粒子物理与原子核物理专业的张礼楠。

初见张礼楠，颇感意外。一个戴着眼镜、穿着朴素的憨憨的大个子男生，似乎与绚烂舞台、感人声名毫不相干。听到“歌王”这个称呼，他竟然不置可否地微微点头，平和的性格让人很有亲近感。

一路走来一路唱

张礼楠生于辽宁，长于河南，又在合肥读书九年。可能由于环境的变迁，他的身上兼有北方人的憨实和南方人的伶俐，谈吐清晰流畅又谦和朴实。他从小就对音乐表现出浓厚的兴趣，两岁学会唱第一首歌《小草》，四岁开始学习电子琴，小学时学习唱歌与钢琴演奏。进入高中后，张礼楠开始接触流行音乐，进入大学后又学起了吉他。

作为家长老师眼中的乖孩子，张礼楠从小就一直走着家长设想的道路。进入研究生阶段，这个20岁出头的小伙子开始思考除了学习之外，还应该做些什么。于是，凭借着对音乐的兴趣和执着，张礼楠走出校园，开始了一次次的歌唱比赛。2005年师从安徽省歌舞剧院叶晓雯老师学习唱歌。2009年《南北OK王争霸赛》上张礼楠厚积薄发，一向简单纯朴的他，依靠过人的演唱实力、舞台表现力和心理素质，一路过关斩将，打败了其他热门选手，挺进四强。

除了唱歌，张礼楠也尝试通过写歌来记录自己和同龄人的心声。科大校园内流传着这样一个故事：张礼楠喜歌成痴，梦里唱了这首歌，醒来后，拿起笔一气呵成，故起名《梦谣》。在大学生中广为流传的原创歌曲《梦想的舞台》也正是出自张礼楠之手。

科研唱歌两不误

自从参加这类课余活动，家长、老师、同学总有些许不理解，甚至对大众来说，博士生参加歌唱比赛也算是“异类”。可是张礼楠耐心地与父母、老师沟通，终于化解了所有不理解。他说：“参加课余活动是否影响学业，这因人而异。如果课余生活可以影响你，那即使你不做这些活动，一样还会有别的事情影响你。”张礼楠很感谢学校给了他参加各种活动的机会，他由此接触了很多不同的人，体验了不同的人生，也思考着自己的人生道路。

张礼楠深深折服于导师叶邦角教授严谨的教学和细致的表述。如今的张礼楠正在他的指导下专心进行博士最后一年的实验工作。关于科研工作，他也走过许多弯路。他认为，做科研千万要注重跟别人的交流合作。“我在这方面吃过亏，由于跟师兄交流少，思路打不开，时间上造成浪费。现在已经不是牛顿时代了，你不能一个人待在实验室里把东西做出来。所有科研乃至任何工作都是要大家一起来完成的。”

音乐才子收获甜蜜爱情

说起科大带给张礼楠的，除了学历，就是他在研究生一年级那年认识了他现在的太太。几年过去，两人从相识、相知、相恋，到组建家庭，张礼楠有了更完整的人生体验。《南北 OK 王争霸赛》舞台上，妻子现场为他加油，他哽咽着对妻子唱出《牵手》，歌声里满是一路走来的酸甜苦辣和幸福情意。长路漫漫，有了妻子的支持，张礼楠无论成功或失败，都会一样精彩！

【摘自《中国科大研究生教育》2010 年第 3 期，总第 80 期】

万里奔袭长，壮志胸中荡

——中国科大研究生畅谈2010年iGEM比赛心得

文/林　梅

国际遗传工程的机器设计竞赛（International Genetically Engineered Machine Competition，以下简称“iGEM”）始于2005年，是一个一年一度在美国麻省理工学院举行的关于合成生物学（synthetic biology）的，融合了生物、工程、物理、计算机科学和其他多项领域的综合性学科的顶尖国际性大学生学术竞赛。

2010年11月9日美国东部时间凌晨，我校26名iGEM队员不负众望，在激烈的角逐中脱颖而出，再次使中国科大成为参赛的125所大学（其中包括麻省理工学院（MIT）、哈佛大学（Harvard）、斯坦福大学（Stanford）、剑桥大学（Cambridge）等世界著名大学）中唯一荣获两枚金牌的大学！最令队员们引以为豪的是，中国科大干、湿两队除夺得两枚金牌外，其中的干队更是将分量更重的最佳单项奖——最佳软件奖收入囊中。今天，本刊记者特约干队的两名研究生队员进行专访。

责任大于热爱

在我校的参赛队伍中，物理学院光学专业2010级研究生廖辰和王真两位同学是除中国科学院等离子体研究所的蒋琨以外，仅有的两名研究生。区别于以生物实验为主的湿队，他们两人所在的干队主攻软件设计和模拟。在今年的iGEM比赛中，该队以“合成生物学的自动建模软件”荣获最佳软件奖。相比于本科生，他们两人拥有更加丰富的科研经验和相对自由的课余时间，该课题的主要任务自然落到了他们的肩上。可就在一年前报名之时，他们对任务的繁难程度却是缺乏估计的。

干队的主要工作是搭建一个学习合成生物学的游戏软件。队员廖辰介绍道：“我们可以将DNA片段看作一块块积木。该软件的功能就像搭积木，让用户能够将一个个标准化的片段进行拼接，并对得到的生物系统进行模拟。该过程可以帮助使用者预测其可能具有的功能和生物学特性。而且我们的软件是最容易使用的，不需要其他软件那么多复杂的参数输入。”这个完全原创性的想法，是队员们经过反复调研、讨论的结果。他们不愿意局限于已有课题的小修小补，但也为自己带来了更大的挑战。进入工作后，他们很快发现，编写软件没有想象中那么容易，由于一个符号错误导致整个程序无法运行的状况是家常便饭，程序写好后不断发现漏洞进行反复修改补充、与原程序匹配的过程更是令队员们痛苦不堪。甚至由于调研和思考不充分，课题进行过程当中，整个思路也推倒重来过几次。参赛前最后一个月，队员们几乎是通宵地赶着进度。回想这一年的经历，他们感叹道：“兴趣只是一开始的出发点，真正钻进去，还是要靠毅力坐得住冷板凳。”

但可贵的是，从没有哪次困难将队员们打倒。队员王真动情地说道：“在遇到困难的时候，支撑我们的就是身为中国科大人的荣誉感和责任感。这次比赛得到了学校和新创校友基金会的大力赞助，全球 10 个国家的 300 余位校友通过新创校友基金会来关注并且支持我们，其中不乏刚毕业的校友。想到这些，我们便觉得无论如何也要咬牙挺过去，绝不能让校友失望，绝不能给中国科大丢脸。”

终于，努力换来了回报，干队的作品凭借其原创性获得了评委和同行们的一致认可和好评。

“未卜先知”显自信

说起领奖的过程，队员们提到一个有趣的小插曲。技术类单项奖的颁奖在金奖之后，在评委宣布最佳软件奖获奖队伍之前，队员们环顾几个有力的竞争对手，发现他们均只获得银奖，于是这些稚气未脱的帅哥靓妹们认定此奖非中国科大莫属，纷纷换上了印有 USTC 四个字母和中国科大校徽的大赛统一服装，就等着上台领奖的那一刻。当评委宣布获奖团队果真为中国科大团队之时，队员们的表现反而意外的平静。虽然在无数双眼睛的注视下上台领奖，他们心中自豪不已，但是对他们来说，一路付出汗水的过程就是离奖杯越来越近的过程，平静的心态完全是心中的自信使然。

现在说起领奖的那一刻，王真只是有一种意犹未尽的不舍：“我觉得这个课题是个很棒的原创性想法，但是还有很多不完善的地方，我们真希望能有更多的时间，让我们继续做下去，把它做得更好！”

Jamboree：欢乐的集会

iGEM 的学术交流性质远大于学科竞赛性质。主办方将“Jamboree”作为 iGEM 颁奖活动的名称，乃为取“Jamboree”的本意：欢乐的集会。实际上队员在 MIT 的这几天体验到的也确实如此：官方努力消除一切障碍，把 Stata 中心的整个一层楼给 iGEM 使用，你任何时候都可以去听教室里别的队的报告，跟大厅里其他队伍交流，吃饭也在大厅里解决。评委和组织者也就在大厅里穿梭，想交流只需叫住他们就行。其中海报展示环节最能体现“集会”特点：官方要求你要有一个小时守在你的海报旁，给来看的人讲解，与他们交流。对于中国学生来说，英语不是母语，有些东西讲解起来不太容易，所以队员们就用手比划，或者用纸笔画，一个词一个词地说。令队员们感到欣慰的是，听众不管男女老幼，在学术交流上都很有耐心，他们会用心听完，还会留联系方式、发文献给我们的队员等等。而这其实就是 iGEM 的本意。追根溯源，早在 2003 年的时候，MIT 新开“合成生物学”这门课，学期末的大作业就是分几组比赛，之后慢慢发展成了今天的 iGEM。队员们骄傲地说：“能把自己的成果骄傲地跟很多人交流，这种感觉就跟把自己考上大学的儿子介绍给大家一样。”

队员们于 11 月 4 日抵达 MIT，8 号就必须进行演讲。演讲要求参赛队员在 20 分钟之内把一年的成果清楚地介绍出来，这就需要反复地压缩内容、提炼精华。当时，队员们连时差都没倒过来，就投入了紧张的准备之中，同时听取校友的意见。他们每天晚上基本上轮流工作，所有空余时间都拿来准备 PPT。为了不让自己睡着，王真和廖辰在酒店楼下大厅里面背稿子、改 PPT。“因为那里有人，并且冷点，不容易睡过去。”队员们通力合作，不分你我，把最紧张的几天一起熬过去，直至最终得奖。

一分耕耘，一分收获。终于，队员们在 MIT 最大的教室之一进行的演讲博得了满堂彩。王真回忆道：“那个教室是一个很陡的阶梯教室，站在最前面的讲台上向上望，全是注视着你的眼睛，那种感觉和气场令我至今难忘。这种宝贵的经历使我们感到所有辛苦都是值得的。”

“回报远远超过付出”

准备 iGEM 比赛的过程历时一年，队员们经过了层层挑战。从最初的选拔、集训，到后来每周例行的组会、交流，每位队员都付出了无数不为人知的汗水和智慧，每个人都牺牲了很多课余的时间和精力。但是回想这一年，面前的这两名研究生依然不无感激地说：“我们获得的回报远远大于我们的付出。”

队员廖辰很珍惜本次比赛中与各院系甚至国际上同行们结下的深厚友谊，以及该项竞赛为不同国家、不同专业的学生提供的相互交流的国际舞台。他介绍说：“我们到了麻省理工学院就立刻发现，这是一个非常自由的学术平台，你可以见识很多来自世界各地的有见地有水平的教授和学生，大家一见面就聊学术问题，丝毫没有隔阂。我们的项目海报贴出后，就有很多研究方向相近的同行们找我们交流，这种交流拓宽了我们的眼界和思路，也给我们带来了今后合作、发展的机会。这对于当今科研工作是十分必要的。此外，与国外研究生的交流使我们接触到一些先进国家实验小组的理念，我们将它们带回国内，相信会对我们的实验室有所裨益。”

而队员王真则更看重这一整年的准备过程对他科研素养的培养。他认为，iGEM 比赛要求学生自主选题，充分锻炼了学生的独立工作能力和团队协作能力。在一年之内，独立完成调研、选题、设计、实施、展示的全部科研过程，对一名将要踏上科研之路的学生来说是一次难得的训练。他告诉记者，每个人都能在 iGEM 项目中找到自己的位置。比如一些本科生，虽不是队伍的绝对主力，但是他们负责了所有与新创校友基金会的接洽事宜、财务计划、行程安排，还有一些必不可少的宣传和交流活动。正是由于他们默默承担了这些烦琐的任务，主力队员才能专心干活。“这次经历令我真正感受到团队合作的力量。因为 iGEM 项目太大了，真的需要集体合作。想一个人逞英雄，是没有任何可能的。”

采访将近结束之时，两位研究生队员不约而同地感谢了研究生院、生命科学学院，以及新创校友基金会的大力支持。他们一致表示，参加该项比赛，离不开多方的资金支撑，更离不开中国科大为学生们免费提供的大型实验仪器和公用、共享、集约、开放的实验平台。正是这些软硬件保障，为队员们提供了创新性工作的最佳土壤。

但由于 iGEM 比赛的自费性质，队员们的科研活动仍不免感到捉襟见肘。队员们勇挑重担，不畏艰难，克服了重重困难，正是为了拿到更好的成绩，为以后的参赛者们争取到更多的支持。据悉，由于本届参赛队伍的优异表现，新创校友基金会已经表示将继续支持中国科大参加下一届 iGEM 比赛。

此外，这两名队员呼吁更多的学生参与进来，通过 iGEM 比赛提高自己的科研竞争力。参加 iGEM 竞赛不仅意味着中国科大学生可在国际舞台上充分展示实力与风采，更重要的是为科大创新型人才的培养开辟了新的途径。据统计，自 2007 年参赛以来，中国科大共获得 5 金、1 银的好成绩，保持国内金牌数第一和奖牌数第一的领先地位。相信随着中国科大对此类活动的不断参与，中国科大定能走向国际，为世界所了解，为更好地参与国际竞争迈出坚实步伐！

【摘自《中国科大研究生教育》2010 年第 4 期，总第 81 期】

“小巷总理”履新记

文/张雅群　李金龙

云雾飘散微露的晨曦里，青春盛放的彼岸，盛夏绚烂。眼前的这个夏天对中国科学技术大学2011级法硕专业的韩静来说，无疑具有非凡的意义。这个夏天，她将离开学校，离开生活多年的“象牙塔”；这个夏天，她将拥抱社会，成为一名“小巷总理”，谱写属于她自己诗意般的青春与活力。

2012年11月17日，合肥新站区定向招聘30位研究生进入该区的村居进行挂职锻炼。经过“求职信投递—资格审查—面试”等层层严格的考核，“90后”姑娘韩静表现优异，被择优录取，开始了她为期半年的挂职锻炼。

百炼成钢，金玉良言记心头

最开始，韩静对“挂职锻炼”的认识比较模糊，尤其是对即将到来的基层工作，感到新奇而又不知所措。但很快，她镇静下来，调整好心态，决心勇敢面对挑战。“不闻不若闻之，闻之不若见之，见之不若知之，知之不若行之”，爱笑的她信心满满地用古人的智慧道出她践行基层工作的决心。

2012年12月6日，韩静被分到了八联村村委会进行为期一个月的基层锻炼，锻炼的岗位是村支书助理。就这样，韩静这个“小巷总理”正式入村工作了。

八联村的现状让韩静很是意外：信息化办公、统一规范的文件使用流程，政务公开公示表、财务公开公告栏以及充分体现人文关怀的健康饮食和食品卫生的宣传栏……眼前所有的一切都让韩静忍不住惊叹农村发展的速度之快，也让她更加渴望能通过积累基层工作的经验，为基层建设贡献力量。

刚到八联村，让韩静感触颇深的是村支书孙建维对她说的话：“大学生对基层生活和工作不太熟悉，这是你们的短板，所以要学会多看、多听、多了解。但你们又是具备专业知识的高材生，现在村里急需像你们这样的高素质、专业的人才。基层是一个很好的锻炼平台，可以将自己所学的知识与实践结合起来。”孙书记这段话深深触动了韩静的心。

在工作中，她始终牢记培训时新站区管委会领导的教导和村支书的期望，认认真真地用心做好每一件事：撰写新闻稿，整理资料，申请群众低保补助，整理缓刑人员的卷宗和人民调解书，接待来访村民……基层工作都是细小而又琐碎的，对待每件事都需要足够的耐心和细心，她对基层工作的理解和认识也是在这诸多细节中逐渐加深的。

“在挂职锻炼的这段时间，感觉自己成长、成熟了不少。”说到成长，韩静显得异常兴奋，“其实在做这份工作前，我就已经做好了充分的心理准备：办公条件简陋、与村民的沟通不顺畅、上班路途遥远、交通不便，或许还有更多未知的困难，但我却没有丝毫畏惧，我打心底觉得这是个很好的机会来考验和检验自己。这儿虽没有城市的喧嚣和繁华，但却有农村特有的那一份宁静和朴实，我有足够的热情和激情去克服困难、适应这儿，我相信我可以做好。”

事实上，韩静的确做到了，这段时间，她时时铭记村支书的叮嘱和建议，端正态度，迅速地以一颗“平常心”融入到村委会团队中，在自己的岗位上绽放最大的热情。事无巨细，她都热情主动地去完成，从不厚此薄彼，从“不以善小而不为”。并且韩静还经常性地“自律、自省、自知”，努力做到“重实干轻享受、重奉献轻索取”。

坚持原则，行政公平为本

就在韩静“进村”的第二天，她接待了一个孙姓上访老人。案件是关于村里的土地流转问题，老人家里在这次土地流转中只分得了2.15亩(1亩约为666.7平方米)土地，而他此前实际拥有的土地面积为4.23亩，这样的差距让他感到不平。耐心安抚好老人的情绪、向他承诺一定会将情况调查清楚后，韩静立马查阅档案记录——虽然老人确实拥有4.23亩田地，但在上交农业税时，并没有如实上报实际拥有土地面积，而是按照所记录的2.15亩来缴税的。而村里土地流转是按照档案中的记录亩数来分配土地的，所以才使孙姓老人在这次土地流转中“少分”了土地，导致了老人的上访。

在八联村土地流转分地之前，95%以上的村民都同意按照承包土地而非实有土地分地。此时她想，如果每个人都想按照对自己有利的方案分配，那村里的工作就做不下去了，但是应该怎么答复孙姓老人呢?

犹豫不决之中，她请教了村支书孙建维。“如果是正当要求，我们可以想办法解决，但是像孙姓老人这样，在交农业税占便宜时便缄口不提，现在土地流转时又提出这样的要求，我们就没办法满足了。”孙建维语气平缓，但原则很坚定。此事之后，韩静感受颇深：正所谓“不患寡而患不均”，只有在平日的工作中以公正的心态，理性思考问题，一碗水端平，坚持原则，才能把事情办好，才能让群众信服。

在挂职锻炼中，这位“90后”“小巷总理”发现村里硬件建设虽然较之前有很大的改善，但是在知识和文化等诸多“软件”方面仍然有较大的发展空间。她根据自己所学的法律知识以及对村里现状的了解，针对村民本身是弱势群体这一特征，分析出村民们大多缺乏必要的法律知识和解决纠纷的技能。

针对这些问题，韩静思考并提出了一些切实可行的建议，比如，她提出村委可以每年举办几次律师服务进村居的活动，现场接受村民对法律知识的咨询；还可以通过联动社会力量来化解纠纷矛盾，维护社会稳定。另外，政府也可以搭建一个平台，以购买法律服务的方式扩大律师服务范畴等等。韩静相信，通过以上的做法来深入普及村民的法律知识，可以很好地提高普通群众的法律意识，为村民提供必要的法律服务。

任重道远，愿以青春颂华篇

尽管一个月的时间非常短暂，韩静却在基层锻炼中收获了很多感动与温暖。换岗在即，跟村委会领导和同事告别时，大家都非常不舍得。在一个月的朝夕相处中，韩静已与这群可爱的人们结下了深厚的情谊：中午无处吃饭时书记和主任接她回家亲自下厨的感动、在雨雪天等不到村里大巴时同事骑摩托车相送时的温暖……岁月会带走很多往事，却也留下了更多的记忆，这一个月的基层生活，这浓浓的"乡土情"已然成为韩静记忆最深处的感动。

"成长、成才、感动、感恩"无疑成了韩静挂职锻炼期间的几个关键词。"只要舍得付出、愿意吃苦、守得住寂寞，用积极的态度、满腔的热情融入到老百姓中去，和他们交朋友，用真心去对待农民，实实在在地为农民办事，他们就会主动接纳和信服我们。"在基层工作中，韩静学到的不仅是事件案例的处理方法，更多的是来自思想深处对民众关系的认识升华。

转岗后的韩静，去了新站管委会人事局人事处，办理管委会的年检、住址变更、写签报……生活依旧很忙碌，却也异常充实。挂职锻炼的半年即将结束，她对工作、对生活的学习远远没有结束，未来虽充满未知，但必定是精彩未完的未来。

"我所需要做的是在艰苦的环境中脚踏实地磨炼自己，零距离地倾听民意，在直面民生中增长才干，在与人民群众的血肉联系中开创事业，这样的我，定能闯出一番新的广阔天地，在人生画卷上书写浓墨重彩的一笔。"在回顾之前的基层时光时，韩静在日记中写下了上面这段话。

【摘自《中国科大研究生教育》2013 年第 2 期，总第 91 期】

邢洁和她的队友：制造仅属于自己的极地人生

文/汪　玲

2012 年 11 月 5 日，第 29 次南极科学考察队启程。中国，是南极考察事业的后来者；中国科大，无疑是中国极地考察的先行者。

在南极科考队中，中国科大地空极地环境研究室硕士二年级研究生储著定、张禄禄和邢洁牢记导师的嘱咐：远征南极，续写科大辉煌。从此刻起，他们将用自己的勇敢和执着，制造一段仅属于自己的极地人生。

启　　程

邢洁，山西姑娘，为人热情豪爽，干事雷厉风行，被同学戏称为“邢二爷”。她是三名科大科考队员中唯一的女生，在临出发前突发阑尾炎，生病期间，许多人都替她是否能顺利成行南极捏了一把汗，因为一旦登船出发，在未完成科考任务前是不会折返的。船医再三叮嘱，上船前一定须通过他们的检查，登船前，船医检查确认了她可以胜任未来的考察工作。而张禄禄为了适应南极内陆恶劣的自然环境，在 8 月份到西藏进行了半个月的特训，包括登山、徒步越野等以适应南极极易发生的高原反应。

遥想 15 年前，现任极地环境研究室主任孙立广教授和博士生谢周清作为中国第 15 次南极科考队员分别到达长城站和中山站，由此拉开了中国科大极地科考的序幕，此后，科大极地人多次参与我国南极科考和北极科考，有力地推动了中国极地事业的发展。

此次科考最重要的任务，是为我国第四个南极科考站建设进行选址调研。邢洁接到导师谢周清教授指派的任务，为我国第四个南极科考站选址进行大气采样，在南极罗斯海区域、内陆冰盖和南极毛德皇后地考察途中，按计划完成科研任务，并初步确定新站位置。

出发前，每位科考队员的家属都会签下一份南极科考告知书，邢洁笑称其为“生死状”。据科考队员介绍，准备进入南极事业的人，必须具备一种精神，这就是把脑袋别在裤腰带上的精神。没有这种精神准备，就成不了真正的南极人，因为无论是航行在浩瀚无际、风急浪高的汪洋大海，还是穿梭在冰山林立、暗礁丛生的南极冰区，随时都会有生命危险，稍有不慎，就可能重蹈“泰坦尼克号”的覆辙。

前　　进

北京时间 11 月 9 日 16 时 06 分，“雪龙号”科学考察船上的 GPS 纬度显示数据全部归零，随后纬度显示单位由“N”(北纬)转换为“S”(南纬)。船上汽笛随即发出一声长鸣。

和往常一样，邢洁爬到七层楼高的位置去采样，从“雪龙号”的顶层放眼望去，赤道无风带上的风景是那么的迷人，一道浓黑浓黑的积云当空横卧，云的一端，形如龙头，整幅画面像是“赤道龙王”在向远方来客致意。

而在穿越西风带时，“雪龙号”连续遇到两个强大气旋，引起的涌浪平均达到六七米高。与以往情况不同，这两大气旋与“雪龙号”先后相遇的时间和空间几乎没有间隔，穿越过程比较艰苦，“雪龙号”在惊涛骇浪中航行，整个船舱里响起一片稀里哗啦的声音，邢洁房间里未固定好的物品落在地上响起到处滚动的声音。

几乎所有的人都晕船了，很多人都不能吃，也不能喝。大家都觉得翻肠倒胃，邢洁在床上躺了两天，一阵阵恶心涌上来，转身就跑向厕所，先有吃下的食物可吐，接着吐出喝下的水，最后，吐出来的只有苦胆汁了，睡觉也睡不安稳，需手脚并用，抵住墙壁和床沿，以防身体在床上翻滚，甚至掉落床下。邢洁负责沿线采集大气中的多项化学成分，定时记录数据的变化，作为此次科大极地气候采样的唯一责任人，通常要在“雪龙号”顶层进行多项作业，每天定时定点采集大气样本。伴着咆哮的巨浪，她已经数不清在“雪龙号”上下往返了多少回，但只要采样成功，看到井然有序的样本，她就觉得付出的辛劳都值了。

“只要身体允许，就要抓住一切机会作业，否则就可能永远失去机会。”在她眼里，南极虽然自然条件恶劣，但它更是一个充满吸引力的地方。在某种程度上，这种吸引力让艰苦变成了乐趣。对她而言，冰天雪地、奇冷酷寒、狂风怒吼这些都是可以克服的困难，但是难以克服的是对家和亲人的思念，深深的牵挂只化为电话中的一句“爸妈，我很好，别担心”。

北京时间 11 月 27 日，驾驶台广播通知：第一座冰山已被发现，就在船头不远处。第一座冰山的出现预示着风大浪急的西风带即将过去。透过高高的舷窗望去，船周围冰山密集。凭肉眼看，它们座座冰清玉洁、婀娜多姿；若用望远镜定睛细看，这些从南极大陆冰川走来、起码在陆地上沉积挤压了上百万年的冰山，棱如刀锋，浑身散发着蓝森森的寒光。

登　陆

北京时间 11 月 29 日 12 时 15 分，“雪龙号”跨过南纬 66°33′线，进入了南极圈。南极，近在咫尺。初登南极大陆，眼前的景色太美了，美得令人心醉。分布在南极大陆边缘的片片地衣和苔藓就像是镶嵌在白色世界里的绿洲；蓝天下有叽叽喳喳的海鸥和自由翱翔的海燕；碧海中有成群结队惬意畅游的企鹅和海豹；只要你不蓄意骚扰，就可以近乎零距离地在海滩上与这些美丽可爱的精灵共享日光浴。此时，人会不由自主地虔诚地与极地纯洁广袤的大自然倾心交流，纷纷杂杂的思绪由此骤然获得净化，过去生活中的喜怒哀乐刹那间都显得虚无渺小、不值一提。

纵然美景怡人，但在南极作业，还是要承受各种辛酸。邢洁介绍道：“在冰天雪地里采集大气样本很辛苦，因为不能戴手套，取一次样本，手就冻僵了。”

在“雪龙号”的行程中，邢洁所在的大洋考察队有许多亮点。此次考察是“南北极环境综合考察专项”正式实施以来的第一个南极考察航次，共计获得 6 个断面 64 个站位的数据和样品，在参加的人数，考察的项目、时间、航程、质量和覆盖范围等方面，均创造了我国南极考察南大洋调查近 30 年来的新纪录。

储著定的考察任务是采集长城站附近湖泊沉积物样品，出于气候的需要，他比其他人晚一个多月出发，乘坐不同的交通工具。他坐飞机从智利前往长城站，在长城站工作了 2 个月左右。张禄禄的课题是南极内陆冰盖断面及昆仑站周边地区生态地质生态学调查。当“雪龙号”到达南极中山站后，他所在的内陆考察队下船改乘雪地车前往昆仑站，结束后再返回中山站。在南极内陆，他工作、生活了50多天。

每一位中国科大极地人在南极的出现，都拖着长长的科大影子。科大极地考察事业的溪水，已经汇入了世界南极科学的主流。从这水流中掬取几朵浪花，都会放射出迷人的光彩。

【摘自《中国科大研究生教育》2013年第2期，总第91期】

2013全国百篇优秀博士学位论文奖获得者金贤敏：“我正在做一项激动人心的事情”

文/李　璐

北京时间2014年3月5日10:14，科大北区窗外的金寨路与黄山路上早已车水马龙，而此刻与北京相隔8小时时差的伦敦却夜色朦胧，大部分人早已结束了劳累的工作，如酣睡的婴儿，尽情享受这份夜之静谧。此时在牛津大学实验室的金贤敏却依旧清醒，刚刚完成实验的他松了一口气，在电话中充满歉意地说道：“我刚做完一个实验，才给你打电话，不好意思啊！”采访就这样在电话中开始了。

梦开始的地方

1980年出生的金贤敏如今已硕果累累：上海交通大学物理与天文系特别研究员，博士生导师，迄今已发表文章35篇，包括*Science* 2篇，*Nature Photonics* 4篇，*Nature Physics* 1篇，*Nature Communications* 2篇(其中1篇为已接收发表)，*Scientific Reports* 2篇，*Physical Review Letters* 7篇。论文被SCI引用420余次。而这一切研究果实的开始都要追溯到2003年。

2003年，金贤敏与其他研究生录取者一样不无兴奋地来到了中国科学技术大学。入学后不久，潘建伟教授做了一场有关量子信息的学术报告。这场学术报告让金贤敏的大脑突然丁零一响：量子信息目前处于国际研究前沿，但还有许多空白之处，这意味着有许多研究可以做并且值得做。他意识到：机会来了。

很快，金贤敏师从潘建伟教授。“当时潘老师实验室成员只有3～5名，潘老师就带着我们几个一起成长。”金贤敏至今还记得当时的忙碌与辛苦，但是他却感觉虽苦犹甜。“潘老师有很多想法，他让我们接触到最前沿的量子信息知识。在这里虽然辛苦甚至痛苦，但你可以充分发挥你的想象力和聪明才智。这里，是我起航的时候，是我梦开始的地方。”

清空与盛满

师从潘建伟后，金贤敏仅用了一年半的时间就开始独立负责实验。对其他同学来说这是不可想象的，金贤敏却做得有声有色。但只有金贤敏自己知道这其中经历了一个清空与盛满的过程。

金贤敏称他最怕谈兴趣爱好：“我现在过的是一种很‘无趣’的生活，基本上没什么爱好，大部分时间都在科研上。”但曾经的金贤敏却是一个爱好极其广泛的人。他爱好舞蹈，经常拉上同学一起跳国标舞。他还喜音乐，爱歌唱。此外，金贤敏在跆拳道上也颇有造诣。“跆拳道有十级，我已经跨过了九级半，差一点就可以达到黑带了。”但金贤敏却放弃了。

正如修剪花草一样，金贤敏清空了旁枝侧翼，更纯粹地投入到科研之中。也正是在这种盛满对科研热忱的状态下，金贤敏摘下了一个又一个令人欣羡的果实。他不仅拿到了中国科学技术大学理学博士学位，其博士论文还入选中国科学院百篇优秀博士学位论文和全国百篇优秀博士学位论文。

当清空旁枝侧翼时，从事科研的工作者也许是“无趣”的。但诚如金贤敏所言，“真真正正做科研的人是值得尊重的，因为他们不仅优秀而且热爱科研”。

厚积薄发

当我们注视着金贤敏那一个又一个耀眼的光环之时，很难想象他竟是一个如此年轻或者说朝气蓬勃的“80后”。莫非金贤敏身上真的有科学慧根或者天赋的存在？

金贤敏却觉得恰恰相反，他不仅觉得自己没有科学慧根，还觉得自己开窍很晚。“其实我小时候是个没有理想的人，我从没有想过要成为一名科学家，当然也没有所谓的科学慧根。”电话中的金贤敏笑了笑又继续说道，“虽然我不知道什么是天分，但是我知道不去努力做肯定没有收获。做任何事情都必须付出很大的努力和代价。”金贤敏还告诉记者一个小秘密，那就是他特别喜欢多想，他每天都尝试去发现一些想法，不停地去想、去思考。这也许正是金贤敏的特别之处吧！

“有时候你可能只是去追寻一个结果，但付出的努力却是巨大的。往往个人简历只有一句话，但背后却有太多的付出和代价。”金贤敏至今还记得在博士期间的一次试验。“潘老师带领我们打算在北京市八达岭与河北怀来之间搭建16公里的自由空间量子信道。这份工作的难度很大，我们基本上是从0开始的，不断地摸索、搭建、调试，调试、搭建、摸索……”

这项历时3年的工作最终成功实现了世界最远距离的自由空间量子隐形传态实验。这比当时的世界纪录足足提高了20倍，也首次有力验证了基于卫星平台的全球量子通信网络的可行性。金贤敏以第一作者的身份将该工作发表在英国《自然》杂志子刊《自然光子学》上，并且该文章被选作封面文章，引起了国际学术界、公众甚至美国军方的广泛关注。

兴趣是最好的驱动力

对于从事科研的人来讲，花几年甚至十几年时间反反复复地做一件事情是常有的事情。常人总觉得科研任务枯燥、繁重又难出成果，由此也对从事科研的人多了一份敬畏心。那么像金贤敏一样的科研工作者是怎么看待科研的呢？他们会有筋疲力尽或者身心俱疲之感吗？

“做实验有时候会让你做到想吐。但是身体上虽然很累，精神上却不知道疲倦。”金贤敏说道，“兴趣是最好的驱动力，当你终于发现了一件激动人心的事情、一件特别让你热爱的事情时，你虽然很累甚至很痛苦，但你永远不知疲倦，而且内心充满着探索未知的乐趣。”

正是对量子信息的巨大兴趣让金贤敏不假思索地选择读博，也让他在顺利拿到博士学位后又马不停蹄地赶往牛津大学做博士后。“量子信息的突破关键在于量子存储，虽然我国也在积极做存储，但与目前在这方面做得最优秀的英国相比还有很大差距，所以我一定要去学习这个关键技术。”金贤敏的语气中带着一丝坚毅。后来，他被遴选为牛津大学沃弗森学院学者，并获欧盟的玛丽居里学者基金支持。

如今身为博士生导师的金贤敏在选人上坚持着这样一条原则，即最看重面试者的兴趣导向。“我会问面试者很多问题，其实最终都是想考察他是不是真的对我们的研究方向感兴趣。这个世界上真的没有什么东西是可以轻松实现的，但如果你以兴趣作为驱动力你就可以很快乐。我希望把那些爱科研的人留下来，而不爱科研的人则应当为工业界做贡献。”

勇敢的心

在与金贤敏的对话中，他亲和而优雅，再加上科研工作者身上普遍具有的耐心与谦卑，我们往往更容易联想到谨慎、认真、随和、亲切……但事实上，金贤敏还有一个特质——勇敢。

这里的勇敢关乎爱情。在一次旅行中，金贤敏来到了丽江，徜徉在丽江古镇的金贤敏瞥见了一个女子。“当时第一眼就喜欢上了。”金贤敏在电话中笑着，伴随着金贤敏纯粹而悦耳的笑声，一股强大的幸福感似乎也通过这通电话向记者袭来。“我是一个很勇敢的人，我没有丝毫犹豫就走过去了，尽管她的身边还有父母。”金贤敏笑着告诉记者，这个在旅行中认识的女子就是他的妻子，就在一年半之前他们还拥有了一个可爱的儿子。“我的儿子真的非常非常可爱，我觉得他是世界上最可爱的。”

当我们采访金贤敏，试图寻找这个成功人士身上所具有的特质的时候，我们会发现他固然聪明，但却从不把自己看作有天分的人。因为他懂得比天赋更靠谱的是热情，还有不吝啬的付出。而当我们除去金贤敏各种优秀的光环，仅用一个平常人的眼光去看他的时候，会发现他才华洋溢却谦卑有礼，严谨认真却勇敢坚毅，对科研带着最简单的热爱，还有着一颗未泯的童心。这就是金贤敏，他一如往常地“正在做一项激动人心的事情”。

【摘自《中国科大研究生教育》2014 年第 1 期，总第 94 期】

中国科大 iGEM 团队：创造一个没有针头的世界

文/智 飞 吴昊声

iGEM 大赛——七年，10 金、1 银、1 铜

2013 年 10 月的香港，近 40 摄氏度的高温炽热难耐。但对于这一刻的 iGEM 的队员而言，等待比赛成绩公布的过程才是真正的煎熬，沉默压抑的气氛仿佛将现场炙热的空气凝固在了 0 摄氏度。

“本届 iGEM 亚洲区赛事的金牌得主是——”当评审小组念出“USTC”的那一瞬间，团队成员们终于发出了激动的欢呼，坚守、压抑、困惑、喜悦，9 个月以来那些愉快和不愉快的情绪这一刻汇集在一起宣泄出来。金牌，证明了他们 9 个月的努力没有白费，也最终为他们飞向大洋彼岸、赴 MIT 参加世界组角逐提供了宝贵的入场券。

iGEM——国际遗传工程机器设计竞赛（International Genetically Engineered Machine Competition）是由麻省理工学院（MIT）举办的一项全球性的合成生物学领域学术竞赛。它涉及了数学、物理、电子、计算机等多个专业，是一个交叉合作性的跨学科比赛。

首届 iGEM 比赛举办于 2003 年，但初期只是面向 MIT 学校内部展开的一个生物合成比赛，其目标是希望通过重组现有的基于 DNA 序列的功能组件，如蛋白质，通过设计和模型分析，将所需样本导入现有的生物体系，合成全新的生物工程系统。

此项赛事直接搭建起了基础生物研究和生产间的桥梁，一些成果可以在后期被直接转化成产品，因此受到了学术界和工业界的极大关注。2007 年之后，iGEM 便迅速发展为一个国际性的赛事，中国科大便是最早参加比赛的队伍之一，并在之后的 7 年中一直保持着国内最好成绩——10 金、1 银、1 铜。

iGEM 的赛制在不断变化。首先是参赛队伍的增加，2013 年有来自 5 大赛区近 200 支队伍参赛，要进入到每年 12 月在美国的国际总决赛就必须通过 10 月份分赛区的比拼；其次，比赛由单一的实验组扩展为实验和软件两大组别，因此 2013 年科大的两支小队伍便分别是 USTC-ChinaiGEM（内部称为湿队）和 USTC-Software（干队）。

备战艰辛——每年一次，选题慎重

时光回溯，2013 年 2 月，科大西区，春节假期尚未结束，校园还处在假期的沉寂之中。此时，张思韬同学正匆匆往生物楼赶去。上一年的比赛已经结束，成功的喜悦还没褪去，iGEM 团队的老队员们便和刚招募的新队员们一起回到学校，来到自己的大本营——生物楼 363 实验室开始新一轮的备战。

“2013年初我们湿队和干队一共有50多名队员，3名指导老师。正月十五还没过，我们就开始了新队员的培训工作。”张思韬说，“在紧张的培训之后，就是把人员分组，开始头脑风暴，想创意。”跟我们侃侃而谈的是2013年iGEM的队长张思韬，一个个子高挑、个性直爽的男生。他将在2014年的新队伍中担任队伍顾问的角色。

说起这个队伍，没有人能比作为2013年金牌获奖队队长的张思韬更了解的了。“我们一共分成4个小组，每组各有一个领队并自由组合队员，然后开始近乎疯狂般地选题。”

他回忆起当初老队员带领着新队员开始阅读文献的艰辛阶段。“大家对新的领域了解不多，因此便以文献阅读入门。从中英文文献开始通读，整个小组配合网上的平台进行互助式学习。文献的阅读量大概有500篇，基本相当于一个博士的文献量。”张思韬补充道，4个小组以相互竞争的姿态加速整体的备战效率，这一过程要一直持续到5月。

但富有戏剧性的一幕发生了：2013年5月26日下午，副队长正带领小组成员进行蓝藻产氢项目的收尾工作，他们在检查一篇最新的文献时发现，该篇文献的原理同小组的实验设计简直如出一辙。在这个节骨眼“碰墙”，瞬间让这个小组失去了继续实验的动力，成员们个个心灰意冷，都觉得之前几个月的努力已付诸东流。

在这决定今年能否顺利参赛的紧要关头，领队在深思熟虑后决定，把整体队伍进行重新划分：一半人马继续进行原先的蓝藻产氢项目。虽然蓝藻项目成熟且可行性高，并且小组去武汉水生所拜会过此领域的专家，但考虑到iGEM比赛的性质，蓝藻项目已经不可能再作为实验项目了。另一半人开始全力攻坚另一个项目：透皮肽疫苗。

拿到金牌——过程艰辛，收获颇丰

随后的实验工作异常艰辛，队员们为了透皮肽疫苗实验（T-vaccine）——“创造一个没有针头的世界”（即不用打针，只要在皮肤上贴上一张“膏药”，药物便可进入人体内）而没日没夜、加班加点地进行实验。队员们有课了去上课，下课了便回来继续做实验，累了，就在实验室的躺椅上趴会；饿了，就去食堂吃口饭。在接下来的暑假里，通宵更是成了家常便饭，一些同学甚至一天都没走出实验室一步。为了测试疫苗的效果，队员还要穿上隔离衣到无菌实验室进行小鼠实验。

“功夫不负有心人”，在10月份的香港，iGEM团队以优异的成绩拿到了去美国的资格，并在12月份的世界组决赛中拿到了双金的好成绩。中国科大从2007年成立队伍参赛以来，至今已收获10金、1银、1铜，成为亚洲获得金牌数和奖牌数最多的高校。

谈到这一年的艰辛历程，张思韬没有诉苦，而是不断地表达着感谢：“首先是感谢学校各部门和老师们的大力支持，因为有了实验室和经费，团队才得以开展比赛的准备工作。接着是三位指导老师开放式的培养，因此才有了同学们天马行空的构思和创意，并主动发挥自己的能动性。最后是感谢同学们的配合和牺牲，这使得队伍团结一致，尤其是感谢副队长的无私付出——因为去美国经费不足而主动留守后方。这件事让所有参赛队员十分感动。”

此外，张思韬认为艰辛历程给他带来更多的是磨炼。团队在学习知识之余，也在其他许多方面做出了巨大付出：建网站（去年的网站宣传阶段，队员4天4夜没休息搭出所需的展示页面）、做宣传、拉赞助、财务管理、办出国手续、演讲答辩等。

【摘自《中国科大研究生教育》2014年第1期，总第94期】

我在南极科考的日子：挑战并成长着

——访第30次南极科考队员杨文卿、孙晨

文/倪国香

南极，对于我们来说是遥远的、神秘的。也正因为此，它一直吸引着世界的目光，激发着人类探索发现的欲望。1984年，中国第一支南极考察队远赴南极，并建成长城站，从此，中国人在这片神奇的大陆上有了立足之地，五星红旗终于飘扬在南极的上空了。

2013年11月7日，中国第30次南极科学考察队乘坐的"雪龙号"科学考察船缓缓驶离中国极地考察基地码头，奔赴南极，执行科考任务。这次科学考察队共由257人组成，杨文卿、孙晨便是其中的两位。

南极初印象

2013年12月3日，历经27天的海上航行，杨文卿所在的格罗夫山考察队终于抵达中国南极中山站。"初到中山站，这里给我的感觉就像是一个建筑工地，一直处在建设中。"杨文卿回忆道，"离开中山站，往南极内陆驶去，四处都是一样的景象：湛蓝的天空和被皑皑白雪覆盖的土地。"

杨文卿是中国科学技术大学极地环境研究室的博士研究生，他告诉记者："我本硕博专业都是环境科学，这个学科很大，环境化学、环境工程、环境法学、环境经济学等等都可以算作环境科学。而我现在主要做的是古环境研究，就是研究过去的环境变化，极地环境是我的研究中很重要的一部分，所以这次南极科考，我来了。"

同样来自中国科大极地环境研究室的孙晨此次的考察任务与杨文卿有所不同，他科考的绝大部分时间是在"雪龙号"船上度过的。"虽然我们都是来自一个实验室，但是因为我和师兄的研究方向不同，我们面临的科学考察任务也不一样。"孙晨向记者解释道，"我是研究大气化学方向的，我工作的主要任务就是在船上进行南极的海洋调查。我们在船上有专门的实验室，所有的仪器先放在船的外侧进行采样，然后再将样本带回实验室进行保存或者直接进行检测分析。"

因为工作性质不同，孙晨在南极大陆停留的时间大约只有两周，但南极却给他留下了深刻印象："南极内陆四处都是冰和雪，偶尔可以见到企鹅、海豹，最难见到的就是人。"

孙晨继续补充道："我们在船上看到的企鹅、海豹还是很多的，但是每天接触到的人和物基本上都是一样的，很难接触到新的东西，这点还是挺令人难受的。"

南极科考生活实录

众所周知，南极是世界的寒极、旱极、风级。在这里，各种极限的自然环境都在时时刻刻考验着我们的科考队员们。那么，南极科考的这些日子，他们是如何度过的?

“我们在中山站的时候，可以住在宿舍里，也有专门的厨师，饭菜都是每天现做的。但是到内陆以后，条件就没有那么好了，住在特制的、保温的集装箱里，饮食上主要就是吃航空餐、速冻食品，加热即食。”虽然条件艰苦，但是当回忆起这段生活情景时，杨文卿的表情中没有一丝抱怨，相反，从他的脸上我们读到了他对那段日子的怀念。

格罗夫山地处南极大陆、东南极内陆冰盖伊丽莎白公主地腹地，是 64 座冰原岛峰的总称，平均海拔在 2000 米以上。为了让队员们适应高海拔的自然环境，在科考之前都会有专门的集体训练。杨文卿告诉我们，他参加过两次集训，2012 年去了西藏，2013 年又去了云南的玉龙雪山。除此之外，他平时也会注意加强锻炼，增强自身体质。“这些训练是必需的，也是非常有益的，南极内陆环境比较恶劣，随时可能遇到风暴侵袭等危险，增强自身体质是最基本也是最重要的。”

杨文卿在南极的考察工作主要是采集冰雪样品，进而分析其中环境变化引起的成分变化，从而解释当时的环境状况。也就是说，他必须每天出门去采样。当问及如何克服寒冷的天气时，他兴奋地告诉记者:“我发现南极那边有一个奇怪现象，在南极气温与实际体感温度关系不大，而与当天的风力相关。在不刮风的情况下，零下二十几摄氏度的气温，我们感觉都还好，但是一旦刮风，不管气温多高，都会感到非常的寒冷。”

相比杨文卿，孙晨的科考生活似乎“单调”许多:“我们基本上每天都待在船上，船上的生活环境已经算不错的了。只是刚开始很多人会出现晕船现象，也有人不习惯喝船上的淡水，但是适应一段时间之后就都可以应付了。”

看似“单调”的生活背后其实也有很多特殊的经历，孙晨激动地告诉记者:“我们的船是环绕南极航行的，这样我们每天都要过一个时区，也就是我们每天都是 23 个小时，过国际日期变更线的时候就多了一天。以前看《80 天环绕地球》的时候就对这个比较感兴趣，这次自己亲身经历了下，还是觉得蛮好玩的。”

此外，中国第 30 次南极科学考察也经历了两件特殊事件:一件是“雪龙号”在环南极考察中成功救援俄罗斯科考船并自行脱困，一件是完成科考任务准备回国途中临危受命搜索马航失联客机，而孙晨都经历了这整个过程。

南极之行:收获远大于挑战

中国第 30 次南极科考前后共历时 160 天，孙晨是全程经历了这 160 天的科考队员之一。

“这 160 天对我来说，新奇与新鲜远大于困难，160 天的收获远大于它给我带来的挑战。”孙晨告诉记者，“这次南极之行我的收获太多了，能踏上南极大陆，对我的人生来说，已经是一次难得的经历了。另外，在船上的日子我还认识了一些值得尊敬的教授、长辈和许多志同道合的朋友等，从他们身上学到了很多。总之我觉得这次南极之行非常值得，非常有意义，不仅增长了我的见识，也锤炼了我的意志。”

杨文卿则感慨道："这次南极科考给我最深的印象、最大的触动就是：我意识到了团队合作的重要性。在那种完全陌生的艰苦环境下，没有一个人的工作是可以独立完成的，如果没有团队合作，那我和我的队友的工作都没有办法开展。这次我们能够成功地完成任务，真的应该归功于团队合作的力量。我以前没有团队合作方面的强烈意识，但有了这次的经历之后，我感觉很多时候有几个非常好的朋友、同事，能处在一个非常好的团队中，真的是非常好的，也是非常快乐的。"说到这，他会心地笑了。

【摘自《中国科大研究生教育》2014 年第 2 期，总第 95 期】

自主创业正当时

——访中国科大博士生罗文伯

文/郑久良

随着高校毕业生人数的逐年增多，毕业生就业问题成为国家和社会广泛关注的焦点。除了读研和继续深造外，很多大学生毕业之际都忙着投简历、找工作，也有部分学生会选择自主创业。作为大学生，除了所学到的知识外，多数人缺乏创业的资金、技术和行业经验，要实现成功创业，需要具备哪些素质、注意哪些问题呢？在中国科大校园里，我们身边就不乏自主创业的成功案例，让我们一起走近正在创业路上践行的博士生罗文伯，倾听他讲述关于创业的那点事。

罗文伯，男，1987年生，目前是中国科大人文学院文化哲学专业博士二年级学生。身为"80后"的他，却已是合肥本中信息咨询有限公司的总经理。公司是他一手创办的，成立于2013年末，主要是为科技型中小企业提供科技政策、项目咨询服务，现位于合肥国家大学科技园，处于孵化成长阶段。成立以来，公司运行态势良好，处在快速上升期。

早点认清未来方向，做自己想做的事

创业之路，对于罗文伯来说，最早可以追溯到大学时代。"大学时，我曾尝试过很多事情，有过挫折，也有过成功的喜悦。一开始想着毕业后考公务员，后来在校学生会干过一段时间，那种固定式的官僚氛围让我不太习惯，渐渐打消了考公务员的念头。关于创业的想法，也是从那时开始萌芽的，我认识到创业才是自己喜欢做的事情。"

罗文伯本科毕业于湖南大学管理信息系统专业。2006年步入大学的他开始了一段新的人生旅程。然而这段旅程并不是那么顺利。由于当时母亲身体不好，家境贫困，学费全靠贷款，他在学校里一直省吃俭用。除了勤奋学习外，他平时还需要做各类兼职来补贴生活费用。勤工俭学让他很早就养成了不畏困难的性格。

后来，他的本科导师为了能在生活上帮助他，让他来自己成立的公司帮忙。半年的实习经历，让他参与了一个企业的创立、运营、管理和成长的全过程，使他对科技中介服务机构也有了多方面的了解和认识，创业的想法由此萌生。

从勤工俭学、放弃报考公务员到去公司实习，一路走来，生活上的困难并没有让罗文伯放弃对自身兴趣的追寻。本科时的经历让他终身难忘，也正是这四年的经历，让他逐渐转变了思想认识，及早地认清了自我，确立了未来的发展方向，为之后的创业奠定了基础。

对于我们大学生来说，创业并非唯一选择，也并非每个人都愿意为之付出艰辛。因此，兴趣和热爱非常重要，我们需要知道自己真正想干什么。

在实践中积累经验，让想法逐渐成熟

“创业，需要有好的想法和点子。可能一开始主意还不是很成熟，想法也比较简单，但可以在工作中学习，通过经验的积累来逐渐完善和成熟。”罗文伯说道。

有了知识的积累、创业的认知和创业的想法后，罗文伯一心想着如何将想法付诸于实践。毕业后的他并没有立即创业，而是选择保研到中国科大攻读硕士研究生，后来又顺利转博。这虽然跟罗文伯当初的毕业设想不太一样，但并没有阻碍他创业的进程，读研期间，他进一步酝酿了创业的想法。

“研一的时候我在和钧正策实习，作为合肥一家有名的咨询公司，我在这里了解到更多咨询业的情况，特别是与咨询师们进行交流后，我加深了认识和想法，后来我也在安达电子、资城投融资公司实习过。”“纸上得来终觉浅，绝知此事要躬行”，罗文伯深知身体力行的重要性。“除了实习之外，我还和几位同学一起做过几个咨询项目，给合肥当地的科技型中小企业撰写资质认证申报材料，其间遇到不少困难，我们花了很大的力气才完成。这给我积淀了宝贵的实践经验，现在这些项目也是公司产品业务的一部分。”

行业经验的积累加上实践的尝试，使得罗文伯的创业想法离落地越来越近。在校生作为创业的潜在主体，同样需要将想法付诸实践的决心，在积累经验中不断使想法趋向成熟与完善。

胸怀大局，诚信品质不可缺失

公司成立后，如何准确定位市场和有效运行至关重要，对此，需要树立全局统筹意识和良好的企业形象。

“对于创始人来说，开阔的眼界、广泛的知识背景、宽广的胸怀、良好的综合素养很重要。创始人统筹公司发展全局，每一个决策都关乎公司的生死存亡。因此，一定要有战略意识，目光要长远，胸怀大局。”只有站得高才能看得远，罗文伯顾全大局的意识使公司一直运行良好。

人无信不立，企业同样如此。“本中二字，分别出自《论语》与《中庸》。君子务本，本立而道生。中者，天下之正道也。”罗文伯从一开始就明确定位了企业精神和文化，公司要务本求实，以人为本、诚信经营，员工要树立职业操守。诚信的品质和良好的商业信用，给本中带来了不少商机。

创业，不只是一项商业性活动，更是社会性创造。公司在盈利的同时，也需要承担一份社会责任。宽广的胸襟和真诚的态度，才能使创业之路越走越远。

“道”“术”结合，“道”要先行

谈到创业应具备的要素，罗文伯强调“道”和“术”相结合的重要性。“‘道’，主要说的是创业要具有的素质；‘术’，主要是指创业的能力，两者要结合。”罗文伯这样解释道。

所谓“道”，就是要培养创业的素养。对此，罗文伯总结了几点：“一是坚定的信念；二是长久的激情；三是放下身段，要接地气；四是百折不挠的精神；五是专注、深钻；六是勇于创新;七是好的身体和心态。"值得关注的是,罗文伯提到要放下学生身段、接地气,具体来说,即创业要面临普通大众,接触的人群多种多样,大学生作为知识分子,骨子里往往有种"清高"之气,这种气息是难以做好市场的,需要有所调整。当然,"道"上的涵盖面远不止这几点,罗文伯储备的这些素养,已经让他尝到了成功的甜头。

所谓"术",就是创业能力的锻炼。创业,需要沟通能力、学习能力、鼓动能力、演说能力和亲和力等的综合学习,也需要经验的积累、资金和技术的支持。"至于能力,可以在创业中慢慢培养起来,'道'和'术'相比,'道'应该摆在首位。具备了创业基本的品质,经验、技术和资金问题的解决也会水到渠成。"短短几句,充分体现了罗文伯敏锐的思想和清醒的判断力。《孙子兵法》云:"道为术之灵,术为道之体;以道通术,以术得道。"掌握创业必备的精神、理念和素养之"道",创业能力和支撑之"术"将随之而来。

学武术而不立,业无道而不成。大学生创业,需要培养基本的创业品质,包括创业意识的形成、精神的培育、创新思维的锻炼和能力的塑造。

善于抓住机遇,迎难而上

创业之路并非顺风顺水,也会面临诸多困难和挑战,本中的成立与发展同样如此。"创业中要考虑的问题很多,如融资、业务拓展等,面临的压力也很大,需要创业者有一颗强大的内心。与挑战相比,创业中可以抓住的机遇也不少,国家正在力推'大众创业,万众创新'的社会行动计划,出台了多项支持大学生创业的优惠政策,比如大学科技园办公、研发场地的租金减免、税收优惠等。"在机遇面前,罗文伯果断地抓住了机会,面临挑战,他也毫不畏惧,知难而进。

此外,罗文伯还要时刻兼顾学业和创业的关系。"平时学业也比较忙,博士二年级,除了做项目,还要发表论文,精力和时间有限,有时不能全身心地投入到公司中。但我不会因此荒废学业,我相信通过合理安排时间,能够处理好两者的关系。"罗文伯的一言一行闪耀着坚强、自信和拼搏的光芒。

既然选择了远方,便只顾风雨兼程。年轻,是最好的资本。在校生思想活跃、精力充沛,创业潜能有很大的发展空间。创业过程中,要善于抓住机遇,勇敢地面对挑战,同时保持坦然、向上的心态。希望每一位青年创业者都能怀抱梦想,坚持去做自己喜欢并擅长的事。

编　后　语

自主创业,不仅是个人财富的创造过程,更是智慧的涌现、价值的发挥及综合素质和能力的体现,对社会和经济发展意义重大。在国家鼓励"大众创业、万众创新"的宏观背景下,创业将是大势所趋。激发大学生创新创业的基因和潜能,需要兴趣、想法、经验、品质、素养、能力、毅力和机遇的交合,需要身体力行的探索和追求。创业之路,挑战与希冀并存,真正做到未雨绸缪、全力以赴,方能渐行渐远。

【摘自《中国科大研究生教育》2015 年第 2 期,总第 99 期】

光荣的背后

——访中国科大暗物质卫星 BGO 量能器科研团队

文/尹俊玲　刘国芳

关于宇宙的传说，我们从小就听过很多：盘古开天辟地、女娲补天……而自人类由蒙昧走向开化，科学的脚步才开始走进生活。追本溯源，看清未知世界的真实面目，是我们的希冀，也是我们的使命。现在的航天科学有了哪些新的进展？我国的航天事业又有了哪些新的突破？在这些成功的背后又是一群什么样的人在默默无闻地奋斗着？借着采访中国科大暗物质卫星 BGO 量能器科研团队的契机，我们走近了这门学科，走近了这群人。

“悟空”发射，行业领先

暗物质和暗能量被称为“21 世纪笼罩在物理学晴朗天空中的两朵乌云”，每一个物理人都渴望能亲手揭开其神秘面纱。早在 20 世纪，科学家们通过大量的天文和物理实验现象，例如许多星系中都存在额外的看不见的引力源，宇宙的总质量应该远远大于已知物质的总质量等，从而提出了“暗物质”的概念，即认为宇宙中存在大量未知的物质。近年来，越来越多的实验已经越发清楚地证实了暗物质的存在。科学家们根据计算得出宇宙能量是由 4％的普通物质、23％的暗物质和 73％的暗能量组成的。

在对未知世界的探索方面，欧洲、美国、日本已领先一步，作为文明古国之一的中国在新世纪也奋起直追。为了探测暗物质，2015 年 12 月 17 日 8 时 12 分，我国“悟空号”暗物质粒子探测卫星在酒泉成功发射。暗物质粒子探测卫星是中国科学院空间科学战略性先导科技专项中的首发卫星，此次实验也是我国首次开展的大型空间粒子探测实验。通过对大气层外的高能伽马射线和电子、正电子进行精确的能谱测量，从而寻找暗物质粒子存在的证据和研究其物理特性，并研究宇宙射线起源和伽马射线天文学。探测器一共包含 4 大组成部分，分别为塑闪阵列探测器、硅径迹探测器、BGO 量能器以及中子探测器。其中中国科学技术大学核探测与核电子学国家重点实验室成功完成了该卫星中的关键分系统——BGO 量能器的研制工作，为卫星工程做出了巨大贡献。

“悟空号”的成功发射，标志着我国空间科学研究进入新阶段，有望推动我国科学家在暗物质探测领域取得重大突破，对促进我国空间科学领域的创新发展具有重大意义。12 月 25 日，当地面第一次成功接收到卫星传回的科学数据时，压在整个研究团队成员心上的一块巨石终于落地。此刻，他们正在位于北京怀柔的地面指挥中心值班，监测卫星的在轨状态，同时进行着紧张的数据后期处理工作。地面每天接收到五六百万个宇宙射线的数据包,每个数据包都需要他们一一进行分析。经过长年的数据积累,得出相关的科学论据,最终希望能逐渐揭开暗物质神秘的面纱。

关于卫星的名称,中科院在网上发起了征集活动,共收到有效提案 3 万多个。经过专家团的合议,最后决定取名为“悟空”。“悟”,有探索、领悟、参透之意,“悟空”则意味着对未知空间的探索。同时,悟空又是《西游记》塑造的经典神话人物,他神通广大,火眼金睛,因此也喻指“悟空号”是迄今观测范围最宽、能量分辨率最优的空间探测器。对宇宙的探索是人类永不休止的追求,“悟空号”的发射成功标志着我国对宇宙探索的划时代进步。在猴年里我们也借“悟空”这个美名寄托希望,愿我国航天事业再添佳绩,越走越远,越飞越高。

心怀兴国壮志,澎湃报国雄心

什么样的任务能吸引着 80 岁的老科学家仍然坚守在岗位上?什么样的一个团队能让每一个成员都深刻意识到自己的使命感和责任感,为着共同的目标而努力?在中国科大,有着这样一个特别的团队,年龄跨度为 60 岁,他们不辞辛苦,通宵达旦。无数次的试验,无数次的失败,但困难从未将他们打败,凭着顽强的精神和坚定的信念,他们坚持到了最后。6 年的坚持只为兑现一个承诺,只为上交一份满意的答卷。

自 2009 年起,中国科学技术大学核探测与核电子学国家重点实验室作为暗物质卫星合作组发起成员之一参与了工程前期论证和预研工作,完成了地面原理样机研制。在 2011 年底卫星工程正式立项后,该团队成功攻克了“BGO 晶体大动态范围读出”关键技术难题,先后按期完成了方案样机、初样鉴定件和正样飞行件的研制和验收工作,产品关键指标经欧洲核子中心束流标定实验证实达到国际领先水平,并全力协助总体单位完成卫星总装联调以及发射试验等保障工作。接下来他们将继续参与卫星在轨探测任务,协助数据的分析。

谈及在这个过程中遇到的困难,分管 BGO 量能器电子学的副主任设计师封常青博士说:“可以用‘筚路蓝缕’四字来形容。BGO 量能器结构复杂、技术难度大,作为我国空间科学系列首发星,加之航天工程经验的欠缺,刚开始的确是困难重重。我从高校的自由探索研究到投身航天工程,在工作思路和工作流程上面临很大的变化,而且也需要学习很多新的知识。尤其在项目的初期,一切都是在摸索中缓慢前进,但我绝不会因为自身经验欠缺、进度紧张就降低对自己的要求。仅以 BGO 量能器中的光电倍增管分压板为例,它的尺寸也就与两个一元硬币相当,对这样一块小小的电路板,我们前前后后就设计了 40 多个版本,每个版本都先在计算机上进行仿真和绘图,然后发到加工厂,到货后再在实验室里进行详细的测试。尤其是在刚开始,我们需要同时设计多个版本进行对比测试,到后期则是配合机械结构的设计,往往因为一些小的调整就需要修改,这是一个很枯燥、也需要耐心的过程。”

封常青介绍说:“我们这个项目所使用的光电倍增管是由日本滨松公司制作的,滨松公司也可以给用户提供配套的分压板。尽管如此,我们还是做好两手准备:一是从日本购买分压板,二是自己制作。起初我们是不自信的,但后来我们把滨松的分压板和我们自己设计的分压板进行了对比测试,反倒是自己制作的性能更好。当然了,实际上我很敬佩滨松公司优秀的工程师队伍,因为没有他们提供的高可靠的光电倍增管,就没有我们这个项目的成功,如果他们真的为了我们这一个订单就投入那么多的研发力量,肯定也是可以做好的。举这个例子,只是想说明我们在项目前期的艰辛付出都得到了回报,也就是老话说的勤能补拙吧。”

当我们对团队的成功表达祝贺时,分管 BGO 量能器探测器的副主任设计师张云龙博士平和地说:“现在下结论还为时过早,300 多个晶体单元,一个都不能失效,卫星三年以上的设计寿命,少一天都不算成功。”严谨、谦逊、一丝不苟,除了这些,或许还有更多的词汇可以用来形容他们。这样一个团队,这样一群人,在困难面前,从不会轻易地服输,又怎么可能会轻易地失败?

众志成城,终铸辉煌

褪去这些光环,我们看到背后一个个科大人的赤子之心。

实际上,BGO 量能器项目组包括核探测与核电子学国家重点实验室两个专业领域的人才队伍,一个是粒子物理专业,另一个则是物理电子学专业。这两个专业的知识领域恰好互为补充,前者属于实验物理学科,更偏重基础研究,后者属于电子科学与技术学科,更偏重工程技术。在项目负责人刘树彬教授的协调下,作为青年骨干的张云龙和封常青带领着各自的研究生队伍,配合默契,发挥了良好的团队合作精神。

张云龙说:“真正的困难是如何对自己做的事情一直保持新鲜感,并激励队员保持激情。技不在高而在德,术不在巧而在仁。学者,做的是事,给的是情。”科学研究不只有冷冰冰的公式、数据,也有暖心的人文关怀。困难面前,我想正是这种贴心的鼓励和关怀,在这个同甘共苦的大家庭里才会有无限的激情和奋斗的动力。

封常青和张云龙都是 2011 年博士毕业之后留校工作的,在暗物质项目中共事了六七年,一直合作愉快。提到当年的选择,张云龙说:“到企业工作,还是继续留校做完这个项目?我当时面临着这样的抉择。不过这个项目凝结了自己的心血,我们想和老师、队友们一起看一看这条路的尽头是一番怎样的光景,既然选择了就要尽全力做到极致,我们不想未来回顾往事时有所后悔。”

不悔的信念,不变的温情

在文科生的眼里,他们是智商高、“情商捉急”的理科男,但他们对科学事业的这份深情,却是我们理解不了的。为等一个数据,他们可以早出晚归、废寝忘食,坚韧的背后是对科研不悔的信念、不变的温情。他们是一群英勇的战士,他们的毅力让所有困难胆寒,他们是孤独执拗的,是雪峰之巅的傲然寒松。因为有了他们,我们才能走得更远,看得更深。

浮尘中寻一方安静书桌,空荡的实验室里,他们两两成群,避开外界的喧嚣,安然做着学问。“科学面前容不得半点含糊,当我们问及项目最后是怎么验收的时,”张云龙说道,“形式上的验收是次要的,提交前反复的测试就是验收,最后发射成功就是验收,成功拿到科学数据就是验收。整个装置都是环环相扣的,每个环节一个小小的偏差都有可能使整个项目前功尽弃,我们每个人心中都有这个信念,所以在工作面前会严把质量关,要考虑到可靠性问题，还要严格进行质量控制，因为航天的风险太大了。”

一个多小时的采访在弹指一挥间划过，我们却似乎窥探到了他们真诚的小世界，在那里住着严谨认真、踏实又不失温情的人儿，他们就是我科大物理男儿。多少个日夜的发愤忘食、乐而忘忧，他们用坚毅和无私写就的一篇篇人生乐章，是那般动听，又那般感人至深。中国的航天和科学事业，有了他们的守护，一定会走得更远，迎来新的辉煌！

【摘自《中国科大研究生教育》2016年第1期，总第102期】

不乏激情，勇于挑战

——访中国科大“丁点团队”创始人丁超

文/罗　琴

2015年10月21日，备受瞩目的首届中国“互联网＋”大学生创新创业大赛总决赛在吉林大学落下帷幕，本次大赛覆盖全国31个省(市)，1878所高校中共有57253支团队报名参赛，提交作品36000多个，参与大学生超过20万人。经过各省市的初赛预赛，300个项目进入全国总决赛，产生金奖34个、银奖82个、铜奖184个。作为首届安徽省“互联网＋”大学生创新创业大赛创意组冠军的“车停哪儿”智慧停车APP项目在此次全国总决赛上摘得金奖。这个项目来自中国科学技术大学的“丁点团队”，“丁点”是一个充满创意和活力的年轻团队，团队的主要成员都来自中国科学技术大学。今天我们有幸采访到了“丁点团队”的创始人——丁超，让我们一起去聆听“丁点团队”背后的精彩故事吧！

丁超，中国科学技术大学团委信息中心副主任、中国科学技术大学火灾科学国家重点实验室在读博士，曾任中国科学技术大学火灾科学国家重点实验室研究生会主席和中国科学技术大学校研究生会副主席，2013年兼职入新创企业任产品经理，2014年参与创立科技公司任总经理，2015年发起成立文化传播公司，现为中国科学技术大学丁点网络有限责任公司的CEO。

迷茫时代，要做明白的自己

29岁的丁超来自农村，小时候从拔药草、找蝉衣开始捣鼓一些小生意，从小就展露出创业和经商的才能。大学本科期间，丁超也没闲着，拉着室友给同学们装晾衣绳，一圈下来也净赚了一两千元。从本科到博士丁超一直坚持做学生工作，2007年刚踏入大学校园的他就开始接触各类学生工作，从爬树挂横幅的小帮手到校研究生会副主席。多年的学生工作让他积累了丰富的经验，长期的社会活动经历也让他从中嗅到了一丝商机。临近毕业，面对严峻的就业形势，丁超毅然决然选择了创业这条路。在国家大力推进“大众创业、万众创新”的背景下，丁超和另外两个合伙人——宋君与陈钦佩，创立了丁点网络有限责任公司。丁超作为创始人负责总体把控和全局操控，来自管理学院的硕士生宋君主要负责公司的人事、财务和营销事宜，同为火灾实验室研究生的陈钦佩主要负责公司的产品和技术。团队成立之初丁超就将“丁点”定位为互联网公司，主打高校团委和高校学生的O2O两个方向。公司当前的核心业务主要包括：承接各类网站制作、APP开发、微信开发；为企业个性化经营开发数字化管理系统；为各大高校、社区量身定做数字化管理平台。目前，丁点网络有限责任公司已经成功开发了“APP青春科大”和电影《港囧》科大点映会抢票系统等等。丁超坦言：“选择创业，一方面是天性喜欢折腾，另一方面是因为不想找工作，认识了现在的合伙人之后，我就更加坚定创业这条路了。迷茫时代，我们更要做明白的自己。”

“互联网＋”让一切皆有可能

停车难已经成为我国的“城市之痛”，对于有车一族来说，车没处可停已经成为日常生活中的新烦恼。根据2014年《中国城市发展报告》蓝皮书介绍，我国汽车保有量为1.3亿辆，平均每10人拥有一辆车。随着城镇化的不断推进和汽车需求量的增加，现代城市变得越来越拥堵，停车难成为制约城市发展的一大顽疾。“互联网＋”为城市生活提供了无限可能，在本次“互联网＋”大学生创新创业大赛上获得优异成绩的智慧停车项目让停车这个世界性难题不再那么困难。丁超介绍说：“智慧停车系统能够完美解决现阶段人们停车过程中遇到的种种问题，通过精确位置的信息共享机制，让有车一族轻松应对停车难题。项目主要包括基于大数据平台的城市智慧停车诱导系统、基于WiFi的智慧停车场导航定位系统以及智慧停车场无人化管理系统。”下载了“车停哪儿”APP的用户可以便捷地查询离自己最近的车位，根据APP规划好的路线能以最短的时间和距离到达停车点，系统可以自动识别车辆的进出时间和车牌号。此系统能够极大地提高停车效率与停车场的使用效率，为城市交通状况的改善提供了强有力的技术支撑。这个项目的产生，与“丁点团队”同安徽省消防总队的一个课题项目有关。“在一次业务沟通时，消防总队提出要研发超高层建筑、超市大型空间避难智能疏散指挥系统的要求，要完成这个任务必须要有高度精确的室内地图。”然而，经过多次反复调研，丁超发现目前国内在高精度地图供应上还是一片空白。于是，经过5个月的努力，“丁点团队”成功研发出了高精度室内地图，并发现了这背后隐藏的巨大停车需求。这个项目的成功也为丁超的创业之路添上了浓墨重彩的一笔。

不忘初心，方得始终

创业无坦途，丁超与他的团队在创业这条道路上并非一帆风顺，创业的过程中也曾经遭遇过一些挫折。在与客户合作的过程中也曾发生过客户违反承诺的事情，令整个团队的利益受损。“创业从来都不是一件浪漫的事情，创业的关键在于找痛点—解决痛点—更高品质地解决痛点。创业之路需要斗智斗勇，斗心理，斗策略，和对手赛跑，和时间赛跑，要挨过无数个寝食难安的夜晚。”丁超向我们分享他的心路历程，“创业很美好，但过程很痛苦，当付出和回报不成正比时会产生沮丧感。但是一定要尝试，一次两次可能会失败，但也许第三次就成功了。”真正的成功从来没有捷径可走，没有人能随随便便地成功，经验来自不断的摸索和积累。即使第一次失败了，但只要不忘初心，坚持不懈，终有一天胜利的曙光会降临在自己的头上。当然，除了自身要做好心理预设外，在创业的过程中资金的支持、团队的扶持、政府的帮扶也十分重要。当前的社会竞争日趋激烈，就业形势不容乐观，创业成为越来越多青年学子的选择。但对于学生群体来说，他们在创业上面临无资金、无场地、无经验等一系列不利因素，创业成功的案例并不多见。“创业，需要支持，作为一个三无创业者，更需要支持，我非常感谢我的导师和我的团队。”丁超感慨道，“团队成员大多为我的同学和我在研会认识的朋友，大家相互都比较了解，配合默契，不会将目光局限于团队眼前的得失，更加看重团队的成长和未来发展。谢谢曾经被我气坏的你们，谢谢曾经包容我的你们。”

走在折腾的大路上

对于创业之路，丁超可谓是乐在途中。在采访期间，丁超与团队所打造的“活动集”平台已经上线，线下品牌直营店——安徽也西文化传播有限公司也刚刚揭牌开业。这次，丁超希望建立一个所有活动汇总的平台，通过“活动集”这款应用程序可使所有活动和涉及的相关创意汇集到一起，然后像在集市上一样进行公开售卖，以此来解决各类活动参与主体之间信息、资源不对称的问题，实现主办方与参与方之间的无障碍对接。当前，“活动集”的各个子系统都已经在实际中得到了应用，虽然才刚刚起步，但是也已经积攒了一批用户，取得了初步的成效。对于这几年的创业之旅，丁超最深的体会就是：依旧嫩着呢。“在‘互联网＋’创新创业总决赛现场见到了众多高大上的项目和牛人，见到了三轮融资完成的项目，很是震撼。比我优秀的人都在努力，我怎么能不努力？选择了创业就意味着选择了一段不得不折腾的人生。”怀揣着一颗始终不安分的心，丁超在创业的道路上不断开启着新征程。“近半年的辛苦工作终于告一段落，从安徽省冠军到全国创意组第三名，一路走来谢谢支持我们的老师和评委。‘活动集’接下来的任务还有许多个，未来才刚刚开始，路还很长很长，‘活动集’势必创造新的奇迹。”

【摘自《中国科大研究生教育》2016 年第 1 期，总第 102 期】

携笔从戎，科技报国

——中国科大博士国防生周鋆玲的别样青春

文/罗　琴

清晨的校园刚迎来第一缕红光，偌大的操场就已出现一群身着迷彩的身影，铿锵有力的步伐踏过红色的跑道，整齐嘹亮的口号穿透初醒的校园，他们就是学校一道永不褪色的绿色风景线——国防生。国防生是指根据部队建设需要，由军队依托普通高校从参加全国高校统一招生考试的普通中学应届高中毕业生中招收培养和从在校生中选拔培养的青年学生。国防生是一个拥有着独特信仰及价值追求的共同体，是一群承担着保卫共和国神圣使命并为之奋斗不止的象牙塔精英。依托国民教育培养军事人才是培养和造就新型军事人才的时代需要，2000年国务院、中央军委颁布了《关于建立依托普通高等教育培养军队干部制度的决定》，拉开了我国依托国民教育培养国防人才的序幕。在此期间，原总装备部与我校签订了《关于双方合作培养军队干部协议书》，原总装备部在中国科学技术大学设立后备军官选拔培训工作办公室，为我军武器装备建设培养高素质人才。

近年来，为进一步提升部队尖端人才比例和质量，满足部队建设对不同层次、不同类型高层次人才的需求，国防生的研究生培养也越来越受到重视。根据部队需求和招生计划，我校不断重视在校内研究生中选拔国防生。目前，我校国防生的总数为222名，其中研究生国防生共有11名，而在这个以男生为主体的集体里，女国防生更是引人注目，这当中的女博士更是凤毛麟角。在解放军驻中国科学技术大学后备军官选拔培训工作办公室的推荐下，我们有幸采访了优秀国防生周鋆玲。作为校内选拔的研究生国防生代表，周鋆玲是国防生队伍中为数不多的女博士，被同学们公认为学霸。在最灿烂的青春年华里她放弃了浪漫与安逸，选择携笔从戎、科技报国。现在，就让我们走进她的别样青春，一起回顾这位美女学霸的从军路吧！

中华儿女多奇志，不爱红装爱武装

2007年，周鋆玲以优异的成绩考入了中国科学技术大学化学与材料科学学院，本科阶段的出色表现让周鋆玲成功保送进入合肥微尺度物质科学国家实验室继续深造。2012年，当时还在读研一的周鋆玲完成了人生中的一个华丽转身：她凭借优异的成绩和过硬的素质通过了校内国防生选拔，成为了一名研究生国防生，学校中获得这份殊荣的人仅有少数。身材高挑的周鋆玲从小一直被父母灌输当兵的思想，“我父亲当过兵，从小我爸爸就给我灌输从军的意义，高中的时候家里也一直劝我考军校。”周鋆玲笑着说。但真正促成她人生如此重大转变的是一次学术交流，周鋆玲告诉我们：“研一时我所在的实验室是研究变色材料的，刚进入研一时内心比较迷茫，不知道自己读这么多书究竟有什么用。当时一名技术军官来我们实验室交流，在交流的过程中我才得知我们所研究的东西可以做变色迷彩。而就在同一年我收到了国防生选拔的通知，想到自己的所学能够有用武之地，我决心去试一试。"就这样，怀着一颗纯粹的科技报国之心，周鋆玲实现了自己的绿色军营梦。

国防生具有普通大学生和预备军官的双重身份，与普通的在校生相比，他们的生活更加军事化，纪律意识也更强。选择当国防生，不仅仅是选择了一份职业，更是选择了一条不怕艰难险阻、勇于拼搏和无私奉献的人生之路。从成为国防生的那一天开始，周鋆玲的生活就与普通在校生不同了，对自己的日常管理和行为规范比之前要求的更加严格，肩上更多出了一份责任与担当。谈及国防生这个身份，她说："之前对于国防生这个身份，我并没有觉得它与普通同学有多大不同。但是成为国防生之后，我对于自己的言行举止会更加注意，因为我代表着的是国防生这样一个集体和身份在说话做事。在培养和管理上，国防生与普通生一起学习、生活，并无二致，只是在军政训练、军政教育时进行统一管理。所以，作为一名国防生在做好本职的基础上还要自觉地监督整个寝室的其他成员。也就是说，普通学生需要遵守的规定我们需要更加遵守，并且尽量带着同学们一起遵守，这也是一种责任吧。"

巾帼锋自磨砺出，风起正是扬帆时

作为校园中的特殊群体，国防生的出现总会引来周围人艳羡和崇拜的目光。但这个称谓的背后包含更多的是汗水与坚持，付出与拼搏。当大部分人还在梦乡时，他们已经迎接过朝阳的洗礼；当大部分人还在轻松娱乐时，他们仍在练习场挥洒着汗水。从选择成为国防生的那一刻起，周鋆玲就已经做好了吃苦的心理准备。周鋆玲告诉我们，国防生的军政训练主要包括早操和体能训练以及每个月一次的政治教育。每周的周中和周末都会安排出操，旨在督促同学们有序作息，强身健体。同时为增强国防生的体质和保证他们的战斗力，每周还会安排两次体能训练，像 3000 米长跑、仰卧起坐、俯卧撑等等。周末更是一整天都有训练，包括队列和体能训练等，主要是为了强化国防生的基础军事素质。刚开始，面对强度如此之大的军事化训练周鋆玲叫苦不迭。"我当年刚进来的时候，体能真的是很差，1500 米都没法跑完，最开始还真的是挺消极的，现在一周不练还会觉得浑身不舒服。"周鋆玲打趣道。

除了日常的军政训练之外，国防生每年都会进行野外拉练，每次都要徒步行走二三十公里。已经有过多次野外拉练经历的周鋆玲说起拉练颇有感触，而令她记忆最深刻的拉练还属大蜀山之行。回忆起那次拉练，"那是我第一次负重拉练，每个人打着背包，带着自己的被子和水壶徒步二三十公里，真的是最累的一次。"说到这里，周鋆玲有感而发，"每一次拉练都能强烈地体会到集体的作用是大于个人的，每次拉练，每个班级都需要备一些水和食物，大家都是换着背包，相互帮助和鼓励。负责保障路况安全的同志不辞辛苦地一路跑着，提前为我们疏通道路、保障安全。那么远的路程没有大家的鼓励和陪伴，一个人真的很难走完。我加入国防生这个大群体后最深刻的感受就是多了很多可以依靠的肩膀，很多事情大家都可以共同分担。"

严格的日常管理和军政训练促进了周鋆玲军人作风的养成，而深入一些基地进行实践学习则为她今后融入军营打下了良好的基础。周鋆玲和我们聊起了自己的几次实践经历，回忆起那些日子，周鋆玲的脸上布满了笑容。她说道："参加实践活动一方面是让我们提前体验一下部队生活，另一方面也是去学习专业的知识技能，强化我们的专业素养和综合素质，另外就是增强我们的荣誉感。但在那些日子里体会到更多的是实践基地带给我们的人文关怀，每次回看当时的留影和纪念视频时心里都会十分感动，对于自己来说那是非常难忘的经历。”绿色军营好比一个大熔炉，洗去了新兵的一身稚气与浮华，练就了一身真本领。经过四年的锤炼打磨，周鋆玲不仅突破了自身的体能极限，更磨炼了自己的意志力。周鋆玲表示，现在的自己对于高强度的训练已经能够轻轻松松完成，“经过四年的训练，现在自己的体能明显好多了，练多了就会觉得只要咬咬牙坚持下去一切都会过去，只要能坚持就能达到终点”。

学得文武艺，报得13亿人民

作为一名博士国防生，除了紧张的军政训练外，周鋆玲也拥有着属于自己的大学生活。尽管面临着繁重的科研任务，但这一切并没有给她造成太大的压力。“最开始会觉得时间不够用，实验室一周工作六天，在周末还要进行一整天的训练，当时觉得挺累的。但后来想想自己从这些事情当中所获得的东西远远大于自己的付出，就觉得一切都是值得的。”在周鋆玲看来，眼前的一切困难和压力都是上天对于自己的一种磨砺，她笑着说：“在毕业前一年压力比较大，面临发文章的挑战，面临各种各样的问题，还要去训练，有时候觉得心力交瘁，但熬过来后觉得那段时间是对自己的一种磨炼。在我看来，科研加上平常的训练总体而言对我的益处是大于付出的。”青春因梦想而精彩，梦想因担当而绚丽。周鋆玲坦言与几年前相比，现在的自己有了很大的变化，这种变化更多地体现在心智与心态上。她跟我们说：“成为国防生以后，我发现许多事情都有一定的套路和规则，在理顺了之后，会发现很多事情其实是相通的。科研也一样，按照它的规律和规则去摸索，一条一条地去做总能将事情完成。现在的我，做事情更加系统化，更有条理性，能更平和地面对各种问题和挑战。”

2016年6月周鋆玲就将完成自己的博士学业，从科大毕业，对于毕业后的去向她表示一切听从组织的安排。“在选拔之初老师就已经给我们打了预防针，当时对我们的需求主要是面向新疆等边远地区的，这四年我早就做好了心理准备。未来的路不好说，但在我看来，只要你足够优秀，到哪都能发光。”不仅如此，提及自己当初的选择，周鋆玲的一番话也让我从心底升起一股由衷的敬意，她谈道：“我很喜欢自己现在的身份，也从不后悔自己当初的选择。因为对我而言，选择成为一名国防生让我能够学有所用，是展现自我的一个重要平台。另一方面，从小学一直深造到博士，能够一直追求自己的科研梦想，这整个过程都离不开国家的支持和扶助，国家为培养我们付出了很多，能够有这么安定的生活我十分感恩。所以这也是我报效祖国的一种方式，就像前段时间习主席视察科大时对广大科大学子所讲的那样——‘学得文武艺，报得13亿人民，报得我们的中华民族、我们的国家’。”用知识报效国家，用行动献身国防，不辜负党和国家的培养，周鋆玲用军人坚毅与昂扬的姿态谱写着自己的青春诗篇。

未来，周鋆玲将接受崭新的考验，走向基层，到最艰苦的地方去，到祖国最需要的地方去，既然选择了远方，便只顾风雨兼程。虽然周鋆玲只是我校众多国防生的一个剪影，但从她的身上我们也对国防生这个群体多了一些认识与了解。作为祖国国防事业的未来之星，国防生们载着绿色的梦想行走在强军的路上，他们矢志不渝，立志国防，为实现中国梦和强军梦贡献着自己的智慧，用实际行动传递着青春正能量，我们为他们点赞！

【摘自《中国科大研究生教育》2016年第2期，总第103期】

以己之力奉献社会，不求回报只愿无悔

——访2015年中国科大志愿服务达人刘兴华

文/邢 岩

院研究生会、代培生中心、青年艺术交流中心、主持人俱乐部处处可见她的身影，孤儿院、白血病康复中心、献血站、特教学校、亚青会处处留有她的足迹，这位“闲不住”的女生就是中国科大工程学院的一名代培生——刘兴华。她曾担任我校运动会、《美丽邂逅》以及校首届元旦晚会主持人，也是2015年中国科学技术大学的志愿服务达人。一双大眼睛炯炯有神，黑黑的眸子折射出坚定的目光，漂亮、有气质是笔者对她的第一印象，接触之后便发现这个女子还有着不同寻常的坚韧与毅力，二十三载韶华已从事志愿服务十余年，主持、乐器样样精通，学习更是不在话下，荣获的志愿者表彰数不胜数，接下来让我们一起走进这位奇女子的故事。

点滴积累，成就无悔青春

“能够取得现在的成绩，自己无疑是幸运的。”刘兴华感慨地说。第一次接触志愿服务活动是在小学，那时她是青岛青少年乐团的长笛首席，跟随乐团一起去各地做义演，小小的心灵从此种下了慈善的种子。而给她精神支撑的竟是我们每个人都曾看过的《青年文摘》和《读者》，刘兴华说：“看着里面的故事，会激发自己的同情心，会不由自主地想要做力所能及的事，去帮助他人，这样自己才能心安，心情才会愉悦！”也许她就是为志愿服务而生的，她的心柔软而善良，能够“舍己救人”，做出常人做不到的举动。初中时，她曾将自己全部的奖学金和最喜欢的小熊玩偶捐赠给白血病患儿“光光”，并组织全班同学去孤儿院探望孤儿。如今她保持着每年献血的习惯，希望自己的血液能够给他人带来生存的希望，这种被他人需要的感觉让她的心灵找到了归属感，献血甚至成为了她庆祝期末考试结束的独特方式。虽然她在科大只有短短的一年时间，但是她仍然加入了校芳草社特教部，坚持每周四下午前往特教学校照顾盲聋哑孩子，教他们乐器，陪他们玩耍。而那些孩子也会在学校门口的花坛上坐着等她，看着这些孩子的笑脸，她的心也跟着融化了，因为她知道自己正在做着全世界最崇高的事情。当问到她做志愿者最大的收获是什么时，刘兴华的回答是心灵的愉悦。默默付出、不求回报，她在用自己的行动行走出一个不同寻常的青春，“予人玫瑰，手有余香”大概就是这个样子吧！

走过荆棘，绽放个人华彩

想要做好一名志愿者不容易，个中滋味只有自己知晓。在诸多的志愿服务活动中，刘兴华印象最深刻的便是担任亚青会的颁奖礼仪。如何为大会服务好、如何提升自己的服务技能是这些志愿者必须学习和锻炼的。据刘兴华回忆，当得知成功通过学校海选的时候自己是非常高兴的，但很快一个巨大的挑战摆在自己面前——如何处理好与学习的关系。当时一整个学期的周六和周日都要参加全天训练，暑假也要到武警部队进行封闭训练，学习的时间被压缩了很多，刘兴华也曾有过挣扎与纠结，但天生的那种“永不言败”、想要和时间拼一下、和自己拼一下的毅力让她相信世界上没有过不去的坎，于是她忍受着身体和精神的双重压力坚持了下来。不料在那一学年，她竟再一次拿到了奖学金，并且在亚青会上表现突出，受到了电视台的采访，完美地绽放了自己，超越了自己。有道是“功夫不负有心人”，凡事只要坚持就一定可以做到！

严于律己，大爱藏于心间

一个人的修养与家教是分不开的。刘兴华的爷爷是一名抗日英雄，为其取名“兴华”寓意“振兴中华”，同时刘兴华的父母对她的志愿者工作也非常支持。在这样的家庭氛围的熏陶下，刘兴华不断地成长。在她看来，只有心灵得到了满足才是对自己最好的交代。她会在没有带钱的情况下专门到银行取钱为同学募捐，她会带动室友一起去献血。她说：“即便是在大街上看到老人跌倒了，不管是不是讹人，我都会去扶，因为我不能让老人经受生命的危险，即便是被讹，也好过良心的谴责。”就是这样一个率真的姑娘，不断地用行动证明志愿者需要持之以恒地对需要帮助的人和社会负责。在本次的志愿服务达人评选过程中，她严于律己，拒绝拉票，靠自己的事迹打动了他人，获得了殊荣！她说：“我一直认为自己得到的东西太多了，我相信守恒定律，上天给了我这么多东西，一定是想通过我来帮助更多的人，不然我会受之有愧！”在层层光环的笼罩下，她依然在公益的道路上默默奉献，不断前行！

这位钢琴十级、长笛十级，擅长乐器与主持，阳光漂亮、聪明好学的女孩，在志愿服务的道路上为我们树立了一个又一个榜样，不断地刷新着我们对她的认知以及对自己的审视。她特立独行，不愿随波逐流，愿意遵从自己内心的呼唤，行公益之事，做善良之人，活在当下，做力所能及之事，不计回报，率性而为，彰显“巾帼不让须眉”之道！愿她能继续在公益之路上前行，也愿世界上多一些像她一样的人，活得认真，活得负责，多一些淳朴与善良，少一些奸邪与狡诈，乐善好施，为社会、为国家奉献一份力量！

【摘自《中国科大研究生教育》2016 年第 3 期，总第 104 期】

缤纷科大 ▶▷

春天万物复苏，生机勃勃，春暖花开，烟柳依依；夏天骄阳似火，烈日炎炎，繁花似锦，绿树成荫；秋天金风送爽，天高云淡，丹桂飘香，橙黄橘绿；冬天寒风萧瑟，银装素裹，白雪皑皑，寒梅斗艳。白昼交替，四季轮回，恰如校园景色的五彩斑斓，科大的研究生生活也是多姿多彩的，成为校园里一道靓丽的风景线。

这里有各类实验室的探秘。文科的纵览全局，运筹帷幄；理科的严密逻辑，层层深入；工科复杂的实验过程，高大上的仪器设备，都让我们看到了科大科研的不同角度之美；这里有老师的大智大爱，他们知识渊博，他们淡泊名利，他们兢兢业业；这里也有学生的踏实刻苦，他们求知若渴，他们心怀梦想，他们朝气蓬勃。神秘而又各具特色的实验室带领我们在科学的海洋里遨游，在知识的天空里飞翔，一个个鲜活的个体组成了一个个团结的团队，我们感受到的是个人的成长与团队的进步。

这里有丰富多彩的社团活动。我们跟随着科考团的脚步穿过茫茫的沙漠，沿新安江顺流而下；跟随南极科考队探索神秘的南方之南，追寻极地之光；跟随运动员跑过 20 公里的马拉松，挥汗如雨；与跑步者协会的成员一起生命不息，运动不止；与同学们一起在舞台上歌唱呐喊，展现科学家郭永怀的一生，爱在天际；美食节上品尝各具特色的美食，感受舌尖上的科大，为校园生活增添一点味道。

缤纷科大让生活更美好！

南极！南极！

文/李　明

南极，一个神秘的名字，一个陌生的大陆，一个不为人知的冰雪世界。能够在23岁的年纪踏上这片大陆，是我一生难得的机遇。

行前准备

与所有外出科学考察一样，准备工作永远是忙碌的。面对着将要带上这次征程的仪器，真是百感交集：安装，调试，测试，每一步都融入了汗水，然而当它们排列整齐，整装待命时又是一份小小的成就感。当护送十几个一人见高的木箱到达"雪龙号"船的时候，就像是送自己的孩子们一样，成就与压力并存，期望和忧患与共。

"雪龙号"对许多人来说似乎更是一个神秘的名字，当载着仪器乘车穿过引桥，来到码头时，看到她红色的魅影时，刹那间神秘在我心中变成敬意。一百七十米长的身躯、高大的吊车、停机坪上的"雪鹰"直升机、满载的集装箱……使这个在冰雪中穿行的巨龙，显得那么威严。踏上二十多米宽的甲板，映入眼帘的是走廊墙壁上"雪龙号"船的光荣事迹：我国唯一从事南北极考察的破冰船，能够连续破厚度1.2米的冰层，她的足迹遍布世界所有大洋，十几次的极地之行，最北航行至北纬85°25′，最南行至南纬70°21′……集万千荣耀于一身，使得踏上船的每一个人都感到自豪。

安装好仪器，坐在"雪龙号"的前甲板，吹着海风，感激着默默支持着我的所有老师、朋友、同门师兄弟们，心里也明白紧张、忙碌的准备工作已经结束，更为紧张的征程就要开始。

第一滴泪水

当中国的手机信号即将消失时，很多考察队员都走上甲板，选择信号好的地方与亲人传递着嘱托。

而我面对父亲的嘱托，多少年不曾流下的泪水，在一句"爸，您在家也多保重身体"之后也应声而落。手机里的声音还是断了，只留下海风在耳边徘徊，望着天边渐行渐远的灯光，几年前第一次离家时的心情又涌上了心头。一样的语气、一样的嘱咐，只是那时父亲的白发还没有那么多，身子骨更硬朗一些罢了。

一位科考队员站在甲板上，看着手里女儿的涂鸦"爸爸，保重"，又望了望祖国的方向，此时我与他四目相遇，大家会心一笑。一样的心情，一样的牵挂吧。

首次大风浪

刚过赤道——这个神奇的区域，你的感慨是无法收缰的。绵延海面如锦帛，海天一片让人感觉船非行在水面，而是穿梭于天际，白日大片云朵悬挂编织可爱童话，夜晚漫天繁星闪现勾勒浪漫情愫，如此真实的奇境，美得动人。平生第一次过赤道，没有想象中的酷暑，感受到的却是大海的安详、天空的洁净。19 日上午 10 时船员们举行了一个过赤道仪式，我们正式进入了南半球。

“雪龙号”船刚经几内亚，准备穿越所罗门群岛时，大家还未从赤道美景陶醉情绪中抽身，易变的大海便给考察队送上第一场考验，20 日晚船开始明显摇晃，当船长在广播中提醒大家固定房间物品时，大家已经感知首次风浪即将上演，到 22 日涌浪加强到 3 米，这期间，很多队员开始出现不同程度的晕船症状，食堂用餐的人数一天比一天减少。对于初次到海上的我也许是幸运的，晕船程度还不是很严重。但是，头疼、恶心、厌食还是难免的。由于有随船的工作任务，我就在这风浪中穿好登山鞋，穿上防风衣，手提工具箱，沿着梯子一步步爬上船最高的罗经甲板。这里的风很大，却由于高，浪上不上来，这又让我有了一次看着“雪龙号”从两个岛屿之间穿过的机会，一群海豚就在此时跃出水面，在船前翻出炫丽的弧线。

还好，风浪在两天之后小了下来。这算是大家进入南半球后经历的第一个考验吧，前面还有令人生畏的西风带等着我们。

新西兰小港见闻

多日的海上生活，让陆地的出现变得使人兴奋。两侧郁郁葱葱的小山丘，迎接着“雪龙号”船来到了南半球的岛国——新西兰。这是我们离开祖国后的第一次靠岸。

迎接我们的是基督城的小港力特尔顿(Lyttelton)。这个宁静的小港被山丘环抱，整个小镇也就一千人左右吧，街上没多少人，也没有红绿灯，我们靠港的那个下午，将整个小镇逛完，也就遇到了七八个人。小镇有两横三纵几条街，唯一的邮局、银行、政府、图书馆、学校等坐落于此。

我们的到来使这个小镇一下子热闹了起来，街上遇到的人大都是我们的同行、队友。傍晚时分，迎面走过来一个黄种人，当他看到我们的队服时，突然用中文问：“你们是从中国来的吗？”也许这就是他乡遇故知的感觉吧，大家高兴地聊了起来。他说昨天听说有一艘中国船要靠港，他就从隔壁的小镇上过来看看。他很高兴能一下子见到这么多的同胞。还打算明天携亲朋一起过来看看祖国的南极科考船。

第二天，队里安排了部分考察队员游览新西兰南岛最大的城市基督城(Christchurch)。大巴从力特尔顿穿过一个小隧道，大约 20 分钟就到了市中心。我们先去了市中心最大的教堂，隔了两条街又有一个小教堂。由于基督城将承办下一届的橄榄球世锦赛，城里许多教堂都在装饰，街道有的也在整修。

来到基督城的好处很多，首先是可以打电话，6 新元(约 30 元人民币)可以打 170 分钟。这对于我们这些大半个月没和家里通话的人来说很不错，大家一个一个地给家里打电话报平安。

抵达南极

11月6号早晨起来窗外白白的一片，我们到达南极海域的浮冰区。

“雪龙号”以每天向东行驶十多度(纬度)的速度全速前进。随之而来的是全体人员跟着拼命倒时差，这是继晕船之后，又一个让人头疼的问题。于是就有了一句笑话：“每天能过24个小时是多么奢侈的事情啊！”大部分人都出现了缺觉，晚上睡不着，白天犯困，以及睡眠不足带来的各种问题。于是就有人过上了昼夜颠倒的生活：吃完早饭去睡觉。慢慢地，大家也都适应了当地的时间。等到了长城站，队员们就与国内的时间完全黑白颠倒了。这让等家书的队员们心里着急了，因为时差的缘故，他们的电子邮件夜里家人才能看到，而家人的回信他们晚上才能收到，平白多了一整天的等待时间。同屋的新婚队友每晚都要等到邮件才能睡踏实。

维修仪器记

随船采集科研样品是我的一项工作，最让我担心、也是最头疼的就是仪器故障。可是偏偏它就来了。一场10级的大风之后，舱室内的东西倒得乱七八糟，早晨起来查看仪器，发现它不动了！虽然心里已有准备，但是问题来了，还是让人心烦，偏偏还是这样的鬼天气。一个个小冰山在海面上历历可数，狂风一个劲地吹着，虽然风力比昨天小了些，但还是让全副武装的我一推开船舱的门就感到手上、脸上像被刀割了一样，腰上、脚踝也一个劲地透着凉风。

船上的驾驶员为我关闭了雷达，改为目测规避冰山，而我就提着工具箱，爬上了“雪龙号”最高处的罗经甲板。拆！先把出发前的固定仪器的装置拆下来，戴着手套解不开绳子，就脱了手套干。被风吹得麻木的手使不上力，就上钳子，夹住了然后使劲揪，总算是一层层地解开了。然后还是拆，原本在国内简单的工作在这里就变得异常困难：原本要焊接的部件，焊枪死活不热，工作空间有限，只能在安装位置作业，再加上工作时间有限，且不说关闭雷达的问题，待久了人就冻得受不了。

不能焊，全部拆下来用吊车运到仓室内的话条件又不允许。这不得不让我临时想办法，把原来的焊接部件改为拆了重装。这是与我出发前预备的应急处理办法不同的处理思路。在卸一个螺丝都要五分钟的条件下，我终于完成了。当我重新插上电源，几分钟的预热变得特别漫长，当看到仪器正常运转时，没顾得上兴高采烈，而是赶快撤退，“冻死我了！”

【编者按】10月11日，中国第26次南极科考队从上海出发。本次南极考察队由251名队员组成，考察队将执行59项科学考察任务。除执行长城站、中山站的常规科学考察和后勤保障任务外，将重点进行昆仑站和格罗夫山的内陆科学考察，预计明年4月10日返回上海。《中国研究生》合肥通联站通讯员、我校极地环境研究室的硕士生李明有幸成为其中的一员，并将对格罗夫山进行雪冰考察，这是我校师生首次进入南极该区域进行考察。本文系李明同学从南极发回的科考感闻摘录。

【摘自《中国科大研究生教育》2009年第4期，总第77期】

决不放弃，永不止步

——2010年厦门国际马拉松比赛纪实

文/张 欣

2010年1月2日，厦门国际会展中心广场，人声鼎沸。一年一度的厦门国际马拉松比赛正在这里拉开帷幕。

今年，中国科学技术大学首次派出了参赛队伍，作为其中的一员，我和队友们早在一个多月前就开始了艰苦的赛前训练。养兵千日，用兵一时，当我们代表队一行19人高举校旗入场时，我们知道，检验训练成果的时候终于到了！

来自国内外的四万八千多名选手，分为四个方阵：第一方阵为特邀优秀选手，是来自世界各地的职业选手；第二方阵为海峡两岸城市选手；第三方阵是来自祖国各地的团体方队；第四方阵为个人参赛者。团体方队中最大的当属热情的厦门市民队，其次就是庞大的学生代表队，而所有团队中最引人注目的莫过于"夕阳红"参赛队，他们脸上虽布满了人间的沧桑，但他们的眼神泰然，似乎在向人们示意："老骥伏枥，志在千里！看谁才是最后的赢家！"

比赛开始了，随着一声发令枪响，比赛大军开始慢慢向前挪动。起初，大伙人贴人，根本跑不开，我按照指导老师的话，保存体力跟跑，顺带欣赏一下赛程沿途美丽的厦门环岛路风景。2公里后，长跑队伍开始拉开了距离，我和队友放开了步伐，快速超越前进，当看到一个个选手被我们超越，心里美滋滋的，觉得跑马拉松也没有什么可怕的。热心的厦门人民在沿途设置了救护站和饮水站，辛勤的志愿者不断地为选手递水。在没有饮水点的路段，我观察到一个细节：路边整齐地摆着很多只喝了一点的矿泉水瓶子，这是前面的选手为后面的选手留下的。我在途中就喝过一次这样的水。唯有互相帮助，我们才能坚持到底！

逐渐地，我们离开了风景秀丽的环岛路，进入沿街的跑道。大约跑到10公里处时，我们身后有两名黑人选手超越了我和队友，心有不甘的我们紧追不放，跑了一段后他们似乎发现了我们的意图，回头向我们打招呼："Hello! Come on!"我们也不示弱，回应"No problem!"就这样大约追了好久，可怎么也超不过去。这时，我的大腿开始了一阵阵不规则的抽搐，我想到可能是因为前面不断地快速超越，我体力上的第一个极点到了。于是我放慢了步伐，加大呼吸，并示意队友先走。他回头看了看我，确定我无碍后，很快消失在人群之中。队友不在身边，我好似失去了精神动力，劲头不足，越跑越慢，脑子里开始闪现退出比赛，到补给站休息的念头……就在这时，一位年近七旬的老大爷大声喘气地从我身边跑过，我顿时把放弃比赛的念头抛到九霄云外，咬咬牙继续……

大约跑到16公里处，我逐渐感到身体不适，嗓子发干，头昏昏沉沉，眼睛发花，两条小腿麻木，不听使唤，好像两条腿不是长在自己身上的，而是由其惯性做匀速前进，这时我想起是平日里指导老师讲的"僵持期"出现了。这时一个个曾被我超越的选手很轻松地从我身边超过，我明白了，他们才是真正的强者——在马拉松的赛途中不管是超越还是被超越，丝毫不能乱了自己的阵脚，而是始终照着自己的节奏行进。当时我很焦急，照这样的速度何时才能跑完赛程？环顾周围选手，有的上气不接下气仍在拼搏，有的在走，也有退出比赛的，在救护站按摩、休息。我好想在供给点一屁股坐在地上大口大口地喝水再也不站起来……

"行百里者半九十"，我不能动摇，我要坚持！终于看见了20公里的路标，大家仿佛打了一针兴奋剂，又开始你追我赶，我也不甘落后，接连超越了几位选手。那种不断超越别人的兴奋，那些来自路边观众的加油声以及素不相识的选手们之间的相互鼓励，那种随着一个个公里指示牌不断地消失在身后而逐渐增强的信心，那种迫近终点即将胜利的感觉，至今记忆犹新。"还有300米！"我听见路边的志愿者再次大声喊，"还有300米！"此时，我仿佛看到前方终点半圆形的红色大门，最后冲刺的时刻到了！我不知哪里来的气力，加大步伐，加快频率……突然，没有任何预兆，我的大腿抽筋了，整个右腿绷成"一条棍子"，丝毫不能弯曲，抽搐地痛彻脊髓，我感觉脸部都变形了，张大嘴差点喊出"我不行了！"，瞬间心里极度悲观。

拉拉队的加油声一浪高过一浪，他们在给我勇气，在给我力量，我睁大双眼死死地盯着前方的红色拱门——那才是我的目的地，我决不放弃！但我的右腿真的像"一条直棍"不能跑了，只能一瘸一跛地向前冲刺！

100米……

50米……

我终于冲过了红色拱门终点站！耗时两小时零六分。

冲过终点后，几名热心的志愿者急忙过来扶住我，在我脖子上套上了纪念奖牌。医务人员忙给我按摩腿部肌肉，不一会儿我又能站立行走了。终点过去没多远就看见了中科大的补给点，再次看见了熟悉的校徽、迎风飞扬的校旗，我感觉到家了。先到的队友们忙走过来，送上水和香蕉，我将两瓶运动饮料一饮而尽，又囫囵吞枣地往肚子里塞香蕉苹果巧克力，过了好一会儿才感觉"回到人间"。我是第六名到达终点的科大人，随后我们的其他队员也陆续赶到了：大伙有的在比谁脚上的水泡多水泡大，有的在介绍自己途中的艰难历程，有的在为队友按摩肌肉，好不热闹！

最终，我们中国科大代表队的队员全部都跑完了赛程，我们都是winner！

厦门马拉松比赛虽结束了，但它给我们留下的记忆恍若昨日。有人问，你们为什么要跑马拉松？每一个马拉松选手的答案也许都不一样：有的把马拉松归类为对自己意志力的挑战和考验；有的也许是为了证明自己；有的是为了强身健体；或许我现在更赞同日本作家村上春树在《当我谈跑步时，我谈些什么》书中写道的："我跑步，只是跑着。原则上是在空白中跑步。也许是为了获得空白而跑步。"长距离的奔波后，人的大脑会处于一种紧张、疲劳超乎寻常的状态，尤其是最后体力达到极限的时候，人的思维几乎是一片空白的。这种"空白"也许就像中国画中的留白，总是令人浮想翩翩，令人神往。

【摘自《中国科大研究生教育》2010年第1期，总第78期】

中国科大国旗护卫队简介

中国科学技术大学学生国旗护卫队(简称“国旗护卫队”)成立于1997年10月,是校内最有影响力的社团之一。国旗护卫队以护卫中华人民共和国国旗——五星红旗的尊严为己任,承担我校的日常升旗工作和重大节庆日、纪念日的集体升旗活动。

目前,根据职能来划分,国旗护卫队主要由三个部分构成:第一部分是保证日常升旗的组长制。日常升旗工作是国旗护卫队一项最基础也是最重要的工作,分小组进行,每个小组由一名组长负责当天的升降旗工作。通过升旗活动,塑造队员对国旗的认知,锻炼自身的基本技能。第二部分是确保组织正常运转的部门制。护卫队分为四个部门:后勤装备部、教官部、宣传部和综合办公室。后勤装备部的主要工作是装备的维护和修理,队服的发放和回收,以及国旗和旗杆的保护;教官部的主要职能是在升旗进支部以及大型升旗活动前训练,确保升旗任务的圆满进行;宣传部则是负责活动的宣传、拍摄与记录,及时发布网络信息并做好网站平台的日常维护;综合办公室的主要职能是管理队内账目及经费报销事宜,同时负责发布重要通知,及时更新队员资料信息。第三部分是开展活动的项目制。活动项目分为经典常备项目和创新设计项目,经典常备项目有重大节日、纪念日升旗和南京爱国主义教育行等;创新设计项目有新生起航升旗活动、篮球赛、羽毛球赛等。

同时在校团委的支持下,国旗护卫队也在不断探索和发展,开辟性地探索出了一条“以基层团支部为单位,以升国旗仪式为载体”的“升旗进支部”新路径,积极将大学生思想引领工作落到实处。

国旗与青春同飞扬

——访中国科大国旗护卫队

文/方沁怡　李芹娜

2016年10月1日，在万众瞩目下中国科大国庆升旗仪式顺利举行，获得了众多师生的一致好评，让人印象深刻的不仅是队员们的飒爽英姿，更是他们用风雨无阻的顽强精神，点燃了每个人心中爱国的火花。本刊记者特采访国旗护卫队的三位队员——人文与社会科学学院的张鹏宇、物理学院的闫星廷以及工程科学学院的李照萌，带领大家去探寻这支庄严神圣的队伍。

以年少之名，谱国旗礼赞

十月金桂飘香，校园里的风也尤为香甜。中午的下课铃声响起，恍然间一张熟悉的面庞映入我们的眼帘。干净利落的短发，没有一丝褶皱的衬衫、笔直挺阔的军官裤，这让张鹏宇在人群中显得格外不同。在简洁的交谈后我们来到学生休息室开始了采访。

当我问起张鹏宇同学加入护卫队的原因时，他向我们分享了他与国旗的故事。“我加入中国科大国旗护卫队并不是一时兴起，而是在圆儿时的梦想。从小我就觉得五星红旗是神圣而又美丽的旗帜，每次升国旗时奏响的国歌更是让我热血沸腾。当时我就想，如果能肩负学校的升旗任务该是一件多么自豪而光荣的事情。为了实现这一梦想，在高中的时候，我就参加了学校的国旗护卫队选拔。但由于当时身高不达标，所以遗憾落选。进入大学后，当我发现中国科大国旗护卫队正在招新时，就毫不犹豫地递交了申请表。而且我相信绝大多数的男生都有一种情怀——从军。虽然我不能成为一名正式的军人，但在护卫队穿上笔挺军礼服的那一刻，心中同样溢满幸福和自豪。”国旗护卫队里还有许多和张鹏宇一样的队员，他们从小对国旗怀有崇敬、尊重之情，现在在国旗护卫队中追梦、圆梦。这段时光也深深烙印在他们的青春里，闪闪发光。

与其他高校相比，中国科大国旗护卫队有些与众不同。首先在性质方面，自1997年成立以来，我校国旗护卫队始终属于学生社团，由社团管理指导委员会直接负责。而其他部分高校的国旗护卫队隶属于院校团委，采用半军事化管理。其次在成员构成方面，我校的队员都是全日制在读学生，既有本科生，也有硕士生。其他部分高校的队员以国防生为主。尽管我校的国旗护卫队是作为一个学生社团而存在的，但其选拔标准一点也不含糊。张鹏宇介绍说：“为了照顾到所有报名同学的空余时间，我们今年在东区和西区一共举行了4场面试。我们选拔队员的标准主要有两个：首要标准就是你要热爱这个集体，热爱这个事业。其次就是硬性标准，教官部的男生的身高不能低于170厘米，女生的身高没有要求。最后我们会根据同学的兴趣和特长分配部门，比如队列素质好的同学会被选入教官部，擅长摄影、写稿、修图的同学会被选入宣传部。”

张鹏宇入选的是教官部，其主要职责是训练队员，要在短时间内让每个人动作规范且保持一致并非易事，特别是重复性训练会让很多新队员感到枯燥无味，如何充分调动队员训练的积极性就显得尤为重要。谈到这个问题，张鹏宇很有感触地说："由于我们的成员都是来自各个学院的普通学生，没有接受过军事化训练，突然被要求服从教官的口令，遵循统一的训练方法，刚开始可能会有点不适应。但我会进行心理安抚，让他们明白我们所做工作的意义。法国哲学家福柯说'每个人都是社会机器的齿轮'，我们护卫队的每一位成员也都是一个个齿轮，都是为了更好地建设护卫队而存在的。我从不单纯地靠命令去要求别人，而是讲究以理服人。当然面对犯了错误的队员，除了口头批评之外，也会有一个有益身心的惩罚措施——绕操场跑 4000 米。"张鹏宇解释说："惩罚的目的是提高队员的警惕，最终目标都是提升队员素质，增强队员集体责任感。缺席和迟到等对整个护卫队而言都是一次'重大事故'，因为我们在思想上高度重视训练和实战，所以队里很少出现无故离职的现象。"

国旗护卫队的工作与天气变化息息相关。今年合肥的秋天阴雨连绵，国庆前几天依旧秋雨淅沥。望着这灰蒙蒙的天气，张鹏宇的心一直悬着。今年他作为升旗仪式的负责人，现在却面临着一系列难题。除了天气的困扰，人员不足也堪忧。由于国庆假日，有些队员已经订好了回家的车票，无法参与升旗仪式。队里立刻决定面向全校招募志愿者，同时老队员也积极响应，要求参与。"一方有难，八方支援"，就这样，一个临时的护卫队产生了。接下来，张鹏宇组织大家投入到了紧张有序的训练中。国庆节前一天晚上仍能听到郭沫若广场传来庄严的国歌声。每个人都精神抖擞地踏步、踢腿、摆臂，脸庞上的雨珠接连不断地滑落，没有人伸手擦拭。凄冷的秋雨没有浇灭队员们的爱国热情，正是因为他们的坚持与努力，我们才看到十月一日早上那激动人心、训练有序的升旗仪式。在升旗仪式上，张鹏宇发表了名为《理性爱国》的讲话，为青年人的爱国主义发声。

和普通队员一样，在加入国旗护卫队之后，张鹏宇在付出努力的同时，也收获满满。首先，国旗护卫队帮助他养成了良好的作息习惯。其次，日常训练增强了他的运动量，提高了他的身体素质，有益其身体健康。同时，作为教官部的部长，张鹏宇还学会了如何带领集体以及处理人际关系，个人的组织管理能力得到锻炼。"说到明显的改变，我觉得应该是外在形象、气质的提升。平时训练要求站如钟，行如松，习惯成自然，即使在日常生活中我们也会注意姿态和步伐。"

不想当将军的士兵不一定不是好士兵

在对张鹏宇同学的采访中，他提到了一位被国旗护卫队队员们称为"灵魂人物"的人——现就读于物理学院等离子体物理专业的闫星廷同学。虽然闫同学已经"离开"国旗护卫队两年多，但他的事迹依然在历届队员之间传唱。于是，我们找到了闫同学并开始了对他的采访。

当我谈起"灵魂人物"这个称谓时，闫星廷连忙摇头说："不敢当。之所以队员们如此称呼我，一是因为我加入国旗护卫队的时间早，待的时间长。我从大一开学就加入了国旗护卫队，并一直待到大三下学期。当时由于毕业等不得已的原因，我退出了国旗护卫队。尽管现在不属于护卫队现编人员，但只要护卫队有需要，我还是会第一时间支持。二是因为长时间与队员们相处，我与很多队员建立起了深厚的‘革命友谊’，我们与国旗护卫队一起成长。三是因为我训练比较严格，带出了两个队长。”闫同学说这些的时候，语气轻柔，但透露着坚定和自信。

在被问到为什么没有做队长的时候，他淡然一笑：“这跟我的性格有关吧。我属于实干型的人，讲究做事。队长需要具备较强的综合能力，如组织管理能力、沟通表达能力和协调调动能力等。我自己虽然有很强的队列素养，但你要让我去管理一个团队，感觉有点力不从心。而且我并不在意职位头衔，做好本职工作，为国旗护卫队尽自己的一点力量，就已经很踏实和满足了。”听完闫同学的讲述后，我想起了拿破仑将军的经典名言——“不想当将军的士兵不是好士兵”，但是当不好士兵的士兵绝对当不好将军。护卫队也是同理，在国旗护卫队，只有每个人各司其职，各尽其责，做好自己的本职工作，组织才能有序运行。

在谈到加入国旗护卫队对自己的影响时，闫星廷同学深有感触：“首先，我在加入国旗护卫队的前两年，一直被分在周六早上的升旗组。结束了一周的辛苦学习和训练，谁不想在周六早上睡个懒觉呢？虽然我一开始有点不适应，但很快就调整过来了。正是这一经历，调整了我周末的作息，丰富了我周末的生活。其次，加入国旗护卫队增强了我的时间管理能力。可能有人会觉得在研究生期间加入社团很浪费时间，但事实并非如此。只要拥有较强的时间管理能力，就能很好地平衡学习和社团活动的关系。再次，加入国旗护卫队后我对爱国、国旗有了更深刻的理解，而且得了‘职业病’，开始在生活中关注与国旗相关的一切小细节。比如在傍晚时分，郭沫若广场前会聚集一大批小朋友，出于好奇心，有的小朋友会玩弄旗绳。每当我路过时看到这样的场景，都会不由自主地上前劝阻他们，并告诉他们国旗的含义。虽然他们现在不一定能全部理解，但相信等他们长大了就会明白。爱国不是一句空话，它体现在生活的细节中。最后，我通过参加国旗护卫队组织的一些爱国教育类活动和娱乐性活动，结识了一些新朋友，扩大了自己的交友圈，增强了个人责任感。”

中华儿女多奇志，不爱红装爱武装

只听名字就觉得李照萌是个萌妹子，果不其然，爽朗可爱的个性让我忘了她可是上届国旗护卫队副队长的身份。她现在在上大四，已被保研到本校，说起当年加入国旗护卫队的情形，她依然神采奕奕。与其他人报名加入的方式不同，她是凭借着军训期间和开学新生升旗仪式上的优异表现，直接被教官选入了国旗护卫队，就这样她成为了一名光荣的升旗手。

“巾帼不让须眉”，李照萌同学在大二时担任了教官部部长，在大三时成为了副队长，分管西区的所有事宜，包括升旗进支部的宣传与接收工作、日常训练的统筹安排、教官的分配、海报设计以及服装管理等。在被问到一个小女生是否会觉得工作辛苦时，李照萌腼腆地笑了：“我任职的那段时间恰好是国旗护卫队的低谷期，所以作为副队长，肩上的担子就格外重，当时学业也挺紧张。有的时候实在忙不过来就会请那些已经大四或者毕业的师兄来担任教官，或者说参与升旗方阵。虽然忙但不觉得辛苦，因为我乐在其中。在这里要特别感谢给予我帮助的师兄们，是他们使我们能够共同撑过那个低谷期。”她的回答让我们感觉到这个集体的凝聚力和温情，只有有爱的集体才能给人以信心，只有互相扶持才能看到美好的未来。

作为曾经的副队长，照萌在个人时间的分配管理上有独特的心得。国旗护卫队的训练时间往往是在周末的晚上，所以跟上课时间没有直接冲突，但身为副队长，仍有一些日常事务会占用些许时间，这时最好的方法就是提高办事效率。另外，照萌在平时工作时，会有意地选择几个师弟师妹一起，让他们尽快掌握处理各项事务的方法，有意识地培养下一任的骨干成员。这样既可以减轻自己的工作量，又可以避免出现骨干断层的现象。现在看到自己带出来的师弟已经在国旗护卫队独当一面时，照萌感觉无比的自豪。回想这三年来的时光，她说最大的收获就是让自己变得更能够控制住不同的场面。当时在教官部，根据安排，需要两个教官训练 3×3 方阵和 4×4 方阵。这不仅要求队列素质高，更要求教官有强大的气场和时间掌控能力，能够在短短的三四个小时内，教会新同学如何进行复杂的升旗步骤。在升旗进支部的训练中最困难的问题就是，面对有的时间观念不强并且在训练中聊天打闹的新同学，如何在最短的时间内说服他们遵守纪律，还不能挫伤他们升旗的积极性。在经历多次教官训练后，照萌总结了一套简洁的步骤记忆方法，能够让队员轻松牢固地记住升旗步骤。除了场控能力得到提升外，照萌的人际沟通能力也有所提高，她可以逻辑清晰地表达自己的想法，并且会讲究说话的语气和方式，特别是在批评队员的时候。她的细心善良，以及所具备的素质和能力，赢得了大家的信任与服从。接下来的几年她会继续在中国科大攻读研究生，仍然会和国旗护卫队共荣辱，看着队伍慢慢壮大，然后可以骄傲地跟别人说："那里有我青春最宝贵的记忆。"

编 后 语

每天早上六点，静谧的校园里国旗护卫队队员迈着坚定整齐的步伐，含着炽热明亮的目光，庄严肃穆地敬礼，用忠诚、信仰、荣誉，弘扬爱国主义，践行爱国行为。晨光再美他们也无暇驻足欣赏，他们用铿锵有力的踏步声、清澈嘹亮的口号声唤醒了校园，成为晨光里最美的风景。

【摘自《中国科大研究生教育》2016 年第 4 期，总第 105 期】

谈一谈绿茵场上的巾帼们

——访中国科大女子足球队

文/蔡文鋆　尹俊玲

周末的下午，每当我们路过操场，总会不经意间瞥见一群在挥洒汗水、苦练球技的姑娘。这是我们中国科大女子足球队的巾帼们正在进行着每周的训练活动。和煦的阳光，洒在绿草如茵的操场上，也散落在她们跳动的发丝间。日常里调皮的足球，现在也被她们驯服在脚间，只好和着节奏拼命向前。她们矫健灵动的身影充满了感染力，使得匆匆路过的学子不禁停下脚步，回望这群洋溢着青春活力的姑娘。

中国科大作为男女比例严重失衡的理工科名校，时常涌现“和尚班”，女生数量稀少，但是在体育运动方面我们从不缺乏强劲的女子。校女足队自 2016 年 3 月份创队以来，不断取得骄人的成绩，连续击败复旦大学、北京大学，逼平清华大学，在“C9”高校中赫赫有名。为了深入了解这支特殊的队伍，我们有幸采访了现任女足队长及副队长，让我们一起来谈一谈绿茵场上的那些人、那些事。

求贤若渴，广纳贤才

女足队长刘珊珊，是个文静、腼腆的女生，看着年龄很小，谁能知道她已经是地空学院的博士生了。她既是潜心治学的博士，也是沉稳大度的女足队长，双重身份在她身上体现得无比和谐。

副队长李子懿，是个活泼、开朗的女生，说话间神采飞扬，可以看出几分赛场上意气风发的影子，如今在信息学院读研三。一见面，她就饶有兴致地问我们喜不喜欢踢足球，访谈就在这轻松愉快的氛围中开始了。

据队长和副队长介绍，校队刚刚成立不久，球队现在一共有 25 人，由一个队长和一个副队长负责管理，队长负责统领日常事宜，副队长负责管理财政。当问及是什么契机促使大家有了组建一支校级女子足球队的想法时，珊珊队长语重心长地说：“我校体育运动一直是备受师生关注的，恰逢五月份的安徽省大学生足球联赛在即，作为安徽省的著名学府代表，我们有义务在足球上也同样展现科大人的精神风貌。为此，我们组建一支团队，赴蚌埠比赛，在比赛中和其他院校相互交流、学习成长。”

然而，组建这样一支足球队却是没有那么容易的。众所周知，我校每年一次的“巾帼杯”足球赛是女子足球队的比赛盛宴，这不仅是全校各个院系女足之间的一场实力较量，也一直是最受全校师生欢迎和关注的校级赛事之一。自从 1989 年 11 月，首届全校“巾帼杯”足球赛开赛，至今已走过了 27 年。为了能够选拔出技术精干、体能过关的队员，上一届的队长黄凌燕亲自去观战了我校每一场“巾帼杯”的比赛，细心记录下各个位置表现突出的实力派成员，并打探出联系方式。比赛结束之后她就挨个给列表上的“意中人”打电话，询问是否愿意参加校女子足球队，并就这一话题进行深度交谈。然后在 BBS 上发帖，招募自愿报名的球员，无论是否有足球基础，只要热爱足球、不怕吃苦，足球队都期待其加盟。她们特地邀请了体育部的汤涛老师为足球队进行每周两次基础和技能训练、一次体能训练。为了对新招募的成员进行检测，在临近联赛的时候她们还邀约安大、安农大、合工大一起踢友谊赛，新晋队员们轮换上场，看一看她们的踢球技艺，最终由老师确定最后的大名单。如今球队的队员对足球都有着极大的兴趣，一般都有踢过半年或一年以上足球的经验。副队长李子懿说：“这些队员来之不易啊，都是‘三顾茅庐’一个个求过来的。”比赛之前，她们如猎头一般，求贤若渴、广纳贤才，最终从 37 人中挑选了 25 人。就这样，一支骁勇的足球战队诞生了，开始了她们无畏的旅程。珊珊队长回忆道：“当时报名校队的时候还很忐忑，担心自己实力不行被刷，没想到一踢就踢到了现在，是足球给了我拼搏的自信和勇气，让我相信喜欢就去勇敢追寻。”

条件艰苦，不忘初心

校女子足球队的日常训练每周一次，时间安排在周日下午，训练场地基本上都安排在东区操场。大概一个半小时，这对忙于学业的科大学子来说也算是一笔奢侈的时间成本了。训练的主要内容是开展基础训练，从最基础的停球、传球到高空球处理，目的是维持大家的球感，有时候也会进行战术布局的训练。

珊珊队长无奈地说：“因为西区操场的人工草坪太薄，不适合奔跑，对队员的体能消耗比较大。而且西区的操场排水系统不好，经常因为积水影响训练。合肥的雨经常是淅淅沥沥，停不下来，即使晚上下的是小雨，第二天白天积水也会漫过草坪，西区的操场会一直处于积水的状态，大家都笑谈说去西区操场看海。”可以看出玩笑间也是尽显无奈。队长顿一顿又继续说道：“东区的操场又常常被租借给别的队伍使用，约了外校的友谊赛有时候也难以开展。这其中最坎坷的就是和安大的约战史。第一次想约友谊赛时安大的校队已经不再训练了；第二次约战遇上对方学校体质测试，只好作罢；第三次好不容易约战成功，却因为西区操场的积水，只能在操场中间未积水的小岛上面踢八人制，而球门则是借用在操场旁边闲置的五人制球门，球一旦出了边界基本上都是浸满了水，也算是很特别的一场友谊赛。安大老师调侃说：‘以后你们还是到我们学校来踢吧，这边场地是有点差。’所以场地问题一直是我们头疼的一个问题。”

虽然条件艰苦，但是她们在训练上却没有一丝的懈怠。因为当团队目标一致时，就会心无旁骛，全身心地追逐着足球，追逐着胜利，外在条件也显得不是那么重要了。副队长李子懿打趣地说：“正是这样，增加了我们雨天作战的技能，换个角度想想也是一种磨炼。”

说起条件艰苦，还有一件事情让整个足球队揪心。上阵杀敌，装备为先。对于足球队员来说，球鞋、球衣、足球等是必需装备。但对于团队初创的她们来说，这同时也是一笔不小的开支。据队长和副队长回忆，科大女足在和复旦女足进行友谊赛的时候，天公不作美，大雨滂沱，绿茵场上很快就出现了严重积水。现场来观战的科大校友们发现队员们穿着 30 元一双的黑色布鞋，在泥泞的草地上寸步难行，而复旦大学的队员们却穿着 700 元一双的专业皮质球鞋。新创校友基金会立刻为女足提供约 2 万元的“校园文体基金”，用来置换装备，表现出了对科大女足的大力支持。科大的女足队员们尽管装备如此朴素，仍然顶着大雨，不忘拼搏，这种精神着实让人心疼，更让人敬佩，这就是足球人的信念。

强敌面前，无畏不惧

虽然我校女子足球队创立不久，但是屡创骄人的成绩，可喜可贺。

5月28日，中国科大挺进上海，2∶0胜复旦大学。复旦女足是2015年上海市大学生足球联盟联赛的冠军，而当时科大女足刚刚成立3个月，仅列安徽省大学生足球联赛第七。坦白而言，复旦女足队员平均身高与技术远高于中国科大，加之科大多位队员在“巾帼杯”的比赛中伤病未愈，似乎一切的不利因素都倒向了我科大女足队。但是，我们的女足队员们无畏不惧，以一股初生牛犊不怕虎的姿态，奋力拼搏。回想当时的赛事，队长声情并茂地说：“当时我们已做好挨打的准备，争取‘跪着平’。教练给我们安排的基本上是全场采取防守反击战术，在一开赛，对方前锋给予我方后防线很大压力。对方各个人高马大，能跑善射，比赛一度很难打开局面。但是对方的多次射门，都被我方拦住。这也极大地鼓舞了我方士气，所以我们也像打了鸡血似的争取一切时机进球。就这样，我方最终以2∶0的比分保持到终场哨响。”

虽然这次比赛她们战胜了复旦大学女足，但科大的女足队员们并没有因为这次比赛的胜利而骄傲，反倒是很谦虚地说是因为大雨加大了比赛的偶然性并缩小了双方的实力差距。其实身上的疼痛也告诉她们，成功来之不易，这都是她们辛苦训练、努力拼搏的结果。在这场比赛中，副队长李子懿作为门将，全场扑出至少六七个射门，在队伍中发挥了极其重要的作用，这成为最后夺胜的关键。比完赛之后，李子懿也被封为“球星”。赛后，中国科大的队员们特别向教练、裁判和对方队员鞠躬，还专程牵手走到场边，向在滂沱大雨中加油的几十位校友观众鞠躬致谢，体现了科大女足的精神风貌。副队长深有体会地说：“其实恐惧源于内心的不自信，源于对未知的惶恐不安，既然我们还没有和对手正面交锋那就不足为惧，没必要因为外界的评价而乱了我方手脚。一切对手都是纸老虎，我们需要做的就是提升自己的技能，全力以赴。”

11月5～6日，我校女足又风尘仆仆地赶往北京，与清华大学和北京大学展开了胶着的赛事。在未名湖畔，科大以1∶0小胜北大；随后进军清华园以0∶0逼平主队。寒风凛冽的北京，我科女足们意气风发，用她们的行动温暖着观众的心。这是一片神奇的绿茵场，科大女足用自己的付出践行着敢搏敢拼的顽强毅力，谱写着一首又一首的赞歌。

心之所向，一往情深

聊完了球队的事情，将话题转回两位队长身上，我们好奇的是，作为研三、博一的学生，面对密集的比赛与训练，她们是如何平衡学习和踢球两者关系的呢？队长刘珊珊说：“如果一整天都坐在实验室里会觉得很疲劳，学习效率也不会很高。而踢足球可以放松神经，是一个很好的减压方式。”谈到个人兴趣，我们理所当然地聊到了世界杯，副队长李子懿从2002年起就是德国队的铁杆粉丝，而她与足球结缘就起源于对德国队的喜爱。她回忆说：“最初参加‘巾帼杯’比赛，抱着试一试的心态参加了院系队员的选拔，没想到一路走到了现在。踢足球让我能够真正地认识自己，并且发现自己具有相应的潜力，因此我从不后悔自己当初的选择。因为喜欢，所以热爱，因为热爱，所以一往直前。”

采访结束后，副队长缓慢地站起来说道："不好意思啊，膝盖有伤，就让队长送送你们吧。"赛事带来了胜利的喜悦，也带来了一身的伤痛，伤病未愈的她们很快又要踏上新的战场，让人心疼，令人敬佩。女生往往会被误认为是温室里的娇花，但这些女足姑娘们用自己的实力证明了她们不是徒有外貌的花瓶，也不是只懂得埋头苦读的书呆子。面对强敌，面对胜负，她们在谈笑间体现的是对挑战的向往，对成败的豁达，对体育精神的追逐。她们是中国科大的一张最美明信片，通过足球这一项运动，展现了我校奋勇拼搏的精神面貌，加强了与其他高校的体育交流，深化了学校之间的友谊。我们期待着中国科大的女足校队继续走出校门，带着顽强拼搏的体育精神，披荆斩棘，扬帆起航。

【摘自《中国科大研究生教育》2016 年第 4 期，总第 105 期】

情牵地质，梦圆大别山

——中国科大第二届大别山野外地质夏令营侧记

文/夏清泉 徐 涛

“地质学研究中，大别山因其超高压变质带而闻名于世，它是地质人心中的‘圣地’……”，来自中国地质大学（武汉）的刘汉永提及此次将踏入大别山腹地，依旧难以平抑内心的激动之情。8月8日，中国科学技术大学第二届大别山野外地质夏令营顺利举行。来自全国10余所著名高校的30名优秀学子参加了此次为期一周的夏令营活动。

活动期间，营员们通过院士报告会、实验室参观、大别山野外地质考察等多种形式探视着地质科学的前沿，喜获着真诚的友谊，享受着科大精心为他们烹制的饕餮盛宴。

报告会上，我们探视着地质科学的前沿

在开营式上，李曙光院士就大陆版块俯冲作用做了题为《大陆深俯冲与超高压变质》的精彩报告。大别山“前世今生”的面纱就在他深入浅出的讲解中、在那一帧帧的形成图转换中被揭开。他风趣幽默的言语、慎严对待的科学精神，无不一次次地打动了求知的营员们。大家纷纷就自己感兴趣的内容争相向李院士询问或研讨。

赵子福教授、杨永太教授、谢周清教授还分别就各自所涉足的大别山-苏鲁造山带岩浆作用、沉积盆地、大别山超高压碰撞造山带做了分题报告；陈福坤教授就地球与空间科学学院近年来在学科专业建设、实验室发展、人才引进与培养等学位与研究生教育建设发展问题向营员们做了通报。营员们对科大拥有如此高水准的师资力量、学科水平而无不感到兴奋。

实验室中，我们见识着科大优质的科研资源

“我在去年10月申请到‘以自主装金纳米棒为基底的OPV/OPE分子表面增强拉曼的测定’的‘国家大学生创新计划质量工程’项目。项目开展以来，我基本掌握了拉曼仪测定固态及液态样品的方法并获得了许多可信度很高的数据。走进陈老师的实验室，发现新引进拉曼仪还没有用来开展广泛的研究，我希望能进入陈老师的实验室进行研究工作，这样可以充分利用我所学到的知识。”来自兰州大学的付化龙同学见到如此高水平的实验室，表达了他来此深造的强烈意愿。

其实他所见到的拉曼仪正是依托于地球与空间科学学院目前所拥有的中科院壳幔物质与环境实验室而建立起来的。不仅如此，地空学院还拥有中科院基础等离子体物理重点实验室以及科技部“国家野外地球物理观测研究站”，装备有国际上最先进的热离子发射质谱

仪 MAT-262、气体质谱仪 MAT-253 和等离子耦合质谱仪 DRC-11 以及配套的化学前处理实验仪器和激光制样系统等仪器，能够进行轻稳定同位素、放射成因同位素和微量元素等多项分析研究工作。

榴辉岩前，我们感受着地球所经历的沧海桑田

“如果说报告会、实验室激发着我们从事科研的兴趣，那野外的这些变质岩带给我们的便是震撼。”来自厦门大学的赵文琳激动地说道。的确，本次夏令营活动的主体还是在野外。几天来，从太湖、潜山到岳西、霍山，穿越峻石密林、深沟腹地，大别山真实地展现在营员脚下。通过被称为“人类进入地幔的窗口”的大别山，营员们真切地感受着地球母亲亿万年来所经历的沧海桑田。

“在三叠纪(2.5 亿年)以前，在现在大别山地区，曾经是一片汪洋大海。后来由于版块运动，华南和华北版块才在现在的大别山地区碰在一起，大洋消失。然后，华南版块还在继续向华北版块运动，并且北部的一部分进入华北版块下面，到达了地幔，在那里发生了超高压变质作用，形成了一系列超高压岩石。其中最有名的就是榴辉岩，榴辉岩主要是由绿色的绿辉石和红色的石榴石所组成的岩石，其本身的形成就需要很高的压力。更重要的是，榴辉岩里面含有柯石英和金刚石。这说明，华南版块的北缘向地下俯冲了 90 公里，甚至 120 公里，然后又返回了地面，这个过程经历了几千万年的时间，试想，南北宽一百公里，东西长数百公里的大地冲入地下上百公里的深度并返回地表，是一个多么壮观的景象(当然，我们看不到)。”大别山漫长的演变历程在陈福坤教授形象化的讲解中仿佛立刻呈现在眼前。

通过样品采集、野外实地观察，营员们深入了解了大别山超高压变质带的形成过程，对它在国际地质学研究领域中的重要地位产生了新的直观认识。“今天见着陈教授如履平地似的在山林峻石中穿梭，听着他如数家珍似地道出大别山的各类岩石及其形成的原因，想着目前中科大地质研究团队在中国乃至世界超高压研究领域中所树立的权威，我为他们心贴大别山、情系地质，几十年如一日地攀登科研高峰的精神深深感动。大别山是我们的地质家园，是一把可以帮我们打开地球演变奥秘的钥匙，我希望将来能加入这个科研团队，更加深入地了解大别山，了解我们的地球。”来自南京大学的李磊如此说道。

夏令营，让我们梦圆大别山，中国科大，让我们心手相牵

张梦男，浙江大学地球科学系

非常有幸能够参加这次科大地球与空间科学学院承办的暑期夏令营。从一下车开始，便感受到学校给予的无微不至的照顾，俗话说，细节决定成败，细节中的点滴从开始就将科大严谨、认真的学风体现得淋漓尽致。

科大虽处闹市，但却给人一种莫名的静谧感，在喧嚣和浮躁的当下，科大确实是个搞学问的好地方，是地球化学工作者的一片乐土。一门两院士、“千人”、“杰青”，一串串业界显著的名字无不昭示着地空学院优秀的师资力量。还有那具有国际水准的实验室，让以前不能理解“坐井观天”的我深受领教。

大别山超高压变质带是大陆版块俯冲的重要证据之一。在野外，我们对太湖县、潜山县、岳西县等地的榴辉岩、片麻岩、花岗岩进行了现场考察，在理论与实践的结合中，我们对

大陆版块俯冲机制有了进一步的了解，收获了对大别山更深一步的认知。

刘汉永，中国地质大学(武汉)

在中国的地形图上，自西向东，昆仑山—祁连山—秦岭—大别山犹如一条巨龙横亘于中华大地上。这条“巨龙”在地质上就被称为中央造山带。这条山链，不仅在地理上将中国分为南方与北方，在地质上也有重要的意义，因为在数亿年前，南方和北方并未在一起，而且在中间间隔了一个大洋，后来由于版块运动，南北才拼合在一起，经过了长时间的演化，才形成了中华大地今天的格局，并在拼合的边界处，形成了一系列雄伟的山脉，而大别山因其举世闻名的超高压变质带成为了这条山链上尤为耀眼的明珠。

通过观察这些超高压岩石，我们可以得到许多它们在进入地幔并返回地表的过程信息，从而知道地下是什么环境，我们的地球发生了什么样的变化。“来到这样的‘圣地’探察，怎么表达我的心情呢？那是相当给力啊！”

刘龙龙，中国地质大学(北京)

李曙光院士在开营式上做的《大陆深俯冲与超高压变质》的精彩报告在首日便把我深深地吸引了。我对大别山的向往和兴趣油然而生，对中国科大的校风和学风也产生了一种敬仰之情，也由此产生了想来科大继续深造的想法。

在随后的野外实地考察中，陈福坤教授全程带着我们深入了解大别山大陆深俯冲情况和折返机制，使我们对大别山榴辉岩、片麻岩、花岗岩及混合岩形成了全新的认识，对以后的工作、学习都起了很好的指导作用。特别是李曙光院士教我们做学问要有批判思维，要有综合分析能力，这都给我们很大的启发。回校后我要把此次夏令营活动的收获分享给师弟师妹们，让他们也更多地了解中国科大，了解这块科学的圣地！

崔晓丹，四川大学

作为环境科学专业的学生，一开始仅具备最基础的地学知识，面对所发资料中大量的生僻名词颇感头疼，但在听了李曙光院士等教授对他们的研究领域、大别山的研究成果进行深入浅出的介绍后，我对这方面的知识有了更进一步的了解，尤其是地质运动和岩石等方面的知识。

野外生活期间，通过与地质、资勘等其他专业同学不断地进行交流，我的专业思路开拓了很多，从过去对工业文明后狭义的环境问题的解决扩展到对没有气象资料时期自然环境的探查。值得一提的是科大的极地环境研究实在是太具诱惑力了。

另外，科大老师治学严谨又平易近人，整个学术研究氛围积极、热情、纯粹，这些都为科大在我心中的印象大大地加了分。

陈昕，南京大学

因为二年级时做的创新项目就是关于大别山-苏鲁造山带的，所以当我从去年参加过夏令营的师兄那里得知科大暑期野外夏令营的消息时，就马上报了名。很荣幸能够和各个兄弟院校的同学们一起参加这次的活动。虽然不是第一次进大别山，但是这次的科大夏令营之行却带给我不一样的收获和感动。科大在各方面都考虑得很周到，无论是老师还是志愿者都超热情，为我们营员提供了最好的条件，让我们在认识大别山的同时，更加领略到了科大的美和科大人的可爱。

开营当天，在陈福坤老师详细、耐心的讲解下，我们对于各个仪器的原理、作用都有了大致的了解，也看到了科大这所精英培养的摇篮在基础设施方面的巨大投入。还有李曙光院士那深入浅出、声情并茂的报告，让我对随后开展的大别山考察充满期待。

出野外说不累是不可能的，尤其是我们学地质的。烈日当空，在陈老师和科大志愿者的带领下，我们行走在大别山腹地的羊肠土地之上，穿梭于深山密林之中。我们一起笑，一起累，一起打标本，一起挥汗如雨，一起被雨淋湿，又一起被烈日蒸干。大别山，你为我们留下了欢声笑语，留下了一起吃苦的幸福，这份情谊将成为我们永远珍藏的美好回忆。

中国科大，我们情定于暑；中国科大，我们缘续终身！

【摘自《中国科大研究生教育》2011 年第 4 期，总第 85 期】

交叉的学科，创新的梦想

——访合肥微尺度物质科学国家实验室

文/李 昂

在中国科大东区古朴、恬静的校园中，矗立着一幢高大宏伟的现代建筑，这便是中国科大的两大国家实验室之一——合肥微尺度物质科学国家实验室的所在地。暑假期间，我们怀着崇敬又好奇的心情走进这里，去完成一次盼望已久的探寻之旅。

来到实验室主楼前，高大的玻璃幕墙在阳光下熠熠生辉，简洁明快的钢结构建筑让人心情舒畅。正如这现代风格与古朴校园的相得益彰，学科之间的交叉与融合也是中国科大的办学特色。微尺度物质科学国家实验室正是在21世纪初，由学校整合多个校内重点实验室资源组建而成的。实验室涵盖了物理、化学、材料、生物、信息五大一级学科，时至今日，已经在量子信息、智能语音、高性能计算、智能机器人、新材料新能源、公共安全等领域取得了多项突破和创新，展现着雄厚的科研实力。

我们首先来到动能纳米材料实验室，这里主要进行无机化学合成和纳米储能材料方面的研究。一进门，我们立刻就被墙上海报的醒目标题和图片吸引：CO_2逆转变成金刚石，听上去匪夷所思，却恰是实验室的代表性工作。研究员们以CO_2为碳源、金属钠等做还原剂，在440 ℃的条件下合成了无色透明的金刚石颗粒，这一创举被国际学界称为“从废气中产生宝石”。进一步，实验还使CO_2在还原性矿物表面还原生成了羧酸等有机物。这证实了生命出现之前，有机物能在水热和火山条件下由CO和CO_2生成，从而为组成生命的基本物质来自地球内部提供了有力证据。

走出纳米材料实验室，我们又来到智能材料与器件中心。实验室的同学告诉我：他们目前致力于开发一种智能可变色的飞机舷窗。普通的舷窗无法根据实际需要对可见度进行调节，而这种新型舷窗采用电致变色材料，通电后在其中激发化学反应，改变材料的特性和吸收光线的方式，使材料转变成不同颜色，这样窗户能在有色（反射某种颜色的光线）和透明（不反射任何光线）之间来回变换，还比其他材料更节能。现在，实验员们正在试验更多新型材料，降低这种智能窗的成本，为商业化生产创造条件。相信在不远的将来，我们就能乘坐装有这种舷窗的飞机遨游天际。

登上高楼，极目远眺，抬头望，天宇澄清；看脚下，万象繁华，此时，我们已经站在了位于15楼的内嵌富勒烯实验室门前。该实验室由杨上峰教授创立于2007年12月，主要研究新型（内嵌）富勒烯的合成及其在有机聚合物太阳能电池中的应用。一走进实验室，我们就被一台银色的大型设备所吸引，实验台上残留有几垛黑色的粉末，显示着这里刚刚经历过一场电光火石的“较量”。实验员介绍说：“这就是制备富勒烯的电弧炉，炉中的放电室内配置有阴极和阳极，实验时用纯石墨棒将阴极和阳极相连，在惰性气体的环境下操控电弧放电，放电结束后，内壁上附着的一层含有富勒烯的炭灰，就是提取富勒烯的原材料，再经过萃取和液相色谱仪的分离，就能提取出纯度较高的富勒烯。”通过在其中内嵌新的金属或电子，实验员们合成了一系列新型的内嵌富勒烯，它们具有许多新的物理和化学性质，也拥有更广阔的现实用途。

走进另一间操作室，这里进行的正是新型富勒烯的一项应用聚合物太阳能电池的研究。研究员在太阳能电池光敏层中加入内嵌富勒烯，作为受体光伏材料，反复试验这种新型电池的能量转化情况。这种有机聚合物电池具有重量轻、廉价、较强的光吸收密度的优点，并可用喷墨打印、丝网印刷等手段大面积制取，甚至可以实现全塑料化，制成柔性的特种形状器件，应用前景十分广阔。

“科学规律的本身是客观真理，是不会陈旧的。人们运用这些规律的方式和做出的相应设计方案，却是日新月异的。”杨老师说。就在我们结束采访之际，喜讯传来，实验室与俄罗斯学者在 C_{96} 同分异构体领域的合作结出硕果，成功确定出 C_{96} 的几种新型同分异构体结构。杨老师和他的学生们还在不断进行新型电池中材料合成和能量转化的试验，向着更高的目标探索、攀登。

科学研究是一项充满乐趣的活动，但也是一项长期艰辛的劳作，充满着对心灵的考验和性格的历练。在采访中，我们深深体会到每一位微尺度人积极的工作品格和乐观的生活态度。他们像在海边拣拾美丽贝壳的少年，永远有一颗年轻的心，对浩瀚的海洋永远憧憬、向往！

【摘自《中国科大研究生教育》2012 年第 3 期，总第 88 期】

同步国运，辐射精彩

——“揭秘”中国科大国家同步辐射实验室

文/韩 静

它是国家计委批准建设的我国第一个国家级实验室，它是国内高校中唯一一台大科学装置和国家级实验研究平台，它的建设凝聚了众多领导人和科学家数载的心血，它的发展是一部科大人三十年艰苦奋斗的波澜诗篇。四十多位知名学者在这里用知识点亮世界，千百余名风华学子从这里迈向学术精英的殿堂。它就是中国科大国家同步辐射实验室。

宁静的中国科大西校区内，坐落着国家同步辐射实验室，实验室园区内外树林掩映，流水潺潺，宛若遗世而立的世外桃源。带着探秘的激动之情笔者拜访了实验室原副主任刘祖平教授，请他为读者介绍同步辐射的基本知识和实验室建设发展的辉煌历程。

辐射不可怕，实为新型光

初次听到“同步辐射”这个词，不少同学都会为之色变。其实同步辐射(synchrotron radiation)是一种强度大、亮度高、频谱连续、方向性及偏振性好、有脉冲时间结构和洁净真空环境的优异新型光源。从本质上讲，它是速度接近光速的带电粒子在磁场中沿弧形轨道运动时所释放出的电磁辐射(也就是光)，就像在雨中快速旋转雨伞时，水珠会沿伞边缘的切线方向飞出一样。由于它最初是在同步加速器上被观察到的，所以被称为“同步辐射”或“同步加速器辐射”。

同步辐射实验室主要由四部分组成：提供电子束的直线加速器、产生同步辐射的电子储存环、具有桥梁作用的光束线和探索自然奥秘的实验站。由于目前同步辐射光源正在进行重大改造，储存环大厅、光束线站和直线加速器均已被拆除，笔者在进行采访时未能一睹这些大型设备的风采。不过从刘教授口中得知，改造后的同步辐射光源将具有更优异的性能，届时必将能为我国的基础科学研究提供更强有力的支持。

揭秘发展历史，波折荣誉共存

刘祖平教授自1978年以来，亲身经历了国家同步辐射实验室建设的全过程，在同步辐射光源的设计、制造、安装、调试、运行及改进等诸多方面都有重大贡献。刘教授不仅在自己的专业领域内建树颇丰，在文史方面亦有很高的造诣。从他的口中，笔者了解到实验室三十年不平凡的发展历程。

早在20世纪70年代末，正是在我国拨乱反正、百废待兴的“科学的春天”里，中国科学技术大学就在国内率先提出建设同步辐射加速器，1977 年同步辐射加速器的建造列入全国科学技术发展规划，1978 年春中科院决定成立以中国科学技术大学为主的同步辐射加速器筹备组，并于当年 3 月在合肥召开了第一次筹备工作会议，讨论了我国建造同步辐射加速器的初步方案，象征着我国同步辐射事业的正式启动。中国科学院的相关领导和包括后任国家同步辐射加速器工程总顾问的谢家麟院士在内的众多科学家也对同步辐射实验室的建立给予了大力支持。

国家同步辐射实验室一期工程总投资 8040 万元人民币，于 1984 年 11 月 20 日破土动工，1989 年建成出光，1991 年 12 月通过国家验收，历经十余载终于完成了我国同步辐射事业的奠基。然而辉煌的背后其实有着一番不为人知的波折，一期工程建设中，由于资金不足，中科院曾一度想放弃同步辐射光源工程的建设，曾任中国科大校长的严济慈先生听到这个消息后奔走于各级领导机关，找到了方毅副总理和中科院正、副院长，强烈要求党中央取消停止建设实验室的决定，在严老等的争取下，实验室的建设得以继续进行。“那真是力挽狂澜于既倒啊！”刘教授感叹道。

1999 年，在我国提出“科教兴国”、科学界再度春意盎然的日子里，国家又投资 11800 万元人民币进行国家同步辐射实验室二期工程建设，2004 年 12 月二期工程通过国家验收。来自世界各地的科学家和国家同步辐射实验室的科研人员利用同步辐射装置开展前沿性研究工作，并在物理、化学、材料科学、生命科学、信息科学、力学、地学、医学、药学、农学、环境保护、计量科学、光刻和超微细加工等众多学科领域取得了令人瞩目的成果。

回忆实验室的建设及发展历程，刘教授深有感触：“人的一生要做好一件事，体现自身的价值，而加速器就是我的价值。我这一辈子都在做好这台加速器。”笔者不禁被刘教授的精神感动，这种怀揣坚定的信念为理想奉献毕生精力的人是最值得尊敬的！让我们向同刘教授一样淡泊名利、专注事业的科学家们致敬！

科研不神秘，有趣又精彩

许多没有走进过同步辐射实验室的同学都会好奇实验室内的学习和生活是怎样的。来自核技术应用专业 2011 级的硕士生龚晓冬同学告诉笔者：“整个实验室其实就是一组人员研究‘造机器’，一组人员研究‘用机器’，分工合作，共同利用这个学科交叉的平台。比如，我自己的工作就是设计加速器的一些局部结构，首先需要用软件进行计算，然后模拟电子在里面的横向和纵向运动，从而找到最佳的设计方案，得到满足用户需求的光。平时我还会调研国内外加速器构造的设计，并分析其优缺点，借鉴他们的经验。”在谈及对于实验室生活的感受时，他表示：“实验室很大，很多老师的研究工作都是围着这个大装置，相互之间的交叉比较紧密，整个实验室就像是一个大家庭，有博学善治的导师，也有热情友好的师兄师姐，在这里学习、生活我感到非常温暖。”

笔者采访之时正好听闻了实验室的齐飞教授首次在国际燃烧会议上做大会特邀报告的事情，这是自 1928 年第一届国际燃烧会议举办以来我国学者首次获邀做大会特邀报告，它表明了我国在国际燃烧领域知名度和影响力的极大提升。齐教授多年来致力于同步辐射的应用研究，将同步辐射单光子电离技术和分子束质谱技术相结合，在燃烧研究领域做出了重要贡献。“齐飞教授可是我们实验室的大牛人物，他自行设计、建造了一台利用同步辐射进行燃烧研究的装置，那可是目前世界上仅有的两台装置之一呢！”龚晓冬同学自豪地跟我讲道。

结　　语

“雄关漫道真如铁，而今迈步从头越。”三十载的奋斗历程造就了同步辐射实验室今日的辉煌，这里的老师有大智和大爱，他们学识渊博，他们淡泊名利，他们兢兢业业；这里的学生踏实又勤奋，他们求知若渴，他们心怀梦想，他们朝气蓬勃。这些秉承科大艰苦奋斗传统的“同步辐射人”必将在未来的日子里写下新的壮丽诗篇。同步辐射实验室，同步国运，辐射精彩！

【摘自《中国科大研究生教育》2012 年第 3 期，总第 88 期】

让世界倾听中国声音

——访中国科大语音及语言信息处理国家工程实验室

文/倪国香

“我很庆幸自己当初的选择。”这是记者在采访中听到同学们说得最多的一句话，而让他们庆幸的这个选择，就是加入中国科学技术大学语音及语言信息处理国家工程实验室。

语音及语言信息处理国家工程实验室（以下简称国家工程实验室）坐落于中国科学技术大学西校区的科技实验楼内。实验室由中国科学技术大学和安徽科大讯飞信息科技股份有限公司联合共建，是我国语音产业界唯一的国家级研究开发平台。

30余年光荣与梦想

2013年11月28日，在国家工程实验室五楼会议室，记者见到了国家工程实验室副主任戴礼荣教授。朴实的衣着，优雅的谈吐，亲切的微笑，这是戴礼荣教授给记者留下的第一印象。戴礼荣是国家工程实验室首届技术委员会委员之一，参与了国家工程实验室的组建工作，对实验室的发展过程非常熟悉。

“科大语音实验室已经有30多年的发展历史了。”戴礼荣说，“实验室的前身是始建于20世纪80年代初、由王仁华教授等人负责组建的人机语音通信实验室，主要开展语音合成技术的研究。实验室组建后发展良好，获得了‘863’计划、国家自然科学基金计划、中科院重点攻关计划、国家‘八五’‘九五’重大项目等一系列前沿课题的资助。”

据戴礼荣介绍，在20世纪90年代，语音合成技术已经基本成熟，应用前景看好。在此契机下，1999年，安徽科大讯飞有限公司成立，公司成立后，为了使产业与研究更加紧密结合，于2003年成立科大讯飞语音联合实验室。

“2008年，科大讯飞有限公司上市。2009年，科大成立安徽省语音及语言信息处理工程实验室。在2010年的时候，合肥市开展十大研究基地建设，又在科大成立了合肥语音技术研究院。而我们也是于2010年开始申请国家工程实验室的，在2011年7月其正式获批成立。”戴礼荣回忆道。

在这30余年的发展过程中，承载着“助力中国语音产业发展”梦想的科大语音实验室不断发展，实验室规模和研究领域也逐步扩大。国家工程实验室现有教授12名（包括国内其他高校和国外高校的兼职、客座教授）、副教授及讲师13名，以及近200名硕士、博士生。目前实验室主要由技术研究开发部、产业工程平台部、综合服务部三大部分组成，涉及语音合成、语音识别、语音评测、语义计算与数据挖掘、人机语音交互机器人研究、时空信号处理、语音情感计算及多模态交互研究等多个研究方向。各个研究组的老师和同学们，一直专注于语音领域的核心技术研究，他们在用实际行动和科研成果，继续践行着那个属于他们的独一无二的梦想。

在这30余年的发展过程中，国家工程实验室也收获了许多奖项和奖励：2006～2012年，荣获国际英文合成大赛七连冠；2007年，在机器人世界杯上获综合成绩世界第一；2008年，获国际说话人识别评测大赛桂冠；2009年，获国际语种识别评测大赛高难度混淆方言测试指标冠军、通用测试指标亚军；2011年，突破美、德、日的垄断，在服务机器人国际标准测试中荣获全球第二。此外，实验室还获得过两次国家科学技术进步二等奖。

产学研紧密结合

从国家工程实验室的发展历程中，不难看出其与科大讯飞公司之间的紧密合作关系。据了解，国家工程实验室三大组成部分之一的产业工程平台部就设在科大讯飞公司。设在中国科大的实验室主要侧重于核心技术研究，即语音及语音信息处理的基础性、原创性研究，为科大讯飞公司提供核心技术支持。科大讯飞公司推出的一系列产品前端的技术探索性工作，主要都是在学校实验室完成的。

同时，科大讯飞公司也会为实验室的研究工作提供许多支持。例如，科大讯飞公司为实验室提供的语音数据，成为实验室相关研究必不可少的资源。此外，公司在产品开发过程中可能会遇到各种问题，而这些困难也成了实验室新的研究点。

为便于学校实验室与科大讯飞公司的交流互动，实验室还会定期安排部分同学到公司实习和访问。关于这一点，语音识别研究组成员张仕良同学就很有感触，他告诉记者："我们实验室与讯飞公司平时合作交流很多，我最近刚从讯飞公司实习回来。"他觉得实验室与公司的合作有很多优势，比如语音识别方面的研究，对机器的硬件需求比较高，而公司就可以为学校提供服务器等硬件资源。

戴礼荣告诉我们，其实国家工程实验室不仅仅为科大讯飞公司提供技术支持，在不久的将来，他们会对整个语音产业提供技术支撑。

"中国语音产业的崛起单靠一个或几个公司肯定是不行的，必须要依靠整个产业的发展壮大。就安徽省来说，合肥市高新区正在建设一个语音产业园，以讯飞公司作为龙头企业，牵动一个有一定产值规模的产业。而我们实验室，也将为这个产业提供技术支撑。"戴礼荣自豪地说道。

对于这种产学研结合的方式，戴礼荣也给予了很高的评价："产学研合作是一种很好的实现创新社会目标的形式。对于工程领域的学科，做研究就应瞄准应用，研究要有目的性。借助产业的平台，从产业发展中提出相关问题，实验室进行相关研究，最后把这种研究成果运用到实际应用中去。"

浓厚的学术氛围，团结的合作团队

走进国家工程实验室的各个研究室，几十人的房间里，几乎只能听到键盘和鼠标操作的声音；每个学生都埋头在自己的办公桌前，专心地工作着。那份安静与专注，深深震撼了记者，这里似乎再也无法容下任何一丝纷扰。

来自人机交互机器人研究组的张昊翀，今年博士一年级，他非常自豪地告诉记者："大家每天都花很多心思在科研上。实验室没有明文规定哪些时间必须来实验室，但是大家基本上每天都泡在这里，或自主研究，或交流学习经验。”

刘羽同学是多模态交互与语音情感计算实验室的一员，他也是实验室日常管理的负责人，他说：“实验室同学之间的合作交流方式有很多，在每周一次的组会上，各个同学介绍自己上周的工作情况、遇到的问题，大家集思广益，提供一些解决方案。研究方向相同或者同时参与某个研究项目的同学之间，还会有不定期的讨论会。此外，大家也会通过当面讨论、邮件等方式进行交流。”

一个运转良好的实验室，团队意识和团队凝聚力也十分重要。“我们实验室的一个非常好的传统就是‘传帮带’。在我刚进实验室的时候，我的导师就安排了一个师兄带我，有任何问题都可以跟他交流。在我写第一篇学术论文的时候，从整个文章的构思，到实验和初稿写作，师兄都给予我很大的帮助。”数据挖掘研究组的祝恒书同学，回想起刚进实验室的情景感触良多。机器人研究组的林志强同学也认为：“我们在许多大赛中都取得了非常好的成绩，其中一个很重要的原因就是我们的团队精神。”

关于导师，博士生二年级的张敬同学这样说道：“我非常敬佩我的导师汪增福教授，他对科研非常严谨。同时汪老师也是一个非常容易沟通的人，他不会把自己的意见强加于你，我们之间的沟通是双向的。”

我们让大家用一个词来概括实验室的文化，他们给出的答案有：包容、开放、活泼、勤奋、积极进取、团结、欢乐、自由、和睦、融洽、乐观……从这些答案里，我们能感受到这个大家庭里每个成员的那份骄傲。

专注核心技术研究，助力语音产业发展

谈及国家工程实验室的未来发展规划，戴礼荣胸有成竹地说：“国家工程实验室刚成立不久，现在正处于建设阶段。下一步发展目标是建成‘语音及语言信息处理创新人才队伍一流，研发环境和研发平台国内领先、国际先进，理论研究和应用开发结合，特色鲜明、相关产业发展和新生长点基地引领作用显著’的国家工程实验室。”

“首先是加强人才队伍建设，引进语音技术方面的国际一流人才；其次要做好研究平台建设，能够把每一届同学的研究成果结合起来，进而做出更先进、更有创新性的研究；最后是继续保持与产业紧密结合，做好核心技术研究，引领语音产业发展。”戴礼荣进一步解释道。

在前不久举行的中国语音产业高峰论坛上，工信部软件服务业司陈伟司长在致辞中指出：“语音产业是全球信息技术产业争夺的新商机和制高点，在通信信息安全、民族文化传播等国家核心领域具有重大的应用价值和潜在意义。”

作为我国智能语音领域唯一的国家级研究平台，中国科学技术大学语音及语言信息处理国家工程实验室，在30余年的发展历程中，一直专注语音领域的核心技术研究，在荣耀与梦想中，取得了一个又一个技术突破，收获了一个又一个科研成果。

在下一阶段的发展中，语音及语言信息处理国家工程实验室将继续携梦起航，向着“助力中国语音产业发展”的伟大目标而不断努力。我们有理由相信，语音王国中的下一座高峰，中国科大人正在登顶的路上。

【摘自《中国科大研究生教育》2013年第4期，总第93期】

“high”到停不下来
——走进中国科大健身房

文/李　璐

2014年的端午节连接了五月的尾巴和六月的开头，似乎比往常更加具有蜜意。而就在这充满节日气氛的日子里，健身房一片热闹非凡的景象，“high”到停不下来。

到达东区活动中心，乘坐电梯，一个个运动装打扮的学生不假思索地按下了按钮“4”。随着电梯的上升，传来越来越清晰的动感音乐和窸窸窣窣的机器运转声，没错，我们即将到达的就是中国科大的健身房。

前台是位漂亮的年轻女孩，她接过学生的校园卡，把衣柜钥匙递到学生手里，还不忘提醒到来的学生要在登记簿上做个登记，眼角不无笑意。拿着钥匙向右走便是更换衣物与洗澡的地方。刚才还一袭长裙飘飘的女孩马上换上了干净清爽的运动装，让人眼前一亮。

从户外转战健身房

郝飞翔与往常一样来到健身房，在一台空闲的跑步机面前，停下了脚步。健身房每台跑步机前面都有一台小型电视机，郝飞翔把电视的频道调到了凤凰台，他说边看凤凰台节目边跑步是一件非常“high”的事情，就这样，郝飞翔开启了今天的运动旅程。

已经研二的郝飞翔来健身房才半个年头。“以前喜欢户外，一次机缘巧合陪同学来健身房转转，没想到一下子就喜欢上了这里。”按照郝飞翔的说法，他的喜欢愈发不可收拾，他几乎每天都来，一周最少也会来个五次。

“我本来就很喜欢锻炼，健康是最重要的，不是吗？”满头大汗的郝飞翔笑着反问道。

“今天表现不错。”这时一个人拍拍郝飞翔的肩膀，郝飞翔笑着同他打招呼。这个人正是健身房的教练刘威。

“中科大的健身房环境很好，又是免费的，我想这在全国大学里都是首屈一指的。健身房还配有专门的教练，经常来的人都跟教练很熟，他们可以纠正和指导我们的一些动作。”郝飞翔说教练们都很好相处，对运动的热爱还让他结识了许多朋友。

“high”到停不下来

健身房的器械运动区被划分为有氧区和无氧区。有氧区主要是跑步等运动器械，锻炼的是心肺功能。相比有氧区来说，无氧区则主要是卧推、仰卧、深蹲等运动器械，锻炼的是人的骨骼肌。

刚刚结束卧推练习的陈立长舒了一口气。他笑着对记者说他已经有一段时间没来了，但每次来都会被这里的气氛所吸引。“这里有音乐和一群同样热爱运动的人，氛围很好。”陈立顿了一顿，笑道，“与炫迈口香糖的广告词一样，这里也会让你‘high’到停不下来。”

来自电子工程系的陈立坦言读研期间的科研压力很大，每次来这里可以很放松。“运动时的那种大汗淋漓的快感可以让你轻松和愉悦。”为此，学习生活主阵地在西区的陈立，只要一有机会就跑到东区健身房来，享受这份忙碌之余的闲暇与休憩。

“有时候你越忙越想来。科大的健身房只在过年的时候关闭一周，平时都是开放的。这为我们提供了一个很好的放松场所。”说到此，陈立对健身房的工作人员不无谢意。

女生的小心思

时间的针脚已经走到了六点半，这时一批人从动感单车的房间里出来，他们的衣服上满是汗水打湿的痕迹，可脸上却露出满意的笑容。张敏便是这运动大军中的一员，刚刚结束课程的她喝了两口水，稍微休息了下便走到拉伸器械前，做起了运动后的拉伸与放松。

张敏，中国科大硕博连读生，每天奔波在宿舍、实验室、图书馆和食堂间，每日“四点一线”的她把来健身房锻炼当作为生活添彩的课余活动。

“这边除了运动器械外还有许多有意思的课程，我就比较喜欢单车和健身操。”当聊到是不是还有一点小心思的时候，张敏笑道，“当然有啦，女生都有吧。”这点小心思就是女生讨论最多却依旧乐此不疲的话题——减肥。

对此，教练刘威告诉记者：“健身房划分为有氧与无氧区，还设有丰富的课程，目的就是让学生可以更享受运动，更好地达到自己的目标。”刘威还笑着提醒道：“若想达到减肥、塑形的效果，还需要把有氧与无氧运动结合起来。女生们不能只在有氧区，还应该多到无氧区来做一些适度的力量训练。”

习惯到自然

如果说运动时的挥汗如雨让人在疲惫之余感到满足、放松的话，那么运动后的热水澡则为这场运动之旅锦上添花，让人心生惬意。毫无疑问，中科大的健身房就满足了这一点。

“健身的时候有免费的热水供应，你可以喝到热水。健身后还可以洗个澡换身干净的衣服，我都习惯把这儿当成我的根据地了。”刚结束运动准备洗澡的周琳捷笑道。

周琳捷坚持来健身房锻炼已经有一年多了。“每次我都和男朋友一起过来，有时候他跑步，我上瑜伽课；有时候我跑步，他做无氧运动。来这儿已经成为一种习惯了。”周琳捷还笑着说道，“当运动成为一种习惯的时候，你一天不运动就会不舒服。”

运动给人带来的不只是健康的体魄，还有更美好的心情。周琳捷就分享了她的小秘密：“我的心情变得很好，也没有那么多小情绪了。我男朋友说运动真的让我改变了很多。我现在的状态很好。”

无论是喜欢运动的郝飞翔，还是来减压休憩的陈立，抑或是带点女生减肥小心思的张敏，都不约而同地提到了周琳捷用到的一个词——习惯。不同的目的让他们汇聚在这里，却在这里找到了共鸣。

“每天锻炼一小时，健康工作五十年，幸福生活一辈子。”红色的大字在健身房的内墙上显得异常耀眼。打开健身房的窗，东区活动中心的梧桐映入眼帘，如同这不分晴雨为行人提供遮蔽的绿荫一样，健身房也不休假日地运转，微笑着迎接每一位到来的人，在这个端午节为远在他乡的学子带来了一丝丝暖入人心的慰藉。

【摘自《中国科大研究生教育》2014年第2期，总第95期】

献给郭永怀教授的科大赞歌

——透视中国科大大型多媒体音乐剧《爱在天际》

文/刘　辉

5月7日至11日，中国科大大型多媒体音乐剧《爱在天际》在湖北大学和海军工程大学隆重上演。演出获得圆满成功，引发了强烈的社会反响。成功演出的背后是全组人员和导演郁百杨三个月的默默付出，身为在读研究生的笔者有幸作为剧组宣传人员参与了演出的全过程，从排练到正式演出，其中有很多细节深深打动了我。

这部剧，是全体科大人献给郭永怀教授的一曲赞歌。

这是一个关于“爱”的故事

从克服重重阻挠回到祖国，到与钱学森等创立中国科大，培养出我国第一批青年科技工作者，再到排除万难研制“两弹一星”，直至最后不幸罹难。《爱在天际》以时间顺序记录了郭永怀的一生，再现了这位科学大师跌宕起伏却又激情澎湃的人生情怀。

“国贫家穷，只能说明当儿子的无能！作为一个中国人，我有责任回到祖国，和人民一道，共同建设我们美丽的山河。”新中国成立不久，面对美国当局的刁难，郭永怀毅然放弃优厚的待遇，回到祖国。

囿于国内没有专业的科学家队伍开展研究工作，郭永怀等老一辈科学家开始商讨成立一所培养科学人才的大学——中国科大。学校创立后，他又瞒着家人，带领学生和国内顶尖的科学家一起前往西北研究我国自己的原子弹。在一次从兰州回北京工作汇报的飞机上，他不幸罹难，然而装有绝密资料的公文包却被他和秘书一起完整地放在胸口，保存了下来。

“在这个世界上，没有一个地方是爱不能到达的，在这个世界上，没有一个地方是科学不能到达的。”舞台上宋怀强老师用富有磁性的嗓音说出郭永怀的心声，那声音振聋发聩。“这也正是音乐剧《爱在天际》要表现的主题。”导演郁百杨说。

爱之所以会成为所有艺术作品永恒的主题，是因为爱是生命中的灵魂，爱包含着对亲人、对身边的人、对事业、对国家、对民族的情感，有了这种情感，才会有对未来的向往。音乐剧《爱在天际》要表达的就是这样一句话：“因为爱，所以有梦。”

这是心的呼唤

“2007年年初，我回中国科大协助筹备建校50周年的活动，因为已经在电影界工作了近20年，出于本能，就想拍摄一部讲述科学家的纪录片。”导演郁百杨说。但当他到北京拜访郭永怀夫人李佩先生时，他觉得自己的想法过于简单。

“郭永怀和李佩夫妇的故事绝不是用几句华丽辞藻就可以形容的。”从那以后，导演郁百杨开始了近三年的访谈之旅。他先后拜访了中科院上海和北京的研究所、国防科研基地等处，见到了当年郭永怀等老科学家亲自教授的学生们，听他们口述当年大师们的严谨和执着，对学生的严格和关爱，谈他们的横溢才华和魅力人格。

用音乐剧的方式呈现，是郁导认为最合适的演绎方式。他说：“这种方式更能表现爱和梦的主题。以前做一个新的作品，总是几个主创在一起揣摩人物、情节、场景，设计矛盾冲突点，但是对重现科学大师人格风采的《爱在天际》来说，郭先生和李先生的情感是这样的真切，他们对国家和民族的情感是如此的深厚，在这样的题材中设计矛盾是愚蠢的、无知的。我需要说的不是矛盾，而是把科学家的真事、真情告诉观众，让观众从真事和真情中体会大师们的理想和精神。”

整部剧经过几年的筹备，数易其稿，并在征得李佩先生同意的情况下，于 2012 年 12 月在中国科学技术大学首次公演。

这是爱的奉献

“科大学生是我见过的最质朴、最敬业的演员。他们付出了常人难以想象的辛苦，真情演绎了这样一出爱的剧目。”导演郁百杨用这样一句话评价科大学子。

这出音乐剧，整个剧组上下八十多人，除了饰演郭永怀的宋怀强老师是专业出身，其他演员和灯光、音响等工作人员大部分是科大师生，覆盖了本科新生和即将毕业的硕士、博士生。据导演郁百杨介绍，剧组在选定角色的时候，曾用过上海戏剧学院的专业演员，她们无论是表演还是唱功，都要好于科大的同学，但最后还是广泛使用科大师生参演，是因为科大人自己的真挚情怀是专业的表演技能无法取代的，这也是这部剧感人至深的重要因素。

“首演的时候我就去看了，当时感动得哭了。我就想有机会也去亲身感受一下。得知新一轮巡演要招募演员的消息，我就第一时间报了名。”饰演田工程师的 25 系研二学生宋愿这样说。在东区大礼堂排练时，很多同学都是带着书本过来的，候场间隙，都在抽空学习。困了，累了，就躺在椅子上小憩片刻，没有一个同学抱怨。

这样的付出也得到了回报。历次演出，场场爆满。湖北大学首演现场，由于前来观看演出的观众太多，武警武汉支队派出两名武警战士负责维持现场秩序。礼堂门外，科大的湖北家长团拉起了横幅，欢迎科大师生来武汉演出。海军工程大学的首演，远在北京、96 岁高龄的李佩先生托人送来了花篮，祝贺演出成功。

这是人间的春风

如今，科学大师的身影渐行渐远，留存一份记忆，让今天的年轻人了解那段历史变得弥足重要。2012 年年初，中国科协发起实施了“共和国的脊梁——科学大师名校宣传工程”，支持高校以话剧、音乐剧等艺术形式，宣传对国家科技事业做出巨大贡献的科学大师，包括《爱在天际》在内的一批优秀作品应运而生。

今年五月，这股科学的春风吹进湖北大学演出现场，可容纳 900 人的礼堂座无虚席，走道上都站满了前来观看演出的人。很多观众流下了感动的泪水。“这两天校园里刮起了‘科大风'，走在路上，学员们都在讨论剧情和演员。同学们的表演很青涩，但是饱含深情。希望有一天，你们能走进人民大会堂。你们已经完全具备了这种实力。"海军工程大学张将军这样评价《爱在天际》。

"这部剧是我最重要的作品。"演出的成功，也让导演郁百杨长舒了一口气，他说，"我对今后的演出会更加有信心。"今年九月，《爱在天际》还将走进合肥大剧院和四川绵阳进行新一轮公演。而以研究生为主体的剧组成员也将把"科学梦""强国梦"继续传扬，让科大精神走向更多的地方。

【摘自《中国科大研究生教育》2014 年第 2 期，总第 95 期】

舌尖上的中国科大

——美食文化节的那些事儿

文/廖素琴

2014年4月13日的东区活动中心热闹异常，忙碌的工作人员、翘首企盼的排队学子挤满了东活广场。对刘其强来说，这是值得铭记的一天，这是会传承下去的传统。“我宣布中国科技大学首届美食文化节正式开幕！”听到周先意副校长铿锵有力的致辞，在场等候的同学们欢呼雀跃、掌声雷动，人群开始有序地前进，中科大首届美食文化节暨第十届食神大赛正式拉开序幕。这是美食文化节团队激昂青春的佐证，是作为研究生的他们努力装点美好生活的体现。

“十年美食节的创新”

刘其强，中国科大管理学院研一学生，此次活动的主要负责人，正穿梭于东活一楼到三楼的各个活动区域，认真监督、严格把关：检验“食神大赛”，穿越“舌尖美食”，考察“蛋糕DIY”，指导“水果拼盘”……在近两千人的活动现场持续四个小时地来回奔波，直到活动结束，他才松了一口气道：“总算是‘解脱了’，两个月的坚持与辛酸，多的是不为人知的辛苦，乐的是美食节的传承与创新。”

美食文化节的前身是已有十年历史的食神大赛，而美食文化节却是首届。当问到办美食文化节的初衷时，刘其强用创新、实践与多元化寥寥几词便将初心诠释：“首先，十周年契机难得，正是‘食神大赛’推陈出新的好时机；其次，研究生生涯中知识固然重要，实践能力也不可或缺；最重要的是更加优质的活动，不仅能够丰富科大学子的校园生活，也能带来更多的人文气息。”“我们是一群有着同样目标的人，研究生不仅可以做好科研，也可以把生活装点得更美好。”刘其强指着项目组成员的合照说。

因为是首次创新，并没有太多的资料可以借鉴，所以活动在最初显得步履维艰：时间仓促、活动资金匮乏、品牌吸引力不足、学校方面沟通不畅等等，整个项目组陷入了艰难的境地。此时此刻，刘其强表现出了极强的调控能力和抗压能力。为了克服困难，刘其强带领项目组同学加班加点地进行头脑风暴和仔细磋商，事情开始有了转机。

活动资金匮乏就从拉赞助突破，刚上研一的高芳芳一下午就联系了三十个商家，几乎磨破了嘴皮。品牌吸引力不足就打造第一个属于科大人自己的美食文化品牌，从海报的设计到凌晨两三点的BBS发帖，宣传持续进行。学校方面沟通不畅便积极主动与校领导联系，校领导办公室几乎被刘其强踏破门槛。经过了不懈的坚持与努力，活动稳步推进。

所有的这一切付出和努力，汇成了现场的有条不紊和精彩纷呈，十年一役，坎坷与艰难、团结与奋进铸就此次崭新的美食文化节。

“炉上秀乾坤的挑战”

美食文化节分为“食神大赛”“舌尖美食”“蛋糕 DIY”“水果拼盘”“知食长廊”“幕后食堂”六个子活动。作为十年的主打，“食神大赛”在本次活动中的分量尤其之重，参与报名的人数有一百多位，其中不乏男参赛者。科研达人化身厨艺大师，比较的是厨艺，享受的是过程。

软件学院研一学生安小强比赛的菜品是酸辣土豆丝，听起来质朴非常，需要准备的食材也普通简单，但他却用平凡的食材做出了特殊的味道。“虽然欠缺点‘色相’，味道却是极好的！”评委们评价道。安小强这个被戏称为“码农”专业的男生，充分展示了自己的另一面。“男生要敢于挑战，做不好菜的男生是娶不到老婆的，我是在为我未来娶媳妇儿打基础呢！”说到这里安小强忍不住哈哈大笑起来。

相比于安小强的“娶媳妇”论，管理学院研一学生李雨薇和刘池这一对“烹饪大师”则是真爱：“能够做出一道美味佳肴是件很有趣的事情，我们非常享受这个过程。”李雨薇表示为了参加比赛，她跟刘池试验了好几次“珍珠玛瑙”这道菜品，直到上场的那一刻还在思忖调料用量的适中问题。在家鲜少踏入厨房的刘池对烹饪充满了热情：“一看到厨房就想要大干一场，但是被母亲禁止进入，‘一山不容二虎’啊！”正是因为这份热情，他们的成果才能打动人心，获得了二等奖。

张怡婷与范以文则是情侣搭档，更是“食神大赛”第一名的获得者。一道“菠粒二象”，菠萝和里脊肉的惊艳搭配、量子力学与菜名的完美融入，俘获了所有在场评委的“芳心”。“我只是助手，怡婷才是我心目中永远的大厨！”说到这里，范以文转身深情地抚摸着张怡婷的发丝，两人的幸福感溢于言表。“我特别喜欢新奇的东西，也愿意去尝试不一样的领域。”张怡婷不仅烹饪拿手，同时也是中国科大学生合唱团的一员，将远赴国外攻读研究生。凭着这样的热情，我们相信，她在另一个国度必将继续绽放光彩。

从以上几个镜头中，我们不难看出，“食神大赛”不仅是厨艺的较量，更展示了大家对生活的热爱和对自己决心的挑战。

“心血浇铸的味道”

作为校园美食的出产地，每个学校的食堂都有着这样或那样的故事，这自然也逃不过刘其强团队的一番挖掘。为了将美食文化节的精髓渗透到每一个地方，制作“科大味道”视频的想法诞生了。用视频记录的方式，将食堂的运作真实呈现在所有学子的面前，这个艰巨却又极富意义的任务被邱曾维等人“承包”了。对于拍摄视频，邱曾维有着自己的热爱和见解，他表示：“用自己喜欢的方式去做自己喜欢的事情，并且能够造福大家，何乐而不为？”

凌晨三点的科大格外的静谧，学生餐厅和美食广场却有着不一样的景象，工作人员已经开始忙碌了。为了掌握第一手资料，凌晨三点邱曾维、王方权、周有泉也跟随食堂采购部开始了“科大味道”的拍摄取材工作。“每天凌晨三点去市场和屠宰场做价格调研是为了确保学生能够以最实惠的价格吃上最好的饭菜。”饮食集团总经理助理顾韬说，“这是科大味道的初始，也是记录中最关键的一步。”

经历了与商贩的价格论战，采购了充足的食材原料后，邱曾维带领的视频组跟随着采购人员回到了餐厅工作间，早餐的制作正式开始。想象大家心满意足地吃完早餐、整装待发的样子，邱曾维的心里不觉就充满了动力。

从凌晨的采购到早餐的制作，从午餐的忙碌到晚餐的辛苦，邱曾维带领的视频组见证了每一个时段科大味道的诞生。东区和西区、东苑和美广、芳华和研究生食堂刻下了他们的每一个足迹。三天的夜不能寐，三天的跟随与捕捉，一个星期的采访剪辑与制作，换来了美食文化节上《科大味道》的精彩呈现。看到每个人都驻留观看直至结束，邱曾维的心里满是感动。这是他们夜以继日的心血，这是属于科大人自己的味道，也是属于他们敢于创新的回报。

美食文化节已近尾声，校园逐渐恢复了平静的模样，但生活并不枯燥！因为有那么一群青年在为校园的多元化付诸努力，在为自己的生涯增光添彩跃跃欲试。美食文化节让大家看到了不一样的校园饮食文化，看到了不一样的校园魅力，也看到了不一样的研究生团体。正是因为有着这样一群对生活充满热爱，并且愿意让精彩洒满校园的青年，研究生才不是“研究僧”。他们敢想，他们敢做，他们用挑战和热情装点自己的生活。创新不是问题，墨守成规才是最大的敌人。

【摘自《中国科大研究生教育》2014 年第 3 期，总第 96 期】

生命不息，科考不止

——采访我校科学考察协会前会长范晓东

文/黄翠萍　刘天轶

科考，是科学考察的简称，一般指研究人员就某一主题在户外进行的实地研究考察工作。我校科学考察探险协会成立于 1996 年 12 月，经过十几年的传承与发展，已成为全校规模最大的社团组织。据协会前会长范晓东介绍，由于实行终身会员制，迄今为止协会共有会员 6000 多名，包含不同专业的博士生、硕士生和本科生。我校的李曙光院士、高登义研究员、孙立广教授、沈显生副教授等多位专家、学者都是协会的顾问。

科考协会最初就是在高登义研究员的倡议和支持下成立的，成立的目的是鼓励中国科大学生走出校园，培养探索科学的精神。科考协会一贯坚持“科考，探险，环保”的活动宗旨，除了日常的野外拉练活动、科考知识讲座外，还多次成功组织了大型野外科学考察探险活动，并取得了骄人的成绩，曾被中央电视台、中国青年报、央视国际网站、新华网、安徽电视台等多家新闻媒体跟踪报道。在 2006 年，科考协会一举摘得仅有十个名额的全国“优秀社团标兵”称号。

谈及协会的活动流程时，范晓东告诉笔者：“每年的年初都会有社团干事会议，商讨并确定一年的活动项目内容。像拉练这样的固定活动，一般会在开始前两个月成立一个三到四人的项目组，和宣传部一起负责宣传工作，在校园 BBS、人人网和微博上发布通告，招募成员。这样的活动一般需保持最终参与人数在三十人左右，但报名者有时会多达上百人，此时就需要实践部负责组织训练和选拔工作。整个训练过程采用积分制度，参与者的积极性越高，积分就越高，被选拔进入拉练环节的可能性也就越大。最后在出发前三四天确定出人员名单，再由装备部分发装备。协会每学期都会安排三至四次野外拉练，拉练地点一般选在大别山、皖南山区，但拉练的路线并不固定，会根据具体情况开辟新的路线。”

暑假的大型科考活动堪称科考协会的品牌项目，也是一个备受关注、参与度非常高的活动。2010 年 8 月，暑期科考队在安徽省境内的新安江流域开展了名为“寻访古徽道，环保新安江”的水质考察活动，调查走访了徽州古商道的水路，考察了新安江的水质现状及古商道沿路的人文风情。2011 年 8 月，科考协会六盘山科学考察探险队经过十几天的考察，克服种种困难，顺利完成了主题为“重走长征路”的科考任务。此次活动对于了解六盘山地区的佛教文化保护、生态移民情况具有重要意义。2012 年内蒙古巴丹吉林沙漠，2013 年青海年保玉则……这些地方都留下了暑期科考队的足迹和汗水。

2012 年内蒙古巴丹吉林沙漠那一段科考经历，范晓东依然记忆犹新。当时科考队历经 30 个小时的长途跋涉到达了金昌市，与甘肃防沙治沙办公室的专家深入交流后，科考队了解了巴丹吉林地区的土地沙漠化状况，并对接下来的考察计划做了及时的调整与修改。

2012年7月31日下午2点，科考队正式进入沙漠，在接下来的7天时间里，科考队队员每天搭帐篷，啃干粮，和无人区极端恶劣的环境做斗争。在背负30斤物资的情况下，不停翻越沙山，每日徒步10公里以上，即使如此，科考队队员依然不畏艰险，恪守职责，坚持沿途记录植被生长、沙山地貌、湖泊水文信息，并采集了大量样本。8月3日，科考队全员重装攀登上世界沙漠珠峰——必鲁图峰，并沿途采集沙样80余处，这是我国科考队首次在必鲁图峰沿不同海拔多点采样，为高大沙山的形成演变研究取得了珍贵的第一手样本。挑战极限，完成这项看似不可能的任务后，很多队员都流下了激动的眼泪，这难忘的7天对他们来说不仅是身体上的考验，更是精神上的锤炼，他们胜利了，如涅槃重生的凤凰，在沙漠无人区留下了激昂的赞歌！

除此之外，科考协会从2010年开始组织马拉松活动，在北京、上海、扬州、厦门、纽约等地多次成功开展了马拉松比赛，并将比赛募集的资金用于爱心捐赠活动。每一个科考人不仅热爱锻炼，热爱生命，更热衷公益，满怀感恩的心。

在访谈接近尾声时，范晓东谈到科考协会未来发展的战略定位，指出专业化趋势将是未来发展的重点。相信在相关专业老师的悉心指导下，每一位科考会员历尽艰辛采集的数据、收集的样本将发挥更大的作用，为环境科学、生命科学等基础学科的科研进步做出更大的贡献！

作为全国唯一一个以科考为名的学生社团，也是全国最具特色的科考社团，我校科学考察协会将积极进行更多的探索和积累，持续提升科学考察学科方面的专业高度。生命不息，科考不止，科考学子用青春与激情践行理想与信念的精神，诚如绚烂缤纷的樱花，常开于揽寰宇之才的科大校园！

【摘自《中国科大研究生教育》2015年第1期，总第98期】

合肥通联站，我想对你说

——2015 年优秀通讯员毕业寄语

吴昊声："我一生最棒的决定就是走进你家的店，买下一块三明治。"

还记得第一次忐忑不安地把自己的稿件发给师兄，师兄对我的谆谆教导，让我明白原来一篇稿件的出炉要经过多少次锤炼；还记得第一次参加通联站的采风活动，跟在师兄师姐后面，慢慢融入通联站这个充满爱的大家庭；还记得第一次作为夏令营的随营记者，拿着相机，学着师兄师姐的模样，也开始体会到作为一名摄影师的辛苦和快乐……

只恨时间太匆匆，还没来得及说再见，我就要离开。套用《速度与激情》里的那句话："我一生最棒的决定就是走进你家的店，买下一块三明治。"We are family，通联站的小伙伴们，我永远爱你们！

肖毅：来到通联站学会的第一件事儿是独当一面

2012 年 9 月初，我加入通联站，当时研究生院正准备赴全国各地举行研招宣讲会，通联站的记者作为随行人员也参加了紧张的行前动员大会。刚到科大的我第一次面对如此盛大的阵势有些措手不及，一遍遍回想行前培训时师兄师姐细心交代的拍照要领以及采访的注意事项，可谓战战兢兢，如履薄冰。到了住处后，队友和我根据我们的任务分配制订了详细的采访计划和提纲，并对需要的文字稿件和照片稿件的内容做了梳理，同时对任务进行了初步的分工。第二天，宣讲会吸引了来自南京各大高校千余名学子赴会，我们按照计划用镜头记下了这些学生的热情，并且对一些学子进行了采访。活动进入尾声，我们还为前来采访的各家媒体提供了通稿，一天的宣讲会顺利结束，我也从小心应对变成了胸有成竹。这一次机会突然让我发觉，其实尽职尽责地处理好一些自己没有做过的事情就是成长，这样的挑战多了，人也就变得无所畏惧了。

马睿祥：写作应怀如履薄冰之心

作为通联站的一名老通讯员，给我留下很深印象的是研一刚入站时，师兄在技能培训时所说的一句话："写作是一门学问，特别是在应用文写作中，我们应该抱有如下态度：如入无人之境，如履薄寒之冰。"在三年的通联站岁月中，我深深体会到这句话的含义。在初始写作中，要倾注自己的心力与热情，对于采访稿要深入挖掘人物思想，不让人物呆板；对于事件新闻稿要做到面面俱到，不留信息死角；对于调研资料要做到有理有据，杜绝主观臆断。有了这份"如入无人之境"的精神气，日常站里的写作任务都会有一个比较不错的开始。但是仅仅开始是不够的，我们这里不是文学社，所写的文字必须要有严谨的规范，所以我们还需要"如履薄寒之冰"的校稿、改稿态度和流程，针对不同类型的稿件，有的放矢地去修改和校对。

张雅群：三年前的我胆怯拘谨，三年后的我落落大方

忘不了每年的三、六、九、十二月，当季节变更的时候，我们《中国科大研究生教育》也将出刊。做了两年多的责任编辑，写过也看过无数篇稿子，从"我爱我师"到"学子才俊"，从"学海行思"到"书影横斜"，从"探秘实验室"到"博士之路"……无意中发现自己也可以拿起笔杆"作战"了，于是我给自己的简历上写上了"具备一定文字功底"的描述……

在通联站的三年，我有着强烈的归属感，站里很温暖，站里的工作也充实了我的研究生生活。在这儿，我成长了很多，三年前的我胆怯拘谨，三年后的我处事不惊、落落大方，感谢通联站给予我的一切，这也将是我最美好的科大回忆！

杨舒：文字是一种情怀，情怀也可以成为文字

第一次以记者身份随行我校科学家报告团是在 2013 年 9 月，我心里感到无限兴奋，虽是工作出行，但在第一次踏上西安——这个古都名城的那一刻，我还是激动地无法自已。直到报告团正式宣讲的那一天，我和雅群已做好记录和摄影的分工，看着那些生机勃勃、从各大高校赶过来的新鲜面孔，仿佛看到了几年前的自己，渴求着在学术上更进一步……当天晚上我俩在宾馆分头整理着宣讲会上各位名师颇具特色的演讲，对学子们的采访也进行了细细归纳，一篇新闻稿就这样新鲜出炉了。此后我们在各大会场里奔波，作为志愿者接待着来访的嘉宾，忙碌时只能在桌上趴着稍作休息，但我依然很乐意用我的热情去感染每一个人。

黄翠萍：通联站于我是一位挚亲的家人

犹记得在 2012 年 11 月 29 日，中国研究生媒体联席会暨庆祝《中国研究生》杂志创刊十周年研究生媒体发展论坛在中国科大举办，那是我第一次以通讯员的身份参与站内的活动，也是我第一次觉得原来自己的世界也可以如此广阔。与来自全国各地的优秀学子畅聊梦想与生活，心中的悸动不言而喻，那一刻，对通联站的归属感也悄然而生。此后，我参与站内的活动越来越频繁，科学家报告会暨研究生招生宣讲咨询会、优秀大学生暑期夏令营等都留下了自己活跃的身影，我在一次次活动中渐渐地磨砺成长，也在不知不觉间与站内的小伙伴结下了深厚的友谊。

倪国香：这三年，感谢有你

在科大第一次遇见你，我感受到更多的是欣喜，有种找到组织的感觉。本以为"丢掉"新闻专业来科大读研的我，可能没太多机会去接触采访、动笔写稿了，却没想到只因和你在社团招新现场的偶遇，带来了我们三年的相伴。这三年，感谢有你！因为你，我遇到了很多同样爱好文字的小伙伴，大家一起为杂志选题出谋划策，为一次采访东奔西走，为最好的呈现反复修改，这种一起努力的感觉真好！当然，我们这群可爱的小伙伴在吃喝玩乐方面，也个个是能手，跟大家在一起快乐玩耍的日子，也将永远保存在我最美好的回忆里。

姚雨婷：愿自己一直走下去，写下去

作为新闻专业的学生，虽不乏媒体的实习经验，但通联站与专业报社给我的感觉是断然不同的。这个充分自由的创作平台，会在每期杂志组稿前召开编辑部例会，大家会就最近的想法和灵感做分享与探讨，我们的写作不是强制的任务分配，而是建立在自己想要写、乐意写的基础上，这已经是令人幸福至极的事情了。而除了写稿外，这个集体里丰富多彩的活动更是让我收获满满。最要提起的当属一年一度的研招系列活动了，跟着大牛教授们跑过好几座城市广纳英才，也在一个又一个盛夏的校园里笑迎过满怀憧憬的夏令营学子。这其中，我作为老师们的助手，同学们的准师姐，因为自己能为母校做贡献、为师长分忧、为学生们答疑解惑而感到快乐和满足。愿所有一起奋斗过的朋友们、愿自己，一直走下去，写下去。

刘辉：记忆如金子般洒满一地，青春永不散场

我印象最深的是 2014 年的夏天，7 月的一天，接到研究生院通知，需要通联站参与 2014 年全国优秀大学生夏令营活动报道。我所在的小组是物理营，主要活动场地在距离学校本部 20 公里开外的合肥物质科学研究院。为期一周的夏令营期间，我每天起早贪黑，坐两个多小时公交车往返。我在车上整理采访素材，为防止遗忘，回到宿舍顾不得休息立刻做采访笔记。和来自全国各地的大学生们一起生活的一周里，我既是采访者，又是导游。在引导同学们领略校园风光的同时，还要耐心细致地回答同学们的各种疑问。在这种交流中，我和这群可爱的同学建立起了友谊，采访也很顺利。充分的素材积累使得我的稿件在夏令营结束后很快完成。心想总算可以喘口气时，夏令营闭营演出中的节目音乐需要剪辑，我又“临危受命”。凭借在电视台实习积累的视频剪辑的经验，我熬夜加班完成工作，好在没有耽误演出。后来，我和我的小伙伴们获得了研究生院颁发的 2014 年全国优秀大学生夏令营“特殊贡献奖”。我觉得我所做的工作没什么“特殊”的，如果非要说“特殊”，那就是我是报道组里唯一一位男士。

如今，我已经拿到人民日报安徽分社数字传播办公室的录用函，即将成为一名真正的记者。我想通联站对我的影响是很大的，因为在我还未涉足媒体领域之前，就已经在通联站经历过写稿子、拍片子、剪片子的反复练习，得到过同仁们的指导和帮助了。这是我人生中一笔宝贵的财富。

编　后　语

《中国科大研究生教育》编辑部全体成员祝各位小伙伴有梦为马，随处可栖！

【摘自《中国科大研究生教育》2015 年第 2 期，总第 99 期】

“科大人绕地球一圈”，用跑步传播快乐

——跑步爱好者协会小记

文/智　飞

马拉松赛事火！火！火！据不完全统计，2015 年我国官方登记的马拉松赛事超过 53 场，平均每周都会有一场跑步活动。比赛或由政府组织开展，或由运动品牌方主办，类型五花八门，有城市马拉松、草原马拉松、城墙马拉松、环湖赛、高原赛等等。精彩纷呈的赛事与火爆的活动场面是人们丰富文化生活的缩影，同时也体现了人们对于健康生活方式的不懈追求。在科大也有一群热爱跑步的学子，他们会在清晨或傍晚，在操场或公路，自发或通过社团组织，进行着这项有益身心、挑战毅力的活动。跑步爱好者协会是科大人自己的马拉松组织，作为校园社团组织，尽管成立时间不长，却颇有“历史”。据现任社长林健明介绍，跑步爱好者协会的活动主要围绕跑步展开，如组织师生参与大型马拉松活动，策划各种校园跑纪念活动等，同时辅以相应的活动延伸，如传授健康专业的跑步知识，倡导科学的训练方式等。

“脱胎”科考，名声在外

跑步爱好者协会（以下简称跑协）成立于 2014 年，协会宗旨是“跑步健身，阳光向上，服务师生，团结校友”。跑协的成立与学校的另一学生社团——科学考察探险协会（以下简称科考协会）有着很深的渊源。科考协会定期组织的野外探险等活动，一般对成员的体力要求很高。为此，需要组织会员在学校周边进行常规训练，而协会中的许多成员恰好也对长跑有着浓厚的兴趣，大家一拍即合。上有科考协会会长吴敏，下有全体长跑爱好者，跑步爱好者协会很快进入到筹备期，并于 2014 年通过校团委、校学生社团管理指导委员会的审核。

虽然成为正式协会的时间不长，协会的整体规模也不大（工作人员不到 10 人），但跑协却是一支有着广泛影响力的协会组织。瀚海星云 BBS 跑步版、QQ 科大跑步群等线上社区，都可以看到协会跑步爱好者们组织跑步活动的帖子和消息。校庆跑、周末拉练跑、“一二·九”纪念跑都由跑协提供协调服务和志愿者支持。上海马拉松、北京马拉松、纽约马拉松等重大的赛事都可以看到身贴“中国科大”标牌的协会会员身影。

欢乐开跑，公益“对赌”

2014 年的烟花三月，扬州马拉松吸引了无数马拉松爱好者，科大学子以 cosplay 江南四大才子的造型惊艳开跑，让广大市民为之倾倒，迅速登上了腾讯、网易等新闻媒体的头版。

2014 年 11 月，上海马拉松蓄势待发，有好奇的群众提出疑问：科大学子将以何造型决战上马？跑协没有立即对此做出回应，直到开跑前，才有衣装谍照流出：此次科大学子将以唐

僧四人造型叱咤上海滩。果不其然，8 位师生把上海马拉松“玩坏了”：身披袈裟的唐三藏、手执金箍棒的大师兄、扛着九齿钉耙的猪八戒以及身着鹅黄氅的沙悟净欢乐登场，在 35000 名参赛选手中好不显眼。更有“杀手教师”之称的物理系教授丁泽军短暂客串孙悟空，将十里“看客”们的眼球吸引到底，刚出地铁站，便有大批市民、运动员和观众蜂拥要求与他们合影。

从 2011 年开始，中国科大新创校友基金会牵头，连续四年同科考协会、跑协签订“赌局”协议，通过设立连年高升的条件来筹集公益善款。2011 年科大代表队成功挑战北京马拉松，2012 年成功挑战上海马拉松，分别为“困学守望”教学奖赢得 1300 人次、74 万元的捐款，为“国际顶尖大学交流计划”赢得 2082 人次、超过 108 万元的捐款。2014 年三者联合发起了“挑战马拉松，塑造文体科大”行动，约 2850 名校友向中国科大捐赠超过 83 万元的善款。傅乐民校友更是兑现“对赌”承诺，将 1000 万元捐入“校园文化与体育基金”，用于支持中区新游泳馆的建设。

浓浓协会情，健康跑一生

自成立以来，跑协一直积极为师生搭建参与平台，为大型马拉松活动提供团体报名、组织训练等服务工作，同时为各类跑步活动做宣传工作。今年暑假，安徽省团委通过微信举办的“随跑一夏”活动，在合肥八所高校中引起了强烈反响，该活动在科大的宣传工作便是由跑协负责的。

林建明回忆起自己在跑协的成长过程，从一名普通干事到协会社长，前辈和师兄的帮助与关爱让他感激不已，尤其是第一次参加公路跑训练时的场景让他无法忘怀。当时，他住在东区，早晨 6:20 便要起床到西区门口集合，抵达后发现协会的师兄们早已做好了贴心的后勤服务工作，包子、茶叶蛋、矿泉水一应俱全，负责各路段带队的会员们也整装待发，以保证大家全程公路跑的安全。这让他切实感受到：跑协不仅仅是单纯的组织活动和连接校友的纽带，更是一个温暖的大家庭。

谈及大家参与马拉松活动的热情，林社长建议：“科学训练，养成健康的跑步习惯是参与马拉松赛事的必要条件。”针对协会的发展，他呼吁学校方面给予更大的自由度，并表示协会将扩大干事人员规模，丰富活动，完善程序，为海内外校友提供更加人性化的服务，让科学健身的理念深入人心，为每个人的工作、生活助力。

【摘自《中国科大研究生教育》2015 年第 3 期，总第 100 期】

百花齐放,欣欣向荣

——走进中国科大研究生实验室

文/陆姗姗

说起中国科大大家不会陌生,说起科大研究生实验室大家也不会陌生,然而,你若细问下去就会发现:理科学霸们听闻管理学院、人文学院也有研究生实验室时却满脸的惊讶和不解;管院妹子们也大多对理工男"高大上"的实验室知之甚少,真可谓"不识庐山真面目,只缘身在此山中"啊!所以,今天就让我们一起走进几个风格迥异、各具特色的科大研究生实验室,来揭开他们的真面目吧!

科大花园

中国科学技术大学是一所以前沿科学和高新技术为主、兼有特色管理和人文学科的综合性全国重点大学。学校现有 15 个学院、30 个系,设有研究生院,以及苏州研究院、上海研究院、中国科大先进技术研究院。学校的蓬勃发展离不开高素质师资队伍的支撑,学校现有教授 528 人(含相当专业技术职务人员),中国科学院和中国工程院院士 46 人,发展中国家科学院院士 15 人,"千人计划"40 人,"青年千人计划"122 人,教育部"长江学者"40 人,国家杰出青年基金获得者 99 人,中国科学院"百人计划"141 人,国家优秀青年科学基金获得者 41 人。

科大就像一个大花园,在众多大师级园丁的辛勤培育下,各院系之花蓬勃发展,百花齐放,争奇斗艳,一批又一批优秀学子在这里孕育成长,可谓硕果累累,桃李满天下!

山水仙——管理学院危机管理实验室

科大管理学院成立于 1995 年,于科大而言,她是一个生命旺盛、朝气蓬勃的院系。危机管理实验室是管理学院里一个既普通又独一无二的实验室,也是管理学院众多实验室的一个缩影。作为管理学院的学生以及危机管理实验室的一员,我有太多的感触和感动要与大家分享。于我而言,她就是那朵代表"美好时光,欣欣向荣"的山水仙。

危机管理实验室是在年轻教授魏玖长老师带领下的年轻而又充满活力的实验室,主要研究方向为危机信息扩散与危机沟通、风险因素的影响评价等。于我而言,危机实验室不仅仅是学习的地方,让我们汲取养分,提升自我;她更像一个大家庭,让所有成员在那里收获友谊、感动和成长。

完善的例会制度——坚持造就卓越。每周一次的团队例会,从我研一进入实验室团队开始,就从未间断过。魏老师只要在学校就一定会抽出时间来主持会议,悉心指导。就这样，“一周一会”成了我们分享知识、解决问题、开拓思路、交流互动的良好平台。一个月，一学期，一年……周而复始，从未中止。当坚持成了一种习惯，习惯成了自然，自然就会造就卓越。从2009年至今，团队成员在国内外知名刊物上共发表论文60余篇，其中SSCI/SCI 20篇，而且这个数量还在持续增长中。

缤纷的团队活动——科大生活好欢乐。如果你以为学霸们只会待在实验室埋头苦读，那就大错特错啦！我们危机实验室团队的小伙伴们绝对是最幸福的研究生群体之一，正如实验室的口号“学得踏实，玩得痛快”一样，每学期都有层出不穷的团队活动，让大家放松身心、交流感情、释放天性。学期初我们有一年一度的迎新大会，迎接新成员的到来；学期中魏老师总会挑选一个阳光明媚的日子带我们去合肥周边踏青郊游，大家一路欢笑一路歌唱，此外还有K歌比赛、掼蛋大赛、成果庆功会等非常规性团队活动；最后是学期末的总结欢庆会。一学期就这样在各种丰富多彩的活动中欢乐地度过，危机管理实验室的学习生活幸福感满满！

一个团队，一个家——常回家看看。在魏老师这样一位治学严谨而又和蔼可亲的大家长的关怀下，我们总能感受到团队带来的家的温暖。团队成员带给我的感动太多太多了：团队中一位非洲小伙伴踢足球时不慎骨折住院了，大家就自发轮流去医院看望陪诊、悉心照顾；已毕业的师兄师姐总会在百忙中抽空参加团队的集体活动，与我们分享工作中的收获，让我们少走弯路；职业规划、未来发展、情感生活，魏老师一直都在默默地关心着每一位学生，经常找我们谈心，在关键时刻给我们指明方向。危机管理团队俨然成了我们在科大的另一个家，在这里我们收获了亲情、友谊、感动和成长。我想我们唯一能做的就是在“家”时好好表现，离“家”时常回“家”看看，让这份家的温暖一直持续下去。

我祝福并且坚信：危机管理实验室团队会越来越好，这朵管院的山水仙会越开越美，芬芳馥郁！

玛格丽特——工程科学学院计算力学实验室

工程科学学院，科大的老牌学院，工科院校里必不可少的重量级院系。近代力学系从1958年钱学森院士创建至今，在一代又一代杰出院士的带领下一直人才辈出，成果傲人。吴恒安教授的计算力学实验室是工程科学学院众多杰出实验室的一个代表，走进她，我们才真正领略到了科大工科实验室的魅力。在众人眼中，她就是那朵代表“骄傲、满意、喜悦”的玛格丽特。

学霸集中营——优秀是一种传承。计算力学实验室现任大家长吴恒安教授本人就是一名超级大学霸，从科大的本、硕、博到副教授、教授、“杰青”，直到现在吴教授还是学生眼中的学习楷模。在这个实验室里学霸不是个性，而是共性。每年吴老师都会亲自挑选从全国各个“985”“211”院校推免过来的优秀学生加入实验室，所以能进入这个实验室的学生原本就是学霸。吴教授以身作则，言传身教，学霸们也耳濡目染，孜孜不倦，在老师的教导和实验室的历练下变得更加优秀。吴教授的实验室已成为工程科学学院众所周知的“国奖专业户”了，每年必有学生拿奖。2014年，该实验室就有4位同学同时获得了国家奖学金，真是羡煞旁人啊！

一切为了学生——有钱，任性？吴教授的经典语录就是“学生就安心地做学生该做的事，钱不用担心”，怎么样？是不是有钱，任性？其实不然，只是吴教授愿意把钱花在学生身上罢了。只要是对学生发展有帮助的、该花的钱，吴教授从来不吝啬。吴教授十分鼓励和支持自己的学生参加各种学术会议和研讨会，只要发现有好的平台，他总会第一时间告知学生，同时提供足够的经费，解决学生们的后顾之忧。仅今年夏天暑假期间，吴教授实验室就有三位学生参加了在新西兰和昆明举行的学术会议。用学生们的话来说，就是“在实验室待上三五年，想不出国都难哦！”

为了学生的一切——做个全能的学霸。吴教授十分注重对学生们的全面培养，所以计算力学实验室的学霸们不仅科研项目做得好，在学院里的各项活动中也经常能看到他们的风采。吴教授作为工程科学学院第一届优秀大学生夏令营的负责人，每年都会让自己的学生参加夏令营的志愿服务，让学生们在服务中得到锻炼和提升。此外，他还积极推荐优秀的博士生担任本科生班主任职务，旨在提高他们的管理能力和社交能力。在吴教授良苦用心的培育下，计算力学实验室的学霸们渐渐成为了学院师生眼里活泼、欢快、有责任、有担当的全能王。

学霸不是一天养成的，优秀也不是与生俱来的，美丽与芬芳是日积月累的付出与沉淀的结果。吴恒安教授的优秀团队就像这朵傲人的玛格丽特一样，用努力和付出开出了灿烂之花，美丽了自己，也惊艳了众人！

百花齐放，各自芬芳

如果你用心在科大这所神秘的学术花园里漫步，你会发现这里艳丽的花朵太多了，牡丹、梅花、桂花、杜鹃……那么，你们实验室又是哪一朵呢？

【摘自《中国科大研究生教育》2015 年第 3 期，总第 100 期】

爱在天际，触手可及

文/李芹娜　孙萍萍

2015年9月25、26日晚，我校首部原创音乐剧《爱在天际》走进人民大会堂，参加由中国科协联合教育部、共青团中央、中国科学院、中国工程院主办的“共和国的脊梁”专题演出。虽然《爱在天际》的演出不到十分钟，但台下连连响起热烈的掌声，科大师生用出色的表演打动了全场观众，赢得如潮好评。演出结束后，前来观剧的老科学家们纷纷走到台前，激动地握住科大师生们的手，赞扬他们真实地重现了郭永怀先生和李佩先生高风亮节的形象和大爱情怀。碍于当晚安保规格较高，老科学家们无法走上舞台，为了更靠近他们一些，科大师生们在台上或蹲，或跪，将双手伸向科学家前辈们，这一刻，新老科学人重聚了。

据介绍，“共和国的脊梁”专题节目依托2012年由中国科协发起的“共和国的脊梁——科学大师名校宣传工程”的成果，以中国现代科学家的群体奋斗为叙事背景，以舞蹈、诗朗诵、主题歌和多媒体呈现为载体，浓墨重彩地讴歌了中国现代科学家群体的科研精神和爱国情怀。中国科大原创多媒体音乐剧《爱在天际》讲述了“两弹一星”功勋奖章获得者、空气动力学大师、中国科大化学物理系首任系主任郭永怀先生，从毅然归国、从事两弹一星研发到最后为保住珍贵资料血洒长空的感人故事。受演出时长的限制，本次演出前，《爱在天际》导演郁百杨等对剧本进行了提炼、浓缩，将原来2个多小时的表演精简到1小时50分钟，以音乐诗剧的形式重新排演，以郭永怀先生和夫人李佩隔着时空在天地间抒情对话的方式，逐一展现了郭永怀先生参加核试验、卫星研制、参与创办中国科大、筹建中国气动中心，以及与家人的情感故事。剧中郭永怀教授由我校人文学院兼职教授宋怀强饰演，李佩由信息学院博士生周翕饰演。

在此之前，《爱在天际》已经在科大校园和全国其他院校进行了多达24场的演出，前后共有100多名中科大的师生参与其中，引起了强烈的反响。此剧汇聚了多种情感，有“你不回来，我不老”的爱情，有感人至深的父女亲情，有知识信仰传承的师生情，有舍身为国的爱国之情。剧中多次提到的白色的纸飞机更是富有寓意，它是爱情和亲情的结晶，是中国科学技术发展的化身，是爱国情感的集聚。就让这白色的纸飞机承载着所有的情感飞向天际，飞入我们每个人的心中。

两位先生，大爱如天

郭永怀，力学家、“两弹一星”元勋中唯一一位烈士，为中国核弹、导弹和卫星研制工作均做出了巨大贡献。他建议创办中国科学技术大学并担任了化学物理系的首任系主任；他放弃国外优厚的待遇毅然回国，捐出全部的外汇存款参与“两弹一星”全部项目的设计和研制工作，创建了中国空气动力中心，其对风洞群高瞻远瞩的规划设计使中国的航天航空事业得以快速发展。早在20世纪60年代初期,他便开始了关于超低空地对空导弹的研制,并超前地提出我国要研制反导弹防御系统。1968年12月5日,时任核武器研究院副院长的他在青海基地发现了一个重要数据,急忙搭乘夜班飞机赶回北京研究。不料,飞机在北京西郊机场上空失事。生命垂危的时刻,他把装有热核导弹资料的公文包贴在胸口,和警卫员牟方东紧紧地抱在一起。飞机坠毁起火,但绝密数据得以完整保存,郭永怀教授为国捐躯。郭永怀教授牺牲20天后,其主持研制的热核导弹发射成功。

李佩,郭永怀先生的夫人,是人才辈出的西南联大学生领袖,是首届世界妇女大会的中国代表,是中国应用语言学的奠基人,开创了中国自费留学之路,曾长期担任中国科学技术大学和中国科学院大学的英语教授。她历经磨难,但一身傲骨,与郭先生无暇厮守,常常不知他身在何处,却与他心有灵犀。郭先生辞世近50年,她孑然一身,却成了无数学子的慈母。2003年,中国科大45周年校庆之际,84岁的她亲赴科大,将郭永怀教授的"两弹一星"功勋奖章捐赠给科大校史馆永久珍藏。2007年,生活简朴的她将全部个人积蓄30万元捐赠给科大"郭永怀奖学金",这其中甚至还包括一毛、两毛的钞票和零散的美元、港币。

科学艺术无止境,天际无声似有声

作为《爱在天际》的编剧、导演,郁百杨老师停下了平日演出时忙碌的脚步,和笔者分享了一路走来的创作历程:

虽然我有丰富的音乐剧编导的相关经验,但在《爱在天际》的编剧和导演的过程中还是遇到了不少的困难。受郭永怀先生事迹的触动,我打算通过比纪录片更有生命力的舞台剧来记录和传播郭先生的精神。但就在《爱在天际》第五稿写成后,我得知李佩先生已谢绝了各类影视作品展现郭教授和她的事迹。于是我委托原中国科大教务长王文涛教授和夫人赵梅娜教授代为转交自己的信,请求先生允准我将郭先生的故事搬上舞台。之后我和李佩先生进行了两次会面,会面后我深觉自己之前对郭永怀夫妇的理解还是较为肤浅的,于是放弃了原来已经完成的剧本,从简历般地叙述郭先生的研究成果转变为展现郭先生为什么而做。在新剧本的创作中,我不断地与别人讨论人物、情节,设计矛盾冲突点和撰写慷慨激昂的台词,但发现这对展现平静如水、胸中大爱如天的郭永怀教授来说是不妥的、虚浮的。于是有了郭先生牺牲后,李佩先生和郭先生隔着时空的真爱表白,这种表白在郭先生牺牲前他们无暇叙说。剧本完成后,我发觉少了一句中心台词,于是又去找老科学家们座谈。科技翻译协会秘书长李伟格是郭永怀女儿郭芹的挚友,她同我讲述了相当多郭先生一家的生活细节。回到中科大后,我又听俞书勤教授描述了郭先生当年在中科大讲课的情形。终于,有了郭永怀在中国科大开学时对同学们讲的那句台词:"在这个世界上,没有一个地方是爱不能到达的,在这个世界上,没有一个地方是科学不能到达的。"这正是《爱在天际》要表现的主题。

音乐剧在创作过程中得到了众人的帮助,科大领导给了我完全自由的创作空间。时任校党委副书记鹿明和宣传部长蒋家平每次看剧本修改稿时只提建议,没有任何命题式的要求。校党委书记许武和时任校长侯建国在排练现场看望师生们时也仅仅进行鼓励和慰问,没有对创作提出任何规定。在基金申请未果、资金短缺时,中科大的上海校友和朋友们得知我的困境后,纷纷慷慨解囊,帮我渡过难关。随后安徽省领导对该剧的重视使其迅速推广。

在走进人民大会堂之前的这三年,音乐剧修改了5次,演出从最初的2个多小时精简到1小时50分钟。24场的演出都让人难以忘怀。首演谢幕时,面对满场含泪鼓掌的师生,我准备好的谢幕词全忘了，只用一句“在这个世界上，没有我们科大人做不到的！”代表了我们剧组全体师生两个月艰苦排练的感受；在开学时的新生专场中，数十次爆发的掌声都是向中科大创建者送上的敬意和感恩；在中国工程物理研究院纪念第一颗原子弹爆炸成功50周年专场演出中，武警战士肃立舞台两侧向老院长郭永怀表达敬意。尾声的台词“要是您还在，多好！”让当年郭教授的学生们和同事们久久不愿离去，他们走到台上，含泪拉着主演宋怀强老师的手说：“郭院长，您回来了！”

2012年剧本即将完成时，中科院自然科学史所的张柏春所长得知中国科协正在筹划“共和国的脊梁”项目，该项目由若干名校用话剧的形式演绎科学大师校友的事迹。于是，张所长去找了该项目的发起者——时任中国科协党组书记陈希，向他提起中科大在搞郭永怀的音乐剧创作的事情。陈希书记当即同意让中科大加入。我和校领导匆匆飞到北京，赶上了项目的第一次座谈会。终于，我们走进了人民大会堂。

中国科大是一所纯理工科大学，既无艺术专业，也无艺术经费，要排演集歌、舞、表演且制作昂贵的音乐剧着实困难重重。在演技方面，虽然中科大的学生没有受过专业的训练，但演员们都是在用心地去阐释每一个角色，而且《爱在天际》剧组的师生们戏里戏外都以郭永怀先生和李佩先生为楷模，与其说是在演戏，不如说是对校友、师兄的真实情感的表露，他们无愧于前辈，无愧于观众。在经费方面，鹿明老师想尽方法筹集了一部分经费，又蒙校友和朋友们慷慨解囊，最后中国科协的拨款对我来说可谓是雪中送炭。

郭永怀教授走了47年了，他一生没说过豪言壮语，生前也没有媒体报道过他，留下的照片寥寥可数，但他的智慧不是已逝的默念，而是对创造的追求，他的精神将会永远地传承下去，因为，这是郭永怀教授提议创建并任教过的中国科大啊！你听，礼堂的舞台上仿佛又传来了郭教授对新生们的教诲：“同学们，我们这所大学是新中国第一所培养自己科学家的大学。在这个世界上，没有一个地方是爱不能到达的，在这个世界上，没有一个地方是科学不能到达的！”

无歌舞之技，亦无表演之才

作为《爱在天际》剧中的演员，科大的学生们总是谦虚地称自己“既无歌舞之技，亦无表演之才”。他们之前大多没有接受过音乐和表演的专业训练，也没有音乐剧的演出经验，与专业演员相比，他们的演技确实稍显青涩，但他们聪明睿智、勤奋刻苦，无论是对于肢体表达的规范，还是对于人物情感的理解，总是用心地学习，认真地练习。他们或是剧中主角，或是群众演员，对于舞台，对于演出，对于剧组，他们有着最深刻的体悟。

袁恺鑫：我很荣幸可以饰演郭永怀教授，但是郭先生的外貌形象与年龄和我有很大的差距。郭教授是清瘦而精干，相比之下我就是矮粗胖。对于身高，我无能为力，只能在剧中穿增高鞋。为了配合我，郁百杨导演让其他演员尽量穿平跟鞋，造就我“高大的假象”。为了更接近郭先生清瘦的形象，我开始减肥，不吃晚饭，每日慢跑一个小时，一段时间后，我真的瘦了不少。郭教授在剧中是中年人的形象，而我方及弱冠。可是在台词、场景的影响下，一场演出之后，几天内我竟觉得仿佛与父母都是同龄人了，还闹了不少笑话，如今想来实在是如痴如醉。

荆芳：舞台上，为了那看似简单的一掷，我们一遍又一遍地折纸飞机，优化结构，确定投掷高度、角度和力度，几十日如一日地竭尽全力。虽然我们是没有镁光灯追逐的群众演员，虽然我们有的人没有一句台词，但我们每个人在每一遍的排练和演出中，心都会被郭老和夫人深深揪起。永远设身处地，永远热泪盈眶，舞台上是，生活中亦是。

裘道：我们的剧本进行了一次大改，之前的排练都要推倒重来。到北京才开始第一次新剧本的排练，大家都克服了很多困难。第一天从下午一直排到晚上，高强度的排练让我身心疲惫，但同时也感觉渐入佳境。我们完成了一次又一次的"飞机实验"，只为把我们的飞机送上天。两侧的同学要把纸飞机扔出空中交汇的效果，那难度就像音乐剧中的一句台词：在十二级大风中擦亮一根火柴。可这根火柴我们还是擦亮了！

李明翰：两位先生，穷其一生，熬尽心血，堪称国之基石。她常常不知他身处何方，相距千里，但心无间，哪怕，他已走了快 50 年。大爱，于无声处，厚重得苍茫。能有机会了解、走进、演绎这份爱情，吾辈幸矣！今夜，在人民大会堂通宵奋战，为向当年在烈火中用胸膛守护数据的郭先生致敬，为至今 97 岁仍笔耕不辍的李佩先生致敬，为滔滔浪潮中的所有科学魂致敬！

周翕：那天，我很有幸地去了李先生家。见到精神矍铄的老太太，虽已白发苍苍，可优雅不减。哪怕已是 97 岁高龄，仍不忘在见客前画一个淡淡的妆，走出来时，我像是见到了一位贵族出身的少女。李先生说什么都是平平静静的，语气总是那么淡淡的，好像再没有什么磨难能够让她崩溃。那个曾见证她所有苦楚的窗台，静静立在客厅边上。也许是时间，也许是泪水，让窗台已经显得陈旧。窗外已是参天大树，但我似乎看见了那些年窗外的明月星空，还有星空下相互依偎的两人。我想，在经历风风雨雨之后，对世间万物都保持一颗淡然的心，对所有的苦难都用坚强来面对，这就是"活明白了"吧。李先生的生活不是喊口号那样的激昂壮阔，而是心中那一份对命运不服输的倔强。我想，我开始明白那句台词了：你不回来，我不老。

北京人民大会堂的演出已经结束，《爱在天际》的故事却在被更多的人诉说着，我们似乎听到了郭永怀先生在天际的呼唤：

"祖国是我的母亲，国家贫穷，只能证明做儿子的无能。在这个世界上，没有一个地方是爱不能到达的，在这个世界上，没有一个地方是科学不能到达的！"

"我们这所大学是新中国第一所培养自己科学家的大学。你们学习科学技术不是为了去打仗，而是要创建一个安定祥和的未来，所以读书人心中要有爱，有了爱才会有梦想。"

"不用说血浓于水，不必说赤子之心，在我的血管里流淌着长江水，而我的胸腔中，翻滚着黄河浪，从今以后要把这片土地浇灌！"

"我相信，总有一天，我们的土地不再贫瘠，天空不再空白。到那时，我把一切都向你诉说，将我们对天地的爱撒播。"

【摘自《中国科大研究生教育》2015 年第 4 期，总第 101 期】

橡树与木棉的爱情

——他和她的故事

文/李敏思

婚恋是人生无法避免的话题，这不仅是个体成长、成熟的必经阶段，也是追寻美好生活的重要步骤。研究生群体普遍接近适婚年龄，而该群体由于受教育年限长的影响，个体从心理的成熟到独立生活的时间也普遍延后。此外，社会发展形成了新的婚姻观念，充足的物质条件成为了建立婚姻和抚育子女的必要基础。研究生群体虽然接受了较高水平的教育，但在"婚姻市场"中并不占多大优势。男性缺乏工作经验以及财富积累；女性感叹韶光易逝，青春不再。因此，在极少部分研究生已经步入婚姻殿堂的时候，多数人仍旧徘徊在婚约的"围城"之外，他们正在探寻通往"围城"的最优途径。在这个独特又普通的群体中，他和她，又会发生什么样的故事呢？

《小团圆》——三年异地恋，终获长久情

小样与小韩曾经是高中同学，小韩对小样一见钟情。经过两年的追求，小样终于成了小韩的女朋友。然而，两人一个在合肥，一个在南京。距离无疑给两人的感情带来了极大的挑战。即使每天有电话联系，但是却不能一起吃饭、自习；生病时，另一个人只能通过言语上的安慰来表达自己的关心；每月的相见仅能够缓解一时的相思之苦，每次的分离又总是让人惆怅。于是，两人约定一起来科大读研究生。

2013年，小样同时收到了科大与厦大的录取通知，但是为了爱情，她毅然放弃了多年的"厦大梦"来到科大。小韩明白这一选择事关小样的前途，他表示尊重并且绝不干涉小样的选择，并开始了自己长达一年的考研备战，晨起晚归，两点一线。考取科大并非易事，稍有不慎，就有可能落榜或被调剂到其他学校。但小韩目标坚定，小样做出的选择让他动力十足的同时也备感压力巨大，他唯有报之更多的投入和付出。在小韩备考的紧张时期，小样却享受着大把的空闲时间。一个紧张，一个悠闲，两人的联系没有往常那么频繁了，沟通也没有以前那么顺畅了，互相的不理解使两人之间的关系一度临近冰点。

小韩长达一年的奋斗仍然在继续，每天泡在自习室，他认识了很多研友。研友中不乏温柔美丽的女生，与小韩有着共同的话题。在采访中，小韩坦言："小样有时并不理解我，总是想让我多分时间给她，这让我在巨大的压力下更加烦躁。而研友之间互相关心，如果发现我遇到什么问题，有些女生会过来开导几句，我感觉很管用。其实，当时随便再找一个女朋友很容易，但我始终都觉得小样最好，放不下她。所以我最终抵制了诱惑，克服了寂寞，坚持过来了。"谈起那段经历，小样却有自己的看法，她只是想通过沟通给予小韩更多的鼓励，却没想到适得其反。无论过程多么的艰难，这对情侣最终还是实现了最初的承诺。后来，小韩以

高出分数线20分的优异成绩与小样成为了校友。如今,他们虽然一个在西区,一个在南区,但他们很满足。共同努力得来的甜蜜让两人的感情获得了前所未有的稳定。

《皆大欢喜》——云消雾散会有时,待得有情人归

李雷与韩梅梅是高中同学,李雷是曾经使韩梅梅遇到"自行车车祸"的肇事者,因此一开始韩梅梅对李雷并没有多少好感。但是奇妙的缘分让他们走到了一起,研究生期间他们在科大相遇,并互相倾慕,成为恋人。李雷的专业是物理电子,韩梅梅的专业是化学,同样的理工科背景为两人的沟通提供了便利。恋爱中,甜蜜让人沉醉,酸楚让人反思,苦涩让人心伤。李雷与韩梅梅在经历了甜蜜的热恋期后,也经历了充满苦痛的矛盾多发期。当恋爱的最初激情慢慢退却,两个人逐渐冷静客观地看待对方时,价值观的差异、生活习惯的不同等问题逐步显现。有段时间两人经常因为小事发生矛盾。李雷觉得韩梅梅喜欢撒娇,起初愿意经常哄哄韩梅梅,但频繁的"小脾气"让他感到厌烦;韩梅梅虽然认识到自己过多的撒娇让李雷苦恼,但是李雷的不耐烦却让她很失望。韩梅梅时常感到李雷不懂事,总是不会为两个人的事情打算,很多时候都要自己事必躬亲。两人各执己见,不断引发生气、冷战,有时能持续一两天。在冷战期间,两个人都因为生气而无法冷静做事。"冷战让我感到煎熬,我会一直想我们的矛盾,有时甚至会失眠。"韩梅梅说。

矛盾多发期的紧张关系让两个相爱的人从携手并进变为对立,两人都曾感到难过、失望、怀疑。但是冷静下来后,两人都意识到了真实的恋人与想象中的恋人的不同。但因为对恋人的感情、对爱情的坚持,两人中始终会有一方主动道歉和解。频繁的冲突迫使他们开始反思自己的行为,重新定义两人的关系,在经过深刻的思考后,他们决定坚持这段感情。在艰难的磨合中,他们学会了换位思考、宽以待人、用理性的方式处理感情。携手走过艰难,才更加懂得珍惜,如今,李雷和韩梅梅的感情更深厚了。即使偶然吵架,他们也会及时发现问题并坦诚沟通,一起协商解决。

小韩和小样,李雷和韩梅梅,他们是众多研究生群体中的一分子,他们感受过爱情的美好,经历过爱情的烦恼,也向往着爱情的归宿。因为读研,他们奋发向上;因为爱情,他们变得更加美好。研究生的爱情,同样五味交织,会因为互相陪伴而开心,会因为意见不合而争吵,也会因为现实压力而无奈。但他们的爱情,更像是橡树与木棉的爱情:两个个体相互独立、相互尊重,充满激情同时也止于理性。

当爱情走下圣坛,它会因为生活的日常变得琐碎起来,但我们依然向往爱情,相信并尊重爱情。对于爱情的热爱,让我们愿意为了爱情而不断改变,使自身更加美好。正如弗洛姆所说的:"爱不是一种可以任人纵情享受的、与个人成熟度无关的东西。如果不发挥自己的主观能动性去发展自己的整个人格并以此达到一种创造性倾向,那么所有爱的努力都注定要失败。"相近的教育程度与相似的物质基础,只是获得爱情的充分条件;而爱人的能力和完善的人格,才是爱情能否长久的关键。

【摘自《中国科大研究生教育》2015年第3期,总第100期】

化成天下 ▶▷

“支教”，这是一个听来很高尚的词。一群有才学的热血青年自愿放弃舒适的生活，背着行囊到祖国的贫困和边远地区支持当地的教育。很多高校都组织了暑期支教团，短时间地到某个地方支教，少则一个星期，多则一个月。短短的时间教不了很多知识，也很难开阔孩子们的眼界，但是对支教队来说，这是一次难忘的人生经历和难得的锻炼，所得恐怕远大于付出。然而，支教更是一件实实在在需要人踏踏实实去做的事。

来到科大之后，我接触到这里的支教团，发现他们才是真正把支教当作一份事业耕耘的人。支教队队员需经过严格的选拔和面试，再经过几个月的培训，然后他们去到祖国的大江南北，可能是贫困的山区，可能是偏远的西部，也可能是人迹罕至的荒漠，总之他们去到了祖国的教育事业需要他们的地方。在那里，他们一待就是一年的光景。一年的时间说长不长，说短也不短，但这是他们人生的几十分之一，是他们宝贵青春年华的几分之一。在这个快速发展的时代，大多数人步履匆匆，一年的时间可以考研、考博，可以获得职场上的晋升，甚至可以赚很多钱，但是科大支教团队的每个成员都在用行动告诉我们，人生还可以有一点点“英雄梦想”，支教让他们得到心灵上的净化，支教体现了研究生的价值观和社会担当。

爱心接力

——中国科学技术大学研究生西部支教纪实

文/胡胜友

2009年8月25日，中国科技大学的8名研究生将踏上西去的列车，奔赴宁夏海原县，延续、传播、光大薪火相传的支教事业。从1999年至今，中国科大先后有10批共55名研究生志愿前往青海、甘肃和宁夏支教服务，他们将激情与智慧书写在黄土地上，演绎出精彩的人生故事……

讲台前的“接力赛”

中国科大研究生支教的青海循化、甘肃榆中和宁夏海原，都是国家级重点贫困地区。其中，宁夏海原县是科大支教团服务时间最长的服务地。10年来，中国科大支教队队员在西部这片黄土地上，传道、授业、解惑，在讲台前上演了一场接力赛。

第一批支教研究生崔浩一来到青海省循化中学，就被委以重任——教两个初三毕业班的语文。在虚心向当地教师请教的同时，他还发挥自己的专业特长，不断改进教学方法，激发学生的创新思维。课堂上，他指导学生将《孔乙己》改编成剧本进行演出，把《陈毅市长》改编成小说，根据《周总理，您在哪里》组织演讲比赛，这些形式增加了学生们对语文学习的兴趣，学生们的成绩也有了显著提高。

但由于每届学生支教的时间只有一年，而且每届学生去哪里支教完全由组织安排，往往是一届换一个地方，下一届支教队和上一届完全“接不上茬”，直接影响着支教工作的延续性和教学质量。科大第九届支教队副队长石朝阳决心改变这种状况，2007年9月，他到海原之后，就主动找到西安中学领导进行沟通，积极要求以他所带的七(3)班为“实验班”，让科大连续三届的支教队队员“接力”支教，把该班的学生从初一一直带到初三。于是，“中国科大接力班”就在西安中学诞生了。

石朝阳等从课堂教学入手，不断改革教学方法和手段，把先进的教育理念运用到教学中，千方百计调动孩子们的学习兴趣，逐渐形成了一套独具特色的教学方法。石朝阳在讲授相似三角形时，将学生带到户外，运用所学相似形原理现场测出校园旗杆的高度，将数学课变为户外实践的工程课，让大家把所学的知识和生活结合起来。英语老师黄斌鼓励学生大胆地张口“说”英语，组织、指导学生用英语表演了《白雪公主和七个小矮人》等多个情景剧，让学生自导自演，同时还巧妙利用多媒体教学，让乡村课堂焕发异彩。物理老师黄尧结合日常生活中常见的物理现象，引导学生去分析其中的原因，并将中外物理学家的经典故事穿插在课堂教学中，让学生们听得津津有味。灵活多样的形式和丰富多彩的内涵，让学生们对学习的兴趣越来越浓了。

三分教学，七分管理。支教队队员在接力班积极倡导“老师指导，学生自我管理”的管理模式，根据学生的兴趣，组织了数学、书画等不同的兴趣小组。他们将课前五分钟的人生观教育写进教案，召开主题班会和学生们一起讨论诚信、理想等问题，还组织了风筝节、演讲比赛、奥运知识竞赛等丰富多彩的业余活动，让黄土地上的孩子们收获着快乐的学校生活。“关键是要帮助孩子们建立起自信和树立起目标，我们不能保证每个初中生都能够上高中、上大学，但我们尽量让每个人都有快乐的中学时代。”石朝阳说。

经过两年的“接力”支教，在今年的期末考试中，全年级的第一、二名都在“接力班”。除了一个特色重点班外，“接力班”数学、英语、物理平均分数都名列平行班第一。今年 6 月，石朝阳再一次回访支教服务地。推开八(3)班的教室门，分别一年的孩子们的反应和他一样激动，纷纷上前聚拢在他的身边，眼中充满了真诚与自然。班长李福顺是个大方聪慧的女孩，她笑着对石朝阳说：“老师，这么久没见，拥抱一下吧！”

用爱心催飞梦想

2002 年贫困家庭出身的刘福丽从天津宁河县农村考入科大信息安全专业，曾任校芳草社青年志愿者协会副会长，在校期间多次组织“一帮一”募捐助学活动，对助学有着很深的情结。2006 年 9 月，她到海原后，很快发现好多贫困学生成天吃干馍馍。望着他们消瘦的身体、蜡黄的小脸，她心里充满了怜惜。她想把自己的饭菜分给她们，可是她能帮一个、两个……却帮不了所有的学生。于是，她加入了“一帮一”助学行动，并把师姐杨晓果从科大引进海原的启明星导航活动发扬光大。

为了摸清贫困中学生的真实情况，在 2006 年国庆长假前后，身为支教队队长的刘福丽放弃了 15 天的休息时间，和队员们对海原县 18 个乡镇的 140 多名学生进行家访，历时 11 天，行走 2000 多公里，整理出 3 万多字的第一手资料。当年，科大师生就为海原县第三中学、兴仁中学、西安中学、罗山中学、贾塘中学募集奖助学金 3 万多元，帮助贫困学生 182 人。

回忆当时穿过“土云”去家访的情景，刘福丽开玩笑地说：“海原的特产是‘黄土’。”县城随处可见黄土房、黄土墙，而到了农村，满眼都是黄土，连人都像蒙了一层黄土，汽车如同在“土云”里行驶，但一座座的黄土高坡阻挡不了她们的爱心与责任心。清晨，带着干粮出发，她们奔波于海原县大街小巷、田间地头做家访，直到天黑才返回。

知识改变命运。为山区的孩子们打开一扇文明的窗口，引导他们树立远大理想，成为科大学子的使命。第十届支教队队员李昌根和同学们一有空就往学生家里跑，他们结合自己的求学经历，时常鼓励山里娃用知识和自己的双手改变贫困落后的命运。不少世代从未走出家门的农民们，正是从他们那里真正认识到教育的重要性，一些失学的孩子又重新回到了课堂。

在一次家访中，李昌根终于找到了女生杨梅的“心结”。原来，平日自卑、内向的杨梅自小父母就离了婚，母亲离家 16 年杳无音信，父亲在外面流浪，几年才回家一次。杨梅说：“到了初三毕业以后，我就只有嫁人这条路可以走，幸好现在成绩还算不错，所以家人才没让我退学。即使自己考上高中、大学，家里人也没钱供我读书。”这让李昌根心情沉重。得知此事后，中国科大的崔海龙、尹雪斌两位老师决定共同资助她，承诺只要杨梅考上高中，一切费用由他们支付，杨梅如释重负，心情逐渐开朗了起来。

10年来，支教队队员换了一茬又一茬，但爱心助学始终在传递。“一帮一”活动渐渐引起了社会的关注。从2005年至今，安利安徽分公司已向中国科大研究生支教团捐赠了40万元人民币和价值5万元的学习用具、生活日用品，越来越多的科大师生加入到爱心助学的行列中，演绎了一曲如影相随的不了情。

无私奉献受益多

在西部贫困山区支教，由于条件所限，研究生们几个人挤在一间墙壁漏风的平房里，吃的是土豆白菜和小米干饭，经历的是－30 ℃的严冬和黄沙肆虐的早春……。就是在如此恶劣的自然环境下，他们一茬接一茬，十年如一日，把自己的感情和知识深深融入这片炽热的黄土地里。

2004级学生许瑞在海原县罗山中学支教，中学的条件很艰苦，跟他的家乡环境比简直是天壤之别。有一天早晨，小许准备从当地水窖里舀水出来刷牙时，发现这种水里密密麻麻的全是“小虫”。生于六安的许瑞，从来没有想过水是如此的珍稀。有一次，他用从屋檐下接的雨水，煮了一碗方便面。“那碗面的味道，真是终身难忘。”住宿条件也很艰苦。许瑞说：“我们刚到学校的时候，老师就让学生们抬了两张桌子和一块长板搭在一起，这就是床了。”

支教生活是艰苦的，但同时也是丰富多彩的。课余时间，支教队队员们翻山越岭，走访学生家庭，向当地群众介绍和讲解党和国家开发西部、计划生育、科教兴农政策。“走出象牙塔，直面社会现实生活，受到的是最生动的国情教育，这能让人思想升华、才华充实。”刚刚结束宁夏海原支教返校的2004级学生许瑞说。一年的支教生活，使他真正体会到国家支援教育和西部大开发的深刻含义，过去政治学习的内容，在思想深处变得更具体、更鲜活了。西部支教，成了中国科大研究生们珍藏一生的宝贵财富。

一年的支教工作，在研究生们身上留下了很深的刻痕。从小在城里优越环境下长大的王鹏对此有了更深的感悟。原本文静、腼腆的白面书生，现在不仅学会了挑水、做饭、生煤炉，而且还应邀担任过海原县文艺演出的主持和县建设成就展的解说，自身特长得到充分展示，受到了当地政府的表彰。

与西部贫困地区的孩子们朝夕相处，研究生们的人生境界也随之而升华。每一次寒假回去，他们都会带去科大师生捐赠的大量图书和学习用品。第三届支教队队员杜少甫将海原县政府奖励他个人用于制作政府网站的四万元资金设立“科大商院少甫资金”，用来改善当地中学的教学环境，并资助了10位海原籍高校学子和近120名面临辍学的贫困中学生。后来杜少甫被宁夏回族自治区授予“优秀青年志愿者”和固原市“优秀共青团员”等光荣称号。“社会是大舞台，实践是大课堂，青年人只有脚踏实地，投身实践，勇于创新，才能真正实现自我价值。”杜少甫说。

科大学子们的奉献精神在当地师生、群众中传为佳话。支教团临别那天，学生们里三层外三层地把他们围得水泄不通，不少孩子都难过得哭了起来。回忆起离别的情景，刚刚返回学校的李昌根的泪水不禁夺眶而出，他手头上还保留着许多当地学生的信件。

十年支教，十年奉献，十年收获，十年成长。中国科大研究生前后十批支教，工作虽告一段落，但支教中与西部贫困地区结下的不解情缘却远未了结，依然在延续：应海原县政府的邀请，杜少甫又帮助当地开发了“海原供求热线”系统……西部，已经成了他们生活中魂牵梦绕、割舍不开的一个精神家园。

让爱延续，让希望的种子在大西北生根发芽，让青春在为祖国和人民奉献的火热实践中闪光——这是中国科大对每一批支教队的期望，也是支教团成员的豪迈誓言。目前，第十一批支教队又接过支教扶贫的接力棒，远赴海原开展志愿服务，延续着这爱心的接力。

【摘自《中国科大研究生教育》2009 年第 3 期，总第 76 期】

骄阳下的微笑　脚印里的成长

——暑期“三下乡”社会实践活动心得

文/陈冬娜

年轻的学子拥有绚丽的青春年华，单纯的校园生活主打青春的旋律。然而，我们并不是年少轻狂，沐浴阳光却逃避暴风雨的洗礼；并不是身居象牙塔不闻窗外事；并不是温室的花朵，受不住酷寒骄阳。火热的七月，我们暂别“宿舍—餐厅—实验室”三点一线的舒适生活，走进社会，了解社会，深入社会。

下乡的第一封“战书”

“共产党员不做逃兵！”妈妈这句让我破涕为笑的话至今还萦绕在耳边，那天的每一个画面和内心反反复复的思想斗争，填充着我关于农村的所有记忆。

凸凹不平的土路，令人不悦的“乡村气味”；仅能遮风避雨的土砖房；满是尘土和蜘蛛网的屋子；没有电扇，将近 40 ℃的高温天气；耳边充斥着苍蝇蚊子杂乱的嗡嗡声……脏、乱、热——这就是农村给予我的第一印象，也是我们即将开始生活的地方。来时的激动与愉悦早已消失殆尽，此时的我们只觉无力、无助、无奈。

“既来之，则安之。”对！事在人为！我终于鼓起勇气坦然面对：脏，我们能打扫干净；乱，我们可以收拾整齐；热，我们可以洗澡冲凉。说干就干！我们同室三个女生马上挥舞扫帚、抹布开始大战，大汗淋漓的我们全然不顾往日的淑女风范……

我从小在城市长大，对于农村的概念都还只停留在电视节目里的景象，跟它的“第一次亲密接触”着实给了我重重的一击，足以让我今生难忘——那就是村民口中所谓的“茅房”：臭味浓重、满目蝇蛆……正当我准备向同伴们诉说这一“非凡”经历时，带队老师又发来一条“噩耗”：学校宿舍没有洗漱间，只有一个室外水池，而且安丰镇近期不定时停水，我们必须在来水时用桶储水以备晚上洗漱，也就是说，如果一天都停水我们就没水洗漱了，更不用说淋浴冲凉了……终于，还是按捺不住心底的绝望和莫名的委屈，我给老妈发了短信诉苦，妈妈说了很多安慰和鼓励的话，其中最坚定的、我记得最深刻的一句是：“共产党员不做逃兵！”

那些与爱同行的日子

在队员们士气受挫的时候，乡镇领导来探望我们了，给我们送来了生活必需品、饮用水等。看到这样的住宿环境，他们一再表示是镇政府考虑不周，并极力要求为我们更换住所，然而袁老师态度坚决，坚持住在这里。起初我们都不理解，后来袁老师说：“科大学生下乡是来吃苦锻炼的，不是来享福的！”斩钉截铁的一句话让我们明白了自己的责任：跨出校门，肩负科大荣辱！

带队老师一直与大家同吃同住、同甘共苦，始终坚持在“下乡”第一线，有困难时也总会跟我们一起想办法、找出路。

这些细致入微的关爱，这样朴实真挚的感情，点点滴滴烙在心头，队员们的士气受到了极大的鼓舞，团队精神空前振奋与团结。

生活总在这淡然与真诚间显露出朴实而深刻的意义，也许他送出的一个微笑，也许我递出的一双手，都能冲破你心底的阴霾，给困境中徘徊的你带来化解痛苦、走出黑暗的力量。

我们是一支“铁”的队伍

烈日田间路，我唱，你和，他扛旗；村落农家院，我问，你记，他撑伞；宿舍里、行进中，重活累活男生们抢着干；走访中、调研时，女生们极具亲和力的阳光微笑和柔声细语，总能敲开村民们原本紧闭的心门。几天下来，街头巷尾、村落农家都盛传着一支“铁”的队伍：他们顶着烈日酷暑，他们吃苦耐劳，他们坚强团结……这就是我们——一支来自五湖四海、由两个院系三个年级的队员组成的具有超强凝聚力和“钢铁精神”“钢铁纪律”的队伍！

快乐的感觉总是弥足珍贵，短暂的时光总是耐人寻味。回首一起走过的日子，沉甸甸的收获里有汗水，也有欢笑；回忆一路上的点点滴滴，才发觉原来乏味中充满了希望，苦涩中也流露着甘甜。我们年轻，不甘于平淡寂寞；我们朝气蓬勃，要活得精彩漂亮；我们坚强乐观，苦中也要作出乐！

感悟成长

7 月 19 日，我们离开安丰镇。

“三下乡”生活的点点滴滴无不历历在目：出征前的激昂宣誓、豪情壮志；与队友们一起经历的酸甜苦辣、汗流浃背；苦中作乐的引吭高歌、欢声笑语；被蚊子百般“眷顾”烙上的红肿疤痕……

我想在内心对自己行个大礼，告诉自己，时光又经过了一场周而复始的轮回，我也在汗水和骄阳中得到了历练。我第一次见到什么是真正的农村，第一次明白原来生活可以有如此迥异的定义，第一次发现人生可以用如此不同的方式活出味道，第一次感悟到我们竟是如此的幸运与幸福。从下乡的第一天想当逃兵，到与同伴们同甘共苦，再到临别时涌出对农村、农民、孩子们的一种复杂的或是怜悯或是留恋的感情，这其中的点点滴滴也许就叫作成长吧。

【摘自《中国科大研究生教育》2009 年第 3 期，总第 76 期】

荒漠大地上灵魂的守护者

文/尹俊玲　赵　悦

罗向平，男，25岁，我校2015级博士生，科大求学八年，海原支教一年。这是采访前罗向平在我们心中仅存的人物轮廓。而当那段纯真岁月在我们面前缓缓铺展开来时，“罗向平”这三个字已不再是一个陌生的名字了。透过他，我们看见了一颗温润善良的心，看见了一片遥远的风景，那个他曾经倾注了梦想与青春的地方——海原。

十月的天空，阳光少了些许温热，空气中沁着微微的凉。光阴染指不过流年，距离那年支教的时光已过了四个春秋，但罗向平忆述起来，那些场景依然历历在目，他时而神采奕奕，轻松欢快，时而低头沉思，略显怅惘。三小时的访谈转瞬即逝，我们竟丝毫未察觉到外面飘起了一场秋雨……

在那遥远的地方

在一千公里外，有个叫海原的地方，365个日夜，一行8人将热情在这片荒凉的土地上肆意挥洒。

提起“海原”，罗向平说了几个关键词：干旱、山区、贫困、联合国粮农组织认定的全球最不适宜人类居住的地方之一……虽然从往届的前辈口述中，他们对海原当地的风土人情已有所了解，但是当它就这样呈现在面前时，他们还是不由地为之震撼。干涸的河床，光秃的山丘，萧瑟的草木，孤寂的飞鸟，放眼望去都是沙尘肆虐后留下的痕迹。罗向平说，在干旱的环境下，连出汗都成为了奢侈。虽是句玩笑话，听起来却十分心酸。干旱、贫穷、恶劣的生存环境是支教队队员们对海原最直观的印象，但大家并没有望之却步：“我们对此完全有所准备，衣食短缺本身不可怕，可怕的是贫穷带给人尊严的受损。贫穷导致了教育机会的缺失以及精神层面的贫瘠，但只要满怀希望，认真学习，努力奋斗，情况会改变的。”就是这样，罗向平用信心与意志支撑自己继续前行。

谈到海原，有一个地方不得不提及——“万人坑”。近些年，自然灾害频发，人们记住了2008年汶川地震、2010年玉树地震，却不曾知道早在1920年，海原就发生了8.5级大地震。悲剧的上演让原已被贫困压得没有喘息机会的海原再次受到重创，家园破灭，伤痕累累。如今，每年的农历十一月初七到来时，当地居民都会到近200亩的“万人坑”去怀念逝者，祭奠亡魂。海原，一个让人心疼的地方，什么时候才能舒心绽放呢？

庆幸的是，这里的人们没有完全被遗忘，社会各界爱心人士总是在力所能及地为他们提供帮助，给这片土地带来了一丝慰藉。据罗向平介绍，科大为海原初中生提供了“一帮一”的资助项目，每学期会给接受帮助的孩子200元钱。于我们而言，200元也许仅是一次头发护理、二分之一件新衣，抑或是四分之一次聚餐的花费，而对海原的初中生来说，已足以支撑起他们一个学期的学习梦想。60人的班级只有3个资助名额，3所中学共有90多个班级，需要被帮助的人还有很多很多，但因资源有限，学校只能尽力确保最困难的学生得到资助。

现实照进梦想

我以为，花开的时节，幸福就会到来，但是，直到盛夏，依旧不见幸福的身影。于是，我等啊，等啊，等到秋叶拂过鬓角，冬雪沾湿新袄。

2011年9月1日，新学期开学报到。罗向平来到了他所要服务的中学——海原县第二中学。看着名单上一个个学生的姓名，罗向平心里欢喜着："这些孩子就是我的学生了。"但是班级里的一个现象却让他皱起了眉头。正常的初一入学的孩子应该是在12岁左右，但是这个班级中的不少学生都是十五六岁，最大的一个学生有18岁。一番询问后，罗向平才得知原委：在这个地方，"读书"竟成了家长寄养孩子的一种特殊方式。国家义务教育优惠政策为学生免去了学杂费和饮食费，读初中基本不再需要家庭的经济投入，用家长的话来说："孩子还小，出去打工也做不了什么事，放在学校不用我怎么操心，国家还管饭哩！"所以，当地流传一个标语——"要想打工上初中，上完初中去打工"。

海原当地多回族居民，家中普遍多子女，对教育不够重视，早婚现象非常普遍，学生极易辍学。有一件事情让罗向平至今回忆起来依旧唏嘘不已。第二学期开学的时候，罗向平发现课堂上少了李丽同学，学生们都说她不会再来学校了。罗向平觉得很纳闷：李丽同学在班上成绩一直不错，也是班级重点资助的学生之一，为什么突然就不来上课了？罗向平当即询问了班主任，班主任却只淡淡地说了一句："家里有事，李丽同学自己提出了退学。"看到班主任一副"云淡风轻"的表情，罗向平有点诧异。班主任察觉了罗向平的心思，安慰道："罗老师，我也不愿意她这样的好学生退学，但是没有办法，这样的事情习惯就好。"心有不甘的罗向平直接联系了李丽和她的家人，连续打了几个电话苦口婆心地分析退学的利害关系，希望李丽能够返回学校继续念书，但是还是没能如约见到那个熟悉的身影再次出现在课堂上。罗向平十分后悔：如果再来一次，一定把她拉回课堂。说这话的时候罗向平满是悔意，但是我却读到了孤独和无奈，在那样一个环境中，他的这种坚持显得苍白无力。"我回到合肥后她曾联系过我，告诉我她退学的原因。当时，她的姐姐结婚了，她只好退学留在家里帮忙干农活。现在她很后悔，想继续念书。"回忆起这段经历，罗向平无奈地微笑着。

追梦途中，困难重重。经济条件的艰苦尚可尽力克服，但深入海原人民脑海中落后的教育观念却着实为支教队队员们提出了巨大挑战。从家长到孩子，每个人都深受功利化的教育观影响，读书无用论大行其道。面对这样的现实，志愿者们又该如何做呢？

梦想插上翅膀

2012年4月19日，海原二中计算机教室，"老师，我们的五一出行计划是这样安排的：5月1日早上8点坐汽车到兰州，中午1点坐T387次火车到合肥，2号中午到达合肥。先去中科大附近找一家宾馆安顿下来，下午参观下校园，晚上去看一下合肥的夜市。3号早上坐汽车到黄山，下午爬山，晚上就住在山顶，4号早上看日出，下午我们返回合肥。5号去合肥的李鸿章故居游玩，再看看其他的地方。6号下午坐T388次火车回兰州，7号下午 4 点钟到兰州，再坐汽车回海原。这个行程大概需要 2000 元。”这是王玉和马晓霞同学在罗向平的信息技术课堂上完成的一项关于五一出游计划的安排。学校 7 个班级的计算机课程都由罗向平负责教授，全校仅有的 64 台计算机都来自外界的捐赠，尽管有一半已经无法使用，但孩子们天性爱玩，难得从课本中解脱出来的机会让他们对罗向平的课程有着愈发浓烈的兴趣。罗向平没有照本宣科，他力图让课程变得好玩而有意义，耐心引导学生利用计算机工具去解决实际问题，给他们创造一个梦想空间。孩子们在计算机网络的世界里肆意翱翔，更深入直观地感知自己、感知周边、感知未知的世界，梦想的种子正在一颗颗小小的心灵里发芽，飞跃大山，飞往远方……

孩子们正处在充满好奇、乐于探索的花样年华，但是迫于地域的局限，只能跻身于封闭的边关之外，日复一日地重复着单调艰辛的生活。没有梦想，没有大的追求，受困于长久的没落，有些心有不甘，却又无能为力。支教团队的出现给他们的生活注入了新鲜的血液，开启了新的光芒，让梦想寻到了根的土壤。心中有梦也是一种幸福。

灵魂在路上

支教的日子沉静得犹如深湖，平静而悠远地漫过记忆深处。偶尔沉思，总如青石入水，在内心深处，激起片片涟漪。

每当夕阳西下，罗向平总会想起山间蜿蜒的小路、西山漫天的云霞。在那些平淡而又宁静的日子里，他一直坚持做两件事：一件是坚持自己的信念，传播知识；另一件便是骑行。他爱骑行，这是他身边的朋友都知道的，有时候他们会结伴而行，更多的时候，是他一个人独行。

他很享受这种看似孤独的旅行，在路上，他能更好地思考人生、享受生活，虽是一个人，却有灵魂相陪。罗向平说：“骑行是在大学就养成的习惯，在这里，却仿佛更加有了意义。”每天穿梭在纵横的田垄间，看着辽阔的山峦大地，朴素的农民在田间耕作，他的心总是无比平静。说到兴致处，他掏出自己的手机，给我们看他最喜欢的一张照片。画面里，一位皮肤黝黑而沧桑的老人坐在田头，目光凝视着远方，她的嘴角露出浅浅的微笑，连皱纹也闪着柔和的光。这画面让他无比动容，路上的人和景，恐怕正是他痴迷骑行的原因所在吧。

友情深似海

提到当初一同去往海原县支教的好友，罗向平陷入了深深的回忆。一转三年，当年支教的一行人，如今已奔向了远方，在生命的激流中寻找各自的空间。可不论多忙，他们每年都会相聚一次，聊聊工作，聊聊各自的生活，共同回忆当初经历的一点一滴。他说：“我们是在最艰苦的支教日子里建立了深厚的‘革命友谊’的。离开学校去往边远的山区，对我们每个人而言，都是极大的挑战。在山区，无论物质还是精神，都是极度匮乏的，好在还有身边的朋友，一直陪伴在彼此的身边。”

那个时候，他们住在一栋屋子里，起居都在一起，有什么问题大家都一起分担。刚到海原，条件极其艰苦，大家都很不适应，同行的两个女生甚至偷偷地哭泣过。罗向平将大家聚集在一起，互相鼓励，大家才渐渐地适应了那里的环境。让他印象最为深刻的是，在他们的支教队伍中，有一个女生身体一直不好，队员们就自发地轮流照顾她，并为她做营养餐。直到现在，当女孩回忆起当时的支教生活时，都极为庆幸自己遇到了这么一群志同道合的伙伴。

尽管他们之间也会有矛盾，有的时候会因为观点的不同而发生争执，但更多的时候大家都会努力把矛盾化解，凝成一股更大的力量，一起迎难而上，走过最青春的年华。

人生韶华，如一场旅行，在旅行中能遇到志同道合的朋友是一辈子的财富，他边回忆边露出微笑，感谢生命中遇到的同行者，因为他们，才不至于虚度青春。

夜空中的烟火

罗向平有时会思考：支教队一腔热血的支援对于海原学生们而言究竟是对还是错？如果不知道外面大好的世界，也许他们不会有比较，不会有落差，不会有失落，依然循规蹈矩地过着粗茶淡饭的生活，苦点累点，但是内心是充实的。但是当支教队一行人带着善意的救助来到他们的面前，打开了通往外面世界的小小窗口，他们的世界会不会因此而失去了平静？会不会因此而颠覆内心小小的幸福感呢？每年一批又一批志愿者怀着奉献之心来到这片贫瘠荒芜的土地，归期将至又不得不挥手告别，对孩子的心灵是救助还是伤害？

"如果注定要别离，还不如不曾相见。"也许，说者在道出这句话时心中是十分想念对方并且心存感激的吧。与你的这场相遇，或美妙，或遗憾，早已成为彼此独一无二的经历，唯有感恩，留在记忆深处。幸福的回忆总会为生活注入无限动力，一年的相处已经为彼此留下独特而美好的回忆，他们又怎会后悔或者埋怨与你的相遇，埋怨你呢？那无声的回答便是他们无尽的谢意。

离别那晚，王兴国同学从三楼教室哭到楼下，从楼下哭到大门，从大门哭回宿舍。那天傍晚的天空，记录了一个男孩孤单哭泣的背影，渐行渐远。缘分真的是一件很奇妙的事情，你不曾想到你的一句话竟可以打开一个人的心锁，种下一段深沉的依恋。罗向平和王兴国的第一次相遇是在为成立科技实验室选成员时，当时，罗向平在黑板上出了几道题目，要求大家把答案写在纸上，并保持安静。孩子们如发现新大陆般异常兴奋，争先恐后地说出自己的答案，最后，答案有错误的王兴国却意外地入选为科技实验室成员。面对其他同学的质疑，罗向平给出了这样的回答："因为王兴国听老师的话，刚刚你们在吵闹的时候他一直在安安静静地思考，虽然他和你们一样有道题答错了，但是他遵守规则，而且也能看出来他对科技实验有非常浓厚的兴趣。"说完这番话后，罗向平回头看向了王兴国，王兴国转身面对黑板哭起来了。原来，这个沉默的小男孩平时也调皮爱闹，很少被这里的老师鼓励，家长又总有"别人家的孩子"比较之念，孩子的内心变得非常不自信而且缺乏安全感。他们的心灵需要适时的呵护，罗向平只是从自己的角度鼓励了下，却触动了一个男孩的心扉，使他流露了真情。

离开前，罗向平一个人走过漆黑的校园，从教室到食堂，从食堂到操场，不想错过任何一个角落，任何一个同孩子们相处过的痕迹。此刻也许他明白了王兴国哭着离开的背影。在海原这片沉默的夜空，支教团的出现犹如几朵刹那烟火，也许无法真正照亮什么，但夜空却因这一点光亮而生动起来，乍亮后的沉寂，弥漫着欲说还休的思念。

有些人来到你的生命里，一开始就注定了会离开，但却会在陪伴你的时间里教会你很多，带给你成长。转身告别后，带着这份回忆大步向前，追寻各自的未来，便是对彼此相遇最好的馈赠。

【摘自《中国科大研究生教育》2015 年第 4 期，总第 101 期】

科大研究生支教团:灯传三世火

文/刘国芳

每次听到“支教”两个字,心中总会涌现出很复杂的情感。对它,有向往,也有害怕。想看看大山里的孩子,想体验一下他们的生活,想让这些求知的心灵得到慰藉和满足;憧憬之余也夹杂着畏惧,害怕自己坚持不下去,害怕梦想与现实的距离太远,害怕自己的力量还太小太小。犹豫彷徨中,我错过了一次又一次的支教活动,这成了大学中最遗憾的事。来到科大后,发现身边不少人都有支教的经历,获取支教信息的渠道也更多了。于是,了解他们,走近他们,对于没有任何支教经验的我来说,显得尤为迫切和渴望。借着这次采访的机会,我走进了科大研究生支教团,听着他们的故事,心境不觉空明起来。

中国科学技术大学研究生支教团根据团中央项目办西部计划工作要求组建而成。自1999年第一届支教队成立以来,中国科大已经连续组织了17届共111名品学兼优的应届毕业生和在读研究生分赴青海循化县、甘肃榆中县和宁夏海原县等地开展每届为期一年的志愿服务工作,每支支教队伍的规模也从最初的4人扩编到8人。如今,第十七届支教队队员正在宁夏海原服务,第十八届支教队新成员也在紧锣密鼓地培训中。

按惯例,支教队队员的选拔工作,一般从每年的九月份开始。其程序是:先由学生自主申请,填写申请表交到院团委,由院团委审核后提交到校团委。校团委审核确定面试人员名单后,组织相应的面试进行筛选,并当场确定最终的名单。面试环节的评判标准主要有两个:一是申请者有无志愿服务经历;二是申请者在面试中的临场发挥和表现,比如其性格特征、价值观念、身体状况等。作为整支队伍中最核心的人物——队长,也一般是由团委老师根据面试表现以及各种因素的综合考量而定。不过从第十八届支教队开始,这一选拔方式开始有所改变——先由队员内部推荐,每人推选两个名额,综合票数后,由团委老师在得票数排在前几位的队员中定下最终人选。除此之外,支教队还会选出一到两名副队长,出于对内部工作协调以及工作特性的考虑,副队长一般由异性队员担任。在分工上,队长往往更多地负责与外界接触和交涉,与队员之间的关系不免会有一些疏远,因此副队长的角色就显得至关重要,一方面要确保队长与队员之间沟通顺畅;另一方面,在队长或队员任何一方需要帮助的时候,他(她)都要及时出现,为他们排忧解难。因此这一角色的挑选也必须经过慎重的考量。

支教队成立后,接下来就是对成员们进行为期一年的培训,以达到支教的要求。首先需要达标的便是教学任务,这一培训主要在科大附中进行,支教队队员先试听老师授课,到一定阶段后再进行试讲,培训时间一般为一到两个月。同时,他们还要进行体能方面的训练,因为支教地区往往条件比较艰苦,气候让人难以适应,健康的体魄对于队员而言尤为重要。这一训练在学校健身房进行,每周教练都会抽出时间监督大家进行各项锻炼,并在周日安排集训。在心理健康教育方面，主要是以讲座的形式进行，要保证支教队队员的心理健康，同时队员自己也要学会如何对服务地学生进行心理辅导。在医疗救护方面，他们会与校医院合作，学习一些基本的急救知识，以应对在支教过程中可能会面临的突发状况。除了学校对他们的这些培训之外，支教队内部也会每周召开一次例会，一方面是汇报各自的近期状况；另一方面也会邀请已经支教回来的老队员对新队员进行答疑解惑、传授经验等。

宁夏海原是科大支教的主要阵地，这是由团中央统一组织安排的，支教队队员一般都会被分配到缺少师资、环境比较艰苦的地方。在这里除了科大的支教团，还有来自厦门大学的支教队伍。以前，两所大学的支教成员会完全分隔开来，分别负责不同的中学，而现在则相互交融、彼此交叉，几乎在所有的中学都会看到两所大学支教队队员的合作。随着国家西部大开发计划的推进以及对教育投入力度的加大，许多边远地区的教育条件和生活水平都有了很大的改善，海原也不例外。但是，城乡教育资源分配不均和教育水平差距拉大的现象在当地并没有得到很好的改善，许多乡村学校的学生开始流失，涌入县城。因此，从第十六届支教队开始，支教队队员都集中在县城进行教学。

在所支教的中学里，支教队队员的工作主要分为两部分：一方面是上课，另一方面则是担任团委工作。他们所教授的课程主要是信息课和一些副课。同全国其他地区一样，海原也会时常受到“教师荒”的袭扰。每当此时，支教队队员们便会补上政治、历史、地理、生物这些课程教师的空缺。而担任团委工作，也是因为这里的团委师资严重不足，经常是一位老师负责全校的团委工作。支教队队员来了之后，可以协助团委老师处理平时的团学活动、团员申请和转出、团学比赛等事务，大大减轻了老师的负担。

在奖励及补贴政策方面，许多人会将支教与保研联系在一块，外界也会因此对他们的动机产生争议。但实际上，尽管偶尔会有这种情况发生，大多数支教队队员只是单纯地在追逐一个简单的梦想，选择一种有意义的生活。对于许多优秀的支教队队员而言，即使不去支教，他们也同样能够获得保研资格。易言之，即便客观上有利己的成分在，但诸君试想，为了成为一个更好的自己而去帮助别人又有什么可以诟病的呢？在补贴政策方面，国家每个月会给支教队队员发放 1000 元津贴，同时会根据偏远地区的级别发放额外补助，科大支教队所在的宁夏海原县为国家二类艰苦边远地区，因此学校每个月会发放 350 元补助。此外，从第十五届支教队开始，科大又为支教队成员新增了研究生补助，到第十七届时已经达到 700 元，足以保障队员的基本生活。

当地学校的领导以及学校老师也非常欢迎和照顾支教队队员，他们给了支教队队员父母般的关爱：不仅帮助他们尽快适应当地生活，还积极配合他们在支教地的各项工作，为他们施展才华提供了强大的后备支持。在考核评估方面，尽管在客观上队员们并没有太大压力，但是严格的自我要求却促使他们把本职工作做得更好，他们为更多需要帮助的人带去了温暖，用自己的力量改变着这片土地。由他们发起的“一帮一”启明星导航行动项目，通过与科大芳草社的合作和对接，至今已经帮助了上千名当地的学生，累计募集资金过百万元，一股股社会暖流源源不断地涌向了当地。

一届一届的队员来了又去，科大支教团这个大家庭却一直都在，家庭里的每个人都在时刻关注着这支队伍的成长，关注着海原的那群孩子。很多支教回来已经毕业的校友，为了这份事业的延续和壮大，依然在自己的岗位上发挥着余热。2015 年 *China Daily* 的报道、2015 安徽年度新闻人物的评选，都离不开老支教队队员的支持。科大支教团还曾收到李克强总理的回信，其社会影响力在一步步扩大。相信这不仅会给未来的支教队队员以更大的鼓舞，亦会使中国科大的支教事业走得更远、更好。

【摘自《中国科大研究生教育》2016 年第 1 期，总第 102 期】

支教生周鹏的突击：不抛弃，不放弃

文/李敏思

与民间自发组织的支教相比，中国科大的支教活动少了些随意与自由，多了些规范与持久。在团中央与校团委的领导下，中国科大西部支教已经走过了十七个年头。在爱心与责任的接力中，涌现出了一大批先进个人，第十六届支教队队长周鹏就是其中之一。

沙场秋点兵

与其他支教队队员不同，周鹏的支教经历有点像“横垄地拉车——一步一个坎”。大四时，周鹏曾经报名去支教，但未能入选。然而支教的火花并未在他心中熄灭，2013 年，已经在中国科大信息学院读研二、对人生价值有了更深刻理解的周鹏，再次提交了支教申请。最终，经过校团委的选拔，周鹏成为了科大第十六届研究生支教队的一员，且担任队长一职。

为了保证支教队队员能够圆满完成支教任务，中国科大为支教队队员安排了全面的培训。科大支教队队员尽管基础知识比较扎实，但缺乏授课实践经验。为此，中国科大委托科大附中老师对支教队队员的授课技能进行系统培训。在两个月的培训中，通过随堂听课的方式，周鹏逐步掌握了授课技巧。而支教队每周一次的例会，也为新队员相互了解、相互交流提供了机会，并为老队员与新队员之间的经验传承创造了平台。在一年的培训中，支教队队员逐渐熟悉，团队意识不断加强，队员素质不断提高，身为队长的周鹏对接下来的支教活动也已胸有成竹。

三尺讲台放光辉

2014 年，周鹏带领支教队队员，来到了宁夏海原县，开始了为期一年的支教活动。按照惯例，作为队长，周鹏需要“驻守”大本营——海原县第三中学。由于当地地处内陆，经济发展缓慢，教育理念较为滞后，师资力量有限，任课教师的空缺由支教队队员来填补，于是，周鹏一人便担任了八年级四个班的政治课。

备课时，周鹏积极参与政治教研组备课活动，详细了解政治课程的知识点。在授课方法上，经历过多次人生大考和选择的周鹏有着自己独到的看法。他鼓励学生展示自我，努力改变沉闷的课堂氛围，试图改变填鸭式的教学方法。但周鹏坦言，过于活跃的课堂氛围也不利于知识的掌握。学生的学习状态一般呈现为正态分布：既有“学霸”，也有“问题”学生。渐到后期，学生对周鹏授课方式的新鲜感渐失，对老师的脾气也了然于心，学习效果便打了折扣。周鹏承认，作为支教队队员，他很难在短期内从根本上改变学生的学习状态，唯一能做的，仅仅是以一个“同龄人”的身份，认真地倾听学生的想法，真诚地和他们沟通，与他们分享自己的经历。

支教是一场修行

海原地处我国西部内陆，大西北年蒸发量大于降水量，气候极为干燥，着实让周鹏这个南方人发了难，他特意提到一个细节：如果两天不涂唇膏，嘴唇就会发黑，加湿器也成了生活必需品。为了保障支教队队员的安全，当地学校特意将他们的住宿区安排在了学生宿舍内，但支教队队员们对当地的饮食习惯也极不适应，因此他们选择自己做饭。大家轮流买菜、做饭，最后费用平摊。

黄土高原地势高低起伏，即便是海原县城的马路也并不平坦。支教队虽然有安利公司捐赠的捷安特自行车，但周鹏时常选择乘坐当地特有的“328”三轮车出行。“海原县城马路上有很多坡，从海原二中到海原三中要五分钟，而从海原三中到海原二中则需要十五分钟，为什么呢？因为从二中到三中是下坡，从三中到二中就都是上坡了。”周鹏调侃道。

作为支教队的队长，周鹏主要负责与中国科大团委、服务地学校、宁夏区团委等的联络工作，并协调队员完成支教任务。在他看来，队长就是支教队伍的服务者，要在保证圆满完成支教工作的同时，促进队伍内部的团结。但在日常工作中，由于支教队队员个人生活习惯的差异和认识问题的分歧，队员间难免出现小矛盾，这时就需要周鹏适时开启“调解员”模式。

在忙碌与充实中，一年的支教活动转眼就结束了。回到学校已经一年多了，但周鹏仍然惦记着自己的学生。“我现在上 QQ，经常看到那帮孩子上 QQ，总是想提醒他们好好学习，但说的次数太多，学生也烦了。”一年的相处，他的学生成为了他温暖的“羁绊”。周鹏非常感谢这样的经历，一年的支教生活让他学会了包容与换位思考，也让他找到了实现人生价值的方式。“我决定毕业后服务西部。”周鹏如是说。

在科大，还有很多和周鹏一样出色的志愿者，他们有情怀、有梦想，他们践行自己的信念，尽自己所能，为改变西部贡献着自己的力量。他们的坚持和努力，保证了支教精神在我校的不断延续，支教星火必将届届相传！

【摘自《中国科大研究生教育》2016 年第 1 期，总第 102 期】

那一年我们走过的支教路

——访科大支教团第十五届队长刘慧

文/刘国芳

走近研究生支教团这个群体以来，我们的人物专访一直在继续。每一次采访，总会有新的发现、新的收获，但感动从来都不缺席。虽然支教地海原从未改变，但每个人都有自己独特的支教经历和支教感悟。在那片遥远的土地上，新的故事还在上演，而那些已经完成使命的队员，他们的故事也将继续被述说。

从性别和职务上来说，这一次的采访对象有些独特。研究生支教团已经发展到第十八届了，由女生担任队长的情况却十分少见，一共只有三次。而她，就是其中一名女队长，也是支教时间距离现在最近的一名女队长。

她叫刘慧，第十五届支教队队长，是一名土生土长的科大人。虽然外表看起来比较纤瘦和文艺，让人觉得是那种典型的文科女生。但实际上，她本科毕业于核学院，研究生期间进入微尺度物质科学国家实验室学习。在科大，这些学院以及她所学的专业都是水平较高的，因此作为文科生的我们，除了惊讶，更多的还是羡慕和崇拜。

采访正式开始后，我们第一个最想问的问题，当然是关于担任队长这件事。在我们看来，女生担任队长是一件比较新奇的事，所以总觉得这是比较独特的视角和可以抓住的点。但听完刘慧的解答，再联想到自己之前的想法不免心生惭愧，或许还是有传统的观念在我们脑子里作祟吧。担任队长其实是一个蛮大的挑战，它意味着更多的工作、更大的责任、更好的担当。在我们的印象里总是认为男生更容易挑大梁，更具有全局意识、统筹能力和交涉技巧，队长一职应该由男生来担任。但实际上，女生也有女生的长处，比如刘慧提到，她认为女队长最大的优势就是能让团队成员间的关系更加融洽，因为女生的沟通能力和协调能力很强，而这一长处的发挥，在一个团队里是十分关键的。有时候团队的和谐与融洽远远比团队成员的能力更重要，团队集体的力量也会比各自作战更加强大。而至于作为一名队长所需具备的其他能力，其实女生也同样可以慢慢培养和习得。因此，刘慧能成为那一届的队长，似乎也是不足为奇的事。加之当时的选拔过程中还考虑了自我意愿这一因素，这也对最后的结果产生了一些影响。在刘慧看来，如果要做，那就做到最好，付出越多，收获也会越多。因此当时的她是怀着满腔的热情加入支教团这个大家庭的，同时也想挑战和锻炼自己，于是主动申请担任队长一职。她靠着自己的实力和大家的信任，最后成功申请到了这一职位。聊着聊着，我们便不再刻意地去关注她是女队长这件事，话题开始转向了他们的支教经历和故事。

第十五届支教队由两名女生、六名男生组成，而这两名女生也因为支教成为了现在的舍友，"革命"友谊有了更深的发展。支教期间，他们居住的是出租房，而自这一届之后，出租房成为了支教团的历史，往后支教的学生都被学校安排在了学生宿舍。说起出租房的好处，那便是所有成员都生活在一起，其中四个平时在乡下教学的成员周末也基本上会回来团聚，队员之间也就有了更多交流、沟通的机会。有困难时可以相互帮助，组织活动时可以相互协作，整个支教队就是一个不可分割的团体，相处久了感情自然也慢慢升温，亲如一家人。当然，每个人都是独特的个体，都有自己的个性和处事方式，在相互交往的过程中也就难免产生摩擦和一些小矛盾。但如刘慧所说，也正是在这种环境中，他们磨砺了自己的性格，打磨了自己的棱角，开始学会换位思考和包容别人，变得更加随和、更易相处，这于他们而言，似乎是一种更大的收获。

到第十六届时，支教队成员已经基本不再带主课了，而且全都被分配在县城。而刘慧这一届则比较艰苦，有一半队员分布在乡下的两所中学，其中还有两名队员担任主课老师。之所以这样安排，也是因为当时情况比较特殊。他们去时恰逢海原二中搬迁，新校相比原来扩张了很多，一个年级由原来的几个班扩展到十几个班，教师数量供给不足，于是支教队便担负了更重的使命。支教队的另一名女生张露，也就是刘慧现在的舍友，在乡下带着英语课。刘慧告诉我们，因为离住的地方远，坐大巴到县城要一个多小时，而课程任务又比较重，学生有英语晚自习的时候老师必须待到晚自习结束才能离开，所以张露平时就经常住在乡下的学校里，只有周末才会回县城住。对张露和另一位带主课的男生来说，虽然任务会重些，还要面对考评的压力，但他们从未有所抱怨。相反，他们反而很感谢能有这种机会，让他们与这些学生有了更深的交流，真正地聆听到了他们内心世界的声音。而学生也对他们产生了很深厚的感情，在支教结束的时候，还专门为他俩举办了欢送会，给他们送了许多亲手制作的小礼物。这种情谊，是难以用言语表达的，于他们而言，收获的或许不仅是感动，更是内心的丰盈。

刘慧和其他三名队员带的主要是信息课等副课，虽然比不上带主课压力大，但这一年对他们来说，也是十分充实和忙碌的。平时计算机课，每周只有两节，一节在教室，一节在机房。在教室的时候，他们的自主选择性比较大，会上一些诸如“认识自我”的课程或者给学生放纪录片；而在机房的时候，则主要教学生一些基本的计算机操作技巧。由于学生们平时对计算机接触少，所以基础比较差。虽然课程任务不多，但每天中午和下课的时候，他们会很忙，因为学生比较积极主动地学习，总会来找他们辅导作业或者是谈心。到了下学期，刘慧还利用自身的舞蹈基础，在学校组织了一个舞蹈班，给三个班的学生教授舞蹈课。中午虽说是午休时间，但学生一般都比较好动，很少会安分地睡觉。于是借着中午的时间，三个班轮着排练，他们喜欢街舞，于是她就给他们分别排练不同的街舞节目。最后，三个班的表演都被搬上了汇演的舞台。所以不管是对这些中学生来讲，还是对她自己而言，这都是人生中一次难忘的经历。

据刘慧介绍，除了开设舞蹈课，“周末电影院”的推出也是他们这届支教队的一项创新。在支教学校，许多学生都是从乡下到县城来读书的，离家较远，所以他们回去的次数很少，周末一般也住校。为了丰富这些住校生的周末生活，刘慧他们便向学校领导及老师提议，每周周末在学校放映电影。这一提议很快得到了校方的支持，但在电影题材的选择上有一些分歧。刚开始学校领导建议多放抗日题材的电影，但刘慧他们认为，大家从小接触的几乎都是这一类型的电影，为了开阔学生的眼界，可以多尝试一些新的东西。慢慢地，学校领导和老师也接受了他们的想法，放手让他们进行自主选择。于是，各类题材的、国内外的电影都开始进入学生的视线。而这一活动也变得比想象中火爆。由于县城没有电影院，所以家在县城的那些学生以及其他学校的学生也都跑来看。最后由于学生太多不好管理，学校只好规定学生必须穿本校校服才能进，这才算控制住了一点场面。这项活动算是一次较好的创新实践，通过观看那些电影，孩子们的思维方式和看问题的视角都有所改变，这种潜移默化的影响，其实对他们以后的人生也是大有裨益的。自此之后，"周末电影院"成为学校的一项固定活动被传承下来。在校友和科大校团委的捐赠和帮助下，放映的设备和条件也越来越好。一届一届的支教队成员，还在为这里的孩子们带去新的东西，展示不一样的世界。

"其实总的来说，支教的这一年时光于我们而言，是充实的、丰富的。"刘慧这样说道，"我们每个人都怀着饱满的热情，心无杂念地投入到支教这份事业中，将分内分外的事做到了最好。"上课，参加学校组织的活动，大胆进行课程创新……他们似乎每天都在不亦乐乎地忙碌着，从来不会觉得累。这是一股新的力量的加入，它让人看到光亮，也让人心生温暖。我们相信不管是孩子们，还是老师们，都会被他们所感染，会记得在他们的人生轨迹里，有这样一群人，曾经来过。而这，不就足够了吗？

采访的最后，刘慧很感慨地说："这一年里我觉得心很静。在这里，可以不受任何外界事物的干扰，不用考虑生活中的细节琐碎，全身心地投入到一件事情中，原来是种很不错的体验。闲下来的时候，就看看书，或去乡下探访队友，生活很简单，可是也很快乐……"这就是他们，一群可爱、可敬的人！

【摘自《中国科大研究生教育》2016年第2期，总第103期】

耕耘与感动

——我愿做西北的一株胡杨

文/李敏思

柔和的阳光透过窗户，照在了年轻老师的脸庞上。年轻老师专注地看着学生的英语作文，学生优美的书法和精彩的表达，让她会心微笑；学生潦草的字迹与粗心的错误，则令她双眉紧蹙。白墙上的身影，也随着年轻老师的一举一动微微变化。批阅完了作业，年轻老师抬起了头……她就是宁夏海原二中的支教老师——张露。

张露是中国科大管理学院工商管理专业研二学生，中国科大第十五届支教团成员。2013 年，身处就业、出国、升学的人生路口的张露，经过多番思考，毅然做出了远赴宁夏支教的决定，她希望通过一年的支教服务调整状态，更加深刻地认识社会。这一决定得到了父母亲友的支持。在经历了一整年的综合培训后，张露于 2014 年 8 月到达宁夏海原，如愿地成为海原三中的一名英语任课老师，正式开启了自己的支教生活。

“张氏教学法”

由于张露缺乏实战经验，开学第一个月，学校便安排了一位有经验的英语老师作为张露的师傅，向她传授实用的教学方法和授课技巧。学艺一个月后，张露逐步接手两个班级的课程。一周的授课暴露了张露授课时存在的诸多不足：声音小、上课死板、与学生互动少。学生与师傅的意见，成为了鞭策张露不断改进和学习的动力。经过一段时间的适应和调整，张露逐步掌握了把握课题节奏、调动课题气氛的方法，担忧和紧张早已消失，取而代之的是自信与从容。

张露的教学工作与其他初中英语老师的工作没有太大差异，根据教学大纲和教学进度要求，备课，讲课文，批改作业，讲练习题。随着经验的积累，张露形成了一套自己的教学方法。为了帮助学生打牢英语基础，张露要求学生每次记忆 10 到 20 个单词，且每节课都要重复检查学生的单词记忆情况。这种方法不仅能够督促学生完成课程要求的单词记忆，也能够帮助学生养成背单词的好习惯。而课后，张露并不会留过多的作业，只要求学生认真完成课程配套的练习题即可。张露坦言，自己的教学经历让她想起了自己的初中英语老师，也理解了初中老师对学生的严苛要求背后的良苦用心。

下午学生容易在课堂上犯困也令张露头疼不已。为解决这个问题，张露可谓是绞尽脑汁。她会要求上课打盹的学生蹲马步。同时，张露还尝试了多种方法让学生在下午的英语课中保持清醒，如带着学生做简单的肢体拉伸，可以帮学生改变下午上课无精打采的状态。

到了后期，张露与学生约定，一旦犯困，就自觉地站起来。

严肃与活跃的艺术平衡

作为一名支教老师，张露虽然受到教学大纲、教学计划的约束，但她也期待通过扩展学生知识面、鼓励学生互动的方式激发学生学习英语的热情。然而，理想与现实总是存在距离。当张露通过提问、讲故事、播放视频等方式与学生互动时，学生总是对新鲜的教学方式、新奇的事物感兴趣，而对于知识点兴趣欠缺。这一问题与学生喜爱新奇事物的特点有关，也同张露缺乏威慑力有关。张露外表瘦弱、为人和善，且与学生年龄差距小，因此学生总认为张露是“小老师”，并不“忌惮”张露。因此，当张露的“新鲜事”吸引了学生的注意力后，由于缺乏老师应有的威严，张露难以强制将学生的注意力拉回课堂。为了解决这个问题，张露决定减少课题互动和英语文化知识拓展。然而，缺乏互动导致课堂氛围沉闷、学生知识面窄等问题，这也促使张露谨慎地探索与学生的互动方式。

经过一段时间的尝试与学习，张露找到了活跃课堂氛围、拓展学生知识面的方式：严肃、分类教学。“与学生做朋友之前，先做老师。”张露感慨地说。为了维持老师应有的威严，张露在课堂上总是“板着脸”——与学生拉开距离。针对所带班级的差异，张露选择了差异化的方法：张露所带的两个班级中，19 班学生成绩较好，20 班学生成绩较差。对于较为优秀的 19 班，张露尽力拓展学生的知识面，保证课堂氛围轻松、活泼；在 20 班则注重督促学生学习课本知识，采取较为严肃的课堂互动方式，控制新鲜话题的引入量。

亦师亦友

张露不仅是学生的英语老师，更是学生的知心姐姐。当学生遇到问题时，他们会通过在作业本中夹小纸条或直接打电话的方式，与张露交流并请她支招。张露会耐心地了解学生的想法，并根据自己的经历，为学生提出建议。除了学业上的问题，恋爱是学生向张露求助的主要问题。张露认为学生有自己的思考能力，老师无权命令学生做出某种选择，正确的做法应当是将事情的利弊分析给学生，让他们自己做出选择。因此当学生提到恋爱问题时，张露并不会直接否定学生，而是向其说明初中恋爱的不可靠和“早恋”可能导致的严重后果——耽误学习，失去发展机会。张露对学生的耐心和尊重，赢得了学生的信赖。即使如今她已经离开学校两年多了，仍然不断有学生向她请教各种青春期问题。

一年的朝夕相伴，将张露的心与学生连到了一起，难说再见。2015 年 6 月，当张露上完最后一节课时，离别的不舍让她鼻头发酸。离开海原当天的中午，学生循着张露的地址，在中午下课后找到了支教队大本营为张露送别。这场意想不到的送别让张露再也难以忍住泪水。时至今日，谈到最后的送别，张露依然情绪激动，不稳的语调中蕴含着满满的感动与不舍。今年，张露所带的学生就要毕业了，为了实现曾经的诺言，张露计划着 5 月份回去看望自己的学生，为他们加油打气。

在海原，张露认真细致地备课、批改作业，耐心地教每一个孩子；在海原，张露严格要求自己，克服种种生活困难，圆满完成教学任务；在海原，张露敞开心扉，真诚关爱身边的孩子，成了他们的良师益友。在海原三中的365个日夜，讲台、黑板、宿舍，校园里的一草一木以及那厚厚的教案和作业本，记录了她教学生活的点点滴滴；宁夏人的友好热情、西北地区独有的胡杨精神，深深地触动了她，海原成为张露心里的第二故乡。

【摘自《中国科大研究生教育》2016年第2期，总第103期】

“原”来，你“海”在这里

文/苏　杳

今年6月底，中国科大第十七届研究生支教队结束了在宁夏回族自治区中卫市海原县的一年支教生活。离开海原已近两月，但队员们的脑海里依然满是对支教生活的回忆，至今仍不自觉地将猪肉说成大肉，他们也总说以后有机会要再回去看看。是的，我想，这趟追忆之旅定会在今后的某一天兑现。无论未来他们是否继续在教育领域工作，但站在三尺讲台的那年光阴，会珍藏在他们心间一隅。某时某刻，一封封从海原飘来的信件，总能让其忆起那片贫苦寒冷大地上的温暖瞬间。

海原，我们来了

去年夏天，8名支教队成员从合肥坐十几小时的火车硬座，途经西安，再转乘八九小时的长途汽车，最终抵达宁夏西海固地区的海原县。海原，一片贫瘠而缺水的黄土地，一片狂风肆意、常年寒凉的居住区，甚至是被联合国认为“最不适合人类生存的地方之一”的落寞地带。但此行8人，带着热情、理想、责任、使命感而执着地奔赴这里，和其他兄弟院校的同行者一道，唯愿带来更多温暖、阳光、活力与爱。

到了海原县，成员们等待县团委分配任务，积极配合当地现实需求，哪里有需要，他们就去哪里。但这些未知性，并未使其忧虑或不安。既来之，则安之，只要不忘初心，在哪里教课，教哪门课都是一样的。最终，8名成员，以“1223”的模式被分配到海原一中、海原回民中学、海原二中和海原三中。随后，他们和同在海原县的厦门大学研究生支教团通力协作，在每个学校组成四人教学组，度过了一年支教时光。

支教日常

学校，几乎成了他们全部工作和生活所在的方寸天地。除了一名在海原一中的队员没有具体教学任务，主要协助校方做好团委和教务处的行政事宜外，其余队员均按所在学校实际需求，分别负责信息技术和地理这两门课程的教学任务。每人要带4至6个班，故即使每班一周只有两节课，教学总量也并不轻松。同时每天的晚自习，他们也都全程参与，并积极利用这段时间为孩子们答疑解惑。到了本应休息的周末，他们又在海原回民中学开设了免费“高三辅导班”，为即将高考的学子们在冲刺阶段尽一己之力，希望帮助更多的海原学子通过高考，走出海原，走出宁夏，去外面的世界看一看、闯一闯。在支教队队员们的组织下，运动会、青春晚会、地理小竞赛、周五晚爱国教育题材观影活动等纷纷开展起来，丰富了孩子们的第二课堂。当然，每隔一段时间，8 人就会在海原三中“大本营”小聚，或商量教学计划，或讨论活动策划。

简单的支教日子平凡却不单调。队员们家访时乘着当地特有的、被称为“328”的红色三轮车穿梭在海原县内；入冬前就能欣赏到大雪纷飞的北国风光；一周才能洗一次澡，懒顾个人卫生的习惯就这么被培养出来了；在当地买自行车，由于地处偏僻，再也不用忧虑车被偷了；偶尔在海原县城内坐出租车，到哪都是五元钱，再也不用担心司机绕路了。其实支教的过程，所从事的工作往往都是一件件、一桩桩小事，有些甚至是重复性的，略显烦琐，但正是在以耐心、细心、热心做好这些琐事时，方见支教的本意。

为爱奔走

除了教学和团学任务外，支教队成员们还为改善学生们的求学环境而奔走。科大支教团和芳草社合作发起“一帮一”启明星导航活动，为贫困家庭孩子提供助学金。仅他们所在的一学年内，就为孩子们募集了 163582 元善款。而为了把这笔善款切实发放到更有需要的学生手中，他们在 9 月底奔走于多个乡镇进行家访，了解学生们的家庭条件，再依据学生在校的学习成绩、品德表现等加以衡量，最终确定受助学生名单。同时，除了这一中国科大特色的“希望工程”外，他们也尽可能地联系更多社会爱心人士参与到扶贫助学中来。今年 3 月，通过《安徽商报》一名记者牵线，安徽一对夫妇以其女儿郑雨竹的名义为海原县多所中小学及幼儿园送去上千顶御寒帽。面对学生家中的突发意外，支教队成员们也倾力相助。当时海原三中一位初中女孩所住出租屋遭遇火灾，被褥等屋里的生活用品皆被焚毁，该学生无所安居。班主任将这一情况反映给支教团后，在三中任教的三名成员抓紧联系了中国科大的芳草社，帮忙筹集了 1500 元交到那位学生手中。正是支教队对孩子们这种无微不至的帮助和关怀，让一年的师生情在今后的日子里延续下去。

重传承，不做过客

曾经网上流传过一篇反对支教的帖子《哥哥姐姐们，请你们不要再来支教了》，寒暑假短期支教活动对贫困地区的孩子们到底是否有益？这个问题确实值得思考。依笔者看来，此文说法过于偏激，文中所述支教行为确有不当，但更多支教志愿者们却是会思考孩子们真正需要的是什么、自己能给他们带去什么，不会为了做公益而失去“公益”二字本身的意义。正是基于此点考虑，海原县乡镇诸多中学尚未裁撤时，中国科大曾在海原乡下的西安中学设立“支教接力班”，此班孩子们由一届届科大支教学子担任任课教师，保证传道授业的连续性。而今大多孩子已转到县城求学，支教团的工作地点也都集中在县城里的中学，因此专门的“支教接力班”相应撤销，但注重“传承”的理念并未由此中断。海原三中一直是中国科大支教团的“大本营”，每次由队长“坐镇”。同时，几所中学里，支教团所带班级相对固定，比如第十七届队员们所带的几个三中初二班，这些班的学生上初一时正是由第十六届队员们所教的。可见，无论是海原县团委、中学领导还是科大支教团，大家都在共同努力，加强延续性，避免“支教老师不过一匆匆过客”的尴尬。

家访，另一种意义

当地教育状况仍令人担忧，且此种担忧，不在于看得见的硬件设施上的落后，而在于看不见的观念上的落后。由于近年来国家扶贫力度不断加大，海原县的高中大多配有塑胶跑道、足球场、带投影仪的教室等，令人担忧的是教师队伍的稳定性不够，留不住人才，往往海原只是一名教师的某段“旅程”，而非其教学生涯常栖之所。由于受经济水平、家中人口负担等现实因素所限，当地学生家长对于教育虽不至于漠视，但也鲜有“狠抓”现象。学生们接受九年义务教育后，到了高中，相当一部分人选择了结婚、外出打工或做阿訇（回族穆斯林对主持清真寺宗教事务人员的称呼）等其他出路，高中就读人数相比初中下降明显。虽说“唯有读书高”的观念已然落伍，但在当下知识社会，至少努力念到本科或是大专的求学信念仍是必要的。这种观念的培养，需要政府和国家的宣传，更离不开良好家庭教育的熏陶。一年支教期，总有走近学生生活的家访机会，和家长们聊聊天，或许可以不经意间改变其对于教育的看法，哪怕只是跬步，也万分珍贵。或许这也可算是支教之行中的另一意义所在吧。

至于海原当地家长们对于支教队的态度，是颇为欢迎的。不过这一“乐意”，却往往更多在于支教队在教学的同时还积极为当地寒门学子提供助学金之举。倘若问起是否更倾向于孩子们去支教队所带班级，答案并没有那么肯定。一方面由于支教队队员们负责的主要是副科，少有涉及语、数、外这三门主课，家长们并不太关注此事；另一方面则和家长对孩子的期待有关，若家长一心只关注孩子试卷上的分数，会更信赖当地教师多年的系统教学经验，而希望孩子多接触大千世界、开阔眼界的家长，则更满意支教队能带来新鲜资讯和活跃思维的班级。

离别，难忘之夏

离别之际，学生们纷纷为相伴一年的 8 位年轻老师送上祝福信或是小礼物。班里有的女生还把此行唯一的女队员韩颖请到她们宿舍，列队唱起了《不说再见》。渐渐地，歌声和哭声融于一处，别离总是如此。但海原，中国科大与你不说再见。第十七届支教队队员们归来不久，第十八届新队员们已拿过接力棒，抵达宁夏。而第十七届支教队仍在海原时，第十六届支教队成员蔡波还专门前往海原参加昔日所教孩子们的初中毕业典礼。

两夏之间，他们经历许多。在第十七届支教队队员们眼里，这个夏天变得不一样了，他们心中多了一份对万里之遥的思念。有时望着白云碧空，总是不免想起在那低矮的乒乓球桌上，和几个大男孩切磋球技的场景，想起阳光洒在那一张张肆意笑脸上的温暖印记。真要说此行收获什么、学到什么、难忘什么，倒又说不确切了，点滴留存心间就好。用一年光阴换一生独特经历，窃以为值得哉。当被问起此番支教经历中的感受，队长刘暄的回答简洁也质朴：“算是在学生生涯中真正接触了一番社会，更能在角色变化中迅速找到自我定位并适应。”而副队长韩颖的回答也同样突出了一个“变”字，不过重在对于支教意义理解的思想转变上，觉得支教应更重于突出中国科大创新为先的特色，开拓学生视野，培养其探求未知的兴趣，而非一味苛求和当地教师一般的专业化教学水平。虽未亲闻其他 6 位成员的答案，但想来也离不开“变化”之意，只是何处之变自有所差异。

“原”来，你“海”在这里

中国科大研究生支教团，从1999年起至今，历经17届，共已派出111名支教成员。每届支教队人数规模也从最初的4人增长到6人，再慢慢稳定到当下的8人。十几年过去了，当地经济发展水平和教学设施都有较大改观，2000年时很多地方还未通电，而今学校和宿舍楼都已覆盖网络。相较这些变化，中国科大研究生支教团矢志帮扶当地教育的信念从未改变。历届支教队成员们不忘初心，尽力而搏。中国科大研究生支教团在2016年获评“心动2015·安徽年度新闻人物”，并荣获“第十九届安徽青年五四奖章”。千里，万里，一届届中国科大支教队奔赴海原，和那里的中学孩子们相遇、相交、相知、相别。这是莫大的缘分，于学生们，于支教团队员们，都会从彼此那里获得温暖和感动。8个人，共赴一场师生之约。所谓教学相长，在这场千里之约中，关乎知识，却胜乎知识，因为还有关于公益、支教的理解。

【摘自《中国科大研究生教育》2016年第3期，总第104期】

情寄母校 ▶▷

人们常说“青春是用来怀念的”，其实过往的岁月都是值得追忆的。而回忆常常又是一个捉摸不透的东西，随着时间的渐行渐远，有些记忆就像沙里淘金一般渐渐浮现，你以为你忘记了，却不知偶然的哪个相似的场景或者相似的背影，又或者熟悉的旋律，拨动了你记忆中的那根弦，你才发现原来在记忆的或深或浅处还有这样一朵故事里的小黄花。

科大的校园总是在这里，历经风雨飘摇，她只会更加美丽动人、令人神往，校园里从来不会缺少朗朗的读书声和伏案疾书的身影，而从她这里走出去的学子遍布五湖四海，脸庞从稚嫩到逐渐成熟，一届又一届。在科大的学习生活是无数科大人青春记忆中最美好的部分，科大承载了无数科大人的青春记忆。本篇收录的文章都是在述说着科大学子如何追忆在科大学习生活的点点滴滴的。他们中有的人经历了憧憬之后的迷茫，迷茫后的堕落，在堕落中奋起，努力奋斗之后回归到正轨；也有人无比深情地跟科大告白与告别，从一草一木到学校精神，从春天的雨中漫步到冬天的傲雪寒梅，从图书馆中的翻阅到教室里的凝神，以及对教师、校工、教工、园丁的诚挚感谢，不舍离别也终将离别，但是在科大的美好回忆将伴随我们一生。

无论我们身处何方，中国科学技术大学都是我们每个人心灵深处最厚重的故乡。

飘在空中的电波

文/陈冬娜

手机是冰冷的，而短信却能跨越时空，传递爱的温暖——那是一种感觉，温馨而亲切；那是一种回忆，美好而难忘；那是一种珍藏，无价而永恒。

——题记

发黄的信纸、熟悉的笔迹、亲昵的语言，总会给人一种久违了的感动。然而鸿雁传书却常常会让人望眼欲穿，黯然神伤；电话的确具有让人无限激动与喜悦的魔力，然而刹那间的拥有终究无法成为永恒，时间在犹豫不决中错过，没有说出口的爱成了永恒的遗憾。

就在我们翘首企盼远方来信的时候，也许就在我们挂掉电话、怅然若失的时候，手机短信已悄无声息地融入了我们的生活，成为大学里的一种时尚。无论在校园、宿舍还是餐厅，收到短信的声音此起彼伏、无所不在。我，一个热爱生活的科大研究生，一个可爱而时尚的"青春舞者"，在拇指的辗转移动中，编织着一张生活的网，联结着我与我的亲人、我的朋友，以及每一个陌生而熟悉的人。

拇指关怀

"纯洁的冬天悄然而至，多变的永远是天气，不变的永远是关怀。愿飒飒的寒风吹散你心头的忧郁，愿纷纷的雪花轻拂你一身的疲惫。天冷了，出门记得多加件衣服。"

当我走在冬夜的漫天雪地，清扫着一年来的"心灵尘埃"的时候，当我独自一人作客他乡，哈尔滨的冰灯依然无法让我暗淡的心情变得明亮的时候，一阵悦耳的手机铃声，穿过冰冷的空气，如天使般带来春日里阳光的温暖。翻开的时候，看到屏幕上跳跃着这些可爱的字符，感受着朋友的浓浓深情，我会疲劳顿消，我会心存感激，我会热泪盈眶……

拇指祝福

大大小小的节日里，拇指成了忙碌而骄傲的使者。短信以跨越空间与时间距离的沟通方式传递着祝福，描述着快乐，勾勒着幸福。

圣诞夜，"死党"发给我这样一条短信："今晚，如果有一位很胖的老人偷偷溜进你的房间，把你装在口袋里，请不要害怕，因为我告诉过圣诞老人：我要的就是像你这样的好朋友。"短短几行字，却让我明白：朋友是哭泣时可以毫不吝啬给你依靠的肩膀；朋友是伤心时可以毫无顾忌向她倾诉的一口井；朋友是快乐时可以毫无保留与她分享的伴儿；朋友是一辈子的事，是生命中很重要的一种存在！

伴随着春节的鞭炮声，我沉浸在与家人团聚的甜蜜与幸福中。然而，老师、同学依然是我不变的牵挂。于是我拿起手机，拇指伴随着祝福的心情忙忙碌碌："敲响的是钟声，走过的是岁月，留下的是故事，带来的是希望，盼望的是美好，送去的是祝福。愿你的春节有软软的心情、快乐的笑容。"看着屏幕上的"桃李满天下"的骄傲，猜测着读短信的老师、同学满心"朋友遍天下"的欢喜，快乐、自豪久久地荡漾在我的心头……

刚刚放完五一长假，迎来的第一个节日就是母亲节。对妈妈的爱与思念在拇指的不停按动中完美地表达："风是爱的呼唤，雨是情的交融。最爱我的人，最牵挂我的人永远是您。感谢您给予了我宝贵的生命，感谢您十几年来精心的照料、无微的呵护，感谢您一直都相信我是您的骄傲。妈妈，母亲节快乐。我爱您！"我无法看到妈妈读短信时的表情，却可以真切感受到那种伴着泪光的欣慰与幸福。不久，收到妈妈的回复："谢谢你，女儿。只要你快乐，就是爸爸妈妈最大的快乐，妈妈永远都相信你是我一生的骄傲。我也爱你，宝贝儿。"我把妈妈的这条短信永远地保存在手机里，时时刻刻带在身边、记在心里，连同妈妈的爱与牵挂一起珍藏。

拇指真情

周日的清晨，常会收到老爸温馨的问候："起床了吗？别睡太久，起来多运动运动。"平日里的中午，也常会收到老爸细心的嘱咐："多吃点有营养的，别总想着减肥。我女儿最漂亮了，一点儿也不用减肥。"每天傍晚，老爸的关爱常伴左右："女儿，下课了吗？今天课多吗？很累吧。晚上早点睡，别熬夜。"……第一次离家，在科大这个陌生而熟悉的环境里，老爸的短信让我时刻被家的温情包围着，给我面对生活、迎接挑战的勇气和力量。

那天，老爸发短信问我："电信公司提供的气象服务收费多少？可订否？"想到老爸常出差，工作地点不固定，于是回复道："大概每月三元，你常出差，不订为好。"……以后，仍然像往常一样收到老爸的短信，只是多了些有关天气的提醒："明天可能有雨，多加件衣服，出门记得带伞。""这几天气温上升，可以适量减件衣服了。""这些天会一直有雪，注意保暖。你耳朵总受冻，记得戴帽子，还有小心路滑。"……刚开始的时候，我心里觉得稀罕，心想老爸什么时候成了气象员了，预报天气还蛮准的。直到后来，有一天，无意中听到室友说手机上的天气预报如何如何，突然想起不久前老爸似乎向我询问过此事。我恍然间明白，虽然他的工作地点不固定，但我的生活地点却是固定的——老爸订了合肥市的天气预报。忽然间鼻子有些发酸，拇指也不由自主地工作起来："老爸，别太忙，注意自己的身体。女儿很想你。"

日子如水般流淌，如公交车的来往穿梭，平平淡淡却也实实在在。我们渴望沟通与交流，渴望倾诉与坦白，渴望信任与重视，渴望心灵的慰藉与感动。于是，纷繁的短信飞越城市的上空，带着它的使命，传递爱的温度，连起朋友间短暂的休闲时光，牵起亲人间永恒不变的关怀，在平淡而忙碌的生活中激起一朵朵快乐的浪花。

感谢飘在空中的电波，维系着我们的爱。

【摘自《中国科大研究生教育》2008 年第 4 期，总第 73 期】

路、幸福、成长

文/Starfish(笔名)

实验室里坐久了,看看表,已经五点一刻了,我起身去吃饭。

路上碰到了陈宏芳老师,还有她的爱人。陈老师已经七十岁有余了,听实验室的师兄说,年初的时候近代物理系专门为她开了生日会,庆祝她七十岁的生日。会上,就连身为科大1958级第一届学生的许咨宗老师都玩笑地称自己为她的"弟子"(那我们就估计是重重弟子了……)。因为据说在那个时候,陈老师就已经是助教了。她在科大粒子物理专业工作这么多年,无论从角色的变换上,还是从阅历上,都可以说是足够丰富了。直到现在,仍然可以天天在系里见到她,而且常常来实验室里问问我们的研究情况,或是提些自己的建议。

说来也巧,也许是因为我每天去实验室的时间和离开实验室的时间都和她相近,一周五天里几乎有三天我都能在路上遇见她。早上大概八点多一点,中午不到十二点,下午两点,还有傍晚的五点有余。

然而我从没有一次见到陈老师是单独一个人在走,无论在什么时间碰到她,都总能看见她的爱人在旁边。他们步子不快,但是很均匀,彼此间的话似乎也不太多。大多数情况下,只是并排走着,偶尔陈老师也略微在前。碰到的次数多了,我渐渐发现,原来他们每天都一起上班、回家,每天走的路也是相同的。

一路上都是学生急匆匆的身影。傍晚,校园广播响了起来,放了点音乐。校园沉浸在一片霭霭的暮色之中,已经是秋天了。

老师的爱人好像也在近代物理系上班。

每次看到陈老师,叫一声"老师好",回应都是永久的不变——淡淡的点头和深深的微笑。这让我想起原来北大的学生说北大,在校园里、在燕园附近,总能看到很多大家,比如朱光潜,比如宗白华……,看到了,恭敬地打一声招呼,但如果你不留意,甚至都可能认不出他们,因为他们是那么的普通、朴实和安静,和你一样,也走在你天天所走的路上。他们的美学是人生,追求的是内在。

这条路,陈老师和她的爱人,一走就是几十年。天天早上上班,中午回去休息,下午再去系里,晚上回去吃饭,他们天天肩并肩,缓缓地走在这条路上。今天或许我看到他们迎面走来,明天又看到两个缓缓的背影,熟悉而又亲切。这条路的这一头,是家,另一头,是共同的志趣所在,中间是暮色中的校园,是下课后的我们,是校园广播里传来的缓缓的音乐。

这时我渐渐地感受到,什么才是真正的幸福,这份深挚的感情让人感到是那么的踏实、稳定和满足。走在校园里,远离外边的车水马龙和浮躁。这种平凡在一天天中累积成浪漫。

想起选实验室时我和陈老师间的那次谈话,她的意见中肯又深切,为我指清了方向。有时找她问问题,她的思路又特别的清晰,很快能捕捉到问题的中心,常能点到问题的要害,令我十分钦佩。不过现在我慢慢地发现，其实她不仅在学识和经历上是典范，在对情感的理解上，在对待人生的态度上，也为我们树立起未来的高度。

在大学里，其实我们还只是一群孩子，处于懵懂的状态，和老师中间跨越着五十余年的尺度。我们有时把自己弄得一团乱，但都在不断地成长、学习。他们是我们所仰慕的，更是我们在这条路上的最好的老师。

前一段时间看到《第十放映室》里有一期是关于成长的专题，里边的旁白非常精彩和到位，且当作文章的结尾。

二十岁出头的岁数多少有些令人尴尬，它要求你对于一切都要自己选择，却又不给你充分的时间去变得成熟。面对选择的困境，往往是难以选择的焦灼。

…………

青春，是三分不顾一切的执着，三分无知无畏的好奇，三分完美主义的梦想，再加一分裹杂着忧伤的甜蜜。长大成人的过程不容易，其中的酸甜苦辣都是最难得的滋味。日复一日的磨砺中，青春褪尽生涩的外壳，守候成熟的华彩。那懵懂带来的阵痛是成长留下的痕迹。

日后回头，这些伤反倒成了最美好的记忆。因为在那些似曾相识的岁月里，人人都在努力生活着。在独自等待中黯淡，在结伴离开时散场，顾盼成长的烦恼，我们品到的是回甘的味甜！

【摘自《中国科大研究生教育》2010 年第 4 期，总第 81 期】

九　年

文/王美焰

时间过得真快，不经意间，我来科大快九年了，一晃求学生涯再有两个月就要结束了，很舍不得自由自在的学校生活，对科大充满了留恋和感激。九年前，一个毛头小伙子带着对科大的好奇和考取的荣誉感来到陌生的校园，这一幕仿佛还在昨天。毕业在即，离别的伤感没怎么侵袭我，也许是因为工作签在合肥，想母校了，可以随时回来看看。

科大四年本科生涯中的很多记忆变成了时间模糊、情节残缺的片段，只能摘取零零散散的记忆来回忆那段时光。时间倒流到刚入大学那会，一个背负着家乡父老乡亲期待的高才生来到神秘而又陌生的科大校园，来到虽说不上繁华但对我来说一切都很新鲜的合肥。面对很多新奇的事物，我找不到一丝熟悉感，我对城市的陌生感好像一个刚出生的小孩子面对一个未知的世界，顿时茫然不知所措，在家乡学习成绩一直名列前茅带来的优越感荡然无存，突然觉得自己身上没有一点可以拿出来跟同学炫耀的东西，自卑感油然而生。面对巨大的心理落差，我只有靠拼命学习找回自信，每天早上 7 点准时坐到自习教室开始学习，晚上 11 点才背书包回宿舍，简单地洗漱一下，接着挑灯夜读 2 小时，天天如此，两年不间断，可以说我将全部的时间和精力都用在学习上了。

由于睡觉时间不够，加上没钱，吃得很不好，我的大脑整天昏昏沉沉，很多次在课堂上趴着桌子睡着了，惊醒后就使劲掐自己，本以为学习成绩可以像高中时候那样让自己引以为傲，可是不管怎么拼命，始终都不能让自己的成绩达到一个让自己满意的结果。班级学习非常刻苦的学生有很多，学习气氛非常浓厚，大家都在你追我赶地好好学习，有些天资聪颖的同学非常出类拔萃，不好好学习的学生寥寥无几，当然，气氛也有点压抑。曾经的我走路都是只看天不看地的，以为一切都掌控在自己手中，没有自己占领不了的成绩高地，面对比高中付出还多的学习时间和更高的学习强度，得到的始终是不上不下的成绩，沮丧和挫败感一直侵袭着我，连仅存的一点靠学习成绩赢回自信的希望也变得渺茫。

接着，我开始堕落，疯狂地打游戏，靠打游戏升级找回点自信，越感到空虚就越爱打游戏，越打游戏就越感到无聊，堕落和焦虑伴随着我度过了很长一段时间。后来我开始严重脱发，头发掉得我心里发毛。骨子里头，我还是有点追求的人，吊儿郎当、无所事事的状态让我寝食难安。在本专业不能出人头地，拼不过同学，我另辟蹊径，开始关注计算机方面的书，于是，我经常去图书馆借阅相关资料慢慢阅读，希望自己能在计算机这块胜出一筹。在那段时间，我如饥似渴地看了很多计算机方面的书，有些书大致能够看懂，有些书看得似懂非懂。大学后两年，我断断续续读了 200 多本计算机方面的专业书，有些经典图书则反反复复看了很多遍。读书为我平时沉闷的生活带来了一些新鲜的气息，我找到了一些存在感，焦虑也相对好很多。正是由于看了些计算机的书，我后来跟几个志同道合的同学创办了 Web 协会并担任该协会第一任会长，组织 Web 相关培训十几场，研二期间还去瑞士交流学习一个月并做了有关网站方面的一个项目，还攒了一万块钱，改变了口袋里一直没钱的状态。大四毕业那年，我以不是很好的成绩保研到科大硕博连读。

伴随着大四暑假的结束，我的读研时代越来越近了。读研所在的实验室，我大二就已经在里面"混"了，跟在师兄后面小打小闹地学点科研的皮毛，读研前两年上上课，折腾折腾Web协会，没深入去做科研。研二下半学期就转博后，无奈于自己手里没有合适的课题可做，攻读博士学位没有完整的课题，再小打小闹就说不过去了。我开始着急确定博士课题。直到博一下学期，才正式开始博士课题的研究。我性格急躁，急于求成，遇到脑子短路就沮丧，而脑子短路的状况又经常发生。在课题刚开始的那段时间，我感到十分崩溃，真是生不如死。导师耐心地给我讲解科研怎么做、文献怎么读才算是把握住火候，要耐得住寂寞，坐得住冷板凳。我曾一度怀疑自己不是做科研的那块料，觉得自己智商低、脑子根本不够使唤，高深的设计理论、设计模型、牵涉的函数公式等完全拿不下，失落了很长一段时间。我已经博一了，仿佛刀架在脖子上，必须往前走。课题做不下去的时候我就找师兄或者导师讨论，希望能够柳暗花明。现在已经记不得迷茫过多少回，论文修改过多少遍，为博士课题没进展焦虑过多少个晚上了。在拼搏课题的近两年时间里，既有思路理顺的喜悦，又有思路缠绕的烦恼，还有一次次修改论文的煎熬，亦有晚上失眠的辗转反侧，一切的一切伴随着即将临近的毕业都会成为回忆。导师在我的课题上没少费心思，无数次地与我讨论文章思路，不厌其烦地修改我的博士毕业论文，用心地培养我，希望能够把我培养成合格的博士生。在读博期间，虽然有段时间我特别煎熬，但是学到了很多东西，包括心性的修炼。现在的我，博士论文修改基本结束，刚刚写完一篇小论文，利用其余时间学习一些软件，读读书，尽量充实自己，跟刚开始做博士课题的焦躁相比，多了份淡定和从容。

而将博士毕业的我 26 岁，有生之年的 9 年时间是在科大度过的，如饥似渴地求知过，年少轻狂过，肆无忌惮地用游戏宣泄过，理智与情感搏斗过，被博士课题折磨过，也有过青春的璀璨，也曾经拥有过美好的爱情旅途。虽然有些往事越来越模糊，但是我相信这 9 年是我一生中最美好的一段回忆，这段回忆中充满了求知的充实和谈恋爱的快乐，会为我将来的工作生涯和生活打下良好的基础。感谢母校！

【摘自《中国科大研究生教育》2011 年第 2 期，总第 83 期】

闪亮的日子

文/孙 静

我们站在了2011年6月的渡口。

远处云水交汇的天际，理想和希望的光芒在晨曦中闪耀，召唤着我们扬帆远航。

2011年6月，注定将成为中国科学技术大学这一届所有人共同怀念的时光。也许以后的十年，五年，每年，甚至是某天，彼此的一个电话，偶尔的一页相册，或者是不经意抬头的瞬间，都将会有人忆起2011年6月这离别的日子。

汽笛声声催促，而我们，迟迟没有起航。时间的河，在不息地湍淌，却冲不走我们深深的离愁。仔细想来似乎还是昨天，初入校时的一丝兴奋和忐忑还在心间，师弟师妹们嘴边还在哼着毕业遥遥无期，而一转身，我们已踩着毕业的时间线了。我们忍不住一遍遍地回头张望，这6月渡口的此岸有我们厮守三年的时光，有陪伴我们的师长同学，还有装载我们青春记忆的美丽校园。

亲爱的校友啊，这里是我们共有的一段记忆。请允许我今天小心翼翼地打开它。

三年啊，你曾停下匆忙的脚步，注视过那些站立在楼群中树林间操场旁的雕像吗？一教前的郭沫若，二教前的杨振宁，三教前的严济慈，图书馆前的华罗庚、郭永怀、钱临照，还有那些散布在各个教学楼内的画像，大师们深情注视着这个校园，时刻警醒着走进这个学校的每一位同学，提醒着我们肩头的使命和责任。他们曾是中国科大的骄傲，是中国科大的灵魂，他们用毕生的心血在新中国树起了中国科学技术大学的丰碑。而今天，在这里，由我们接过火炬，传承着这个学校50年来不曾停息的拼搏。

三年啊，你体会过雨中校园漫步的静谧吗？轻轻流淌的小溪是否曾流进你的心田？二教楼庭间那株傲雪盛开的蜡梅感动过你吗，用她最美丽的容颜？那如羽毛的雪花瞬间覆蔽的地面，是上天给她的留白，而我们踩踏的脚印不正是画面上最深情的一首小诗？路过图书馆前的枇杷林，你动过摘下一颗的“邪念”吗？呵呵，三年来一直困惑着我的问题是：校园里摘果果算不算偷啊？可惜中科超市后面的小吃摊全部搬迁了，那可是我们饥寒交迫的第一时间就能想起的温馨小街。这些，所有这些微不足道的情怀，此刻却是那么轻易地湿润了我们的双眼。

这三年中，当我们在课堂中凝神，在图书馆翻阅，在晨曦中诵读，在通宵教室握笔，在操场上奔跑，在篮球架下挥汗，在月下羞涩牵手，在松软小路上昂首呼吸迎面的微风时，我们的一生就注定与这所学校魂牵梦绕，与她有关的一切一切都会像东区艺术画廊上的那株绽放的春藤，紫色的小花一朵一朵爬满我们的眉宇心田。我们感受着她独特的魅力，我们欣喜于她的每一项成就，我们愿意把自己的荣辱与她相连，我们更愿意相信她是中国的独一无二，是我们眼中永远的唯一。

在这里，我们感受着中国知识分子群最质朴的坚持。在这里，老师身体力行，让我们懂得尊重生命、尊重平等，我们眼中的个体不再有高贵和卑贱之分。在这里，我们明白在学术面前真理最大，老师一遍遍叮咛，追寻真理的路上，道阻且长。在这里，教授仍然坚持把论文批改到标点符号，对待学问的认真执着让马虎的学生轻轻低下了头。在这里，我们学会了什么叫遍历，我们知道"大牛"们除了拥有高智商、高情商，更多的是艰辛的付出。在这里，让我们折服的不仅是三尺讲台上老师浩如瀚海的博学，更是满头银发的老教授弯腰把调皮男生扔在地上的纸屑一一拾起。在这里，我们敬佩的不仅是学校成就了多少院士，走出了多少大牛，更是实验室中那些不问冬寒夏暑每天披星而出戴月才归的默默奉献的老师和同学。在这里，我们感动的不仅是小师妹病在旦夕时，不论远隔重洋还是近在咫尺的师兄师姐都伸出温暖的双手，更是七八十年代校友们传奇的人生和时至今日流动在校园每一寸空间中的民主氛围。

这里还有认真的校工，他们把尽职尽责认为是天经地义、理所应当。这里还有负责的园丁，使我们的校园一年四季美如春画。这里还有温厚的教工，他们以硕博的学历，拿着微薄的工资，全心全意地做好服务教学的工作。这里的男生以科研成果为荣、以为校争光为傲，这里的女生依然清汤素面保留一张朴质纯净的笑脸。那一排六尺围墙，为一批又一批愿意读书的年轻人抵挡住了墙外的繁杂与喧嚣。这里还有……还有很多我们已经习以为常却让外人惊讶的人和事，千字短文无法尽数那一点一滴的感动。那些我们亲身感受的人和事，那些谆谆教导和殷切希望，温暖过我们的心灵，也从此在我们灵魂深处种下健康茁壮的种子。

汽笛在一遍遍催促我们上路。

有人手握纸巾无语凝咽，有人悄悄转身擦拭眼角，还有更多的人泪流满面。

我们知道啊，今日一别，聚日或将是遥遥无期。

我们将带着您的教诲，奔赴世界最繁华的城市，走进祖国最偏远的乡村，在地球村落，在田间地头，在寻常巷陌，我们将用双脚去丈量与您越来越远的距离。我们也知道啊，我们走得越远，我们就离您的心更近。您教给我们的，不仅是文化，不仅是知识，不仅是精神，更是人类的希望，是中国的未来。有一种力量，从您的眼中传出，温暖我们的心田，也必将随着我们的步履，传遍世界的角落。我们未来的路，注定要走在中国的大街小巷，注定要同这个国家息息相关，命运相牵。

昨天再美好，也终究是昨天。

我们的一叶小舟，终于要在 2011 年 6 月的渡口挥手扬帆，我们终将汇入那江河湖泊、冰川大洋。从这里起航的我们，将更加坚定、更加有力。这里——中国科学技术大学，将成为我们每个人心灵深处最厚重的故乡。

【摘自《中国科大研究生教育》2011 年第 2 期，总第 83 期】

“科大摄影师”李雅清：要把科大的声音与精神传递给更多的人

文/李　昂　采访对象/李雅清(2004级研究生校友)

2013年的毕业季刚刚过去，离愁别绪似乎仍未远离。当每位科大学子走出成长的大门，挥别母校之际，他们都收获了一份特殊的礼物：记载着在科大点滴岁月的毕业纪念册。随手翻来，浮动其间的一张张校园风光剪影让人爱不释手，光影的故事写满了科大的每个角落。也西湖畔的杨柳拂岸、教一楼前的碧叶荷色、梧桐道旁的秋日私语、孺子牛下的冬雪早晴，这些关于母校回忆的吉光片羽，让已经毕业的学子获得些许慰藉。

照片的作者，正是李雅清。事实上，这早已不是她的作品第一次结集成册。早在2008年中国科学技术大学50周年校庆时，她的摄影作品就被整理为《科大风物》一书，作为校庆宣传画册，将科大光影中的美好传播到全世界。在这本书中，新闻科班出身的她还为自己的摄影作品写了配图稿，字里行间溢出对科大风物的细腻情怀，沉静清雅、意蕴绵长。

立秋第一天，我们如约来到中国科大出版社李雅清的办公室，一间洒满阳光的屋子，明净清爽，桌上待客的茶水早已凉好。她正在校订书稿，虽然工作繁忙，但依然活力充沛。窗前的空地上，架着一支原木色的画架，我们的谈话，就是从这支画架开始的。

中国科大研究生教育(以下简称“科大研教”)：以前只知道你是摄影师，真不知道你还喜欢绘画。

李雅清(以下简称“李”)：(笑)我也是刚开始学习，最近很有兴趣，所以在办公室放了个画架，工作之余练练素描，算是忙碌生活的一点儿调剂。人家总说画画这些要从小学起，我却不这么认为，人在成熟后所做的一些选择更具有生长力，所以挑战一下。就算再忙，人也总要有些兴趣，摄影是，绘画为什么不可以？

科大研教：相比绘画，摄影更像是你的职业还是生活中的爱好？

李：我小时候就开始接触摄影了。那时候，父亲常带我去远足、爬山，到处游历，小小年纪跑了不少地方。我们会爬到黄山顶上，拍青松、拍云海，然后对冲洗出的照片品评。父亲写书法，会用书法的构图来讲摄影构图，所以我对摄影的敏感也就这么质朴地建立起来了。我在乎那些转瞬即逝的美好，也渴望用镜头记录身边的一切。所以我相信，热爱摄影的人都热爱生活。换句话说，摄影本身是生活所给予你的，从生活中感悟到了什么，快门就记录下什么，包括心情。

科大研教：我们常说，不同的人去拍同一处风景，每个人内心的体验却不同，拍出来的东西也各异。对你而言，摄影是怎样的一种个人体验？或者说，对你来说摄影意味着什么？

李：这让我想起了第一次看到《青椒》的心情，那是美国摄影家爱德华·韦斯顿的代表作。从摄影诞生到现在，摄影器材、设备发生了颠覆性的变化，但摄影本身没变。我们总能被那些最质朴、本真的东西感动，这意味着人们感知美是永恒不变的。我一直要求自己去追求这幅作品的心境，学会用摄影的眼睛思考，在摄影中体味美好，通过作品改变大家对事物固有的看法。我期待沿着这条路走下去，用自己的坚持，在心中搭一座"记忆之城"。

科大研教：不知不觉，来到科大快有十载了。你眼中的母校是怎样的呢？

李：由于之前工作的关系，我采访过不少科学家、学术精英，聆听过很多大师讲座、高端论坛。我很庆幸，在人生的成长期，能有这样的平台和资源，拓展眼界，成熟人格。我忘不了听到郭永怀事迹时的那种敬畏；忘不了老教授们严谨到标点符号的治学态度；忘不了郭沫若广场的黄昏，满头华发的院士夫妇互相搀扶步入夕阳的背影。这就是最真实的科大，最质朴的情怀。她是我人生的起点，我在这里找到了自己的方向，也希望通过我的各种努力，能把科大的声音、科大的精神传递给更多的人。

科大研教：和我们谈谈你的梦想吧，或者更具体一点，是希望通过努力能够达到的状态。

李：曾经听过一种观点，年轻的优势就在于可以不断修正，在30岁之前尝试各种人生体验，即便是犯错，你也有时间总结并找到最适合你的人生路径。我本身就是敢想敢为的性格，没有体验过的我都愿意去尝试。未来的日子，我希望一面整理自己之前的学习积淀，一面以开放的姿态面对新的挑战。梦想或许不是一条直线，但我不会浪费生活的每一天。

【摘自《中国科大研究生教育》2013年第3期，总第92期】

我的梦,科大梦

文/阮耀钟

时光飞逝,转眼科大已建校55周年,这段漫长光阴和我一起共同见证了母校的坎坷、顽强拼搏和如今在学术界内的傲视群雄地位。55年对一所大学而言,也许只是发展时期的一个过渡阶段,但是对于我们这些老科大人来说,却是大半辈子的回忆,时光或许已经远去,但世代学子们传承的科大梦还在,我们对学术的热情还在!

依稀记得我在校学习期间,有次郭沫若校长请了一个科学家代表团在学校大礼堂给同学们做报告。有两位科学家的话语,我一直铭记于心。一位科学家说:"现在你们念的书里,都是外国人的名字,希望以后有我们中国人的名字。"另一位生物学家说:"一头牛,吃进去的是草,出来的是牛奶。世界上现在还没有一台机器,进去的是草,出来的是牛奶。这样,牛也不用养了,牛奶也不用订了,想喝牛奶时,只要往机器里塞把草就行了,多方便啊。"1962年陈毅到校做报告时曾风趣地说:"郭老两次邀请我来做报告,不能再推了,只得从命。"陈老总有句话,我至今都没有忘记:"只要你们把原子弹搞出来了,我当外交部长的腰杆子也就硬了。"在那个年代,梦想似乎只是一个昂贵且模糊的词,但从那一刻起,关于国家的使命感、科大的荣誉感和自我激励感在我心中百般交杂,似乎在一瞬间我领略到了"梦想"这个词的含义。

1970年由于"文化大革命",科大被迫从北京南迁合肥,在缺乏资金、实验仪器大量损坏的情况下,科大像一株生长在暴风雨里的顽强小树苗一样,用了仅仅2年的时间里迅速恢复教学和科研,于1972年开始招收第一批工农兵学员。当年科大工农兵学生的质量在全国名列前茅,曾任南开大学校长的饶子和院士,就是当年科大的工农兵学员。虽然当年的工农兵大学生上大学是来"上、管、改"的,但学校俨然没有受到政治斗争的影响,坚决把学术和政治区分开来。在那个风雨飘摇的时代,科大为潜心科研的教授和奋发苦读的学子提供了一个暴风雨中摇曳却仍然不倒的避难所,始终保护着莘莘学子岌岌可危还未成形的梦想。

1982年,我从美国当访问学者回来,此时的科大物理系一个教授都没有,但是在1979年至1989年举办的中美联合招收物理学研究生(CUSPEA)考试中,科大却一直保持遥遥领先的水平。因为CUSPEA考试的题目出自美国,而我们这些辅导CUSPEA考试的老师,一直坚持亲自做美国名牌大学历年的物理考试题目,不放过任何一道题!老师固然如此,学生更是不负所望,直到如今,科大物理系在全国闻名,这也确实实现了我们当初的梦想和理念。

科大一直秉承的淳朴而严谨的学风,在学术界深受褒扬。我女儿是科大86级学生,她对我讲,即使考入了大学,科大的学生都像高考前一样用功。有一天晚上,她在二教楼自习,突然停电,同学们又喊又叫地下楼。中途又来电了,人潮往回流,三分钟之后,整座大楼已然鸦雀无声,常有同学感慨:"中国科大真可怕!"殊不知,科大师资雄厚,有非常难得的诸如严济慈、吴有训、华罗庚、钱学森、钱临照等著名科学家给我们讲课，除了这些之外，更有安静恬然的学习环境，为了实现一代又一代人的科技梦，同学们能不拼命学习吗？

我常给科大学生讲，科大人相当于“特种兵”，与“野战军”相比，在总数量上，或许不敌其他名校，但若比人均，科大肯定是全国第一。在如今各大高校扩招成风的时代，科大仍然坚持着精英教学，学子们始终秉承艰苦奋斗、勤奋学习的精神，实属可贵！

我认为艰苦奋斗、勤奋学习的学风是科大精神的精髓；求真务实、勇于创新的精神是科大精神的灵魂；民主自由、团结互助的气氛是科大精神的土壤。只要我们坚持科大精神，在践行科大梦的道路上不断努力，将科大人的精神在新的历史条件下发扬光大，相信科大的明天一定会更加辉煌！

【摘自《中国科大研究生教育》2013 年第 3 期，总第 92 期】

学海行思 ▶▷

自古以来，时间一直都是一个永恒的话题，多少文人墨客感叹它的匆匆逝去。倚靠斜枝低吟“朱颜辞镜花辞树”，屹立江边感慨“古来万事东流水”，回眸历史长叹“江山不老人易老”。入世的孔子担当不起时间的厚重，“逝者如斯乎，不舍昼夜”，出世的庄子无法超越时间的束缚，“人生天地之间，如白驹过隙，忽然而已”。

漫漫十一载岁月，时光见证了科大学子的欢声笑语，见证了我们的辛酸泪水，人生如逆行，我们踟蹰前行，勇敢尝试，在失败中学会成长。在喧哗功利的社会中，不要迷失对梦想的追求，不要动摇对心灵的坚守。世界上最贵的是梦想，有了梦想，生活才有方向；有了目标，青春才会充实。曾经看过一句话：“弹钢琴的人总有一段时间为自己而弹。”当人们忙着裹挟在物流和车流之中，忘记和自己坐坐，那么就丧失了灵魂的意义。不忘初心，让我们变得洁净刚硬，内收而自控，快乐自由，精神无敌。

“学而不思则罔”，人生之路上，我们且行且思考。多彩的世界带给了我们无限的思考，每次思考都是一次进步，每次思考使我们渐渐走向成熟，使我们的思维更加严密。学习的过程就是思考的过程，通过反观总结，我们能更好地发现自己的不足，清楚自己的收获，明确未来的方向。

金子美玲说：“向着明亮那方，向着明亮那方，哪怕一片叶子，也要向着日光洒下的地方。”青春年少的你，在这年轻的时刻，不要犹豫，不必彷徨，在这最美的时光，为自己绽放！带着大气磅礴的气势从此刻出发，风雨无阻，尝遍百味人生；披荆斩棘，阅尽无限风景。

学术论文发表三部曲

文/贺向东

对“学术论文”一词我们并不陌生，但它的规范定义却很少有人能够清楚地表述出来。《中华人民共和国国家标准 VDC 001.81、CB 7713－87 号文》给它的标准定义为：“学术论文是某一学术课题在实验性、理论性或观测性上具有新的科学研究成果或创新见解的知识和科学记录；或是某种已知原理应用于实际中取得新进展的科学总结，用以提供学术会议上宣读、交流或讨论；或在学术刊物上发表；或做其他用途的书面文件。”而在社会科学领域，人们通常把表达科研成果的论文称为学术论文。简而言之，学术论文就是用来进行科学研究和描述科研成果的文章，简称为论文。它既是探讨问题进行科学研究的一种手段，又是描述科研成果进行学术交流的一种工具。

在研究生阶段，通过实验来发现和探索问题是研究生的主要任务，而学术论文的写作以及发表也是研究生需要做的一项重要的工作。早在 19 世纪，英国著名科学家法拉第就曾指出，对于科研工作，必须“开始它，完成它，发表它”。因此，发表学术论文就是为了将自己所研究出来的成果准确、快速地发表在期刊上，而且让别人能够很容易了解你所做工作的内容和实际价值。投稿的整个过程大致分为三个阶段：投稿之前，正式投稿，投稿之后。

投稿之前

在投稿之前，首先要练好自己的“内功”，正所谓“打铁还需自身硬”。也就是说，要把科研工作做好，把文章写好，有经验的导师和科研工作者才知道“怎样才完整”了，而学术水平不行的人眼睛里看到的就是“有数据了”“成了”，实验还没有怎么开展就默认“数据差不多了”“下周就可以交出来了吧”，这岂不是违背科研基本规律？当学会用审稿人（甚至杂志编辑）的眼光来挑剔自己的文章时，学术水平就能提高了。

整个文章从开始做试验到最后出来，最重要的就是不能急，要在自己这边尽量把它完善，无论是从实验结果还是文章表达上都做到你能做到的最好，相信付出总会有相应的回报。而有时候不管什么原因，急着把一些不系统的实验结果随便整整就投出去，被一拒再拒也就毫不稀奇了。比如：前言完全没有交代清楚我为什么要做这个工作，这个工作的意义何在，实验结果也不能完全支撑起自己的讨论，最后的结论又有太多不确定的部分，甚至错别字都有好些。那么，这样的稿件被拒的可能性必然很大。不管你往什么档次的杂志投文章，都能够先让它成为自己心目中的最好。总结起来：细节很重要，比如作图时的误差分析；态度很重要，一定不能存在侥幸心理，急匆匆地就把稿件投出去，最好在投稿之前好好看看

“Guide for Authors”，否则只会浪费自己的时间；不知道的多向人请教。

对于英语科研论文写作，英语这门国际通用语言对于中国人来讲是一个与生俱来的弱点。我们没有办法如英语母语的人一样做到自由表达、畅所欲言。我们将很多从教科书中学来的标准句式组装起来，自己读起来都觉得生硬干瘪。怎么办？其实功夫不负有心人，有很多关于科研论文写作的参考书籍，还可以在平时阅读高水平文献时多搜集整理，把一些精彩的或固定的表达方式记下来，关键时候就能派上大用场。最好要像讲故事一样把你的工作写成文章讲给别人听。不能只对结果做简单的分析，而应把所得到结果的来龙去脉讲清楚。而且如果有条件的话，应请专门的英文修改公司或认识的外国朋友帮着修改一下，这样出来的稿件，起码在语言的准确度和表达习惯方面会在审稿人和编辑面前加分不少。

另外，一些审稿人所持有的共同观点一定程度上也告诉我们如何进行学术论文的写作：

1. 写作一定要认真。一个符号、一个标点的错误都能让人的感觉发生改变，代表着你是否真的足够认真了，如果你不认真，审稿人怎么可能认可？

2. 一定要写出亮点，找出卖点，如果没有，还寄希望读者来找，怎么可能？

3. 图表、参考文献一定要多多检查，审稿人第一眼或许就仔细看了这个，如果不好，那么审稿人可能就会产生拒录的想法。

4. 摘要和总结部分一定要和全文一致。忌讳文章中没出现的结论却在这两部分出现了。句子尽量不要用那么长，短句能表达清楚就行了，严谨第一。

正式投稿

投稿时，选择好“对路子”“对胃口”的杂志非常重要，好文章投错了杂志一样会被退稿。在 2002 年一次学术会议上，一个报告者报告了他的工作，在结尾时说：“这个工作当初投 *Catalysis Letters* 被退稿，而转投 *Science* 反而中了。”杂志的“范围”和“喜好”当然有差别，实验工作的风格也有区别，有的以研究机理为主，有的报告了表观现象，投错了杂志当然不会中，这不仅仅是杂志引用因子高低所引起的。

比如说：为什么有的文章应该投 *Journal of Physical Chemistry* C 而不是 *Journal of Catalysis*？哪些文章应该投 *Applied Catalysis* A 而不是 *Journal of Molecular Catalysis* A 或者 *Journal of Catalysis*？*Catalysis Letters* 和 *Journal of Catalysis* 的研究简报有什么区别？*Applied Catalysis* A 和 *Applied Catalysis* B 有什么区别？

这就像现在很多大学里面的 BBS 论坛。为什么同样一篇文章，发表在文学版能被关注，而发在学术版却无人问津？为什么同样一篇文章，发表在新闻版能引起轰动，回帖无数，而发在出国版却马上被删掉？这就是区别！

为了了解杂志的范围和喜好，就需要在平时花时间浏览杂志的文献，认真体会。但这不是让自己故意迎合杂志的风格来改变自己的科研风格，而是根据自己的科研风格、文章风格来选取合适的杂志。

也许有的人会问：“投错了杂志，投不中有什么坏处吗？”回答是：“当然有坏处。”老是这样的话，编辑和审稿人都知道你老是来“胡搞”。更何况有些人在稿子被退稿后，“失魂落魄”地把稿子改投低档次杂志了。相反，如果开始就端正思想，第一次投稿也许就能中合适的期刊。

投稿之后

当投国内期刊被退稿时，不要埋怨审稿人“不识货”；当投国际期刊被退稿时，不要总是抱怨审稿人对中国人的歧视、不公，而要把批评意见当作是提高自己稿件水平的一个契机，补充新的实验，并精心修改文章后再投。

还有一点，就是所谓“信誉”的问题：如果你在投稿前总是把好关，投送在科研方面和写作方面都优秀的稿件，并且投送的稿件总是得到审稿人的好评，文章发表后能够被广泛引用，短期内的引用次数远超过杂志的引用因子，那么这也是信誉，属于“信得过产品”。

总之，发表学术论文要做到“知己知彼”，“知己”就是要突出自己论文的闪光点，让人发现自己论文的价值；“知彼”就是要了解所投期刊的风格、要求等，做到“投其所好”。如此，命中的可能性或许会大大增加。

【摘自《中国科大研究生教育》2009 年第 3 期，总第 76 期】

读博的酸甜苦辣

文/王美焰

时间过得真快，一眨眼工夫，我站到了博三的门口。不经意间，在科大校园已经度过了整整八个年头，感慨万千，思绪翻滚，从稚气未脱、不谙世事、孤高清傲的毛头小伙子长成了成熟稳重、有担当的男人。在科大算"老油条"一根，再有一年，就告别了我的求学生涯，告别了亲切又熟悉的母校，对科大我充满了留恋和感激。回头看看读博这几年，真是不容易，有摸爬滚打，经历过科研的煎熬、单身的寂寞、没钱的痛苦、修身养性的瓶颈；也有初恋至今爱情的甜蜜，科研思路慢慢清晰的窃喜，文章发表的狂欢……

一切的一切，感觉很遥远，却又仿佛发生在昨天，历历在目。说起读博，确实不容易，我的博士课题是博一下半年才开始做的，在这之前，有篇跟博士课题不相关的小文章发表，算不上什么。刚开始接触课题，我茫然不知所措，感觉科研世界漫无边际，就像迷宫一样，不管你多么用心去探索，拼命地奔跑，依然在原地找不到出口。我曾一度因为课题没进展焦虑、失眠，对未来悲观绝望，极度怀疑自己。日子一天天过，却没有任何收获，文献看了"无数"，感觉看完就忘，费了很大的劲看懂几十篇文献，放上几天，重新去翻，大脑一片空白，我想抓狂，恨自己智商低，不能在科研领域游刃有余。放纵自己去打游戏，在网游的世界里重拾成功的喜悦，可是游戏只能让我暂时逃避现实的困难，游戏打完觉得特无聊，荒废大好青春年华，更加抑郁。为了证明自己，我花大把时间去看软件方面的文档，技术文档看起来特带劲，哪怕再困，一看技术文档就起精神，在原来精通几门语言的基础上又学习了 Google 新推出的 Go 语言。学习进步，学有所获，让我感觉读博的日子又有了活力，走起路来有精神了，脸上也露出了笑容。但我一想到课题，心里还是空、发虚，兴趣爱好——计算机学得再好，课题没进展，文章没发表，博士也毕不了业，我一筹莫展。看来摆在眼前的博士课题这座大山必须搬走。

2010 年五一期间，是我最难熬的时候，心情急躁得难以自控，晚上失眠，早上很早就会醒来，虽然想强迫自己多睡会儿，但死活睡不着，躺床上翻来覆去，只有在打篮球打到累得不行之后，才能睡得踏实些。脑袋木木得像生锈的一块铁，我行尸走肉地生活着，郁闷着，担心被延期。实验室没人做相关的研究工作，课题只能靠自己啃，导师也很忙，培养方式属于西方式培养，给我充分的自由，遇到问题时可以与他及时进行讨论。我属于死要面子活受罪型，觉得问题要靠自己解决，碰到想不通想不透的就查相关文献，可是有些文献根本找不到。我就一个人跑到操场，一边散步，一边思考课题，操场空气好、安静、视野开阔，利于思维发散。我现在已经记不清操场上留下我多少思维的足迹了，文章写着写着，就会碰瓶颈，一个原理解释不通，我就到操场上踱步几圈，回来接着写。当时我强迫自己每天写计划任务，保证 10 小时高效的工作时间，以完成当天计划。在女朋友的监督下文章初稿写成，我终于舒了口气，放松两天，回头去看自己写的文章，文章像是硬生生凑出来的，觉得很烂，实在不好意思发给导师，于是决定重写。重写这次，没以前痛苦了，思路明确，逻辑连贯，不用女朋友监督，自己乖乖地每天工作 8 小时，持续了两周，文章出炉后，我将文章发给导师。导师看完后，表示基本满意，并进行了简单修改，文章投出去了，我于 8 月初接到了文章录用的消息，非常兴奋，有了这篇文章，延期基本上跟我无缘了。在等这篇文章的消息期间，我还写了篇小文章，也拿到了接收函，算是很幸运了。

目前，我手里还有篇文章刚刚写好。写这篇文章的过程顺利多了，我没去操场踱步，也没失眠焦虑。我还有一篇文章的框架也基本搭好，再写一篇，博士论文就可以结题了。从刚接触课题的迷茫，到论文写作过程中的艰辛与疲惫，再到最后发表文章的欣慰，所有这一切，注定将成为我人生中重要的一部分。科研磨炼了我的心智，曾一度使我的情绪跌落到谷底，到最后增强了我的信心，让我觉得没有什么是做不到的，关键得用心去做，付出汗水，相信最后会旗开得胜。当然，我非常感谢在这一路上女朋友的陪伴和鼓励、监督和支持，祝福我们！

【摘自《中国科大研究生教育》2010 年第 3 期，总第 80 期】

我等待的，不是戈多

文/李金龙

2011年12月1日晨，阳光在我惺忪的眼中反射出久违的灿烂——昨日冰冷的冬雨没有浇灭我持伞急行时心中的等待，清冷的空气中似乎游荡着辽远苍穹散发出的丝丝湛蓝。在迫不及待起床的慌乱中我猛然明白：每天让自己醒来的不是闹钟，而是在忙碌中孕育的梦想。

谈及梦想，总是那么遥不可及，即使偶尔树立起自己追求的目标，也总是遭遇一片唏嘘之声。读研，似乎应是一段脚踏实地的苦行僧生活，被人嘲笑的梦想早已失去了实现的价值。我也曾陷入一种深深的迷茫，并写过只言片语表达我的忧伤："至徽之后，诸事交合，心神俱疲。偶忆两句诗尚能描述此时心情，记如下：其一，'劝君更饮一杯酒，西出阳关无故人'；其二，'莫愁前路无知己，天下谁人不识君'。一为初离故地，因无故人而黯然神伤；一为将至新域，以获新绩而奋以扬名。此番来皖，心思境遇与以上两诗颇合。"

十月下旬，游三河古镇归来，彼时恰入暮，遇深秋微雨，偶感蹉跎多日，常志无立，积愤于心——黑夜给了我黑色的眼睛，为什么我用它却找不到一丝光明？直至11月5日，我才找到了答案。

那天夜里十一时，我在教一楼读苏珊·桑塔格。窗外风雨飘零了秋叶，惊醒的麻雀偶尔发出几声唏嘘又在黑暗中沉睡。时间凝固，如同昏黄的路灯投射在泡桐枝丫间的碎屑般的光影。回程中我突然想到：我们的眼睛有这样的权力——对一切看似正常的现象通过有意识地捕捉、取景和剪裁，最终让心灵得到自我认为的非正常结果。

我是否为我的眼睛赋予了太多取景和筛选的权力，进而影响了我的心灵对自身所处的境地与遭遇进行独立的、客观的思考？是否应该让我的眼睛遵循我的志趣，让我的视野追逐我的心灵，让我的目光锁定我的梦想，才能避免自己陷入"后本科生时代"的迷惘？也许，是的。

1911年，毛泽东写过一首《致父诗》："孩儿立志出乡关，学不成名誓不还。埋骨何须桑梓地，人生何处不青山。"青年毛泽东身处时代跌宕之中而未自弃，如炬目光中暗藏着对文化的渴求。48年后，毛泽东复回韶山，此时，已为大国领袖。身为学子，当效仿伟人"学不成名誓不还"。这，难道不正是我追求的梦想吗？

站在宿舍楼道的尽头举目西望，似乎看到了西区图书馆斑斓的"马赛克"外墙。当我踏入这个安放知识的殿堂时，我才体会到原来宁静会这么轻易地造访不安的心灵。也许，她早已在此等待求索的人的到来，等待一个个不想在空等中耗费光阴的人来结束等待。而我，有幸成为其中之一，不是第一，也不是最后。

许知远在《那些忧伤的年轻人》中写道："那么多年轻的脸孔在图书中逡巡，寻找他们渴望的知识……在这里,他们试图回望昨天,描述今天,憧憬明天……这些书养育了一代又一代中国知识界的中坚力量。真正的知识不是由教授讲解出来的,而是自己寻索出来的,学生去书堆里乱闯乱看,或许能够撞出一些门道来。”

我没有如他人般幸运拥有配备齐全的办公场所,那我就以大学图书馆代之吧;我没有如他人般繁忙参加科研项目,那我就以勤奋读书代之吧;我没有如他人般精通实验进程,那我就以翻阅典籍代之吧。在这里,我就是实验对象,三年后的我就是实验结果,而实验方法,就是阅读。

能够真真正正坐下来读几本书,是一种弥足珍贵的等待。读研之前,吾师刘先生曾亲笔勉励:坐冷板凳,成大气候。此时想来,师训意远。一味消沉,让麻木和消磨成为过往的主旋律是对理想的最大亵渎。《等待戈多》,其实是对空等的人的最大讽刺。

在爱尔兰剧作家塞缪尔·贝克特两幕悲喜荒诞剧《等待戈多》中,流浪汉爱斯特拉冈和弗拉基米尔在等待一个未知人——戈多,为了打发烦躁与寂寞,他们说些无聊的话,做些荒唐可笑的动作。最后等来了传信男孩,他告诉两人,今天戈多不会来了,但他明天准来。第二幕剧中,情节亦然,结果亦然。

贝克特的戈多,是在艰难的生死历程中终极一切的绝望,苦苦的等待带来的必然是幻灭的结局。然而,具有“希腊悲剧净化作用”的荒诞剧从来不适合为了梦想而在努力中蛰伏的人——这种等待,是一种为了涅槃而必经的“浴火重生”,是一种为了化蝶而必需的“作茧自缚”。

这半年中,我曾有希望,也曾失望,但我未曾绝望。因为,我等待的,不是戈多。

【摘自《中国科大研究生教育》2011 年第 4 期,总第 85 期】

雨夜随想

文/王广辉

雨夜，扫净这些天来的雾霾，清新而又夹杂着一丝冷意。我独处于办公室，呆坐在电脑前，毕业信息采集、文章投稿、招聘会，一阵阵毕业的步伐向我走来。研究生生涯倒计时已经开始，来不及回味，更来不及展望，或许多数人的生活亦如此。每次都是在刚刚开始的时候，满怀着乐观与憧憬，到了快结束的时候，开始追忆感伤。而恰恰在最重要的中间过程中，却是庸庸碌碌，没有喘息地低头做事，等到追忆感伤的时候，给自己找一个理由，就是世事多变，身不由己。

2009 年的夏天，一个电子学科背景的人怀着小时候做物理学家的梦想，来到了这个传说中“科学家的摇篮”，这个实现自己梦想的地方。初到科大，我便深深地感受到了她的那种独特的骄傲与内敛。第一次看选课单的时候，我发现给我们上诊断课程的老师竟然是俞昌旋院士。俞老师上课时的谦虚与朴实，让我至今印象深刻，也使我真正地感受到了“大学，非大楼之谓也，大师之谓也”这句话的分量。从师兄师姐口中，听到了某某“牛人”在《物理评论快报》上发表了文章，某某牛人去了国外的“牛校”，一阵羡慕的同时，也感受到了自己与他们的差距和内心的自卑。于是，我便给自己拟定了许多未来的计划与设想，企图能够缩小自己与牛人之间的差距。

新生生活短暂而新鲜。随着这份新奇的消减，周围同学时而的抱怨、学长们就业时的种种困境，还有那个出国留学才是王道的单一价值观，也让更真实的科大重新走进了我的生活。回归现实，最为紧迫的便是对自己科研方向的选择。文章的压力、对自己能力的怀疑，时常让我觉得自己就像头驴，虽然驴也有自己的梦想，但是最后还是得围绕着那个轴，拉好自己的那个磨，在与自己一次又一次的妥协中，梦想也变得越来越软弱无力。科研的热情也在导师项目结题与毕业时间表的压力中，变得越来越低迷。

小时候的梦想越来越远，年少的狂妄与创新的勇气都已不复存在，在梦想与现实之间，我选择了现实，曾经感慨过人生苦短，也曾经在游戏中消磨时光。既然不能去加深自己在单一领域的深度，我便尽自己的努力去扩宽生活阅历的广度，所以在进行科研灌水工作的同时，我不断尝试兼职，参加各种实习，增加自己必要的阅历。在这个过程中我逐渐知道，这个世界的高速运行，不光需要科研与技术的创新，更需要人与人之间的协作共事。迷惑时，告诉自己也许一个人最初喜欢的，不见得是真正适合自己的，乔丹也曾经一直以为自己最喜欢的是棒球。可能我需要在不断尝试中，才会慢慢发现自己、挖掘自己，回归本真，寻找到真正适合自己发展的领域。

研三了，人生的第三个十年走到近一半的我，突然觉得 30 岁离自己也并不遥远了。在经历了数次笔试和面试之后，我成功签约了一家国内大型网游公司。在找工作的历程中，我也进一步增强了对自己所学知识和自身能力的认识。语言、经济、游戏、数学，原本以为毫不相关的东西，竟然可以如此恰当地结合到一起，这个社会对人的能力的需求是如此的多样和有趣。有的时候觉得两年前的自己有些幼稚，今天的自己有些现实，不知道两年之后的自己是如何看待现在的自己和那时的自己的，也许等到年老的时候才会再次感慨起自己年少的梦，也许，只是嘴角微微一笑而已。

我的学生生涯走进了尾声，在科大的生活即将画上句号。有过梦想，有过失落，科大依旧真实地矗立在这儿。回想一路走来的日子，心里依旧满怀感恩。感恩理想与现实都曾照进我的生活，感恩“理实交融”的丰富内涵曾给我指导。感恩的心！感谢有你！科大！我将踏出坚实的脚步走向外面的世界，走好人生的道路。我将终身眷恋着你，科大！

现在，我想大声地喊：“外面的世界，我来了！”

【摘自《中国科大研究生教育》2011 年第 4 期，总第 85 期】

最好的自己，在前进中

文/薛　冰

我所在的近代力学系，是由钱学森先生创办的，它有着辉煌的历史，在这里学习和科研让我对未来充满了憧憬。我正是怀着这种激动的心情，踌躇满志地开始了研究生生涯。刚进入爆炸力学与工业安全实验室，我的科研生活被分成了两个部分——修完各门课程和跟着师兄学习做实验。

于是，开学后我每天奔跑于教室和实验室之间，对我来说，一切都是新鲜的，我每天都在兴奋中度过。总是幻想着自己做的事情肯定很“高端”，未来的某一天，自己一定能成为“大牛”。然而，这种情绪并没有维持太长时间，便被迎面而来的各种落差连续打击着。改变和适应的阵痛是那么强烈，让我措手不及。

首先便是课程的挑战。系里所开的课程都很有特色，针对性很强。开学几周后，由于本科专业方向的差异，我在很多课程的学习中就进入了“听天书”的阶段。看着身边各种学霸得心应手、“贪婪”地吸收知识，自己却一筹莫展，顿时感觉“压力山大”。那时候总想着为什么别人什么都会，总是关注别人在做什么。面对巨大的心理落差，我一开始还凭着股生猛劲扑腾两下，不多久便偃旗息鼓，以前的优越心理荡然无存。

课业上不顺遂，低落的情绪也影响了其他事情。实验室的科研工作也度过了甜美的“蜜月期”，渐渐地，在重复各种基础工作的过程中，我对于重要的环节和实验步骤也是不得要领。缺少基础加上成绩惨淡，令我陷入了恶性循环，自卑感充满内心。对自己的失望，对当初选择的怀疑，与日俱增。身边也传来一些负面信息，有些同学因为类似的原因已经申请退学。这种心态的积累，让我陷入了长期的苦闷中。

内心的挣扎，让我备受煎熬，因为心中的那个学术梦从未熄灭，身处科大，它只会越燃越旺。而一件事情发生转机，常在不经意间。

一次偶然的机会，我旁听了唐志平老师的课，他讲课生动形象、深入浅出。课堂上美妙的推导，看似简单，实则源于他渊博的知识，更让我感到羡慕和敬佩的是他享受科研的态度和对学术纯粹的追求。被吸引住的我旁听完了这个完全陌生的课程，并且收获颇多。

于是我开始主动去听身边的这些大牛老师的课程，哪怕内容是完全陌生的，我也坚持去听。因为他们授课时流露出来的严谨的学术态度和追求纯粹的品质，总能激发我的斗志。他们数十年如一日地坚持学术研究，淡泊名利。跟他们接触得越多，他们的这种“气场”对我心灵的撞击就越大。

有一次和徐松林老师聊天，谈到我基础薄弱的问题，徐老师对我讲到他曾经因为研究新的方向，需要掌握一些新的知识体系，在很多人看来这完全没有必要，因为他可以选择做其他熟悉的工作。然而他却选择了这条罕有人迹的道路，每天泡在办公室里，花大量的时间来学习，硬是把这块硬骨头啃了下来。一位老师，始终保持积极的学习状态，对科研始终的追求让我动容和汗颜。临走的时候他对我说："既然选择来了，该做的工作还是要做。"朴实无华的一句话让我意识到，什么时候都不要轻易违背自己的初衷，科研之路需要"不破楼兰誓不还"的意志，也需要一颗淡定快乐的心。

找回目标，拥有良好的心态，对于重整旗鼓的我来说是一个很好的开始。不再望着空中楼阁，从一点一滴学起，沈老师丰富的实践经验，李老师严谨的逻辑，徐老师丰富的知识面……身边的老师和同学就是无尽的宝藏。摆正了心态，就没有那么多抱怨和无奈了。对新知的渴望和未知的好奇，让我在困难面前坚持做永远求知的自己。

为了保持住生活中这些好的转变，也为了考验自己的意志力，我利用假期的时间骑行了一次川藏线，虽然没有什么特殊的经历，却让我重新肯定了自己。现在已经研二了，各方面的工作任务很重，我也仍然在忙碌中向着一个个目标迈进。回头看看走过的路，我能更清晰地了解到何以成就了自己的今天；向着前方放眼望去，在前进中，我期待那个最好的自己。

【摘自《中国科大研究生教育》2012 年第 4 期，总第 89 期】

一朝代培生，永怀科大情

文/宛　刚

年轻的中科大以其优质的学风而享誉海内外，出于地缘之便、合作之利，诸多中科院的兄弟院所更是安心地将研究生新生送往科大，于是科大校园诞生了特有的代培生群体。从教室到图书馆，从食堂到健身房，无处不见他们的身影，同时也上演了很多故事。

虽冠名是“代培”，科大对他们却是一视同仁，他们也常常拍着胸脯向旁人夸耀道：“我是科大的。”这种自豪并非凭空而来。曾几何时，对于很多代培生而言，科大本是梦里的一个地方，而如今他们也能自由出入科大校园了。不少人更是“入其国而效其风”，如科大学子般背上双肩包，拎起富光杯，走进自习室。

但进入一个新的环境又往往不是那么的轻松，相信每一位初入科大的代培生都是先欢欣而后犯难，欢的是科大静谧的校园与优质的服务，难的是那些从未接触的课程与传说中75分才算及格的考试。当然徜徉于学霸扎堆之地，不学点东西又觉得不太好意思，无论是在课堂学习，还是在讲座报告，总有很多积极踊跃的代培生给人留下深刻的印象。

具体到每个人，代培生活又各具其味。有的每天是短裤、双肩包与富光杯常伴，坐穿自习室；有的是秉承了“路遥导师远”的原则，尽情地享受这得之不易的空闲时光；更多的则是在两者间徘徊，课程紧张之余也能偷闲来点娱乐。当来自不同院所的代培生聚到一起时，故事就更加精彩了。记得有的老师谈起能源材料时，常会说上硅所在某某领域做得很好，而大化所在某某方面更擅长，几番言语往往让一阵阵自豪涌上台下的代培生的心头。做PPT展示时，来自不同院所的代培生之间的角逐往往是最精彩之处。当“外来之客”反成课堂焦点时，本校研究生倾向于这么安慰自己：他们不用做实验，当然更轻松些。殊不知更多的代培生打心底里羡慕他们：你们研一就能进实验室做实验，多好啊！

在学习之余，科大经常举行各种活动来丰富代培生的生活，从足球场到篮球场，从羽毛球馆到乒乓球馆，那些归属于不同旗帜的代培生间的竞争往往精彩纷呈。因为在不久的将来，他们很有可能就是同行或竞争对手，他们将以后在学术上的角逐提前在赛场上预演了。在很多课堂上，有的老师倾向于利用这种情绪来促使代培生们相互砥砺：“有时上硅所的同学做得比大化所的同学要好，而有时候又难与之匹敌。”在这样的氛围下，同学间的竞争往往变得更精彩。不得不提的是，不同院所的代培生间的交流与沟通对于双方来说都是受益无穷的，当然时不时还能擦出爱情的火花。

更有趣的是来自五湖四海的代培生在科大往往并非孤家寡人，他们通常会汇集起一批本科同学，一起欢聚首、叙往事，于是人人网上常有“川大人在科大”“工大人在科大”等醒目标语。甚至还有本不相识的本科同学借着科大提供的种种机缘相遇相识，这番情貌当真是一生难忘怀了。

似乎每一届代培生师兄总要对师弟师妹们说："在科大的主要任务是好好玩，以后回所了就没的玩了。"可后者又会逐渐地发现事情全然不似前者所描绘的那般轻松，在科大的代培生活分明是条痛苦与欢乐并存的路。可是当原来的师弟师妹摇身一变成了师兄师姐时，又会拟着前人的语气说同样的话，以至于后人分不清这是调侃还是戏谑。

当这一年的代培生活接近尾声时，科大犹不忘以独特的方式欢送他们。今年科大向毕业的代培生除发纪念册外，还给每人赠送了刻有"USTC"的手表或戒指做纪念。看到这些，科大研究生会说："你们瞧，科大对你们代培生多好！"代培生则会说出心中压抑已久的一句话："我们多羡慕你们，还能在这么棒的学校里继续深造！"

无论如何，在科大的一年学习与生活经历对于每位代培生而言都是终身受益的。代培生在科大，生活别样精彩。最后真诚地感谢所有帮助、启迪并指引过我们的科大师友。

【摘自《中国科大研究生教育》2014 年第 2 期，总第 95 期】

行与思：苏州调研散记

文/陈宏波

说到江南，总是能引发许多美好的想象。在人们或大或小的梦想中，也总会有一个与江南有关。于我而言，若是能隐居在江南的某座小镇中，最好是姑苏城外，那么人生也就无憾了。归隐之期自是遥遥。欣慰的是，借项目调研之机，我有幸"打江南走过"，得以近距离聆听姑苏这位美丽的姑娘的心跳，也算是安慰奖了。归来已有些许时日了，总想留下些什么，或缅怀当时的心境，或反思调研的得失，遂奋笔而书。

十全姑苏

按照与朱老师的约定，早上六点钟，我们匆忙赶赴姑苏区桂花公园。朱老师，一名社会体育指导员，主要负责在桂花公园等健身站点为群众进行健身指导。全国像朱老师这样活跃在各个健身站点的社会体育指导员已不下 70 万人。

桂花公园似乎醒得比我们要早。当我们到达之时，公园里已满是前来健身的居民了。正如你们所料，以中老年人居多，毋宁说，这还是大妈们的领地。朱老师是一位约莫四十岁光景的中年妇女，气色颇佳，虽与岁月携手同行多年，但从眉宇和言谈之间犹可见苏州女子的温婉。为了不致耽误她的工作，我们很快将清点好的 150 份问卷交付于她，由她负责帮我们在人群中发放。这大大提高了我们发放调查问卷的效率。

谢别朱老师之后，在苏州体育局的介绍下，我们转战到了姑苏区政府。没承想，在进大门时就遇到了麻烦。门口不仅有三位保安站岗，另有两名武警把守。我们作为"小鲜肉"，若想破门，绝非易事。这不就被拦住了嘛！登记身份证还不够，还得让接待我们的人通过电话先与门岗打招呼。我并不反对坚持程序，可这未免烦琐了些。我想，政府门岗所应发挥的是导航功能，而非充当"拦路虎"的角色，在必要的登记工作完成之后，告诉来访者如何找到所要去的部门即可，否则就有"门难进"之嫌了。幸好苏州体育局张姐提前给了我们对方的联系方式，否则这一趟算是白跑了。

跨过了这道坎以后，我们比较顺利地找到了对方。对方是姑苏区教育和文体局的一位科长，看上去颇为真诚、和善。简单沟通之后，他便高效地帮我们联系好了几个附近的社区以备我们深入调研之用。不敢想象，如果没有上一级的介绍，我们是否能有幸一睹如此高的行政效率。

接下来发生的事主要与一条名曰"十全"的老街有关。宋时，这里因十口井而名"十泉"，至清为纪念乾隆这位十全老人而易名"十全"，至今依然保留着"水陆平行、河街相邻、两路一河"的传统格局和水乡情调。我们先后走访了二郎巷社区、滚绣坊社区和书院巷社区，在此不予赘述。

雨巷姑娘

又是一个需要早起且下着绵绵细雨的工作日。按农家人的习性，晴天下地，雨天则可以居家。此时的我们却没有这份闲情。从朱老师那边取回调查问卷，我们便分兵两路：小师妹留守宾馆整理数据，我和 Helen 则负责前往姑苏区东园社区、北园社区和娄江社区继续发放调查问卷，顺便将昨天在十全街发放的调查问卷回收起来。

当我们再次来到滚绣坊时，这才欣喜地发现，滚绣坊虽不若戴望舒笔下的大塔儿巷，但在这样一个下着蒙蒙细雨的江南时节，自有几分神韵，我竟这样遇见了生命中的第一条"雨巷"。美中不足的是，身旁未有丁香花一样的姑娘。这才知道，似乎，生命中许多美好的时光和风景，我们都是和别人而非我们最期望的那个人一起度过的。想到这里，不觉神伤。

雨越下越大。可不是嘛，再温婉的女子也会有脾气糟糕的时候！公交车很默契地迟迟不来。饥肠辘辘的我们只好发动早已湿透的鞋行进几公里。回到宾馆已是下午两点钟。

简单休整之后，穿着湿鞋，我们三人一同前往苏州市体育中心发放调查问卷。无奈市体育中心人员寥寥。有胜于无！我们打起精神，以个人为单位主动出击。小师妹负责采访几个正在打羽毛球的年轻人，Helen 则径直往一群正在练跆拳道的少年走去，剩下来的就只有另外两个正在打羽毛球的中年人了，应该是一对夫妻。趁他们休息之际，我"杀将"过去，一股不祥之感却涌上心头。果不其然，在我简单介绍来意之后，中年男人冷冷地甩了一句：

"我帮你们填问卷，你们又能给我什么呢？这不公平啊！"

我一时语塞。

"我们确实不能够给你什么，但你并不只是在帮我们，也是在帮你自己和其他市民。"迟疑了几秒钟之后，我回应道。

该男子见气氛尴尬，便解释说刚才只是玩笑之言。看来我的笑点也陡然增高了，竟然没有笑出来。他的话虽不中听，却是大实话，我想今天这一趟没有跑空。

旋即，我们来到了市体育中心五楼，今天的最后一站，拜访国民体质监测中心的一位研究人员。正如张姐所说，眼前的这位研究人员果真是一位典型的苏州美女：身材精巧、面孔圆润、话语温婉。她热情地同我们交流，并提供了不少关于国民体质监测的数据和资料。我们三人心中的阴霾一扫而空。

昆山问曲

再次早起，看来早起作为一种好习惯又回到了我的身边。这才深切体会到，养成一个好习惯是多么的难，破坏一个好习惯又是多么的容易。按照原计划，今天本应去往张家港市调研。鉴于时间有限，我们便临时改弦，打起了昆山的主意。昆山作为苏州的县级市，常年高居百强县榜首，其城乡一体化程度丝毫不逊色于张家港市，遑论昆山还是国家体育产业基地呢。

说走就走，我们搭乘了苏州市区和昆山市之间的 C1 路公交，两座城市，二十几公里的路程，只要两块钱。半个小时之后，我们站在了昆山市体育局办公楼前。矗立在眼前的办公大楼何止是气派，简直就是恢宏。昆山的雄厚财力显露无遗。进体育局大门时，又遇到了老麻烦，幸好我们有前车之鉴。和我们接洽的是昆山市体育局社会体育指导中心的李科长。经由李科长引荐，我们又认识了产业科的郁科长。首先由郁科长为我们介绍昆山市的体育产业。

会谈在会客厅里进行。郁科长跟我一样，也是那种不说话则已，一说话便会暴露自己籍贯的人。从他的口音中，我们很明显能听出来他是东北人。一问之下，果不其然。他的耿直和爽朗一下子感染了我们。经他介绍这才了解，他大学毕业已有十多年，其间当过老师，最后在昆山市体育局落脚。席间，他视野的开阔、思维的缜密以及对体育产业的谙熟让我们敬佩不已。访谈之余，我们也涉及了如何才能更好地了解民意的问题。郁科长告诉我们，他们此前也尝试过问卷调查，但效果不理想。不过，经过长时间与居民沟通，他们慢慢成了朋友，此时，他们便能比较好地听到群众的心声了，即便不行，也可运用“同理心”推断民意，据此比较科学地进行决策。这种“阴差阳错”自有其独到之处。因为中国社会有其独特性，无论社会怎样发展，它依然是一个“熟人社会”，只是在开放社会中“熟人”的交际圈同以往封闭社会下“熟人”的交际圈所涉及的范围不同罢了。我们作为外人，自然无法窥得熟人之间的秘密。试想，你会随随便便逮着一个人就掏心窝窝吗？不是夸大，就是夸小！那么，难道作为“陌生人”的我们就手足无措了吗？难道问卷调查法就这样被淘汰出局了吗？非也！郁科长所谓的方法与问卷法各有其利弊，断不可厚此薄彼，而应一碗水端平。聪明的你们，应该能想到比这二者都要好的第三选择。

高效的谈话结束之后，李科长帮我们联系了附近的新江南社区，并且派车同我们前往调研。新江南社区的体育做得着实不赖，社区里面不仅有免费的室内健身馆，并且有志愿者组织长期驻扎于此，几乎每天都会组织各种人群开展体育活动。不过，当我们在谈论良好治理效果的时候，始终不能绕开一个问题，那就是该社区的房价每平方米在 13000 元以上，因此各方面设施齐全也是可以想象的，而没有公共体育设施便无法奢谈公共体育发展。

从社区出来以后，我们三人搭车回苏州城，一路无言。接下来的两天在紧张的数据统计和报告撰写中度过。

余　音

周一，和老师一起在苏州体育局的会议室里做中期汇报，由于局长公务繁忙无法出席，因此便由副局长代为主持。副局长不是他人，正是当年那位奥运举重冠军陈艳青老师。如今的她已不见当年之“彪悍”。席间，她多次打断了我们的汇报，并提出了许多恳切的要求和修改意见，从言谈之中可以看出她的转型颇为成功。而且她也真心地在推动政府做好公共体育服务，甚至对有些领导的口是心非颇为气愤。末了，她一一和我们亲切握手话别，苏州之行暂告一段落。但我相信这只是小别。

【摘自《中国科大研究生教育》2014 年第 4 期，总第 97 期】

行走在红叶间

——樱花科技计划之旅

文/黄翠萍 邢 岩

当火红的枫叶以傲慢的姿态尽情释放最后一刻的美丽时，婀娜的舞姿为美丽的日本更增添了一丝浪漫。在这个温暖的深秋，2014 年 11 月 4 日，来自中国科学技术大学的 29 名学子踏上了红叶之旅，享受一场科技文化盛宴。

这次的异域交流有个温文尔雅的名字——“樱花科技计划”，它是由日本科学技术振兴机构(JST)组织的日本亚洲青少年科学交流项目，主要是通过日本的学校、企业或公共法人单位与亚洲其他国家的某所大学、中学、研究机构结对，共同策划组织的交流计划。有幸我们的母校中国科大与日本的校友企业在 JST 结对注册成为交流对象，通过公开竞选优秀的在校学生，为他们提供了一次宝贵的学习机会。

在日本接收单位的精心安排下，科大一行人参观了 NAPSON、ITOKI、KOIKE、Futaba、Nissan、IPFRONT 和 CTT 等企业，拜访了有着深厚学术积淀的东京大学，学习了国立情报研究所先进的人工智能科技，体验了极具科幻感的横滨未来港，欣赏了神圣的富士山和美丽的升仙峡。这所有的一切都给他们留下了难忘而美好的回忆。

高自动化生产，追求极致和完美

辗转千叶市、东京市、横滨市，从乡镇级的生产办公家具的 ITOKI、做非接触式测量设备的 NAPSON，到县级的生产荧光显示管的 Futaba、生产切割机的 KOIKE，再到国家级的汽车企业 Nissan，一路走来，同学们都被日本先进的信息产业、高自动化的生产流水线、完备的工业链体系所折服。

给他们留下印象最深刻的便是 Futaba 的冲床零件工厂车间，虽然占地几千平方米，却只需要三个工人便可维持正常运转，一万平方米以上的仓储车间仅需一个电脑操作员就可以操作和管理；Nissan 汽车引擎工厂的自动化生产率高达 96%，工厂的过道中行驶着很多运送零件的自动车，四处可见搬运、加工零件的机械臂，一个小小的线圈和螺母都可以实现自动取放。

让郭虹利同学印象最深刻的便是 家工厂的仓库：“就像英国著名小说《哈利 · 波特》里的神奇感觉，每一种器件材料被放置在一个个小盒子中，由电脑控制，当生产线需要时再取出，当库存不足时还会主动订货。仓库高度目测有十几米，上百甚至上千种零配件可以有序地存放，并方便地取出使用，实在是太先进了。”

日本的企业乐于钻研、追求极致和完美，NAPSON 的目标就是要做到测量从极小电阻到绝缘体的超大量程，在NAPSON工作的俞昌雄师兄说："也许很多人做到95%就很知足了，但是往往就是最后的5%会创造更大的财富，NAPSON就是这样一种狭缝型企业，努力将别人没法完成的5%做到极致。"

厚重国民文化教育，树道德礼仪风范

日本能够拥有非常发达的科技水平和创新能力，教育和基础科研是其发展的动力和创新源泉。在参观了科技发达前沿的各个企业后，科大学生还来到了久负盛名的东京大学，这里曾走出过数十位诺贝尔奖获得者和无数的学界、政界和商界精英。初见东大，同学们都被它低调、古朴的建筑所吸引，在四位东大学生的带领下，同学们兴致勃勃地游览了东大校园，了解了东大悠久的历史、学生的科研及就业情况，深入地感受了东大的精英化教育理念和自由严谨的学术作风。

日本重视国民科学教育，谢广岭同学说道："他们的科学教育大多选在科技场馆、博物馆、艺术馆、实体生产工厂等地。在日产企业有专门的展厅，给大家讲述发动机的工作原理；在三菱技术馆，有专门给学生上课和体验的场馆，相较于教室里的'想象科学'，这种课程设计更加活泼、更加直观。"

日本人的国民素养都很高，相信这是此行同学们的一致感慨。大街小巷很少见到环卫工人和垃圾箱，但街道总是那么的干净、整洁；地铁、公交车上每个人或低头阅读或凝视窗外，无人喧哗，都不约而同地为彼此创造着安静的环境；行走在道路上，很难听到汽车的鸣笛声，汽车礼让行人的现象更是常见，这所有的细节都给同学们带来阵阵悸动，对日本的国民素质感到钦佩。

日本的企业注重文化的塑造和延续，员工的忠诚度极高，无论什么工作岗位的人，都勤勤恳恳地把自己的工作做到最好。他们的社长谦和朴素，员工礼貌热情，每到一个企业，全体员工都会对同学们的到来表示最真诚的欢迎，或起立或鞠躬，让初次到访的同学们倍感温暖。同时由于乐于改革创新，不盲目扩张，日本的很多企业都有着悠久的历史，如Futaba已建成66年，Nissan已生产运营了81年，小小的乡镇企业ITOKI更是有着长达124年的历史。

师兄谆谆教导，寄予殷切希望

此次的"樱花科技计划"的成功，离不开日本校友企业的支持。余东师兄作为日本活动单位的组织者之一，在这短暂的十天与同学们一起欢笑、一起学习，也对同学们寄予了厚重的期望。

他告诉科大青年学子："要学会做事，还要学会做人。首先，态度是关键，热诚和执着是人生必不可少的品质；其次，就是要行动起来，少些'评论家'，多些'实干家'；再次，比技术更重要的是姿态，作为科大学子，如果从事技术方面的研究，你没有一头扎进实验室的那股子拼劲，就拿不出什么实验结果，成不了这方面的专家。但仅仅只有技术不会做人，你的人生同样失败。做人的方法需要积累、磨炼和总结，你需要读些励志的书，需要在读书中思考、行动。人生没有目标和规划，你的前进就会失去方向，如同孤舟在大海中航行。人生经历是财富，每一次的经历都是很好的开端，从现在开始，乐观积极地行动起来，拓展知识面，丰富人生阅历，学做人，会做事，用自己的行动来引领周围的人。”

目前，“樱花科技计划”已成功迈出第一步，这一行动计划的圆满成功，在中日两国青年科技人文交往过程中，起到了很好的引领作用，极大地丰富了科大学子的知识面。仅仅通过“耳听”必将为虚，“眼见”才能为实，所以打破以往的传统教育，与最新科技人文知识“零距离”接触，不仅开阔了青年朋友们的眼界，而且鼓舞了他们的斗志。

我们相信，樱花不仅开在美丽的富士山，也将飞向世界的各个角落。“樱花科技计划”用行动为每个有梦想的人提供实现梦想的舞台，这才是它真正的意义所在。

【摘自《中国科大研究生教育》2014 年第 4 期，总第 97 期】

读书行路

书籍是人类进步的阶梯，书籍是人类智慧的结晶，书籍是夜航中的明灯，书籍是前进的动力。古人云："玉不琢，不成器；人不学，不知道。"孔子曰："人生有涯而学无涯。"春秋师旷曰："少而好学，如日出之阳；壮而好学，如日中之光；老而好学，如秉烛之明。"人生最惬意的事莫属于夜深人静，坐在窗下，一杯香茶，一卷名著，四面荡漾的茶香与书香，使我们的灵魂飘飞，慢慢升腾……

一篇优美的散文可以随时带你走进风景秀丽的田园，饱览田园风光，或是欣赏名山大川的瑰丽，或是领略少数民族的风情，无论古今中外都仿佛身临其境。读"励志"之作，能从中汲取足够的坚强与毅力，把自己历练成一位生活的强者；读史能够明鉴；读诗赏词，能让人心旷神怡。正如法国伟大的启蒙思想家、法学家孟德斯鸠所说："喜爱读书，就等于把生活中寂寞无聊的时光换成享受的时刻。"

生活不止眼前的苟且，还有诗和远方。在中国科大这所理工科气息浓厚的地方，依然有人在文学的世界里寻找心灵的天堂，向我们展现艺术的魅力。郁郁葱葱的梧桐树，接天莲叶无穷碧，一花一世界，一叶一乾坤。朝夕相处的好友，无微不至的父母，点点滴滴的真情都是生命中不可错过的美好。电影里动人的情节，富含哲理的文字，每一种感动都会引发我们对人生意义深沉的思考。

"读万卷书，行万里路"，让书香飘满校园，让高雅伴随成长。

重读背影

文/蔡立英

"背影"这个词第一次闯入我的脑海，还是在我小时候读到朱自清先生的散文名篇《背影》的时候。具体的文字描述我已记不得了，只清楚地记得当我透过字里行间跟随主人公的视线，看到那个胖乎乎的吃力地翻越火车站月台的栅栏帮远行的儿子买橘子的父亲的背影时，那种鼻子一酸、不知为什么特别想哭的感觉。那时的我还似懂非懂，这个父亲的背影却深深地烙印在我幼小的心灵中。

后来我长大离家求学，父亲送行的场景一次次地重演，于是这个来自书中的背影的轮廓就渐渐地被我自己眼中所见的我父亲的背影所取代。父亲的背影先是越来越清晰，后来又渐渐模糊，最后抽象为一个哑默的符号，沉甸甸地压在我的心底，转眼已许久未去触碰。

重读背影，全新的发现

直到前几天逛图书馆的时候，偶然从书架上发现一本很特别的书，名字也叫"背影"，却是从法文翻译过来的，我随手翻开来一看，书页之间夹着很多精致小巧的画作，别致地黏在酷似画框的格子里，定睛一看，每幅画竟然画的都是人物的背影。我的好奇心顿时被激发了，就把这本书借回来看。借此机缘，我从崭新的视角重读了背影，惊奇地发现背影原来是一块未被普通人发现的新大陆，唯有那些拥有非凡的智慧和敏锐的观察力的思想家和创作者才曾踏足这块新大陆并进行了孜孜不倦的探索。

这本巴尼等著、华东师范大学出版社出版的《背影》系"巴黎丛书白色系列"之一种。此书一改传统的认识与做法，把"背影"当作唯一根本的命题，旁征博引基尔克果、尼采、卡夫卡、本雅明、高更、毕加索、席勒、弗里德里希、哈默修依等哲人、作家、画家对背影的认识与理解，从哲学、文学、绘画、戏剧等各个领域对背影进行了阐释。书中的每篇文章都围绕"背影"分别选取了一个标新立异的主题和表达方式，令人浮想联翩，引人深思。配合文字内容插入的 18 幅彩图，均为画史上有名的呈现背影的作品，精美纷呈，令人爱不释手。本书将带你勘探"背影"这座幽深曲折、充满可能性的迷宫，但是迷宫的出口并不唯一，需要你自己去寻找，这正是本书引人入胜之处，这也正是"背影"这座迷宫的迷人之处。

背影的表情，你能读懂吗？

在日常生活中，人们习惯于优先关注自己或者别人的脸部，普遍都认为脸是最能代表一个人的身体部位。文学艺术领域里，无论是文字的叙述、哲学的思索，还是绘画的笔法、戏剧的展示，人的正面，尤其是人的脸部表情，一直是传统的优先表现的焦点。相比之下，背影一直遭到人们的忽略。在文艺复兴时期的一幅画里，背影往往只会出现在角落里，仿佛是为了填补某种空缺，其本身的意涵，却始终不在人们的关注范围之内。

对于脸部由来已久的称霸地位，黑格尔如此解释其原因："人的心灵主要还是靠脸来表现的。"里尔克则形象地揭示道："关于人，我们习惯于从手了解许多东西，而从脸了解一切，因为人的脸犹如时钟显示时刻一般，清清楚楚标示着人的灵魂。"

的确，脸部以表情丰富著称，脸部呈现出来的表情一般比较直接，明确地述说着喜怒哀乐，让人一目了然；而背影的表情则要隐晦得多，并且常常充满歧义。譬如一个站在海边的背影，既可以理解为一种远离的姿态、对彼岸的向往，也可以理解为拒绝交流、渴望独处，还可以解读为一种死的冲动和弃世的决绝等。

但是，背影也许比脸部更诚实，因为背影往往隐藏了脸部所掩盖的表情。比如你可以在人群面前嘻嘻哈哈装出一副快乐的样子，你落寞的背影却不经意间泄露了你内心的孤独和不快乐。所以要深入了解一个人，你还应该看看其背影。

背影是静默的，充满了不确定性，要么被视而不见，要么就会引来长久的凝视。背影又是动态的，随时都有可能转身显露脸部，因此给人以隐隐的期待。背影面对观者，发出召唤，聚焦跟随和探寻的目光。

有一种爱，深藏在背影里

当某人以背影面对你，中间看似有一段不可逾越的距离横亘在你们之间，有时并不表示讨厌、疏远或者拒绝，恰恰相反，背影里隐藏的是一种深沉的爱。

三毛在刚刚失去她挚爱的丈夫荷西的那段痛不欲生的日子里，深陷于"自私的哀伤"中不可自拔，是汽车后望镜里那个母亲的背影感召了她垂死的心："她的双手，被那些东西拖得好似要掉到了地上，可是她仍是一步又一步地在那里走下去。母亲踏着的青石板，是一片又一片碎掉的心，她几乎步伐踉跄了，可是手上的重担却不肯放下来交给我，我知道，只要我活着一天，她便不肯委屈我一秒。"

在这篇感人至深的《背影》的结尾，三毛含泪写道："孩子真情流露的时候，好似总是背着你们，你们向我显明最深的爱的时候，也好似恰巧都是一次又一次的背影。什么时候，我们能够面对面地看一眼，不再隐藏彼此，也不只在文章里偷偷地写出来，什么时候我才肯明明白白地将这份真诚在我们有限的生命里向你们交代得清清楚楚呢？"

有这样一种爱，不动声色地深藏在背影里，请你不要熟视无睹或者无动于衷，因为它的深广可能是你无法估量的，它的厚重可能是你无法承受的。

背影渐行渐远，唯有目送。

背影仿佛受到某种神秘的虚空的召唤，以其远离之姿，逐步走向隐没消失的道路，逐步走向延伸到天际的地平线，逐步走向明暗交接的沉沉暮色之中。即使你想追，背影依旧沉默着渐行渐远，其不可挽留的意味迫使你停下追随的脚步，你所能做的唯有目送背影渐渐从你视线里消失。

正如一幅油画《卡戎摆渡亡灵》所绘，传说中阴间的摆渡人卡戎将死者带往彼岸，留给人的只有背影，背影和死亡就这样理所当然地连接在一起。

当龙应台目送父亲的棺木缓缓滑向火葬场的炉门时，她终于慢慢地了解了："所谓父女母子一场,只不过意味着,你和他的缘分就是今生今世不断地在目送他的背影渐行渐远。你站立在小路的这一端,看着他逐渐消失在小路转弯的地方,而且,他用背影默默告诉你:不必追。”

生命是一场美丽的邂逅,我们每个人都走在不断目送背影的路上。所以当你还能看到那些渐行渐远的背影时,请好好珍惜,因为你也只能目送有限的一程。

自己的背影

也许我们可以通过镜子的反射观察自己的背影,却永远无法真正看清自己的背影,因为背影早已预设了观者是别人而不是自己。这可能也正是“认识你自己”之所以这么困难的原因吧。

你可曾想过,当你在自己的人生道路上前行时,你留给别人的是怎样的一个背影?有的人拼命想在众声喧哗的世界里发出自己的声音,以脸示人来吸引关注的目光,以为这就是成功,以为这就证明了他的存在。还有的人,他人转身,浑然忘我地投入自我赋予的工作,他完全沉浸在工作之中,这个背影就是创作者的背影,他全心投入的创作足以证明他的存在。

背影是另一种生活姿态,背影还是一种忧郁深沉的自省。当你正脸面对这个世界时,请不要忘记那些“从背后投来的目光”。

背影是一首诗,值得你细细咀嚼、慢慢回味。

【摘自《中国科大研究生教育》2011 年第 4 期,总第 85 期】

灵魂，在路上

文/曹晔华

要么旅行，要么读书，身体和灵魂，必须有一个在路上。

每当我身体停下来的时候，就是我思想最活跃的时候。每天忙碌而充实地学习、生活，不容许任何思想的放空，然而只需片刻的宁静，我的灵魂便会上路。我喜欢旅行，却总是无法出发。可是，我一直都在路上，享受浩瀚书海的灵魂之旅。

随着年龄的增长，愈发觉得人生就是一坛酒，每读一本书就仿佛是把这酒酿了又酿，酿了又酿，有种独特的神秘感，引人注目。读书，不仅仅是为了饱览诗书，通晓古今，更是一种内在气质的修炼，也许是处世的灵活机巧，也许是丰富经验的积累，也许是面面俱到的思考。这种深情，如诗如画，只可意会，不可言传。

曾经的我，年少轻狂，却敌不过成长的残酷，像是矗立在海边的一个小小壁垒，风平浪静的时候以为自己什么都可以，却在风浪来临的时候，轻易就被击倒。不停地行走，只为逃离，只为害怕停留。我总是给自己一个借口，可这也无非是我逃离的方式罢了，卑微且不被认同。如今，我却可以欣然正视，踏上路途，不管身体或灵魂，总能在疲惫中找到幸福。

每个人从生命为“生命”之刻起都会经历一个漫长的过程，体会的是无数过程所造成的无数个结果，直到生命不为“生命”的那一刻。旅行和读书，也许都是孤独的事情。累了，烦了，找个地方逃上一段时间，于是我便会背包去那么一个地方，自己一直想去的地方。但是说走就走毕竟不是人人都能做到的，更多的人是享受不到行走的那份自由和幸福的。那么既然身体不得自由，就让灵魂享受行路的幸福吧！没有青山碧水、蓝天白云作为舞台，一张桌、一把椅，或是一张床、一盏灯，也能够成为我们暂时的落脚之处。拿起一本书，彻底将精神解放，读作者，更是读自己。

读过书的人是不同的，体现在生活细微之处，平常之时，尽在神情之中，尽在举手投足之间；读过书的人就如细流的溪水，无声无息滋润着别人的心灵，留下一份宁静与美好；读过书的人有一种入眼难忘的美好，优雅和卓越仿佛就流淌在他们的指尖，春风化雨般滋润心田。一本好书，要读懂，却不易。好书就像迷宫，想要按图索骥，读懂一本书，却要另外再读十余本书，以此类推，如杂乱的线团，越想理顺它，却越扯越多。

人们永远是在与自己赛跑的路上不断跌倒，没有人规定我们的路有多长，也没有人规定我们的速度，一切喜怒哀乐都是自己心中的呼唤。也许我们觉得自己尽了全力，有收获，有幸福，走的就是自己的路。但这或许只是人生的一部分，只是路的基石，基石中的一颗石头，这只是旅程中的一道风景而已。在路上，无论风景如何，最后收获的一定是无数种选择、无数个路口、无数种可能、无限的未来。我们的路照样会继续，如果走得太远，必然会迷失。但是不要紧，迷失得太久，那么一定就会回归。又是一段路、一段旅程，又是一次人生的转变，一直行走在路上，找见他的梦想，寻见她的幸福。

我始终认为读书是一件神圣的事，从书中我们可以参透世事，可以回味爱情，可以寻取为人处世之道，可以读取淡泊宁静之心。喜欢读书的人总是更具力量，更有追求，更具有向往的精神，我们不断向上攀爬，却不忘时刻注意修身养性，从书籍中汲取智慧；喜欢读书的人总是更爱“做梦”，在书中，与智者交流，与贤者低语。把自己想象成书中的各色人物，寻取春的暖意，求得收获，不会随着时间而幻化，只为自己营造一个温馨幸福的乐园，徜徉于书的世界中享受读书的喜悦，何等幸福！我们在成长中总要经历一次灵魂的壮游，或轻狂，或含蓄，或追寻迷惘的理想，或静待花开的声音。我一直以为书籍是我们青年人去向远方的风帆，漫道黄沙古陌的纤篙。我一直想用自己“幼稚”的理想去创造“不可能”的峥嵘，又忽然会发现自己早已僵化，丢掉了那些遗失的“美好”，感叹也是枉然。周围有些朋友坚持为自己的灵魂找一个栖身之所，对照着书籍与自己的心灵对话，或笑，或喜，或悲，或泪，这是一群志同道合的朋友，大家簇拥在一起，看着书，读着报，交流着意见，深化着感受，铭写着记忆，展现着自己，不知不觉中就走向了理想的旅程。

有时我会想，在如今这个略显浮躁的时代谈读书、谈灵魂是不是太奢侈？但转念却觉得文学殿堂虽非我们想象的那么瑰丽辉煌，人世间却也远非描述得那般丑陋无比，重要的是我们怎么对待自己的内心。正眼看世界，接受社会不可能完美无缺的现实，不是人人都如圣人贤德，接受现代生活的那一点虚伪，不要对今天和明天失望，如此，足矣！

读书就像灵魂路上的一张免费票，只要我们肯出发，就可以坐上通往春天的地铁，享受灵魂的壮游。我已启程，我们一起启程，相约书山，相约书海，你在哪里？你们在哪里？只要你一声呛哨，我们就可以一起抒写青春的豆蔻芬芳！而我，会一直在通往灵魂深处的路上，领略最美的风景。

【摘自《中国科大研究生教育》2012 年第 1 期，总第 86 期】

一国一河一人生

——如此独特《巨流河》

文/李 昂

我始终对于青春的本质迷惑不解。

有时候，我也会渴望年老的状态，渡尽劫波后的坦然和参透的睿智，总令我着迷不已。

翻开中国台湾学者齐邦媛先生所著的《巨流河》，青春和老去，与他们之间蕴藏的奇妙联系，我希望从她的人生故事里，找到一种独特的答案。

巨流河，是旧时东北地区对辽河的通称，也是齐邦媛的故乡。邦媛先生出生于1924年，是民国人物齐世英的长女，曾任台大文学系教授，一生挚爱文学。她在流离中长大，在战火中成人，和平终至，却远走台湾，远离故乡，只能在台湾南端的垭口海回望故土。从巨流河到垭口海，从波涛壮阔到波澜不惊。两代人无以言表的沉浮波折，掩卷而思，举目皆是。

我想象得到，一位笔耕毕生的老人，在生命日暮之际惊觉“不能不说出故事就离开”，终于卸下冗心杂念，将一生所见所感写给未来，写给“所有为国家献身的人”。

少年苍凉

青春留下什么，我们便会成为什么样的大人。

生于变时，年幼的齐邦媛很早便开始触碰悲伤，也更懂得苦难的分量。记忆中，母亲在牧草中为早夭的幼子偷偷哭泣，是贯穿那个时代妇女痛苦与隐忍的缩影；父亲齐世英留学归来，追随新军领袖郭松龄讨伐张作霖，奉天城在望，却未能一鼓作气渡过巨流河，落得功败垂成。郭以身殉道，齐也亡命天涯。“渡不过的巨流河”遂成为书中最为悲恸的意象。无法“渡河”的悲哀，父辈痛彻，多年后，子女亦然。

故都金陵的三年时光，第一次给予齐邦媛家的安定和温暖。齐世英在紫金山麓创立东北中山中学，齐家的小院也成为东北流亡学子共同的家。每有客至，齐母都会用家乡的黄瓜蘸酱和酸菜火锅来款待他们。邦媛发觉，这些人总是边吃边掉眼泪，不少人后来终其一生也未能再回到故乡。

在他们当中，邦媛结识了她一生的寄情——张大飞。少年张大飞身负悲惨的国仇家恨，却总较同龄男孩多出几丝平和，给邦媛留下了深刻印象。暴雨将至的黄昏，他从起风的隘口回头探望，将迷路的邦媛领下山来，令她永难忘怀。

然而，还未来得及期盼青春的馈赠，生在战争边缘的他们，却将永远被时代改变。

八年血泪流离的战争，将改变所有的人。

“中国不亡，有我！”

当中国人的抗战记忆已渐被脸谱化的传奇叙事垄断，齐邦媛的故事弥显珍贵。在枪炮和死亡的威胁下，她亲历的中国教育界犹能“弦歌不辍”“不到最后一日，决不放弃文化之传延”。

即使身陷苦难，爱和勇气也不会消失。八年的纪录中，是一张张坚毅的面孔，以及他们的忍耐和彷徨：中山中学围墙上的标语“楚虽三户，亡秦必楚”；九千人热血沸腾的大合唱；在武大文学课上，朱光潜先生吟诵华兹华斯长诗的感时落泪、情不能已。即使在最为困顿的1944年，武大预备迁往偏远的“雷马屏峨”，父亲也在信中安慰惶恐的邦媛“无论战局如何变化，我在有生之年必能找到你”。这些给了齐邦媛支撑信念的许多力量。

当然，最让少女邦媛珍视的，还是与航空英雄张大飞的情缘。书斋和蓝天，迥异的生命却因灵魂的交融相伴恒久。邦媛眼中的张大飞，内心纯净、亲爱至诚；他受洗成为基督徒后，便常常自省，对战争和杀戮感到迷茫，期盼内心的宁静；此时的邦媛，则更多保有仰望的姿态，生怕自己思虑的琐细，抵达不了广阔的蓝天。在压抑的战时，他们频繁通信，彼此关怀。命运的不确定却让两人始终对情爱缄默如初，极尽克制。他们曾短暂地重逢，真实地接近，却终究永久分离。

胜利前夕，张大飞宿命式地迎向死亡，以身殉国，为邦媛留下最深的痛楚。胜利了，当夜重庆的万民狂欢，不仅是齐邦媛“漫长一生所仅见”，也是全书最令人动容所在。游行庆祝的人们举着火把，点亮了所有街道，所有人又唱又跳，如痴如癫。当走到旧时两人相会的地方，回想张大飞向自己走来的场景，邦媛突感“万声俱灭”，再也无法忍受这万众欢腾的极乐，只能飞奔回家，在昏天黑地的恸哭中度完这胜利的夜。

胜利的消息，带着无数憾恨而来，多少人如她，永失所爱。胜利之后，一切又是巨大的虚空。世事依旧诡谲，成熟的邦媛却似乎已找到自己的方向，不再彷徨。

稚心的选择

从不谙世事的少年，到初涉世事的青年，究竟是什么在支撑着我们，在这冗杂的世界里坚持或隐忍？

正如张大飞选择虔诚于基督教一样，齐邦媛选择投身文学。

乐山求学时期，邦媛就听从朱光潜先生的建议，从哲学转修文学，整日浸染在雪莱和济慈的诗篇中。《云雀之歌》中轻快不羁的浪漫，在布满星光的湖边吟诵《夜莺颂》的自然自在，总令邦媛不能自已。

然而，彼时的中国，内战将至，校园也被卷入了非左即右的政治旋涡。由于不愿在政治上“站队”，邦媛在游行中被狂热的人们挤到路边，更遭到好友、学姐的当众羞辱，目睹了军警枪杀学子的惨剧。第一次见识到政治的恐怖，她心中充满委屈和不解：中国何时才能超脱血腥和对立的桎梏，允许“求知的安全和思想的自由”？

也许，被时代裹挟着的人们，都自认为选择了最正确的，只是，每个人都终要为自己曾经的选择负责，再无路可退。

不能回归，不能离开

在中国的版图上，东北和台湾相去遥远，却联系微妙。两地均偏居一隅，较晚才有移民迁入，近代史中又都曾被拱手列强，经历了祖国的漠视和异族的压迫，从来都烙下着悲愤和忧伤。

1947 年，大学毕业的齐邦媛几经周折，来到台湾求职。东北和台湾，在她的生命中自此交织。全书的基调也从这里开始忽作一转，变得平缓温润。玫瑰色的青春终要回归现实，不久，她结识了武大学长罗裕昌，罗建议迷茫的邦媛讲求生活的效率，有步骤、有计划地实现理想。自称“吃够了多愁善感的苦”的邦媛，却对罗先生现实、理智的爱情宣言十分受用。一切顺理成章，结婚生子、赴美进修、播种文学、教书育人，文学和家庭成为生命最厚重的寄托，再没有了前半生的惊涛骇浪，一切风轻云淡。

然而，历史的悲怆无法抹去。最了解这一点的齐邦媛，也终为一代远走台湾的大陆人立言：锦书谁寄，飞鸿过尽，他们将百废待兴的光复地视同故乡，见证参与了美丽岛的飘摇与成长。当一切落定，站在垭口海，回望巨流河，那盛开着铁石芍药的土地、含泪唱着《松花江上》的关东子弟都已模糊，只剩下不能离开的台湾和不能回归的故乡。

如此悲伤，如此愉悦

半生漂泊，一切终要抵达落幕时分了。

进入 20 世纪 80 年代，“铁马冰河入梦来”，叙述又重回厚重复杂。齐家父母相继离世，“埋骨台湾”，终未能再回到梦中的家乡。邦媛则要比父母幸运，开放探亲后，她始得寻访老友，重回故乡。

她到上海探望已处弥留的武大好友鲁巧珍，巧珍在病榻前“隆重地”念杜甫的《赠卫八处士》欢迎故人，当念到“明日隔山岳，世事两茫茫”时，两人都已泪不能止。她到南京航空烈士公墓凭吊，终于亲手抚摸到墓碑上“张大飞”的名字，为这段半个世纪的寄情找到了安放的归处。现实的幻灭渐渐扑灭了记忆的狂热，当一切回到面目全非的起点，面对冷却的情感，老人参彻：历史的暴虐无常难以捉摸，但能找到自己的方式回应，不必耗尽一生否定真实的自我，可谓此生所幸。

全书的尾声，耄耋老人终于站在故乡的海岸上，看流向台湾的大海，了无遗恨，一切归于永恒的平静。苦难岁月的流离少年、抗战时期的文学女生、耕耘台湾的文化学者都已成为历史的泡沫，用阅读和记录，留存超越苦难和成败的人与事。循信念和爱的牵引，对抗外物的纷杂和可悲，慰藉孤独的心灵。无外乎王德威先生做后记称“如此悲伤，如此愉悦，如此独特”。读罢《巨流河》，也曾有人留下这样切中心意的评价：

“为什么一笔一画刻下伤-痛-惊-惧-恨？我想要的是喜-乐-平-和-爱。”

人生只有一次，你准备好了吗？

【摘自《中国科大研究生教育》2014 年第 1 期，总第 94 期】

偏执是理想主义者甘之如饴的自虐

——浅评话剧《恋爱的犀牛》

文/朱晓果

你应该像其他的犀牛一样顺从你的命运，你就不会整天这么郁郁寡欢。顺从命运竟是这么难吗？我看大多数人自然而然也就这么做了，只要人家干什么，你也干什么就行了。所以我们都是不受欢迎的，应该使用麻醉枪的。也有很多次我想要放弃了，但是它在我身体的某个地方留下了疼痛的感觉，一想到它会永远在那儿隐隐作痛，一想到以后我看待一切的目光都会因为那一点疼痛而变得了无生气，我就怕了，爱她，是我做过的最好的事情。

——《恋爱的犀牛》

“一个女人爱着一个男人，另一个男人又爱上了这个女人，他们在一起又分开，结局我不知道。”这是导演孟京辉对《恋爱的犀牛》的描述。男青年马路爱上了邻居女孩明明，他做了能做的一切，但炙热的爱慕仍得不到回应。他就像自己在动物园负责饲养的那头黑犀牛图拉，遭到世人尖冷的嘲讽、无情的耻笑。在对于爱情已经变为需要上恋爱训练课才能够成全的年代，人们说：“忘掉她吧，就像犀牛忘记草原……所有的坚持都是愚蠢的自欺欺人。”“忘掉是一般人能够做的唯一的事，但我决定不忘掉她。”马路的回答带着某种执念，他把中奖得到的五百万元奖金奉到明明面前，得到的依旧是明明冷漠而决绝的拒绝——因为明明深爱着她明知是在玩弄自己感情的艺术家陈飞并且不可自拔。马路在绝望中以爱情的名义将明明绑架，并在她的面前杀死了自己最心爱的黑犀牛，挖出犀牛的心来表达自己的爱情。

偏执的爱情谱成“犀牛”们的狂乱悲歌

爱情是人类永恒的话题，它具有巨大的魔力：深刻与肤浅、纯净与复杂、快乐与痛苦、得到与失去、喜欢与痛恨等对立的元素在爱情的作用下变得失去界限而水乳交融。在现代社会，来自爱恋主体之外摧残爱情的专制力量已经很弱了，我们已经很难对梁祝式的爱情感同身受了。人们的性与爱都获得了空前的自由，但作为这种自由的代价，是真爱的流失，我们很难热烈而持久地爱上一个人同时也热烈而持久地被这个人所爱。《恋爱的犀牛》的独特之处在于它剥离了爱情中一切物质的、世俗的、功利的因素，只将其作为一个纯感情问题来探讨——爱与不爱。

马路是别人眼中的偏执狂，他为了追求明明，一改原本的生活方式：每晚去上电脑课、英语课，周末去学车，还写诗、弹琴、唱小夜曲……马路对明明的爱不改初衷、不计后果，正如他朋友所说，他“过分夸大一个女人和另一个女人之间的差别，在人人都懂得明智选择的今天，算是人群中的犀牛，实属异类"。

其实明明何尝不是另一个马路、另一头犀牛？她的生活方式和恋爱观遭到了剧中的"主流言论"的批评。尽管陈飞对明明很不好，但她爱着陈飞"就像是脑门上带着奴隶的印记"，"简直像个小狗似的跟着他"。她对马路时而很冷淡，时而又像是在诱惑，她在与马路有身体的亲昵之后依旧拒绝马路。她有着不可思议的铁石心肠，只因为她无条件地执着于自己的真实情感，从始至终忠于自己的内心，不肯听命于任何外来因素。

马路和明明都是恋爱至上的理想主义者，在现实的世界中始终处在放弃是痛苦、坚持也是痛苦的两难境地。在有着无数可能、无数途径、无数选择的现代社会，人人都能找到自己的最佳位置，都能在情感和实利之间找到一个明智的平衡支点，避免落到一个自己痛苦、别人耻笑的境地，但这是马路和明明所不会的。《恋爱的犀牛》在最后并没有给"犀牛"们明确的归宿，但从结尾吟唱的歌声中我们依稀可以感悟到作品所要表达的——生命中曾经热烈地追求过，曾经执着地努力过，曾经真诚地生活过，已经足矣。

偏执的创作造就《犀牛》的话剧奇迹

1999 年的夏天，《恋爱的犀牛》在北京掀起了小剧场戏剧的狂潮，作为中国先锋话剧代表之作，它被誉为"年轻一代的爱情圣经"。2003 年"非典"之后，在全国演出市场低迷的情况下，《恋爱的犀牛》作为京沪两地戏剧舞台的救市之作，获得了极大的成功。如今，《恋爱的犀牛》已经跑过了十五个年头，第一版男主角的饰演者郭涛也已转型为被叫作"石头爹"的萌大叔，行走于综艺娱乐节目中了。我想支撑《恋爱的犀牛》依旧活跃于话剧舞台的原因之一是它所坚持表达的执着精神，这不仅表现在作品讲述的故事情节之中，更体现在创作团队对话剧的创作理念上。就像编剧廖一梅所讲的那样："没有偏执就没有新的创举，就没有新的境界，就没有你想也想不到的新的开始。"

《恋爱的犀牛》虽然主线讲述的是马路与明明的爱而不得，但整出剧看下来并不会陷入一种悲观主义的氛围中，反而会频频爆出开怀的笑声。《恋爱的犀牛》为人们提供了两样东西：一个是深情，二是笑。深情让人感动，笑让人轻松。这是孟京辉戏剧的一个特点，就是喜剧性。这种喜剧性来自独特的孟氏语言，相声、说唱、朗诵……各种语言形式，都被用来制造幽默。"爱情训练班"的段落就很有代表性。戏中，每个学员操着不同国家的语言重复着同一段话，之后发表自己对爱情的看法，荒诞无厘头的表现方式却妙趣横生，当他们的声音重叠在一起时又带着一种和声的美感。不仅如此，孟京辉还特意追求语言的粗俗化。在一直被看作严肃而神圣的戏剧殿堂上，没有人敢像他这样大胆而放肆。

《恋爱的犀牛》在话剧界的影响之所以大，还因为小剧场话剧能够赚钱是从这个戏开始的，这离不开孟京辉的偏执与敏感。在大多数戏剧工作者还不知道自己的戏排给谁看的时候，孟京辉就知道要把票卖给谁了，这个群体现在仍然是戏剧观众的主体，他们不是最有钱的，也不是最有文化的，但确实是最愿意消费的白领小资们。时至今日，《恋爱的犀牛》演出一千多场，导演孟京辉依然相信他的话剧不是排给大众看的，只有很少一部分人是能真正接受他的作品的。在无数的吹捧与非议之中，他依然在他的实验话剧中我行我素。

我和《恋爱的犀牛》错过了九百九十九场，真正坐在剧院中看的是 2012 年的千场纪念版。与青春懵懂时在网上找来 DVD 版的观看感受不同，如今已不需再一味崇拜它的标新立异了，《恋爱的犀牛》已然回归到了让我们可以平视的高度来理性地品读。"先锋"的表现形式虽然打破了传统话剧的模式，但对于深受网络奇特乖张的视频影响的新一代来讲，它所带来的震撼应该远不如早期上演时引起的轰动。

印象最深刻的是第一千场谢幕时廖一梅出来讲话，她说她自己始终相信《恋爱的犀牛》里的一句台词——“上天会厚待那些勇敢的、坚强的、多情的人”。

我为这句话鼓掌。

【摘自《中国科大研究生教育》2015 年第 1 期，总第 98 期】

由《加勒比海盗》生发开去

——论山贼和海盗的管理学

文/予之(笔名)

最近在友人的推荐下过了一把《加勒比海盗》的瘾，其中最吸引我的一个设计是：九大海盗王召开第四届海盗大会，并选举出了新的海盗王。万万没想到"民主"竟然在海盗这个行当里找到了生存空间，不过，我还是想弱弱地问一句："海盗大会为什么没有中国代表的身影？与会现场为什么不挂中国国旗？"

言归正传，我总觉得单单只是召开下海盗同行会议也太不够意思了，根本说明不了比海更博大的是海盗的情怀。那么，我们今天就顺道智取下威虎山，来个海陆两军并进，开它个海盗、山贼联席会议，大家一起喝喝茶、交流交流管理经验，约吗？

不妨先聊一聊山贼，颇有绅士风度的海盗们应该没有意见吧。提到山贼，恐怕不用拍脑袋，那首五言绝句也迫不及待地想要蹦出来了吧："此山是我开，此树是我栽。要想过此路，留下买路财。"这是山贼这个群体留给世人最鲜明的记忆。若是把镜头再往后拉一点，那个身高比潘长江高、身材比巩汉林胖的独眼龙形象应该也可以呼之欲出了吧，若非这般模样，那么他绝对是来搞笑的。当然，我们还知道，活动在打家劫舍第一线的大多数情况下都不可能是大当家，顶多就是一两个小头目及其率领的一众小喽啰。为什么呢？这其实牵扯到了山贼团队的一个核心问题，即组织结构。对此，我们可以用"带有专制色彩的科层体制"来概括。其中，山贼的大头领一般被称为总杆首，亦称当家、掌柜。大头领对内有发号施令、生杀予夺之权，对外有代表其所部接洽一切之权，匪众称大头领为大爷，以下之头目依次称二爷、三爷、少爷等，如威虎山的八大金刚、水泊梁山的一百零八将。头目再多那也是有限的，绝大多数还是像小钻风那样的喽啰们。说白了，这仍是一种"1%剥削99%"的体制。那么，问题来了，山贼头头们如何才能让喽啰们"敬业奉献"呢？这确实是让蛮多山贼头头揪心的一个问题，稍有不善，内讧、叛变等管理危机便会接踵而来。但毕竟还是有那么几支山贼管理团队富有管理智慧的，在此要特别表彰一下龙虎山寨的管理团队。他们采取的方法大概可以归结为：情感管理＋两个均衡＋一个畅通。情感管理大家估计都很熟悉，山贼一般会有一个拜香入伙仪式，新员工和老员工们将在关老爷的见证下结为不求同生、但求共死的异姓兄弟，背叛组织的人后果将会很严重，至于讲义气的兄弟也足以把美名扬。对于处于初创时期的山贼组织或者小股山贼，情感管理无疑是有效的。但随着它逐渐发展壮大，难免有个亲疏远近。此时，若想使山贼组织继续向前发展，就得实施另一项配套政策了，即实现两个均衡——利益分配在山贼头领之间保持相对均衡和利益分配在喽啰之间保持相对均衡，若还能打通喽啰上升为头领的通道，那么即便头领和喽啰之间的薪酬差别悬殊，也总不至于威胁到山寨的稳定，相反，喽啰们为了高薪和生杀予夺大权将会蛮拼的。

与此相反，海盗的组织形式就显得相对灵活自由，他们好像总是在准备干一票的时候才临时拉起一支队伍，这一方面是为了“大隐隐于市”的方便，另一方面，毕竟海盗相对于山贼来说要开展风险更高的活动，每次战斗减员自不在少数，因此，我们姑且可以称之为项目化的团队管理。同样的问题来了，海盗王们怎么样才能保证这样一群乌合之众能打仗、能打胜仗呢？为了回答这个问题，首先我们来看一下英国著名海盗罗伯茨船长为他的船员们制定的守则：

一、对日常的一切事务每个人都有平等的表决权。

二、偷取同伙的财物的人要被遗弃在荒岛上。

三、严禁在船上赌博。

四、晚上8点准时熄灯。

五、不许佩带不干净的武器，每个人都要时常擦洗自己的枪和刀。

六、不许携带儿童上船，勾引妇女者死。

七、临阵逃脱者死。

八、严禁私斗，但可以在有公证人的情况下决斗，杀害同伴的人要和死者绑在一起扔到海里去。

九、在战斗中残废的人可以留在船上不干活，并从“公共储蓄”里领800块西班牙银币。

十、分战利品时，船长和舵手分双份，炮手、厨师、医生、水手长可分一又二分之一份，其他有职人员分一又四分之一份，普通水手每人得一份。

从这个守则里面我们可以看出，海盗是一个纪律严明的群体。当然，严明并不能保证海盗们自觉遵守纪律，它的前提在于这些纪律是由海盗们共同制定的，至少是得到他们认可的，如此一来，纪律的执行性才能得到保障。此可谓作战成功的组织基础。其次，从这个守则中我们还可以看出，海盗王和海盗之间是相对平等的关系，这不仅包括权力方面的相对平等，也包括利益分配的相对平等。这又是为何呢？难道海盗王就比山大王更无私或者更傻不成？日本心理学家亀田达也(Tatsuya Kameda)曾研究过回报和努力的关系问题。他的研究结果表明，当收益有较多运气成分时，人们更愿意让别人也从中受益。海盗王这么做还可以达到一种效果，那就是海盗们知道他们是在为自己的利益卖命，而不仅仅是为了海盗王的利益卖命。

那么，我们又要问了，海盗王作为团队领导的独特性何在？此时，我们就不得不提到“快乐的罗杰”——海盗船桅杆上的那面画着骷髅头和骨架的旗子。在此之前，海盗的标志还包括墨丘利神的权杖、宙斯的鹰、狄安娜的鹿、龙、十字架等等。但海盗们最为崇拜的图腾并且为世人所知的还是这面骷髅旗。历史为什么偏偏选中了骷髅头呢？难道只是海盗王的个人癖好那么简单？非也！弗洛伊德在《图腾与禁忌》一书中说道：“图腾不只是一种宗教信仰，同时也是一种社会结构。”也就是说，海盗中存在骷髅头图腾，那么其崇拜的心理根源并不在于骷髅头，而是海盗王们想借骷髅头发挥，以在社会内对他人产生威慑力。为了保证效果，海盗王们需要不断神化这种威慑力，最好是让人一看到骷髅旗就想象到死亡和毁灭，这里的人不仅包括海上的狭路相逢者，也包括海盗团队中的小海盗们。其最终的效果是：亡命之徒们选择走上了海盗这条路，而不是说海盗天生就是亡命之徒。而战斗的法则正是：只有不怕死的人才更可能活着。这种管理方式我们可以称之为想象力管理。正如群体心理学鼻祖勒庞在其奠基之作《乌合之众》中所说：“少数人统治多数人时，主要靠的就是对人群‘想象力’的管理。当然，为长久计，想象力管理不能只有威慑力，更要包括美好和崇高。海盗王们同样深谙此道。故而我们常常会听到他们‘为了自由而战’的战场宣誓。毋宁说，海盗王们是真正的想象力管理的好手。这也是保证海盗们‘放舟踏波涛，今生任逍遥’的秘密武器。”

山贼和海盗看似个性化的管理自有其一般化之处，我们大可放心地发扬“拿来主义”精神，不断将其本质行业化、内在化。当然，“管者，诡道也”，如若山贼和海盗的管理团队不能够随着团队内部结构和外在环境等因素的变化而不断进行管理创新，那么我们兴许还能吃点“山楂”和“海鲜”。

【摘自《中国科大研究生教育》2015 年第 2 期，总第 99 期】

从“奥斯维辛”到“死亡飞行”

文/罗　艳

一场疾雨，一阵雷鸣，整个城市突然瘫痪在没有电的昏暗中，街道上唯见五彩的霓虹灯摆弄着若有若无的、看似不堪一击的炫丽。胳肢窝里夹着一本书冒雨前行，闷着头钻进一个充斥食物、冷气、人群和光亮的空间，身后的门一关，整个城市的不幸通通被关在外面。读完半部小说，掩上，夹在胳肢窝里，走出空间，雨已停息，光亮重新照彻大街小巷，恍如从野蛮洪荒穿梭到了白日盛世。而我无从证明数小时前突然瘫痪的昏暗，除了记忆。

保罗·策兰在短诗《灰烬之光》中写道：“没有人/为见证/而见证。”包括普里莫·莱维、劳·朱利塔，他们的写作都是一种追忆，这些曾“塞进玻璃保藏罐里，趁夜色埋进花园里”的手稿，许多年后出土、拆封、流传，能否有力量充当一个时代的证言？又有谁为这些见证者的见证做见证？

我刚才不是在捧读一个“被拯救者”对“被拯救”后的羞耻感及由来沉重而持久的剖析，而是经历了一个穿越痉挛般的、恶意的、任性的伤害、痛苦和羞辱的“闷罐”列车之旅，开向光亮彻夜通明的、有“密集奇异籽实生长”的、被改造的田野覆盖的城市。解放本该轻松雀跃，可是那一种称作“羞耻”的罪恶感，却刺青一样潜伏进肌肤，印记一样锁住蹙紧的额头，174517，六位数字编号，一个永不泯灭的耻辱的身份！为了驱避可怕的过去，人们往往选择遗忘事实或修改记忆。幸存者们“有必要对自己施加(有用的?)暴力，从而引导自己去讲述最悲惨无助之人的命运”。

对于痛苦，莱维以“从此以后这无比的痛苦，时时出现，将我折磨：我的心在剧痛中燃烧，直到我把这故事诉说”开始诉说幸存者们试图逃避的“活在奥斯维辛”。在一个毫无选择的环境中，特别是道德选择，每天在饥饿、寒冷、疲劳、殴打、混乱以及无尽的屈辱中受尽折磨，他们被剥夺到只剩下一个单纯的念头——如何活下去！当支撑一切的网络(社会的、道德的)都消失，所有联系都被剥离，人就变成了牲口、禽兽，这是永远洗刷不去的耻辱。几乎所有幸存者都为忽视了对他人的帮忙而感到自责。莱维在书中回忆：为了生存“将自私延伸到你最亲近的人，在那遥远的时光中的一个朋友，一个可以恰当地称呼‘我们’的人。我们小口地、贪婪地喝光了所有的水，不断交换着水龙头下的位置。只有我们两个人，偷偷摸摸地……达尼埃尔身上沾满了水泥灰尘，嘴唇干裂，眼睛冒火。我感到自责，与阿尔佩托交换了一下眼神。我们立刻明白了彼此的想法，希望没有人看到我们。但达尼埃尔看到了我们在墙边鬼鬼祟祟地仰卧在瓦砾堆中，已经有所怀疑，而现在更猜到了什么”。

相比给他人造成伤害的罪恶感，未能给予他人帮助的羞耻感，凭借与生俱来的强大优势，不可磨灭地、更深层次地植入人们悔恨的心，像一只饥肠辘辘的秃鹫盘旋在上空，时刻准备着捕食我们裸露的神经，滋长延伸至持续而深沉的痛苦泥沼。“你会不会感到惭愧？因为自己替代他人活下来了。”莱维从噬咬着幸存者心灵的羞耻感中重新审视这一段屈辱和折磨的经历。策兰在《死亡赋格》中以“清晨的黑牛奶我们傍晚喝/我们中午早上喝我们夜里喝/我们喝呀喝”令人惊骇的形象，循环往复地叩问着这惊世骇俗却悲苦无告的苦难和屈辱。

“我们在空中掘墓，躺着很宽敞”，“死亡是来自德国的大师”，死亡是一种必然的结果，而痛苦屈辱地死去，是一种残酷的报复。集中营里的“卡波”，以一种荒唐的、无用的、蓄意的、痉挛般的暴力，一步一步地把受害者推向禽兽的转变，当众排便的巨大痛苦在人类的尊严上刻下深深的伤口，珍贵的搪瓷大碗一物三用——盛汤碗、夜间尿盆、洗脸盆，剥光衣服鞋袜、剃光头发毛发、卑贱地爬行的集体裸体强制政策，缺乏勺子像狗一样舔汤的无可奈何的极度赤贫的无力感，荒唐而诡辩的军队游戏规则……这些毫无用处的暴力，“一种极端下流而不详的挑衅，同时也是蓄意而不必要的凶残的体现”，恶意地给幸存者造成伤害，引起痛苦，施加屈辱。莱维冷静地审视曾经历的苦难和折磨，以及正在经受的羞耻感的折磨。

再一次叩问，文学能否作为一种见证？

正如《死亡赋格》不断重复的“清晨的黑牛奶我们傍晚喝”，面对智力“死亡飞行”这种跟“奥斯维辛”一样惨烈的恐怖恶行，朱利塔充满痛苦的回应同样充满力量，“惊人的诱饵从天降/骇人的诱饵落向海”多少次的叠响回旋，诗歌中的惊呼喊叫，或哽咽停顿，或凝滞沉默，以及迭起回响，传递着极端的恐怖和战栗、悲苦的折磨与受难，以及挣扎至炽烈的“灰烬之光”！这样一种“内在的暴力，保护着我们抵御一种外在的暴力”，相信“后世读者”将会更确切也更诚恳地听取这些密藏之辞、寂静之音，一步一步地叩问这趋向于沉默，但是强烈的从死寂深底升起的惊呼！

【摘自《中国科大研究生教育》2015 年第 3 期，总第 100 期】

斯人若彩虹，遇上方知有

——兼评纸本与影像中的《小王子》

文/李　璐

Some of us get dipped in flat, some in satin, some in gloss. But every once in a while you find someone who's iridescent, and when you do, nothing will ever compare.

有人住高楼，有人处深沟，有人光万丈，有人一身锈，世人万千种，浮云莫去求，斯人若彩虹，遇上方知有。

——《怦然心动》

“斯人若彩虹，遇上方知有”是电影《怦然心动》的台词。这句台词如此精辟地道出了爱情的甜美绚丽与不可思议。《小王子》对我也是如此，如此纯真与美好的小王子，就像天边的彩虹，摄人心魄。如若没有遇到小王子，你绝不会知晓世间还会有这么可爱与纯粹的人儿。这种触动心灵的感觉虽不是爱情，却让我再次咀嚼到纯真、美好、爱与被爱。

再见《小王子》，依旧热泪盈眶

10月23日，在《小王子》上映整一周后的傍晚，我才得空去看这部内心既期待又不安的电影，期待那个泛黄的隐含着淡淡忧伤的绘本终于可以在影像中舞动，不安纸本的《小王子》又是否会面临不尽如人意的改编？然而，当 Hans Zimmer 的配乐响起，当小王子以折纸静态动画的形式出现，我的心一下子释然而又轻松了，《小王子》依旧是我心中挚爱的小王子。

影像中的《小王子》既保留了纸本《小王子》的感觉与味道，又满足了我们对故事的第一叙述者——飞行员的想象与诠释。“人老心不老”的飞行员爷爷既搞怪又可爱，让人捧腹之余不禁暖流涌动。看似率性洒脱的飞行员爷爷却一直念念不忘小王子，于是，最初感动我们的纸本《小王子》便以戏中戏的形式出现了。

“你能给我画只羊吗？”当金色头发的小王子出现时，我的心已经融化了。金色的围巾如少女的裙裾随风飘舞，与金色的沙漠融为一体。充满灵气的小王子注视着你，以一种缓慢的又略带忧伤的语调讲述了他的星球、他的旅行、他的狐狸以及他所深爱的玫瑰花。

马克·奥斯朋聪明地保留了《小王子》的原汁原味，又续编了圣埃克苏佩里的《小王子》，从而创造出自己的《小王子》。这在影像小王子的视觉呈现中便可见一二。影像中小王子有两种视觉呈现——泛黄味儿的折纸造型与经典的动画造型。奥斯朋在飞行员叙述的小王子故事线上运用了折纸造型，让人重温了翻阅纸本时的温馨与感动；在叙述小王子长大又回归的故事线上运用了经典动画造型，当小王子再次出现在 B612 星球的那一刻，他便不再只是圣埃克苏佩里的小王子，而是马克·奥斯朋的小王子了。

当小王子长大，你是否还记得他曾经的模样

马克·奥斯朋的小王子不再是圣埃克苏佩里的童话模样，他和我们一样会长大，会遗忘。

小女孩找到了心心念念的小王子，却发现曾经的小王子已然变成了王子先生，失望与愤怒不禁充斥而来。然而幸运的是在一连串的故事情节中，王子先生凭借飞行员爷爷的绘本记起了以前的模样，并带着小女孩重返B612星球。

小王子长大是奥斯朋对圣埃克苏佩里《小王子》的一大续编。圣埃克苏佩里的《小王子》故事线中，小王子与蛇相约，结束了肉体生命，整个故事就此戛然而止。圣埃克苏佩里留给人们无尽的想象，有人解读小王子之时，将其看成是死亡的最高隐喻，认为小王子用肉体的结束换来了灵魂家园的回归。然而，相信不少人不愿意相信这种残酷的回归，他们也许如我一样更愿意感性地幻想小王子之后的故事，诚如小女孩一般疑惑又相信小王子真的回到了他的星球，真的见到了他所挚爱的玫瑰花。

当小王子长大，他遗忘了曾经的纯真，也如绝大多数大人一样过着庸庸碌碌又绝望无奈的生活。曾经觉得大人很奇怪的他一定不曾料想有一天他也觉得小孩很奇怪。然而，影像中的小王子毕竟是幸运的，他记起了曾经。你呢，长大后的你，是否还记得你曾经的模样？

曾经的你也如小王子般拥有一颗水晶般的心儿，曾经的你也如小王子般觉得大人的世界很奇怪，曾经的你也如小王子般不懂爱又渴望爱，曾经的你也如小王子般用心呵护每一段友谊、用心遵守每一个约定。只是，经历了成长之后的你，将头发梳成大人模样的你，被时光打磨得越来越光滑的你，是否只经历了成长，却习惯了遗忘？

爱与纯真永远不被遗忘

人不可能不长大，长大并不可怕，可怕的是遗忘。遗忘最初的纯真，遗忘最初的感动，遗忘爱与被爱，这才是成长路上的敌人。

奥斯朋影像中的《小王子》高明之处便在于他将童话故事融入了现实之中，创造了另一个隐喻——一切的人与事物都不是一成不变的。

小王子也不会一成不变，他也会长大。玫瑰花也不会一直开放，她也会枯萎。然而，只要有爱，便能时时刻刻看见她的容颜。这才是叶芝那句“爱你那朝圣者的心”，红颜易逝，生命短暂，然吾爱不老，爱不苍老。

同样，我们也会长大。曾经的海誓山盟与信誓旦旦，曾经的炽烈梦想与执着的心，也会在时光中悄然暗淡。但是，长大并不意味着不纯真。真正的纯真不是单纯，不是不经世事，而是如小王子一般在看到了更广的世界，在见识了权力、名声、金钱、知识等之后依旧选择纯洁、善良而真挚的那份初心。

而我由衷地希望，纵千变万化，吾心永远保有一份纯真。愿你我都能成长为一个出色的大人。

【摘自《中国科大研究生教育》2015年第4期，总第101期】

《解忧杂货店》:倾诉,聆听,勇气,坚定

文/刘迈克

“一切全在你自己,一切都是自由的,在你面前是无限的可能。”这是浪矢爷爷回复的最后一封咨询信,也是东野写给所有迷茫的人的。有烦恼的时候将倾诉信投递到解忧杂货店,据说所有的问题都可以在这里找到答案。到底能否找到答案呢?其实也不是那么重要了,不管如何选择,坚持走到最后都会看见不一样的风景。重要的是一家号称“能找回现代人内心流失的东西”的解忧杂货店,已经走进了我们心里。生命中的偶然交汇,将如何演绎出截然不同的人生?

回答在牛奶箱里

深夜,敦也等三个小偷逃跑的途中汽车突然抛锚,无奈下逃入弃屋浪矢杂货店躲避,并意外收到了“月兔”来自过去的信。信中提到其男友患癌症不久于世,是努力训练参加奥运会还是陪男友走过最后的时光?她把自己的烦恼告诉了解忧杂货店,其实无论三人的回信怎么回答,她心里都已经有了一个几乎确定的答案,即追求自己的奥运梦想,因为那同时也是男友的梦想啊!即使最后没能去成奥运会,但是努力过她依然不会后悔。相信我们每个人也都是这样,面对选择的时候其实自己心里已经有了决定,只是在纠结的时候还想要听取别人的意见,或坚定自己的想法,或让自己更动摇。最后,我们的选择都会是最初的答案,别人的经历终归是别人的,即使很相似,自己也会跟随内心的想法去尝试,去感受,去体验,或许只是需要倾诉和勇气吧,还有支持自己坚定走下去的那种信念。

深夜的口琴声

“再去全力打拼一次、奋战一场,就算最后打了败仗也无所谓,至少你留下了自己的足迹。”克朗的爸爸在鱼店即将倒闭的时候,依然坚定地支持着儿子对音乐的热爱。记得当初暑假去实习也是不顾妈妈反对,打算单独出去闯荡一下,中间累到撑不住想要回家的时候,妈妈就会说:“既然开始了,就坚持做完这两个月,努力干好自己的工作,学到该学的东西,收获该收获的体验,快速成长起来。”或许妈妈和克朗爸爸是一样的心情吧。在孤儿院的那场火灾中,克朗用自己的生命换回了水原晨的生命,姐姐水原芹为报恩将他的《重生》唱红,这也算是他留下的足迹吧。即使可能打了场败仗,即使没有因为音乐成名,但是却启迪了下一代的音乐天才,留下了千古传唱的歌曲,这样的人生何尝没有意义呢?最重要的从来不是你取得了多大的成就,而是帮助了多少人,会有多少人一直记得你,怀念你。

在车上等到天亮

川边绿怀上有妇之夫的孩子，向浪矢雄治咨询后决定生下女儿独自抚养，却不幸车祸过世。女儿被丸光园孤儿院收养，成为水原芹的经纪人，并写信致谢浪矢杂货店。或许这就是浪矢雄治坚持的理由吧，因为可以帮助别人，自己也收获了快乐。爱默生说过："人生最美丽的补偿之一，就是人们真诚地帮助别人之后，同时也帮助了自己。"我们在帮助别人的时候，也就是在帮助我们自己。给予，就是一种舍，我们在给别人的时候，虽然舍弃了自己的某些东西，比如时间、精力、关怀等，而这些舍，同样会使我们得到。浪矢爷爷在帮别人答疑解惑的同时，自己也收获了不同的人生感悟。在别人绝望无助的时候，不要吝啬，或许你的一句话、一个拥抱，都具有足够的力量支撑他站起来，擦干眼泪，继续微笑着前行。

听着披头士默祷

浩介是披头士的歌迷，父亲公司负债家里决定潜逃和披头士解散的消息先后刺激了他，对父母失望的他向浪矢雄治咨询，当时浪矢建议浩介与父母同舟共济。在潜逃的路上，他离开了父母，来到丸光园，最后成为了一名木雕匠人，得知父母为了他而自杀，内疚又自责的他给杂货店写了一封感谢信。如果当初他没有离开父母，或许一家人会很幸福吧。不过现在浩介的生活很安静、自在，相信这也是父母希望看到的。父母的爱总是无私、不要求回报的。家是一个充满亲情的地方，无论在天涯，还是在海角，无论在哪里漂泊流浪，家都会是永远的避风港，是最温暖的存在。或许我们会经历苦难，但正因为这样，全家人才要在一起，互相支持、依靠，无论现在多不开心，要相信明天会比今天更好。

来自天上的祈祷

在离天亮还有一小时的时候，敦也等三人收到了新的投信。十九岁的女孩武藤晴美，想辞掉白领女性的工作当全职酒家女，然后自立开店，为此化名"迷途的小狗"向浪矢杂货店致信咨询。得知了她想要挣钱报恩的真实想法后，三人对她提出了致富的建议。每个人都会经历手握地图却不知道该往哪里走的迷茫，向左走，还是向右走，或许很多时候心里已经有了答案，只是不够确定而已。不要彷徨，不要犹豫，大胆地向前走，因为每一条走过的路，都是人生的必经之路，每一条要走的路，也都有不得不走下去的理由。

《解忧杂货店》虽然不是推理小说，更确切地说是一本哲学感悟的心灵碰撞之书，但结构和人物关系却也复杂严密，从现在到过去，最后又从过去到现在，用圆环似的故事情节清晰表达了作者的思想。一个决定、一个故事、一首歌，环环相扣，悄悄改写了一个人的一生，悄悄改变了这个世界。最后敦也投递的那封空白信，收到了老人家穿过时空隧道、深情而又充满力量的回信："你的地图是一张白纸，所以即使想决定目的地，也不知道路在哪里。正因为是一张白纸，才可以随心所欲地描绘地图。一切全在你自己。对你来说，一切都是自由的，在你面前是无限的可能。这是很棒的事情啊，我衷心祈祷你可以相信自己，无悔地燃烧自己的人生。"

【摘自《中国科大研究生教育》2016 年第 3 期，总第 104 期】

攻略调查 ▶▷

新生初入科大完成的是从本科生到研究生的跨越。学习环境改变了，人际关系改变了，漫步在科大校园的林荫道上，可能犹存着对本科学校的浓浓不舍，可能憧憬着在科大的未来，可能还对人生这一新阶段有着些许疑惑。当然，多向导师请教，多与师兄师姐交流，思想的碰撞肯定能带来灵感。于阳光明媚的一天，找一处宁静安逸的角落，泡上一杯喜欢的茶，自己在书籍的海洋中搜寻心中的疑惑，是否更有意义呢？

本书编排了攻略调查这一版块，对研究生生活的一些调查和攻略进行介绍。本版块对读研的认知看法进行了深入剖析，将研一生活的方方面面写得很详细，给出的建议也很诚恳，具有启发性，对研一新生适应研究生的这个新环境大有裨益。论文发表署名问题也是每个研究生必然会遇到的，版块中对著作权、专利权等进行了细致的阐释，回答了大多数研究生关于导师署名等的疑问。

除了学术，本版块对研究生生活的各方面也都有涉猎。如中国科大研究生的运动情况，东区健身房有氧运动区“每天运动 1 小时，健康工作 50 年”的标语仍然历历在目；从男学霸和女学霸入手，展开网上购物调查；到了就业季，如何寻得一份令自己满意的工作……生活中的种种在攻略调查版块中都可以找到答案。

就业季：如何觅得好工作？

文/姚雨婷

离离暑云散，袅袅凉风起，秋色连波之际，又是一批初出茅庐的学子们开始奔波求职的就业季。

高学历，是研究生的优势，在很多特定的岗位上也是跨过门槛的一道必备利器；无经验，又是应届生共同的缺陷，缺乏社会历练的他们对行业的认识较浅，对业务的操作生疏。研究生们到底应该如何扬长避短，寻得一份满意的工作呢？带着这些问题，记者采访了三位分别来自中国科大理、工、文科的师兄师姐，听听他们在求职达人的晋升之路上，有着怎样的经历与体会。

在追求中收获认识和成长

现阶段是毕业生找工作的准备期和预热期，在正式奔赴求职沙场之前，给自己拟订一个计划自然非常重要。"找工作第一步，你需要明确自己想做什么，不想做什么，这样才能有的放矢，觅得适合自己的行业和岗位。"来自信息学院的毕业生梁一清这样和笔者聊道。

对涉世未深的毕业生来说，如何能比较切实地了解某一职业的工作内容、工作环境呢？"在具体的某一单位或企业内实习，是了解行业和岗位的很好的途径。"梁一清说，"你也可以多向导师、家人及师兄师姐们寻求指导，和一起找工作的同学多做沟通，在最大限度上多获得一些消息。"陈欣是一个活泼大方的姑娘，来自人文学院的她是科大莘莘学子中的少数派，又是求职大军中的优胜者。回想自己确定目标的过程，她说："在决定走出校门之前，根据个人学习、实习经历和兴趣，我就选定了国企作为就业方向。不愿离家太远，所以将合肥列入意愿工作的地点。再考虑到初入社会，工作实践经验缺乏，希望进入机制健全、制度明晰的大型企业进行学习。这样一来，大概的范围就确定下来了。"

"定下来大概想要一个什么样的工作之后，就得扩大对象、广泛撒网。"梁一清接着说，"当你放宽了自己的范围，接触了更多的工作机会，自我认识也会更加清晰。更重要的是，你也能在多次的锻炼中不断地提高自己。"梁一清同学半年来投了一百多封简历，最终拿到了其中十分之一的录用通知，而且越到后期成功率越高。

不打无准备的仗

投递简历是求职路上的第一项实质工作。常有人说"简历要写三年"，强调的就是平时便应细细打磨。对于这一点，陈欣表示赞同："可以准备一个比较齐全的模板，一字一句都要精雕细琢、凸显优势，但填写的时候最好按照岗位要求挑重点，突出自己与这份工作匹配的地方，‘对口’在网申中非常重要。”

一般来说，很多招聘单位的笔试内容都包括行政能力等综合知识的测试和对口岗位的专业能力测试。不管是公务员考试，还是企业招聘，在笔试环节表现出优秀的技能水平，是求职过程中的攻坚一环。“这方面需要多年的积累，也可以抓紧时间突击一下专业知识。我当时去考银行、房企，很多东西都是从没接触过的，但大家需相信自己‘二十年苦读’锻炼出的学习能力。”陈欣用自己的亲身经历告诉记者，“千万不要零准备、碰运气，这对自己好处不大。”

较于工科和文科很多从商、从政的同学来说，理科生继续做研究的比例相对较高。不论是硕士转博、博士加个“后”，还是转战各个研发企业机构，理科毕业生的出路大多与本专业非常切合。在求职场上，用人单位对其专业技能的要求也更为严格。张志鑫是分析化学专业的毕业生，虽然找工作之初也考虑过银行、地产、快消和 IT 等行业，但他最终选择了北京有色金属研究总院做分析测试技术。“想过很多也试过很多，最终发现贴近自己的专业是最有把握、准备最充分的。”他说。

做一个“靠谱”又独特的人

应届生在求职时最担心的往往是面试，对此很多同学都感到不知所措、无从下手。梁一清说：“其实大家都是一样的，按部就班地学习就好。可提前上网查些资料，看看别人的面试经验，很有用。”无论是什么形式的面试，都是求职者自我形象的输出，除了技术面，招聘者希望看到的，最重要的是踏实、上进、可靠的品行，以及带有明显个人风格的发展优势。“在这个有些浮躁的社会里，其实‘靠谱’是一项非常重要的为人标准。不论是面对考官还是面友，都需要尽力认真地对待每一件小事，也许你会因为一个不经意的举动就成功拿下一份工作。当然，同样存在相反的情况。”陈欣告诉记者。

提到面试中最复杂的群面，张志鑫觉得多多练习是提高的好方法：“私下里与志同道合的朋友一起模拟案例，经验自然就有了。”张志鑫曾在校研究生会工作，他认为这段经历为自己增加了一些特别的东西：“在研会时经常和大家一起策划活动，开会分享经验，在培养协调力、执行力和团队意识方面有很大帮助。”“另外需要多总结，我就是在实战中慢慢发现很多之前没想到过的。比如在群面中大体有五种角色，我们应该怎么选择呢？我提倡‘做自己’。假如你的性格本身就是温婉体贴，不一定非要抢着去做领导，不妨去做下计时，给大家提醒时间节点，或者只是在大家沟通交流的时候穿针引线，对有新意、有道理的观点做及时的肯定，给没有获得发言机会的小伙伴递个话等，这些也都是特别好的。”陈欣补充说。那么面试中好的领导力又是如何体现的呢？她觉得，这种领导力不应该表现为强势、威慑，而是需要有说服力：“一是别人说时要认真听，清楚他的思路；二是要站在别人的角度上考虑，成就他人的时候展现自己的价值。”

进行时：把握好自己的心态

谈起自己找工作时的心态和情绪，梁一清笑着说道：“痛并快乐着。”最忙的一星期，他有六天的时间都在外面跑，上海、北京、合肥等地到处漂。“当然，这也与我广撒网有关，简历投得多，才会这么忙，这个‘忙’也很有必要。”很多同学在刚开始找工作的时候，可能因为遭遇一些挫折，就慢慢泄气，如果这段时间又没有别的招聘会要参加，就很容易消沉。“心态很重要，越能稳住自己的心态，越能咬牙坚持住的人，越是可能收到最好的结果。”

“我在找工作的时候，还同时忙着小论文，双线作战，加上一开始找工作不太顺利，感觉非常累。但好在自己比较淡定，总算守得云开见月明。”对于现在的工作，张志鑫感到很满意，“经过就业市场的检验，慢慢明确自己的价值所在，是自己申请的岗位，又得到了企业在这个方面的认可，本身就是一种‘合适’的认证了。”

找工作的过程，其实是一个看清楚自己、了解社会的过程。“虽然你只能选择一个单位，但是这个过程可以让你知道哪些工作是你擅长的，哪些是你不喜欢的，长远地说可以让自己少走很多弯路。”梁一清说。

三位师兄师姐的求职经验各有不同，却也有着共通之处，记者希望大家能在他们的感悟中有所收获，也祝愿大家能眼观寰宇、坐怀理想、胸拥江河、从容踏实地走过这一段必经的求职路，迎接一段新的人生。（除张志鑫外，文中其余受访者均为化名。）

【摘自《中国科大研究生教育》2014 年第 3 期，总第 96 期】

《中国科大研究生教育》读者调查

文/淦凌云　刘迈克　孙萍萍

《中国科大研究生教育》已经陪伴科大学子走过21个春秋，百余次的纸上相逢见证了科大学子的化茧成蝶，也目睹了《中国科大研究生教育》的精进不休。如今，站在新的起点，《中国科大研究生教育》也将以新的姿态奔向远方。新的征程，且听学子娓娓道来。

2016年新年来临之际，《中国科大研究生教育》调查小组通过网络链接的形式向读者群体展开了本次特别调查，以广泛征集读者建议，进而推动办刊形式创新、刊物质量提升。此次调查共回收有效问卷95份，基本情况如表1所示。

表1　样本基本信息一览表

项目	类别	人数	百分比/%
性别	男	47	49.47
	女	48	50.53
身份	硕士生	73	76.84
	博士生	18	18.95
	其他人员	4	4.21
专业方向	理科	21	22.11
	工科	17	17.89
	文科	57	60

数据分析显示，在性别比例方面，参与本次调查的男女比例接近持平（47∶48）；在学历层次方面，硕士生所占比例最高（76.84%）；在学科背景方面，文科比例（60%）明显高于理科和工科。鉴于本次调查的问卷主要依靠杂志社成员进行外部扩散，样本的总体特征和杂志社运行主体的分布特点较为相似，而与全校研究生的实际情况有较大出入，使得样本的代表性比较局限。但考虑到理工类院校研究生的阅读习惯以及杂志读者群体的固有特点等因素，此次调查结果仍具有一定的参考性。

调查发现，大部分读者平均每天的课余阅读时间极为有限：阅读时长不超过1小时的有53.69%，阅读1～3小时的有37.89%，阅读3小时以上的仅有8.42%。在读本的选择上，杂志因其所涉领域较为广泛，信息披露丰富，部分篇章观点新颖、寓意深刻，成为除小说之外读者最喜爱的读物（图1）。在学术氛围浓厚的科大校园，图书馆内种类丰富的馆藏图书以及先进便捷的设施资源为学生学习提供了诸多便利，自然成为大家获得书籍的主要来源。因此，如图2所示，高达74.74%的读者选择到图书馆获取杂志读本。此外，大部分读者在阅读后会选择将其推荐给他人传阅或直接予以保存。

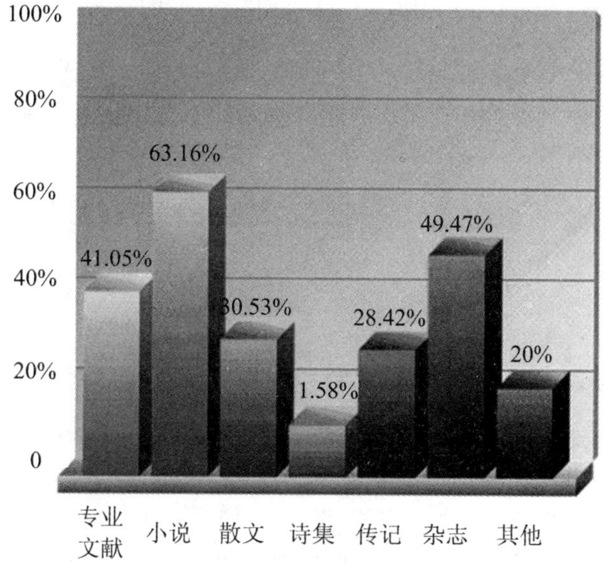

图 1　读者喜欢阅读的书籍

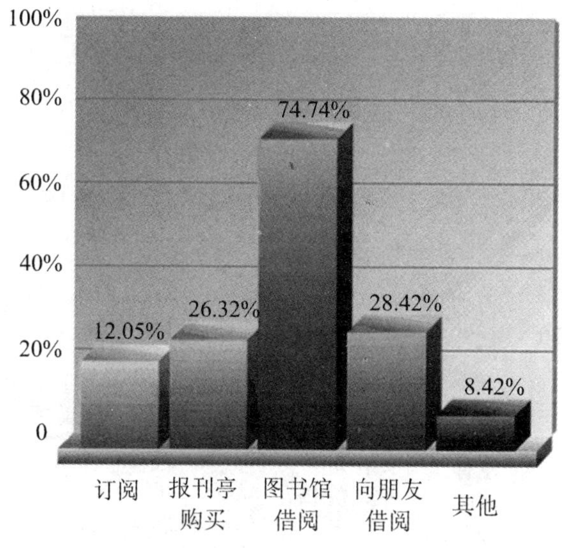

图 2　读者获取《中国科大研究生教育》读本的方式

“你”“我”相逢

本次调查中，超过三分之二的调查对象表示知道《中国科大研究生教育》杂志的存在(图 3)，可见之前通联站所做的宣传工作和读本摆放是值得肯定的，但是最终选择阅读《中国科大研究生教育》的调查对象仅略超过总体的一半(54%)(图 4)。在被问及阅读原因时，较高比例的读者(31.58%)选择了“方便查阅校内信息”，其中《校园资讯》(58.95%)和《人物专访》(52.63%)是读者最为关注的。在今后的期刊内容发展方面，可以考虑加强这两个版块内容的优化，以此为宣传亮点吸引更多的读者翻阅《中国科大研究生教育》。

21 载的相伴，还记得“我们”是怎么相逢的吗？

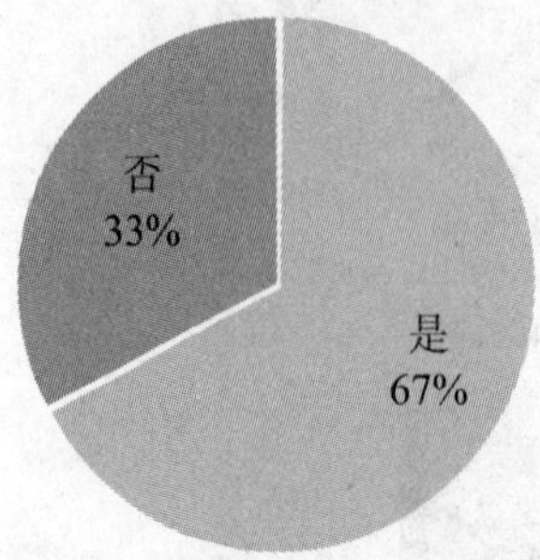

图 3 调查对象是否听说过《中国科大研究生教育》

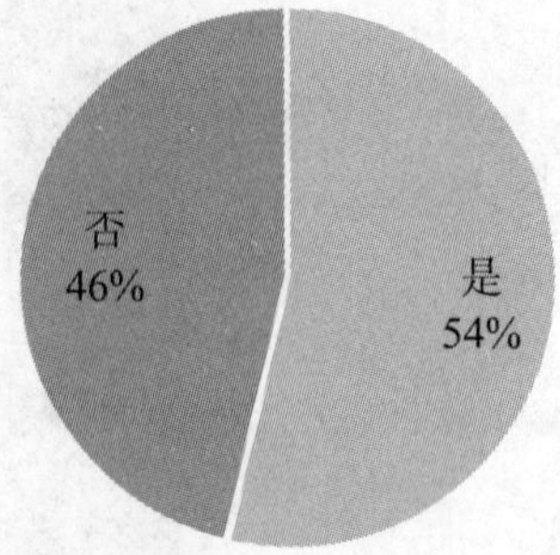

图 4 调查对象是否阅读过《中国科大研究生教育》

此外，在读本摆放方面，读者也表现出更多的需求。鉴于科研任务繁重，研究生需要经常出入实验室和图书馆，“老师、同学推荐”和“图书馆阅览室”便成为大部分读者了解《中国科大研究生教育》并获得读本的主要来源（图 5）。如图 6 所示，在增加杂志印发量和增设读本摆放点的计划中，除了需要加强图书馆阅览室摆放点的杂志供应之外，还应增加教学楼休息区和宿舍楼报刊处等多个摆放点的读本供给，以供学生随时借阅。

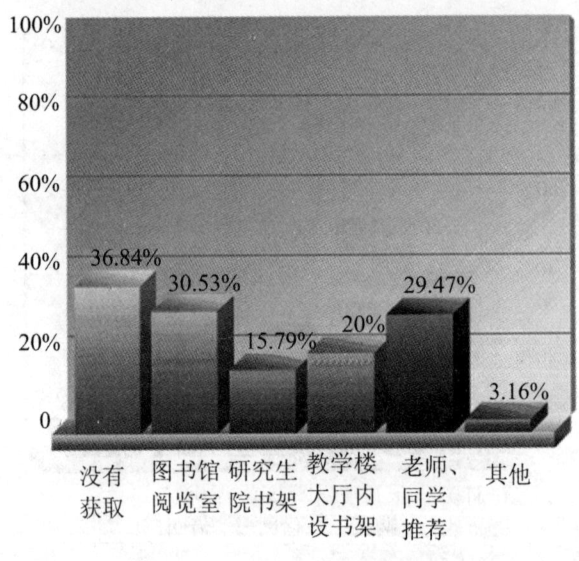

图 5 获得《中国科大研究生教育》读本的渠道

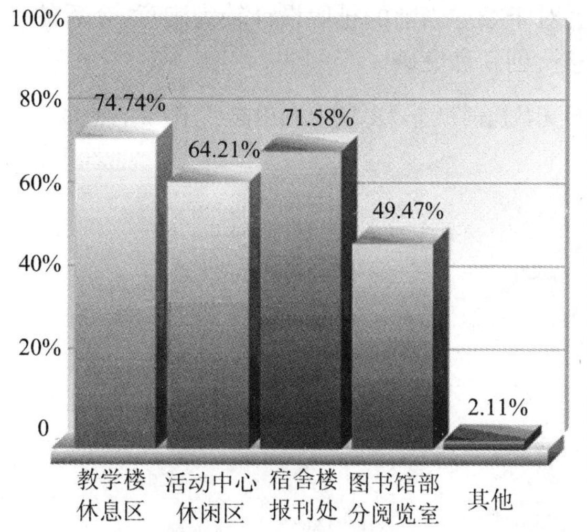

图 6　建议增设读本摆放点

当“你”读起“我”

日常生活中,科研任务占据着科大研究生的大部分时间,文献书目几乎霸占了所有的阅读时间,最终留给杂志和其他书籍的阅读机会便少之又少了。调查显示,能够保证每期都会阅读《中国科大研究生教育》的读者仅有 17.89%,完整阅读每期杂志 50%以上内容量的读者仅占 20%,绝大部分的读者只会习惯性地“根据目录选择部分内容阅读”。在有限的时间里,读者只能进行快速阅读和选择性阅读,因此,期刊在编排的时候,应该增加文章内容的新颖性和吸引力,特别是在文章的题目上要突出重点,使人耳目一新,如此才能引导读者进行深入阅读。

在被问及最喜欢的栏目时,如图 7 所示,较高比例的读者选择了《魅力科大》(32.63%)和《实习就业》(30.53%),与此同时,如图 8 所示,这两个版块也被读者视为需要加强的栏目。显然,杂志在这两个栏目的优化工作上依然任重道远,只有坚持精益求精才能更好地迎合读者的确切需求。一方面,栏目内容仍然需要实时报道科大近期的重大事件,充分挖掘平日生活中的那些不平凡的人和事;另一方面,还应紧跟大众创新、万众创业的步伐,深入调研学生实习就业情况,适时分享成功经验,提供合理指导,尤其需要加强对博士生群体的就业需求的关注。

具体到文章的行文风格,绝大部分读者认为“依主题而定、文风多元化”较为合理(58.95%),也有部分读者认为“简洁通俗”更为重要(22.11%)。至于文章中所用附图,读者则较为统一地认为图片紧贴文章内容,必要时具有一定的视觉冲击力即可。需要指出的是,就实际发展状况而言,杂志在这两个方面的定位和读者的期望是较为契合的。

最后,读者对于杂志的排版设计也大多持肯定态度。他们认为当前的版面数量相对合适,版面字体也能符合舒适的视觉感受,仅有少数读者认为正文字体太小、标题不够突出、字体凌乱。基于这类评价,杂志可以将版面标题和正文的字体加以明确区分,适当标大字号,使排版更加规范。对于排版设计风格,绝大多数读者希望可以保持严谨活泼和自然清新的特色,少数读者更喜欢现代个性和简洁庄重的设计风格,为此,杂志可以依据版块实际内容的具体特色实现排版风格的多样化,既能凸显校园资讯的官方严肃,也可兼顾特别采访的随性活泼。总体而言，读者对于杂志当前的排版设计较为满意，今后的设计方案可结合少数读者的偏好进行适度的改进、创新和突破。

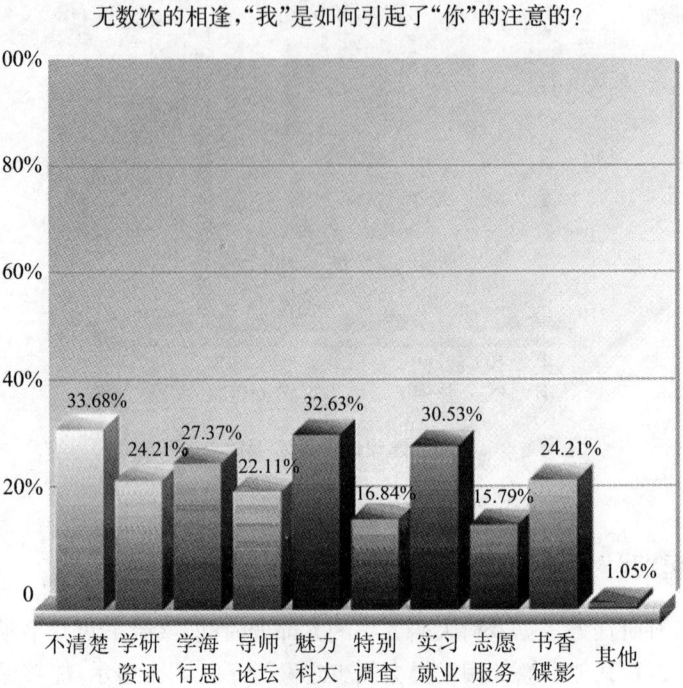

图 7　最喜欢的栏目

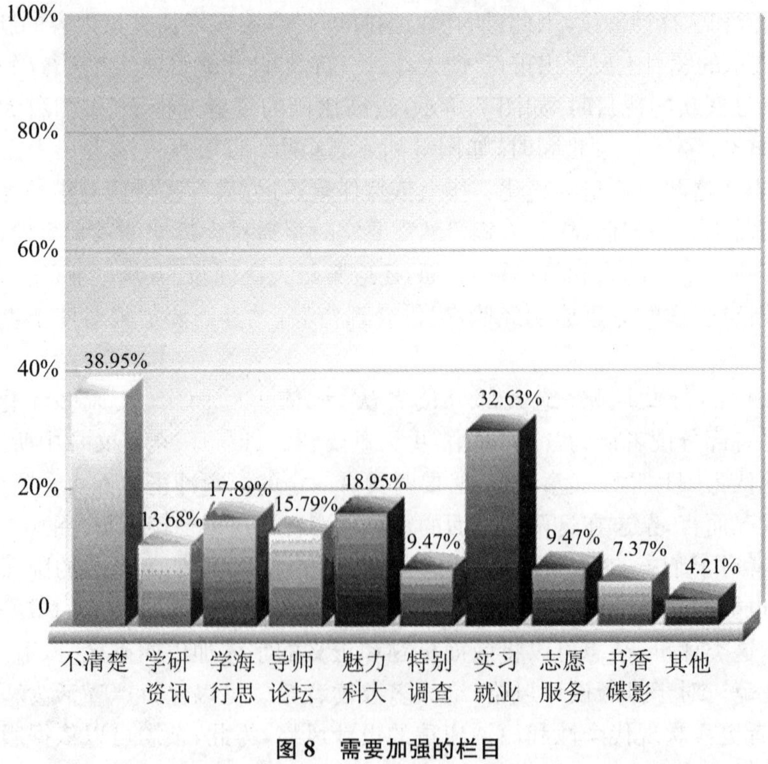

图 8　需要加强的栏目

“你”愿意吗？

根据调查结果统计，如图 9 所示，70％的受访者目前还未将自己的稿件刊登在《中国科大研究生教育》上，但当被问及是否愿意为《中国科大研究生教育》提供稿源时，仅有 8％左右的调查对象选择了“不愿意”，并且超过 80％的调查对象认为如果自己的文章已经成功刊登在《中国科大研究生教育》上，他们也会推荐其他同学和老师阅读杂志，并鼓励身边同学参与投稿。由此可以看出，《中国科大研究生教育》有着较为庞大的潜在读者群体和丰富的潜在稿源。在以后的稿件统筹中可优先对非通讯员的文章进行编辑，并对优质稿件进行优先刊登，以此激发潜在读者群体的阅读兴趣和写作意愿。

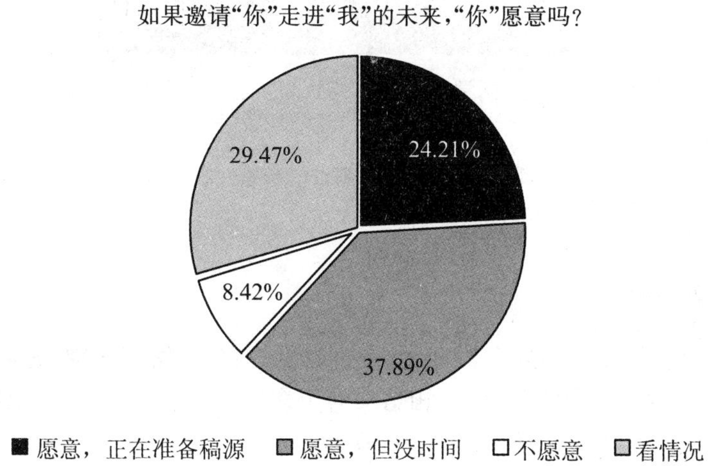

图 9　是否愿意为《中国科大研究生教育》提供稿源

此外，在对各类“稿件征集途径”进行选择时，调查结果给出了近乎相同的支持率，仅有“官方微信号定期发布征集通知”这一途径得到了相对较高的支持率。这主要源于在移动互联网快速发展和智能手机全面普及的时代，人们获取信息的方式发生了改变，获取信息的效率也得到了提升，通过微信获得实时信息已经成为大部分学生的生活常态，因此，杂志社可以尝试开通官方微信平台定期发布征稿通知，或通过朋友圈扩散征稿信息。

在被问及最希望看到谁的亲笔文章时，如图 10 所示，超过一半的调查对象选择了“同学”和“学校知名导师”。与自己关系较为亲密的同学既是前文所提到的大部分读者获得杂志读本的“渠道”，同时又成为了读者期待的杂志“内容”，并且读者对同学的期待高出了对自己的期待，可见“同学关系”在《中国科大研究生教育》的传阅中占据着重要作用，同时也暴露出大部分读者对于自己的稿件是否可以成功刊登缺乏一定的信心。而对于“学校知名导师”的期待则为“导师版块”的发展提供了新的方向：采访学校知名导师时，或许可以大胆尝试向老师预约亲笔稿件，而不仅仅停留在问答形式的故事挖掘层面。

“特别调查”日益成为《中国科大研究生教育》的必备栏目，本次调查也正基于这种趋势伺机而出。调查显示，61.05％的读者表示愿意参与《中国科大研究生教育》展开的相关主题调查，但也有 31.58％的受访者选择视情况而定，剩余 7％则表示不愿意。这一结果验证了今后进一步展开大范围主题调查的可行性，同时也释放出一种信号：过于频繁的调查可能会打压大家的参与热情。

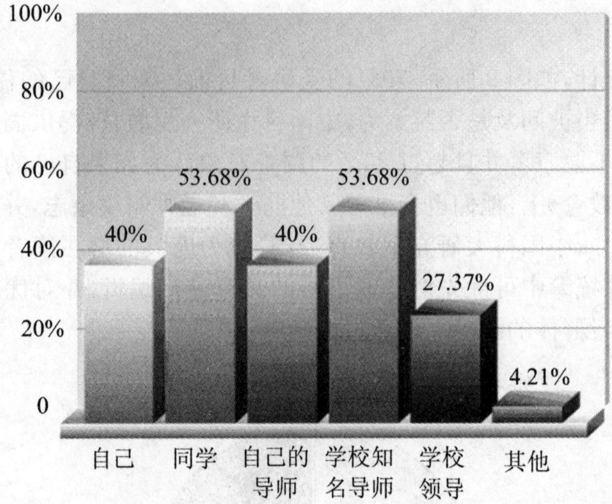

图 10　最希望看到谁的亲笔文章

结 束 语

2016 年春季花开之时，将迎来《中国科大研究生教育》的第 102 期，无数个“你”圆满了《中国科大研究生教育》百余期的过往，相信会有更多的“你”愿意成为《中国科大研究生教育》的未来的一部分，因为“你”是“我”前行的动力。

徜徉科研之路，渴求知名导师指点迷津；漫步校园幽径，捕捉魅力科大岁月流年；奔驰求职旅途，期许职场达人传经送宝……本次调查让科大学子的阅读需求更加具象，也让《中国科大研究生教育》的前行方向更加明朗。文理并进，多科交融，愿每一个“你”都能在此引吭高歌、寻觅知音。

【摘自《中国科大研究生教育》2016 年第 1 期，总第 102 期】

男学霸与女学霸的网购大比拼

——中国科大研究生网购情况特别调查

文/崔育宝　石家齐　尹俊玲

随着互联网技术的发展，笔记本、手机等移动终端在大学校园的普及，大学生群体已经成为网络购物群体中的生力军。在男女学生比例相差悬殊的中国顶尖学府——中国科大，学霸们会在网络购物中展现出与众不同的特质吗？那就随着《中国科大研究生教育》"学生网购情况"特别调查小组来探个究竟吧！本次调查主要在中国科大东区图书馆和第二教学楼进行，调查小组人员随机发放了300份调查问卷，回收有效问卷259份，基本情况如表1所示。

表1　样本基本信息一览表

项目	类别	人数	百分比/%
性别	男	126	48.6
	女	133	51.4
身份	本科生	107	41.3
	研究生	152	58.7

数据分析显示，参与本次调查的男女比例接近1∶1，与中国科大实际整体的男女比例有很大出入。对此，本次调查并不主要从整体的角度来分析中国科大学生的购物情况，而是将样本分为"本科男""研究生男""本科女""研究生女"四个群体，通过计算各个群体在不同选项中所占比例情况进行对比分析，从而保证调研结果的有效性。

买　什　么

整体来看，如图1所示，书籍等学习类和衣物服饰类是学霸们最常网购的产品。学霸们整天埋头苦干搞科研，书籍自然少不了，没有时间逛街就只好求助网络了。相比本科学弟，我们的男性研究生开始逐渐注重穿着打扮，在衣物服饰类产品选择中足足比男性本科生多了近三十个百分点。男性本科生们忙于打牢专业基础，在书籍等学习类产品选择中独占鳌头。女性本科生和女性研究生在衣物服饰类、化妆保养类产品选择中不相上下，甩出男同胞们好几个数量级。但是，在电子产品类产品的选择上男性占绝对领先优势。在食品类产品选择上，本科同胞们可是一点都没亏待自己，研究生同胞们在搞科研的同时可别忘了奖励自己一顿大餐！

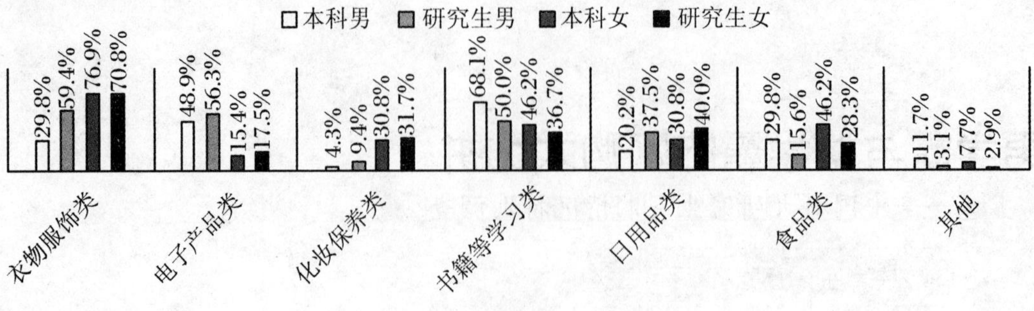

图 1　网购商品种类

去哪儿买

淘宝/天猫以绝对的优势俘获了众多学霸的心，成为学霸们购买衣物的主战场。亚马逊作为学霸们购买图书的最佳选择，在四个群体中的选择比例不相上下。大量的技术控男学霸，使得京东销售的电子产品备受追捧。爱美是女生的天性，唯品会和聚美优品的化妆品让我们的女学霸们爱不释手(图 2)。

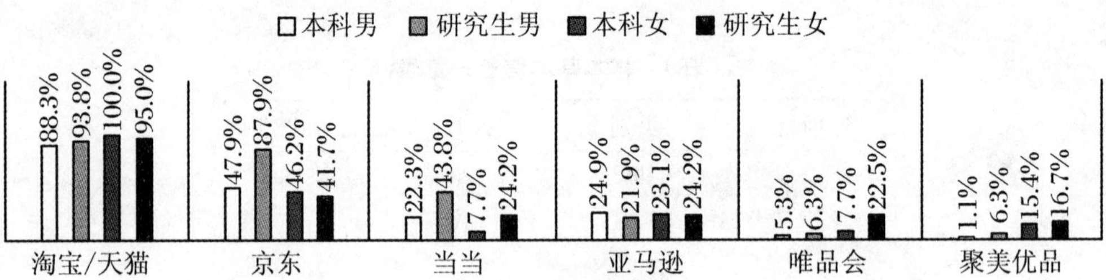

图 2　常去的网购网站

购买频次与所用时间

整体上看，如图 3 所示，学霸们并没有把过多的精力放在网购上面，每月平均网购 2～3 次，每次网购时间 1 小时左右(图 4)，也就是说学霸们平均每月在网上花不到 4 小时就把自己的必需品搞定了。男性与女性在网购的时间上显现出巨大的差别，虽然有部分女性研究生会选择每天都购物，但是近 20%的男性本科生仅保持每月不足一次的购物频率。更令人吃惊的是，近 60%的男性本科生的平均网购时间在 0.5～1 小时，一展快刀斩乱麻的理工男风采！女性研究生则每次会花 2～3 小时，甚至更长的时间来挑选自己心爱的产品，直到自己满意为止。

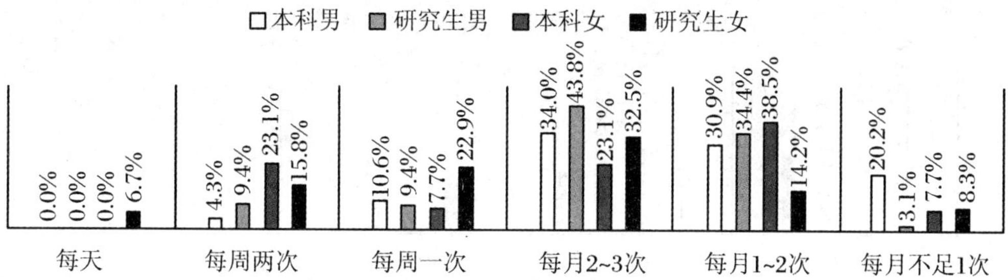

图3　网购频次

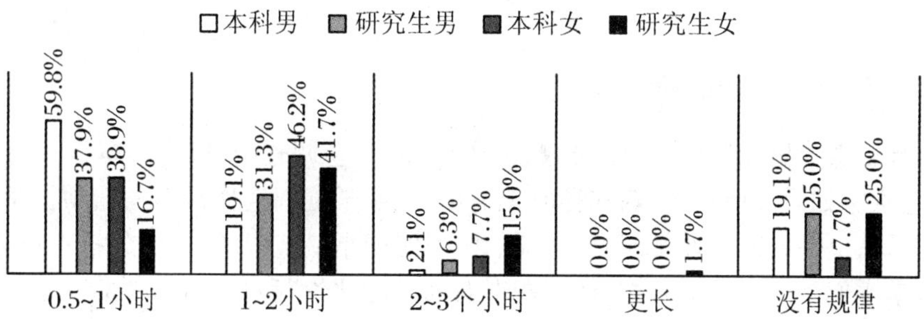

图4　每次平均网购时间

花　多　少

进入大学，学霸们开始为自己的生活精打细算，大多数人把每月网购花费控制在500元以下，尽量不超过月生活费的30%(图5)。男性本科生表现尤为突出，45.7%的男性本科生的网购花费在100元以下，76.6%的男性本科生把网购费用控制在当月生活费的15%以下。整体看来，爱美的女同胞们花在网购上的费用比男同胞们多，17.5%的女性研究生的月均网购费用超过了500元，近30%的女性研究生的月均网购费用超过了当月生活费的30%。只有4.3%的男性本科生的月均网购费用超过了500元，2.1%的男性本科生的月均网购费用超过了当月生活费的30%(图6)。

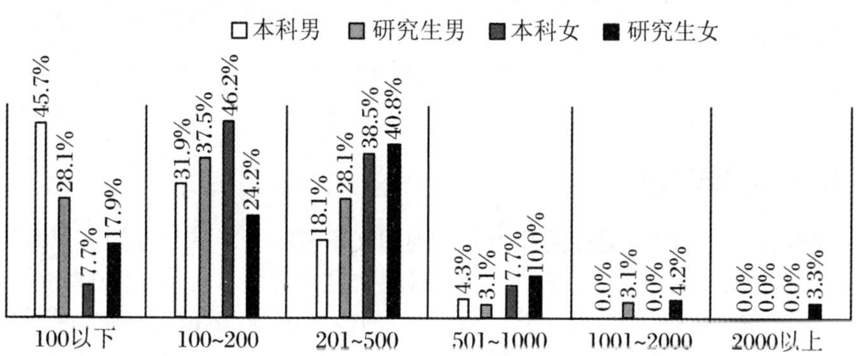

图5　月均网购费用(元)

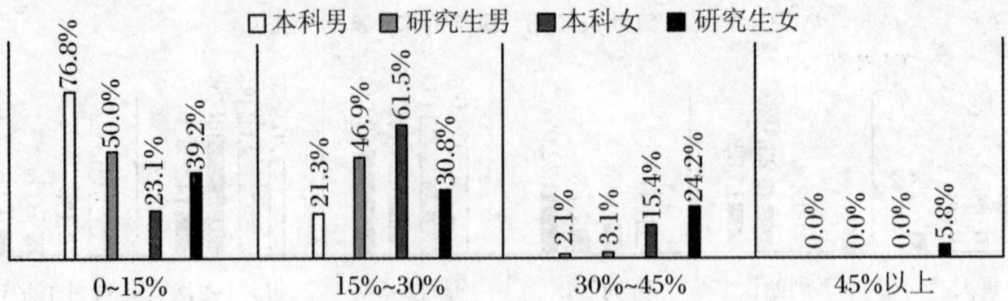

图6　月均网购费用占当月生活费用比例

为什么选择与怎样选择

在“为什么选择网购”和“怎样选择购买产品”的问卷调查中，四个样本群体并没有显现出明显的差别。如表2所示，“节省时间，无需出门”是学霸们选择最多的选项。学霸们争分夺秒，在实验室里为科研事业忙碌着，在他们眼里时间是最宝贵的。在“怎样选择购买产品”的问题上，学霸们最为看重的是“其他消费者对商品的评价”和“商品的详情介绍”，似乎并不是很在乎“卖家的服务态度”。

表2　选择网购的原因与方法

为什么选择网购		怎样选择购买产品	
1. 节省时间，无须出门	83.0%	1. 商品的详情介绍	59.1%
2. 价格相对便宜	73.4%	2. 其他消费者对商品的评价	84.6%
3. 没有营业员的误导，可以自由选择	27.0%	3. 商品的月成交记录	34.7%
4. 二十四小时营业，不受时间的限制	62.9%	4. 商品价格的优惠程度	32.8%
5. 可以体现自己的时尚气息，紧跟时代潮流	4.2%	5. 卖家的服务态度	17.4%
6. 商品种类丰富、新颖，可以买到平时找不到的东西	59.1%	6. 卖家的信誉度等级和承诺条文	36.3%

发现图文不符怎么办

如图7所示，很大一部分男性研究生在遇到图文不符时会睁一只眼闭一只眼，34.4%的人选择“自认倒霉”，28.1%的人选择“习惯性不做评论”。男性本科生则“较真”一些，16.0%的人选择了“辱骂商家给差评”，但是大部分还是会选择“退货”渠道来处理“图文不符”的产品。不论是研究生还是本科生，相比于男性，女性显得更理性点，愿意选择退货这种途径，而不是给差评。

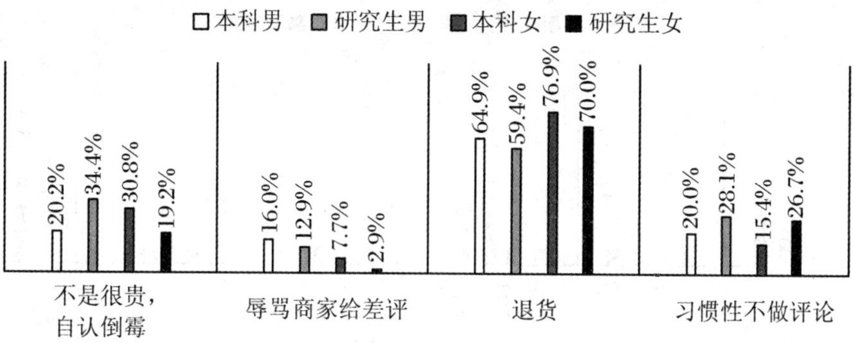

图 7　发现图文不符的反应

网购有什么影响吗

网络购物给学霸们带来的最大好处就在于为“日常生活带来了很多方便”。当然，这也“激起了购买欲，增加了月开销”。一般来说，研究生的购物欲会比本科生强，女性的购物欲会比男性强。但是，网购似乎并没有影响学霸们的日常学习生活，不到 1/5 的研究生认为“在网购上投入太多时间会影响日常学习生活”，接近 30%的男性本科生表示“很少购物，没什么影响”（图 8）。“网购控”们会经常被网络上形形色色的产品所吸引，时不时地要浏览各种购物网站。有些人的无节制消费，造成了铺张浪费等不良现象，甚至有人为了使用掉一张商家的优惠券而购买一堆自己并不需要的东西。学霸们身上是否也存在类似的行为呢？

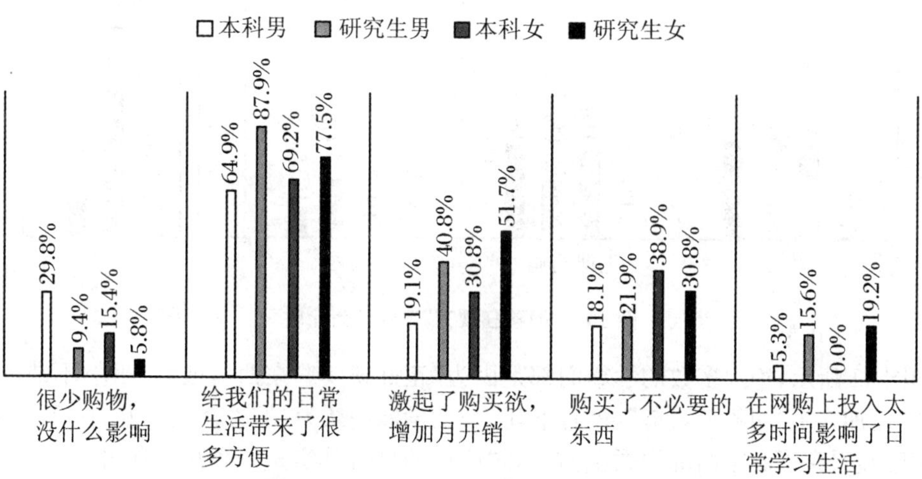

图 8　网购带来的影响

在这个问题上，男性本科生和男性研究生表现得更为理性，80.9%的本科学弟表示没有此类“不良嗜好”。女性研究生中 30.8%的人会“每天不由自主地浏览购物网站”，20.8%的人会“买很多根本不需要的东西”，15.8%的人会“为了一张优惠券而想方设法用掉它”，并“时刻关注网站上的各种促销和团购活动”。女性本科生也有类似的行为，23.1%的女性本科生表示“几天不网购，总觉得缺了什么”（图 9）。但总体上看，大多数学霸们并不患有这类“网购综合征”。

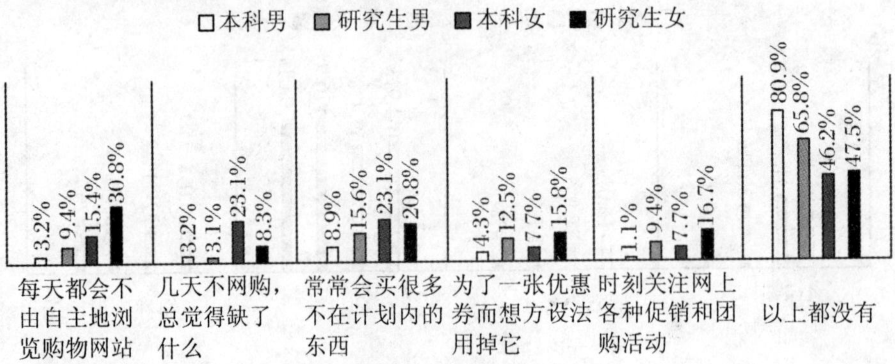

图 9　网购行为

平时我们会看到新闻说：在重大的“网购狂欢节”，比如淘宝/天猫的“双 11”，上班族请假，学生翘课，他们通宵达旦地疯狂抢购。此时身处中国顶尖学府的学霸们在做什么呢？

调查显示，中国科大的本科学霸们保持了优良的学风传统。尤其是男性本科生们，几乎不会“翘课”“上课网购”，90.4%的男性本科生表示抵制住了诱惑，全身心地投入学习。绝大多数的研究生为之心动，只有 15%的研究生耐得住诱惑（图 10）。形成这种区别的原因有很多，在时间上，研究生们可支配的时间较多；在金钱上，研究生每月有一定的补助，有消费资本。

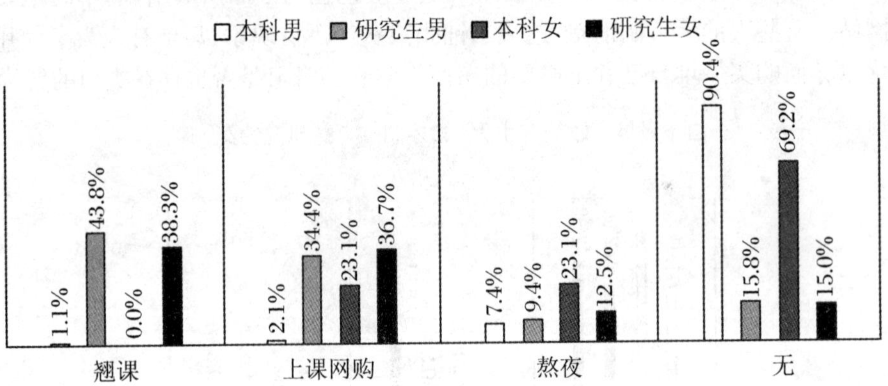

图 10　“网购狂欢节”下的行为比较

如图 11 所示，绝大多数的学霸们都是因为“正好缺一些东西”，或者“虽然不缺，但是价格优惠”而加入了“网购狂欢节”，仅有不到 5%的学霸们认为“不买就跟不上潮流”，相当一部分学霸已经看穿了商家们的温柔陷阱——“所谓的打折其实是一种虚假折扣”。总体看来，学霸们在“网购狂欢节”中保持了自己的“独立人格”（相比较而言，女学霸们比男学霸们更会精打细算，为自己储备了不少“食粮”，以备不时之需）。

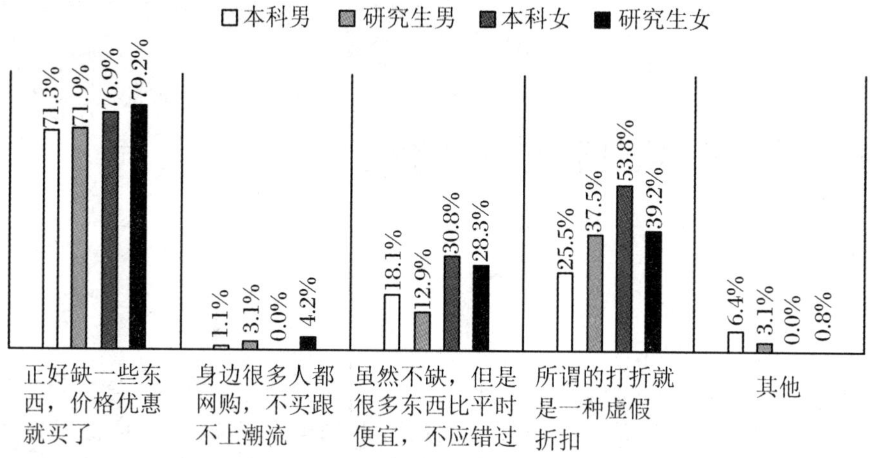

图 11 对“网购狂欢节”的看法

结　　语

在本次网购调查中，将样本分成“本科男”“研究生男”“本科女”“研究生女”四个群体，对比他们在网购中的表现，会发现一些很有趣的现象。整体来看，学霸们并没有陷入“网购控”的旋涡中而荒废学业，只是把网购看作是购买商品的一种方式。对于极少的“网购控”们，看了周围学弟、学妹、学长、学姐表现出的整体的理智的网购情况，是不是应该重新审视自己，树立正确的消费观呢？

【摘自《中国科大研究生教育》2016 年第 3 期，总第 104 期】

中国科大图书馆图书荐购调查

文/罗 琴 连昕萌 申 帆

阿根廷前国家图书馆馆长博尔赫斯说："这世上如果有天堂，天堂应该是图书馆的模样。"作为学校教育的三大支柱之一，图书馆是保证学校取得教育成就的基本条件，肩负着为教学科研服务的重任，是除教室以外的"第二课堂"。根据布拉德福定律，文献利用率在75%～85%是比较理想的馆藏体系，但是当前能够达到这一标准的图书馆非常少。这背后的重要原因就是馆藏文献与读者需求之间没有得到很好的契合。美国学者Cutter认为："图书馆应该选择适应读者需要的图书。"

随着时代的发展，读者与图书馆之间的距离也越来越近。近年来，图书荐购这种新兴的文献采访模式以读者实际需求为中心，正逐渐改变着我国传统的图书馆资源建设模式。图书荐购模式凭借参与读者的广泛性、参与过程的直接性以及选购图书的针对性等特征受到越来越多读者的青睐。

我校图书馆自1958年建馆以来，经过50多年的建设，无论是在印刷型馆藏资源的扩充上，还是在电子资源的建设方面都取得了巨大的发展，为全校师生提供了丰富的文献信息资源，并不断朝着建设融学术性与研究型为一体、具有国内一流现代化服务水平的高水平大学图书馆的目标前进。为提高馆藏资源质量，满足广大师生的个性化阅读需求，我校图书馆努力推进图书荐购工作的开展，通过"图书荐购"栏目加强与师生之间的互动。为了解我校图书馆读者荐购工作实施的具体情况和实际效果以及未来的发展方向，我们采访了负责我校中文科技、中文社科以及外文图书采编的李桂苏老师、黄晓明老师和周国华老师，并对部分在校研究生进行了相关访谈，以此展开了中国科大图书馆图书荐购调查。

你推荐，我买单

中国科大的中文图书荐购始于2011年下半年，开始时主要是为了减小图书采购老师的个人选择倾向对采购图书的影响，通过自下而上的方式，让学生推荐图书，以更好地满足学生的个性化需求。2011年下半年，中国科大图书馆用于荐购中文图书的费用仅为2万元，但随着荐购量的逐年激增，近几年我校图书馆每年花在采购师生推荐中文图书上的开支稳定在20万元左右，占全年中文图书采购总额的13.3%。与中文图书荐购有所不同，中国科大外文图书荐购的起始时间早于中文图书。周国华介绍道："图书馆购置外文书是需要理由的，没有人推荐则无法购买。中国科大把外文书当作教学文献，因此，应该说从我校图书馆开始购置外文书时就是通过荐购的方式进行的。"目前，图书馆每年用于荐购外文书籍的经费在50万元～80万元之间(不包含电子外文书)。

毫无疑问，每个高校的读者荐购都会设置相应的标准。黄晓明介绍道：“荐购的图书必须是国内外正式出版物，内容不得违反新闻出版规定，符合本校教学科研及本馆馆藏发展政策需求，专业类图书达到本科及以上层次。”值得一提的是，中国科大对于外文原版图书规定仅教师和研究生可向图书馆推荐，并且原则上只收藏纯学术类著作，不建议采购语言学习及休闲类国外出版物。据此，周国华解释道：“外文书目本身比较贵，购买的渠道和程序比较复杂，因此我们在采购外文书时有三个条件：第一，只购买一本纸版；第二，必须是专业类书籍，图书馆在购置外文书时必须符合中国科大专业设置，购买人文社科类的外文书时比较慎重，会有所斟酌；第三，走数字化道路，目前各高校图书馆都在加强数字化建设，我校也不例外，即以电子书籍为主，纸质书籍为辅。”

但不管是中文图书还是外文图书，读者进行荐购的渠道都是相同的。黄晓明告诉记者，读者可采用电话、邮件、BBS 图书馆版、网上荐购系统、到馆等多种渠道进行荐购。“图书馆每一层各借还处都备有荐购单，大家按要求填写后交给图书馆的任何一位工作人员即可。”周国华补充道，“我们鼓励读者优先选择荐购系统，因为荐购系统是和图书馆系统连在一起的，对于学生的推荐请求我们可以及时进行反馈，学生们也能登录个人图书馆实时查询所荐购图书的状态，这种方式速度最快且效率最高。”

科大人的荐购书单

那么，大家一般会荐购哪些书呢？为了回答这个问题，我们采访了几位在校学生。就读于 25 系的郭同学今年研一，入学不到一年的她已经有过多次荐购经历：“我是新闻传播专业的研究生，可能因为我们学校理科较为突出的缘故，图书馆馆藏中与本专业相关的书不是很多，我就试着在图书馆的荐购首页上推荐了几本跟新闻传播有关的书，图书馆很快就补充了，我很满意。”就读于计算机科学技术系的刘同学说：“上课时我们老师推荐了几本外国大牛写的新作，图书馆检索不到，我又特别想看，就走了一遍荐购的流程，相当方便。最后借到了，还成功做了提交。”由此可见，读者进行推荐在很大程度上是出于自身研究或发展的需要，反映了读者的阅读要求和学术方向，具有很大程度上的利己性。但是，从另外一方面来看，它也是校园精神文化的一种分享，在某种程度上能够填补图书馆馆藏资源的空白点。读者荐购处理流程如图 1 所示。

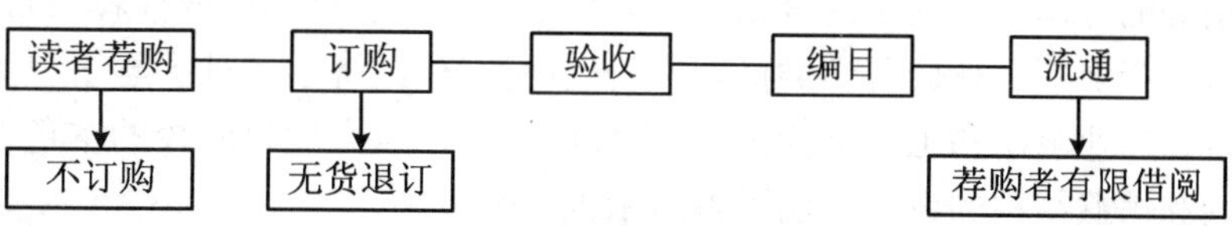

图 1　读者荐购处理流程

为更直观地了解我校师生图书荐购情况，我们截取了 2015 年全年师生图书推荐条目数据进行深度分析，使用 Excel 和 SPSS 软件，采取汇总求和、排序、频数分布等方法统计出 2015 年中国科大中、外文图书荐购的人气榜单 TOP10（表 1）。可以看出，不管是中文图书还是外文图书，师生们的推荐条目都比较分散，中文图书荐购条目大体上以语言文学类和工具书为主；外文推荐书目主要以学术类著作为主，这可能是荐购设置的门槛所致。

表1　中、外文推荐书目TOP10

排名	中文	外文
1	经济学通识	Pattern Recognition and Machine Learning
2	万物:创世	Advanced Tokamak Stability Theory
3	Cocos2d-x实战:Lua卷	Flipped
4	不被理想束缚的生活	Monte Carlo Calculations in Nuclear Medicine
5	大话数据机构	Peter Cushing
6	东大爸爸写给我的日本史	Riemann Surfaces
7	俄语教学参考书	Statistical Energy Analysis：An Overview，with Applications in Structural Dynamics
8	泛若不系之舟	What If?
9	光荣与梦想	xkcd
10	计算机图形学(OpenGL)(第三版)	4-d Framework of Continental Crust

同时，我们也按照学科分类对中文图书荐购的2186条书目信息进行分类汇总统计，以便进一步了解中国科大师生在中文图书推荐方面的偏好和方向。统计结果显示，2015年这一年内，图书馆读者荐购的图书以人文学科类型为主，占总数的67%，其中，历史、宗教、语言、文学类的书籍成为荐购书单上的主要角色。

作为全国所有高校中唯一拥有两个国家实验室的高校，中国科学技术大学的理科优势毋庸置疑，在前沿科学和高新技术方面堪称执牛耳者。高深的自然科学基础理论研究越来越多地涉及一些基本哲学问题的思考。统计分析过程中我们发现，学生在自主阅读需求方面展现出对宗教和哲学的极大偏好，可见，科大学子们正在勇攀科学高峰的路上不断地努力着，同时也反映出图书馆在宗教、哲学类图书资源建设上的不足，为图书馆今后的资源建设指明了一个很好的方向。从图2的数据中我们可以看出社会科学类的推荐书目与自然科学类的推荐书目不相上下。社会科学类推荐书目以政治学、经济学和社会学书目为主，自然科学类推荐书目以专业书籍和工具书为主，突出反映了中国科大理科院校的本色，也为今后图书馆文献采购和馆藏结构的设计提供了参考依据。

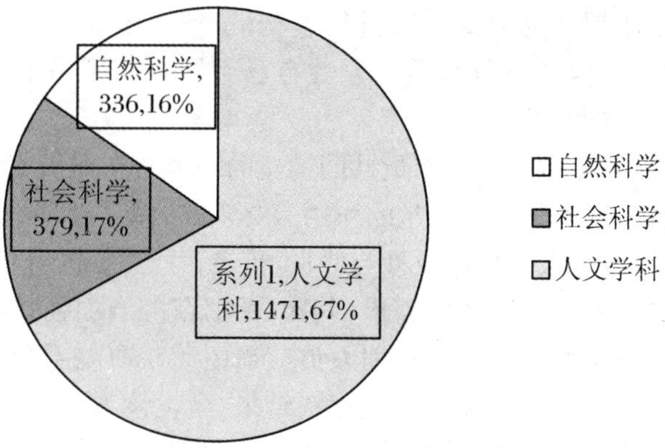

图 2　中文图书推荐条目分类汇总饼状图

图书荐购:更加方便的阅读未来

图书荐购对学校图书采购质量起着至关重要的作用,同时也是满足广大师生学习科研需求的重要途径。图书馆开展和加强读者荐购的工作,一方面可让读者参与到图书馆的图书采编工作中来,弥补采编人员学科知识结构单一的缺陷,减少采编图书的盲目性和随意性,使所购书籍更加符合读者需要,从而促进馆藏趋于系统化、专业化、合理化;另一方面可以建立和紧密图书馆与读者之间的联系,及时、广泛地了解读者需求,增强采编工作的实用性和针对性,提高馆藏利用率,保证文献资源的学术价值与利用价值。当前,中文图书荐购经过多年的发展已经日趋成熟,收效显著。中国科大图书馆的图书荐购工作在各部门工作人员和师生的共同参与下取得了一些成效,但仍然存在不少问题。

负责中文图书采编的黄晓明老师提到:"目前大多数图书推荐是通过荐购系统实现的,老师收到推荐信息后对其进行审核,尽可能满足学生需求,购买率高达 90%。"与中文图书荐购相比,外文图书荐购工作的进展则更为缓慢,效果也不尽如人意。负责外文书籍采编的周国华老师向我们透露:"现在外文图书荐购存在的一个重要问题是,师生们主动推荐的比较少,推荐量很小。外文书购买程序的复杂性使得购买的时间难以控制,速度可以说是影响外文书荐购的最大因素。因此很多学生和老师不太选择向图书馆推荐的方法来获取外文书籍。这就导致:一方面,图书馆的外文书目非常有限,很多学生对于外文书籍的需求在图书馆无法得到满足;另一方面,他们对图书馆感到失望的同时并没有将自身的需求反馈到图书馆,没有将自己觉得好的、有需求的外文书推荐上去,导致图书馆无法有效地购置师生们需要的外文书。如此一来就会形成恶性循环,导致外文书籍的采编和建设一直止步不前。"采访中发现,很多学生在图书馆的馆藏资源无法满足自身需求的情况下往往不会选择荐购,问及原因,大部分的学生都表示荐购所需要等待的时间太长了,读者参与荐购的积极性和图书馆荐购的效率还有待进一步提升。

除此之外,图书荐购的推广还存在宣传力度不够的问题。很多学生都表示对荐购系统有所耳闻但并不了解,认为荐购系统的宣传工作做得不到位,没有很好地发挥其真正的作用。"我在科大上了两年学,才知道图书馆可以进行图书荐购,可能跟我平时不太来图书馆有关吧,想想以往,真是可惜。"管理学院的研究生杨同学说道。再者,不少同学指出学校没有与读者之间进行良好的沟通与互动,很多情况下,自身的荐购请求往往得不到及时有效的回复。“我曾经通过发送邮件的形式多次进行荐购，虽然系统显示工作人员看到了我的请求，但新书的荐购结果一直没有回应，后来索性自己到网上买了一本，考试急着要用，没办法。”软件学院的李同学告诉我们。

一个好的图书馆应该是由读者和馆员共同构建的一个动态知识库。要想促进图书馆文献资源的良性发展，真正发挥其隐形课堂的作用需要多方的参与和有效的互动。首先，图书馆需要对荐购系统进行更加人性化的设计与改良，重视荐购数据的分析处理，以此来指导和开展各项知识服务，更好地满足读者的需求；其次，图书馆应当加强采编人员与读者之间的交流互动，建立良性的沟通渠道。书籍采编人员应当主动获取院系和师生的反馈意见与建议，对于不同渠道的荐购信息都应及时反馈荐购结果，激发读者群体的荐购兴趣和积极性；此外，学校和图书馆应当不断加强对读者荐购的宣传和推广，定期开展专题培训，增加广大师生对荐购活动的了解，提高荐购信息的准确性，不断开辟和尝试更多的荐购方式，最大限度地提升读者的荐购效率。

针对以上诸多问题，图书馆也逐渐采取了一些措施。周国华老师表示：“我们认识到之前在外文书的购置上‘打游击’的做法是有问题的，因此今年准备进行系统化的全面建设。理想的模式是图书馆将部分经费下发到院系去，和各个院系进行合作，丰富学院的书籍。通过逐个完善各个学科所需的外文书籍，以此来扩充和丰富我校图书馆外文书库。今后我们将更加充分地了解、更好地满足读者需求，并真诚期待学生的反馈。”随着 Web 2.0 应用以及图书馆系统与读秀平台的融合，图书馆的业务系统也在不断地改进升级。今后，荐购方式将更加简便、快捷、有效，让我们共同期待它今后的华丽变身吧！

图书荐购小贴士

根据中国科大研究生对图书馆图书荐购所存在的疑惑以及从图书馆老师方面得到的问题反馈，我们整理出了我校图书荐购的几点针对性提醒和建议，以帮助大家在日常的学习科研中更好地通过图书荐购满足自身需求。大家一起来荐购吧！

小贴士：

1. 如何进行荐购？

(1) 读者可通过电话、邮件、BBS 图书馆版、到馆等多种渠道进行荐购。

(2) 推荐大家通过图书馆主页“图书荐购”栏目在线荐购系统进行网上荐购。

(3) 图书馆各层均有图书荐购单，读者可通过填写荐购单进行推荐。

(4) 学校在图书馆和部分院系会定期举办书展，读者可在书展期间进行荐购。

(5) 图书馆志愿者协会、英才书苑、任何一位工作人员都可接受图书推荐。

2. 如何提高荐购成功的概率？

(1) 通过图书馆 OPAC 系统查看图书是否已有馆藏以及所荐书目是否符合荐购要求。

(2) 在填写荐购信息时尽量标注书籍的 ISBN 和版本信息。

(3) 对于中文图书，出版年代越久，纸本图书进馆的可能性越小，呼吁大家优先关注新书。

(4) 不建议推荐袋装书、活页书、小于 100 页的书，特别有价值的例外。

3. 图书荐购的处理期限

(1) 在常规采购渠道中，国内已出版的新书一般会在半个月左右到馆，国外原版需要两个月左右。

(2) 图书馆老师一周处理一次荐购信息,要求书商一周必须送一批现货,再进行验收、编目。推荐人从提交荐购信息到拿到图书,最短时间为一个月。

(3) 急用的图书请注明到货期限,图书馆对于急用的图书会尝试特快处理。

(4) 荐购图书的日常反馈有一定的难度,建议读者荐购后经常关注图书馆的 OPAC 系统,主动与图书馆采编人员沟通有利于提高图书的到馆速度。

【摘自《中国科大研究生教育》2016 年第 2 期,总第 103 期】

“研究僧”VS“道”师，今天你们PK了吗？

文/张 伟

谈及师生关系这个话题，首先跳入我脑海的是《史记·李广传》中的一段话：“程不识故与李广俱以边太守将军屯，及出击胡，而广行无部伍行阵，就善水草屯，舍止，人人自便，不击刀斗以自卫，莫府省约文书籍事，然亦远斥候，未尝遇害。程不识正部曲行伍营陈，击刀斗，士吏治军簿至明，军不得休息，然亦未尝遇害。不识曰：‘李广军极简易，然虏卒犯之，无以禁也；而其士卒亦佚乐，咸乐为之死。我军虽烦扰，然虏亦不得犯我。’”从这些史实中可知程不识与李广都是西汉前期的著名将领，但两人的治军风格完全不同，李广将军在行军打仗中自由主义盛行，与下属以恩义相结，看重部队的凝聚力建设；而程不识重视军队的纪律建设，在行军、扎营及作战等军事行动中唯谨慎为第一准则。我把这两种迥然不同的指挥风格分别称为“牧羊”与“赶鸭”模式，在羊群中有领头羊，只要适时控制领头羊就可以达到以点治面的效果，而鸭群中无领头鸭，缺乏这种金字塔体制则随时可能炸窝，故需随时监控。

现在回到原话题，就笔者身边的情况而言，目前师生间的关系也不外乎“牧羊”与“赶鸭”模式，具体表现为“牧羊者”不拘细节仅掌方略，而“赶鸭人”事无巨细皆详控之。其实质是“牧羊者”自信于“羊群”的自控力，而“赶鸭人”恰与之相反。笔者认为在培养理工科研究生过程中单一地采取“牧羊”或“赶鸭”模式都存在问题，如在学生刚接触科研工作时采取“牧羊”式管理，结果多致“羊”被饿死，因为面对遍地“青草”他们无从下口；而当学生具备一定科研工作能力时仍采取“赶鸭”式管理，则定会僵化其创新意识，不利于独立科研能力的培养。然而目前在研究生的培养过程中能完美地调控“牧羊”与“赶鸭”时机转换的导师凤毛麟角，因此事实上围绕“牧羊”与“赶鸭”的抱怨也是此起彼伏，“羊”虽乐于没有日常细则的规范但也困惑于方向感的缺乏，“鸭子”虽在劳有所得时满心喜悦，但也对事无巨细的严控心怀不满，正所谓“家家都有本难念的经”。那么，这样的问题是否就真的无法解决呢？笔者认为消除问题的关键在于师生间的沟通是否顺畅，设想一下如果双方都不试图去了解对方的感受与需求，又怎么可能有融洽的师生情谊？

表1显示的是我们所做的师生关系调查问卷的统计结果，不难发现，目前师生关系之间存在着一些问题，如学生们普遍抱怨在日常学习和科研工作中很难及时从导师那里获得指导，师生关系普遍淡漠，而上述现象发生在提倡尊师重教的国度里岂不令国人觉得汗颜？

表1 师生关系调查问卷的统计结果

见面频次	很少（1～2次/学期）	不多（≤2次/月）	经常（每周1次左右）
调查结果	13%	45%	42%
导师对学生的管理力度	不管不问	基本不怎么管，基本靠自己摸索	定期见面指导，汇报学习研究情况
调查结果	8%	69%	23%
师生关系	一般	良好	很好
调查结果	50%	25%	25%

回到我们前面关于“牧羊”和“赶鸭”模式的讨论，通过这些调查数字我们不难发现在目前的研究生培养过程中“牧羊”模式占据着支配地位，在这样的体制下培养出的学生业务素质可想而知。

那么，隐藏在这些现象背后的究竟是怎样的教育现实呢？1998年研究生开始扩招后，我国每年研究生的报考人数以20%的速度迅速增长，在校生人数则以近10%的速度增长。2007年，全国研究生在校人数达到150万，规模仅次于美国。这些数字表明在扩招的10年后，每个导师名下负责培养的学生规模扩大了1倍，而我国在培养科研人才的硬件配套上远远落后于西方发达国家，更不要说还存在着“生多师少”这样的软肋了。

近年来媒体上不乏关于高校内师生间奇特关系的报道，甚至有用“课题雇主VS廉价佣工”“没娘的孩子VS自己的主人”等反差极大的词组对比来强调问题的严重性。这些提法也许有些危言耸听，但或多或少从侧面形象地折射出一些不和谐的音符，研究生每年扩招，导师成了香饽饽，尤其是热门专业的导师大有众星捧月之感。在很多高校研究课题组里，几年下来导师甚至不能把学生认全，指导学生又从何谈起？另外，在目前的教育体制下，国家鼓励导师开公司办实业，最初目的是想弥补缺乏高新技术的产业链，但实际上此举必致使导师名下的学生成为公司的劳动力。在很多导师眼里学生为自己干活天经地义，能象征性地给学生一点报酬的也算是百里挑一了。上述种种矛盾，哪怕只涉及一点都会致使师生关系不和睦，更何况往往数“罪”并“发”。

那么，是不是像孔子与门徒那样流传千古的师生和睦关系再也无法重现于中华大地呢？正如前面说过的，笔者认为师生关系仅仅是人类社会众多错综复杂的社会关系中的一种，而任何一种社会关系能否长久和睦存在都取决于关系双方交流沟通的顺畅与否，试想一下孔子与颜回一年到头都见不上一面，等到有机会见面的时候又仅是寒暄一声，那两人的关系也不过就是路人而已。有句广告词说得好：“沟通从心开始！”因此，如果你与导师之间的关系还不够融洽，那就试试开诚布公地与对方交流一下吧。

根据笔者的经验，通过努力进行相互沟通，最终必能赢得融洽的师生关系。例如，在每次与导师见面前做足准备工作，把一段时间的学习工作中遇到的困惑和导师沟通，通常情况下导师都是很真诚并乐意为你解决这些问题的。提出一定深度的问题往往还能引起导师的好奇心，这个时候就算一次见面解决不了那些问题，你再约导师下次见面讨论也会更加容易。世界上没有讨厌勤奋学生的老师，如果你还在抱怨每次和导师只能闲聊时，请你自己好好想想有没有为这次谈话做足功课？你是一个足够勤奋的人吗？

当然了，一个巴掌拍不响，要想处好师生关系，除了我们做学生的要积极主动以外，处于支配角色的导师们也应积极努力，而如果情况恰恰相反，笔者认为现行导师负责制体制中对于导师行为规范的约束条文也应当具体化、可操作化，这样才能在可能出现棘手问题时保护处于劣势的学生。

【摘自《中国科大研究生教育》2008 年第 3 期，总第 72 期】

中国科大研究生运动情况调查分析

文/邢 岩 程 娟

居里夫人曾说过:“健康来自运动,生命来自运动,一切想要的东西都要运动。科学的基础是健康的身体。”作为“C9”高校,中国科大在学术界可谓是享誉盛名,科研成果累累,领军人才辈出,但是先进的科研成果需要健康的身体做支撑,为了向大家说明运动的重要性,引起大家运动的积极性,本刊特开展关于科大研究生运动情况的调查。

为全面了解中国科学技术大学研究生的体育运动状况,我们以问卷的形式开展调查,调查对象包括所有在校研究生,调查形式是网络发放问卷,本次调查共回收有效问卷144份,样本基本情况如表1所示。

表1 样本基本情况

		人数	百分比/%
性别	男	88	61.11
	女	56	38.89
专业	理科	40	27.78
	工科	38	26.39
	文科	66	45.83
年级	研一	50	34.72
	研二	62	44.44
	研三以及博士	30	20.83

调查结果显示,参加此次调研的男女比例有所差异,男生比例比女生比例高22.2%。专业主要分为理科、工科和文科,包括所有的专业类型。在不同年级的研究生中,硕士研究生比例较高,博士研究生比例较低。本次调研样本在性别、专业、年级上分布合理,具有一定的代表性,能够保证此次研究生群体运动状况调查的有效性。

研究生运动基本概况分析

“生命在于运动”这句格言人人耳熟能详,它简单易懂地诠释了运动的重要意义。随着社会发展和物质生活的提高,人们对运动的重要性认知日益得到提升,也逐渐从忙碌的工作、学习生活中抽出时间进行适量的运动。而在高校中,体育运动更是成为一项重要的教育事业,是学子们学习、科研生活中不可或缺的一门重要课程。对运动的认知首先决定了运动的态度，研究生群体拥有较高的学历，对运动的重要性应当有较准确的认知。调查结果显示，99％的研究生认为运动很重要，但正确的认知却不是采取行动的唯一决定因素，兴趣爱好、时间安排、运动目的等都成为决定研究生是否运动或运动多少的关键因素。

调查结果显示，如图 1 所示，研究生每周花费 7 小时以上的时间运动的占比仅为 11.11％，剩余近 90％的研究生没有满足“每天运动 1 小时”的基本要求。每周运动 4～7 小时的占 18.06％，1～4 小时的比例最高，为 41.67％，而余下近 30％的研究生每周花在运动上的时间不超过 1 小时。同时，不同专业的研究生由于科研活动的不同，运动状况也不尽相同。专业和运动时间的交叉分析结果显示，如图 2 所示，理科研究生平均运动时间比工科和文科研究生多，每周运动 7 小时以上的比例占所有理科人数的 45％，而只占工科和文科的 21％和 24％。

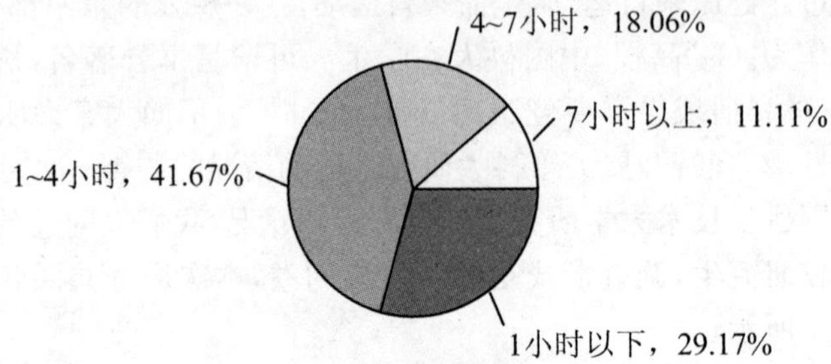

图 1　研究生每周运动时间分布图

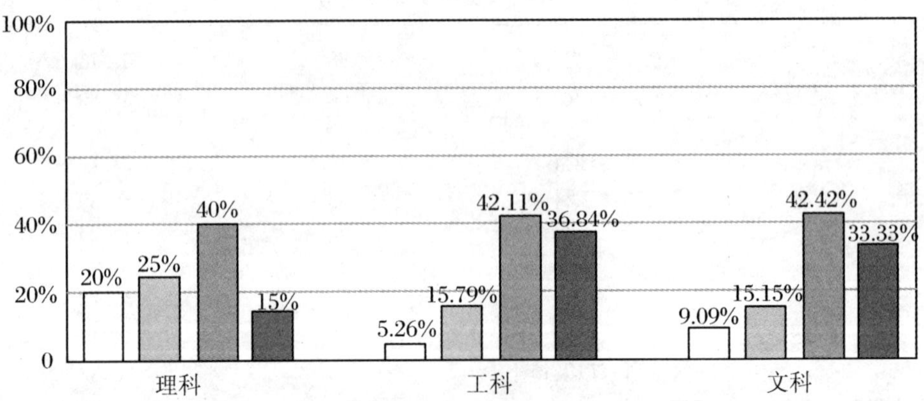

图 2　不同专业研究生每周运动时间交叉分析图

在研究生偏好的运动类型和运动场所方面，由数据分析可知，如图 3 所示，跑步和球类运动是最受欢迎的两项运动，分别占 68.06％和 63.89％，其次是健身课、舞蹈课等形体塑身类运动，占 38.89％。对这三项运动的偏好使操场和体育馆成为主要的运动场所，偏好度为 60％，随后是健身房，为 36.11％。俯卧撑、仰卧起坐等运动受欢迎度为 19.44％，这类运动动作简单，方便操作，不需要特定的器材，因此存在 2.78％的研究生直接选择在宿舍运动。游泳、骑行等其他类型的运动所占比例较低。

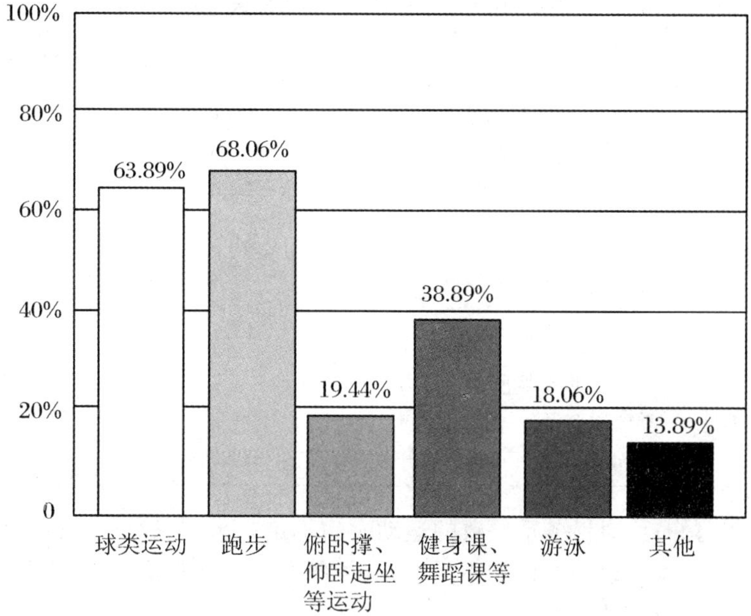

图 3　研究生偏好运动类型分布图

毋庸置疑，研究生进行体育锻炼的最主要目的是强身健体、增强体质，这与此次调查结果一致（比例为 88.89%），但仍然不可忽略其他体育锻炼的动机。调查结果显示，通过运动释放压力是占据第二位的重要原因（55.56%）。可见研究生面对来自科研、工作或生活、情感等多方面的压力时，运动是他们选择释放压力的一个有效方法。其他参加体育锻炼的目的包括瘦身减肥（44.44%）、磨炼意志（23.61%）和课余消遣（23.61%）。

研究生运动不足的原因分析

健康是人生最宝贵的财富之一。研究生长期伏案、对视电脑或进行专业实验，需要耗费大量的时间和精力，如果不辅助以体育锻炼，身体也会受到损害，导致机能下降，对以后的身体健康影响极大。通过以上研究生运动基本概况分析可知，多数研究生对运动重要性有所认知，但实践生活中的运动量远远不足，没能满足强身健体的基本要求。因此，分析研究生缺乏锻炼的主要原因具有重要意义，能够深入研究问题所在，为促进研究生运动提供合适的方案。根据调查情况，如表 2 所示，我们将导致研究生体育锻炼较少的原因分为四个方面，分别为态度倾向、时间不足、缺乏同伴、设备条件不足。

表 2 研究生缺乏锻炼的主要原因分析

原因	具体指标	具体指标比例/%	总比例/%
态度倾向	缺乏兴趣	11.11	60.56
	认为体育锻炼没有必要	4.17	
	个人惰性	45.28	
时间不足	学习科研任务重	73.61	83.33
	课余活动太多	9.72	
缺乏同伴	缺乏同伴陪同	40.28	40.28
设备条件不足	训练场所太远	29.17	61.11
	学校体育设备、体育课程不足	23.61	
	部分体育项目不对学生开放	8.33	

由分析结果可知，科研任务重导致的运动时间不足是影响研究生进行体育锻炼的一个最主要原因，其次是学校设备条件的不足，影响了研究生的运动量，最后是个人惰性导致的兴趣不足以及缺乏同伴陪同。

运动需求与运动供给分析

通过以上原因分析可知，学校设备条件不足是影响研究生运动情况的一个不容忽略的因素，直接影响着学生的运动积极性，因此有必要对我校的运动供给情况进行分析。目前我校在运动方面提供的设施主要包括健身房、操场、网球场等，而体育活动则以体育课和运动会为主。在本次问卷调查中，如图 4 所示，有 62.5%的同学认为学校的体育设施只能基本满足需求，23.61%的同学认为能够完全满足，而 13.89%的同学则认为完全不能满足。对于体育馆、健身房等运动场所的开放时间以及人群限制问题，48.61%的同学认为合理，41.67%的同学认为不合理，另还有 9.71%的同学并不清楚相关规定。

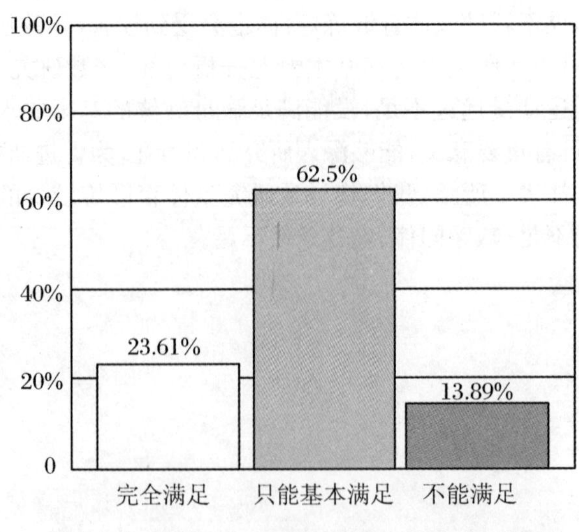

图 4 研究生对于学校体育设施满意度统计图

除了运动场所外，我校为了践行“全民健身”的口号，也开设了丰富多彩的体育课程，主要实行俱乐部形式，鼓励学生自愿参加。此外，还有一年一度的校运动会、“12·9”冬季长跑、马拉松等体育运动。尽管体育活动形式多样，但是研究生参与的积极性较弱。据本次调查统计，如图5所示，54.17%的同学偶尔参加学院或学校组织的体育活动，31.94%的同学从来没有参加过学院或学校组织的活动，只有13.89%的同学经常参加学院或学校组织的体育活动。其中，58.06%的同学属于没有时间参加，35.48%的同学选择“很少接到体育活动的通知”，32.26%的同学选择“没有兴趣和体能素质不行”，另有4.84%的同学不被提倡参加。

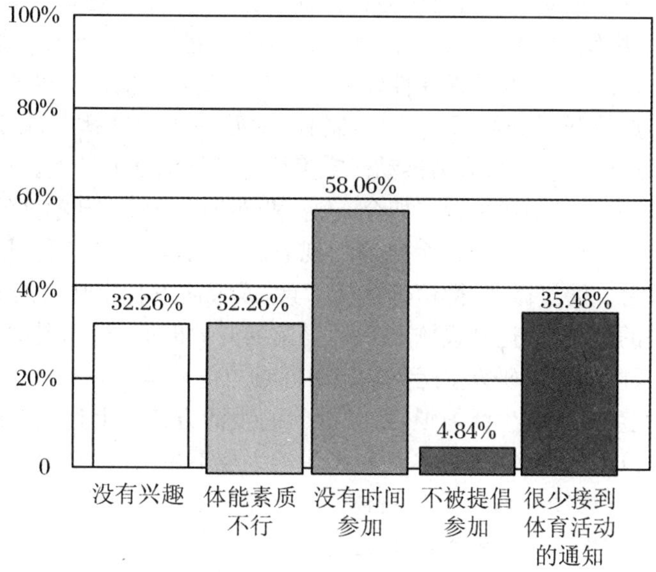

图5　研究生很少参加体育活动的原因统计图

提高研究生运动量的若干建议

2014年共青团中央在全国各高校大力推广“三走”活动，即“走下网络、走出宿舍、走向操场”。该项活动虽在大学中开展得如火如荼，但研究生却很少参与，这归根结底是研究生科研至上的学习理念与时间不足等原因所造成的。殊不知，健康是根本，拥有强健的体魄才能更高效地进行科研活动。为了更好地解决目前我校研究生运动的不足，根据以上数据分析的结果，本文特提出如下几点建议：

第一，构建良好的校园体育文化氛围。首先，学校以及各院系应通过各种不同的形式和途径促进校园的精神文明建设，做好体育与健康文化宣传、指导工作，充分利用校报、橱窗、广播、电视、互联网等现代化手段，形成宣传网络，优化体育教育环境。其次，加大对《全民健身计划纲要》及终身体育等政策法规的宣传，通过讲授体育锻炼的知识和技能来增强研究生自我锻炼能力，使研究生在潜移默化中形成终身体育观，并养成良好的体育锻炼习惯。最后，进一步加强研究生体育锻炼的指导工作，促进研究生体育协会的建设，发挥好体育协会的桥梁和纽带作用，共同形成融洽和谐的“健康、参与、娱乐”的体育精神，创造自然、良好的体育氛围和环境，从而吸引更多的研究生加入到锻炼的行列中来，促使体育锻炼群众化，对研究生身心健康起到润物细无声的作用。

第二，学校应增加投入，健全和完善学校体育设施，提高场馆利用率。缺少体育场地和器材是影响研究生体育锻炼的主要原因之一。在现有体育场馆的基础上，为研究生群体增设有优先权的体育场馆或健身房，吸引更多的研究生投入到锻炼场所。因此建议学校加大对体育基础设施的投入，建立有利于发展学生个性项目的场馆，提高场馆的利用率，促进学生身心健康发展。

第三，开展各类体育竞赛，增强研究生运动兴趣。研究生缺乏体育兴趣和氛围是影响其参与体育锻炼的重要主观因素，体育比赛可以增加研究生的体育参与热情，增强研究生对体育锻炼的兴趣。学校应定期举办研究生体育比赛，这类比赛往往规模小、赛程短、费用低、场地器材要求低，易于组织，对加强研究生之间的技术交流起到良好效果。也可根据研究生特点和学校实际情况，开展更多娱乐趣味性较强的体育游戏来降低比赛难度，提高参与度。以年级和个人兴趣特点等开展分组活动，因地制宜，举办一些如棋牌类、拔河、技巧性体育游戏、武术类等比赛，这样的比赛可有力推动研究生体育锻炼活动的开展。

第四，建立完善的信息推送平台。如今，数字和网络已经离不开学生的生活。通过信息平台发布、宣传各类消息已经成为一个普遍的现象。因此，学校可以利用科技和网络优势，构建完善的信息平台。通过微博、微信等社交工具，或者研发特定功能的 APP，定时向在校学生推送体育相关的信息，如运动设施和运动场馆的开放时间、运动器材的使用率、运动项目的举办等，最大限度地促进研究生运用空闲时间参与体育运动。

第五，培养研究生良好的生活习惯，建立健康的生活方式。上述调查结果显示，研究生每周运动在 1 小时以下的占 33%左右，而对于运动兴趣不足的占 60%多。长期电脑前高强度的工作，加之不经常运动会使研究生身体出现问题。因此，应改变研究生不良的生活习惯，建议研究生在日常生活中能做到以下几点：每天保持 7～8 小时睡眠；早睡早起；每天吃早餐；学习查阅资料时静坐时间在 1 小时后应站起来进行适当运动；有效控制体重（不低于标准体重 10%，不高于 20%）；根据个人情况，坚持养成每周 3 次、每次 30 分钟以上中等强度的体育锻炼习惯。

生命在于运动，在科大这样一所研究型大学中，研究生是学生团体的中坚力量。为了争创世界一流学府，提高学术水平，研究生运动的步伐应更加坚实，强身健体以致学！

【摘自《中国科大研究生教育》2016 年第 3 期，总第 104 期】

研一新生生活小“攻略”

文/解　锐　袁玲玲

新学期伊始，不论是刚刚走出象牙塔还是从社会重新步入校园，我们都共同迈入了求知的更高阶段——研究生。这个阶段不同于以往纯粹的学习知识阶段，更不同于一些日常的工作流程，这是一个既要不断获取知识又要不断创新实践的阶段。

而对于刚刚入学的理工科专业研究生，可能一开始就会进入实验室，开始繁忙而又充实的研究生生活。当然，要能够尽快地进入到角色中，就必须使自己从一开始就能适应紧张的实验室生活。

如果能够很快地让自己了解和适应研究生生活，就会为未来两三年的学习打下牢固的基础。而如何让研一新生很快适应呢？这就需要一个完整的“攻略”。

合理定位自己

许多研一新生是刚刚毕业的本科生，相对于大学本科而言，硕士研究生面临的学习和生活是个截然不同的世界，如果说进入本科阶段意味着学生开始独立生活，那么进入硕士阶段他们则开始了真正的成人生活。学习上他们开始实质意义的独立操作，生活上开始面对各式各样的人和环境，在很大程度上开始走出本科阶段的“象牙塔”生活。另外一部分新生已在社会中经过一段时间的磨炼，觉得自身需要通过“充电”来提高自己，实现自己的人生价值，所以重返校园。由于这一部分的新生社会阅历比刚刚毕业的本科生丰富，所以对研究生生活还是能够较快适应的。但是不管以往的身份、背景如何，都重新踏上了同一起跑线，谁能够更快更准地把握住自己，谁就能够在研究生生涯中收获丰硕的果实。

一开始就应把“自我定位”作为开始研究生生活的向导。

我们必须明确自己为何读研？是对自己的专业方向感兴趣，有志于在这一领域做出成绩，还是为了充实、提高自己以便更好地为以后的生活积累丰厚的基础？弄清楚自己的目标以后才可以根据自己的不同要求来合理安排未来的学习生活。如果要坚持“把科研之路进行到底”，就要练好基本功，理论知识的根基一定要牢固；如果打算毕业后进入工作岗位，就要在研究生阶段加强创新能力培养，提高自己的动手能力，并且要学会如何与人交往，提高自己的综合能力。

科学规划未来

研一新生对自己未来学习、实验、生活进行规划也是很有必要的，否则自己就像一只无头苍蝇一样找不到前进的方向。对于未来规划，可以大致地分为以下几部分：学习、实验、锻炼、旅游。

学习是研究生最重要的任务。在学习安排方面，要继续加强英语学习，不仅仅是为了过关考试，更重要的是能够全面地了解自己专业的研究方向。在研究生阶段开始时，导师会要求看大量的英语文献，了解国际上的最新成就，为后面的研究、实验打好坚实的理论基础。还要加强专业课的学习，除了选修本专业的课程外，也要去选修一些相关专业的课程。在课外阅读方面，要定期为自己制订一个读书计划，要广泛地涉猎，要多和有学识的同学交流与讨论。

接触实验操作是理工科研究生必须面对的。新生可能一开始进入实验室后会茫然不知所措，因为面对各种仪器、复杂的操作过程会感觉到头疼。这时最重要的是耐心加细心，要利用空闲时间多去实验室，了解实验仪器的使用方法；多问问导师关于自己将要专攻方向的实验；还要多与同实验室的师兄师姐交流，从他们那里可以获得详细、全面的实验方法。有的同学刚到实验室时，接触前任师兄负责的项目后，心理是很复杂的。首先是觉得自己水平真的太一般了，什么都不会，同时又特别想快点达到师兄的那种境界，但想想只有不到一年的学习时间，心里就很没底，自信心受到了打击。其次也会发现以前的项目有很多遗留问题要解决，但是由于自己还没有入门，一开始解决起来十分的棘手，焦急和挫败感让自己感到十分的沮丧，总有些想放弃的念头。其实这时最重要的不是尽快赶上实验室里的师兄师姐，而是要尽快调整好自己的心态，弥补技术上的差距也许还不是首要的。

"身体是革命的本钱"，研究生是国家未来的科研生力军，好的身体是完成今后"伟大"使命的必备条件，因此，要制订一个锻炼计划，坚持每天锻炼。俗话说"读万卷书不如行万里路"，研究生已是成年人，趁着年轻到外面走走看看，这对于开阔眼界是大有裨益的，当然前提是家庭经济条件许可，切不可给父母带来过重负担。

从"要我学"到"我要学"

进入研究生学习阶段以后，要提高个人自学能力。我校信息工程学院有位同学这样说："我觉得本科和硕士这两个阶段其实并没有太大不同，要说变化只能说研究生阶段我的目标更明确了，学习方式有了很大的不同……不过在学习方法上我也有了不少变化，刚开始的时候不太适应实验室的节奏，我原来都是在研究一个问题的时候先把这个问题所涉及的背景知识都学一遍。当然这样很浪费时间，很不容易对症下药。而我们导师教我，让我遇到什么问题就带着问题去学习知识，比如说虽然我对模拟电路一点也不了解，我也能做出我们实验室用的脉冲电路来，但我确实对细节问题不了解。对我来说，就是在摸着黑学习知识，在找自己适应的一个方向……"可见，研究生阶段已经不同于本科阶段，本科阶段的"考前突击"已经不适合了，作为研究生，应该从本科阶段的"要我学"向"我要学"转变。

多与导师沟通

研究生期间不仅是独立自学的真正开始，还应该开始培养独立研究的能力。研究生最重要的价值在于创新。在这个阶段，导师一般采用宽松管理，除了几个重要的时间节点导师会主动找学生以外，其余时间都需要学生主动与导师联系。导师是否真的会成为你的引路人，很大程度上要看自己的努力，同届的几个学生可能会得到不同数量、质量的指导，这并不是导师厚此薄彼，而是由平时交流频率和质量决定的。因此，有以下建议可供参考：

首先，要自觉地将阶段性成果向导师汇报，听听导师的建议，导师也许会从研究方法和细化问题的角度帮助你反思，为你提供其他的数据来源和支持（人力、物力）。

其次，要和老师经常接触，与老师多聊天，向老师多学习。有时候正是这种无心插柳，反而会带来很多的机会和资源，甚至会得到一些意想不到的指点。

记住：任何时候研究中遇到问题，都可以直接寻求导师帮助，即使你认为是你自己的问题。这样做的另一个好处就是，让导师知道你是因为有问题而进展停滞。

有了导师的指导，就会为自己的科研、实验和论文提供“指明灯”。而导师毕竟只起到指导性的作用，你的肚子里装有多少东西，你的脑子里有多少新概念……靠的就是平时的“勤奋”二字：多看书、多思考、多询问、多动手操作。

乐观对待生活

进入研究生阶段，基本上已经完成了“成人礼”，也就是说是在一个成人的世界中生活着，会面临很多现实的问题，如学业的顺利完成、实验课题和项目的开展、论文的发表、个人的情感、未来的发展方向、现实的经济等。可以说研究生阶段汇集了所有年轻人的烦恼。在这样一种境遇下，能够保持着乐观的生活态度是走向成功的关键，乐观可以让我们以充沛的精力、积极的态度去学习、做课题；乐观可以让我们充满自信，不论是生活还是学习、做研究都可以全身心地投入其中；乐观的生活态度是走过研究生生活所必修的课程，因为我们已经是社会的一分子，我们即将或者已经承担起社会的担子。一个人可以不伟大，可以很平凡，但是一个人如果没有乐观的心态就很难在社会中摸爬滚打，很难承担起应有的责任。

【摘自《中国科大研究生教育》2007 年第 4 期，总第 69 期】

研究生如何管理知识产权

文/程兆齐

研究生是科研队伍中最活跃的创新力量，科研活动的目标和结果是创新成果的产权化，知识产权制度赋予创新人人身权利和财产权利，以保证创新热情。由于大多数研究生对知识产权制度不甚了解，严重缺乏维护正当权益的意识，加之目前科研奖励制度的不完善，研究生的知识产权基本上处于被漠视的境遇。因此产生的权利纠纷也日益增多，如论文署名顺序、专利权人的确定等，这些纠纷不仅影响了研究生与导师的关系，而且对科研活动的顺利开展极为不利。因此，本文准备谈谈研究生如何管理最常涉及的几种知识产权，以及如何避免可能产生的问题。

知识产权是指权利人对其所创作的智力劳动成果所享有的专有权利，研究生在科研活动中最常接触的知识产权主要包括著作权、专利权和商业秘密权等。著作权是作者对作品享有的专利权利。作品可分为三种：文学作品、艺术作品和科学作品，研究生创作的论文必然属于其中之一，受著作权法保护。专利权是基于发明创造而享有的权利，理工类研究生在实验活动中提出的新的技术方案属于发明创造的范畴，受专利法保护。专利法保护的发明创造必须向公众公开，而有些技术方法不宜公开，于是就以商业秘密的权利形式加以保护，研究生在涉及商业秘密的研发活动中同样享有权利、承担义务。

在平时的科研活动中，研究生应该注意以下几个方面的问题：

关于著作权

署名权是作者的权利之一，作者有权在自己的作品上署上自己的姓名，当然也有不署名的权利。没有参加创作的人不能署名，不论是否得到作者的同意。现在许多研究生投稿时，或是为了容易发表，或是为了分摊版面费，随意署上导师或同学的姓名，这种行为不仅损害了自身的署名权，而且侵害了他人的姓名权。我国《著作权法》第 47 条第 8 项规定，“制作、出售假冒他人署名的作品”的行为也是一种侵犯著作权的行为。

如果论文是与导师或者同学共同完成的，这种作品是“合作作品”，合作作品的著作权由合作作者共同享有。比如说，一本教材的上、下册分别由导师和研究生独立撰写，那么研究生可以将下册单独授权别人复制、发行并获得报酬等。但是，各作者对自创部分行使著作权时，不能侵犯合作作品整体的著作权。

研究生为完成工作任务，主要利用学校的设备和技术条件创作的论文属于职务作品，这种作品的著作权虽然属于研究生，但是发表时必须注明所属单位，而且单位可以在业务范围内优先使用，未经所在单位同意，不得许可第三人以与单位相同的方式使用论文。不过，如果所在单位同意许可他人使用的，所获得的报酬，研究生有权按比例分成。

关于专利权

专利权属于发明人或设计人。《专利法》规定，对发明创造的实质性特点做出创造性贡献的人是发明人或设计人。一些研究生在导师的科研项目中承担辅助工作，比如说管理员、实验员、扫图员，这些人员仅是按照发明人、设计人的指导工作，本身不具有创造性，因此担任辅助工作的研究生不是专利权人。相反，研究生只要对研发活动提出了创造性的观点或想法，即使没有参加具体操作，也是专利权人。当然，“创造性贡献”的界定是技术性问题，需要根据一定的标准，美国采用的是“非显而易见性”，即这一“创造性贡献”对于专业技术领域的普通技术人员是非显而易见的。

目前，许多研究生迫于发表论文的压力，急忙将科研成果写成文章发表，这种行为必然导致发明创造丧失新颖性，不能被授予专利权。向专利局递交专利申请之前，发明创造必须处于严格保密状态，不得公开，既不能在国内外出版物上公开发表，也不能在国内公开使用，因为专利局以申请日之前的“现有技术”作为衡量发明创造是否具有新颖性的标准。

与职务作品一样，主要利用单位的物质技术条件完成的发明创造是职务发明，专利权属于单位。在校研究生的科研活动主要依赖学校的物质技术设备，因此，绝大部分研究生的发明属于职务发明，专利权人为学校。不过实际的发明人或设计人仍然有获得奖励和报酬的权利，其中发明专利给予的奖金不低于2000元，实用新型和外观设计的奖金不低于500元，并且单位要将许可实施该项专利收取的使用费不低于10%的部分作为报酬，支付给发明人或者设计人。

关于商业秘密

商业秘密是不为公众所知悉，能为权利人带来经济利益，具有实用性并经权利人采取保密措施的技术信息和经营信息。研究生可能涉及的商业秘密多是技术信息。技术秘密的保护主要依靠保密措施。技术秘密一旦泄露就成为“现有知识”，流入公共知识领域。因此，科研活动过程中，涉及很多技术秘密，研究生要承担保密义务，披露、使用或者允许他人使用自己掌握的技术秘密都是侵权行为，要承担侵权责任。目前，管理较规范的实验室或者项目组都会与成员签订保密协议，明确保密义务和范围，这对于研究生可能的侵权行为起到很好的预防作用。

【摘自《中国科大研究生教育》2007年第4期，总第69期】

探索思考

随着社会经济的快速发展，当今社会对于学历与能力的要求也越来越高。研究生教育包括硕士研究生与博士研究生教育，是当前我国高等教育中最高的层次。这一层次的质量将是衡量一个国家高等教育发达程度和科学文化水平的重要指标，也是决定一个国家未来的发展前景与发展动力的根本。对研究生教育的探索与思考必将不能停歇。

研究生教育作为拔尖创新人才培养的重要基地，必须紧跟新形势，在人文素质、国际化、培养模式等方面加快改革步伐，以形成有利于拔尖创新人才不断涌出的研究生教育新环境与新氛围，全面开启拔尖创新人才培养的新征程。那么培养创新能力有哪些途径呢？影响研究生质量的因素具体又有哪些呢？中国科大对研究生教育的思索一直走在路上，本版块节选了部分文章进行深入阐述。

研究生的创新能力是研究生素质的重要表现之一，本版块对我国研究生科技创新能力不足的现状与培养制度因素进行了分析。印度、巴西、墨西哥和中国同为多人口发展中国家，研究生教育体系的发展具有一定的相似性。选文从研究生教育在三国的发展历程、地位、招生培养机制、经费投入机制和质量评估机制等方面进行比较研究，并在此基础上对中国研究生教育体系改革提出有针对性的政策性建议。大学发展的首要战略也是我国各大高校所应思考的问题，特色战略是高校发展的理性选择。特色办学既是高等教育的发展趋势，又是社会发展的客观需要和国家战略发展的内在要求。“探索思考”版块可以带给你对研究生教育本身更多的思考。

多人口发展中国家研究生教育比较研究及启示

——以印度、巴西、墨西哥研究生教育改革发展为例

文/燕京晶 裴 旭 陈 伟

摘要：印度、巴西、墨西哥和中国同为多人口发展中国家，研究生教育体系的发展具有一定的相似性。本文从研究生教育在三国的发展历程、地位、招生培养机制、经费投入机制和质量评估机制等方面进行比较研究，并在此基础上对中国研究生教育体系改革提出有针对性的政策性建议。

关键词：多人口发展中国家；研究生教育；招生培养机制；经费投入机制；质量评估机制

研究生教育作为高等教育的顶层，集科学研究、社会服务和人才培养于一体，在推动科技进步和创新、提升国家竞争力方面发挥着无可替代的作用，其发展越来越受到各国重视。我国提出要在2020年建成创新型国家，这对研究生教育提出了更高的目标和要求。借鉴他国发展研究生教育的成功经验和失败教训，特别是与我国国情相近的多人口发展中国家的经验，有利于对我国现行的研究生教育体系进行改革和发展。近年来，印度、巴西和墨西哥三国政府高度重视本国研究生教育，不断增加经费投入，突出其对推动国家经济和社会发展的重要作用，在招生培养、经费投入和质量评估等方面实施了一系列卓有成效的改革，研究生教育发展迅速，取得了令人瞩目的成就。研究和总结上述三国研究生教育状况及其发展政策，对我国研究生教育改革与发展具有重要的借鉴作用。

印度、巴西、墨西哥研究生教育改革发展研究

1. 发展概况及地位

20世纪七八十年代，印度、巴西和墨西哥开始大力发展研究生教育，取得了巨大成就。1961年，印度高校开始建立研究生部，负责研究生培养和科学研究。20世纪80年代，印度研究生教育迅猛发展，到2005年年底，在学研究生总数达747787人[1]，相当于每万人中有6.92个研究生。1968年巴西政府颁布“大学改革法”，开始重视发展研究生教育，此后研究生教育高速发展，硕士点从1974年的451个增加到1979年的717个，博士点从157个增加到257个[2]。如今，巴西已成为拉丁美洲地区研究生教育的领头羊，平均每万人中有5.37个研究生，该国学术型研究生总数达10万名，博士生占研究生总体的38%。墨西哥现代意义上的研究生教育发端于1940年，但直到20世纪60年代，才正式形成研究生教育体系。20世纪70年代墨西哥研究生教育开始快速发展，其显著特点是来势猛、发展快、数量大。1970年墨西哥提供研究生教育的院校有13所，1980年达98所，1990年增长到152所，而

2004 年已达 1361 所。1970 年墨西哥设有研究生课程点 226 个，1980 年达 1232 个，1990 年增长到 1604 个。研究生人数增长更快，1970 年墨西哥共有研究生 5763 名，1980 年达 16459 名，1990 年增长到 42655 名，而 2004 年已达 15.08 万人[3]，平均每万人中有 10.77 个研究生。

在经济全球化的时代背景下，为在世界经济领域中争得一席之地，印度、巴西和墨西哥都亟需高素质专业人才，因此都特别重视研究生教育。印度政府重视发挥研究生教育对国家经济、政治的推动作用，近十年来政府对高等教育经费投入已超过 200 亿卢比，其中研究生教育预算为 40 亿卢比[4]，而这些资金仅用在占全国人数 1/1400 的研究生教育上。在巴西，研究生教育被奉为教育的珠宝。巴西政府积极鼓励有条件的大学和研究机构都应开设研究生课程，政府在财力上给予资助。研究生教育的快速发展使巴西成为世界上科学论文数量增长最快的国家之一，在国际出版物上发表的科学论文占世界研究论文的比例从 1990 年的 0.64%增加到 2004 年的 1.73%，增长近 2 倍[5]。墨西哥也将发展研究生教育看作是国家持续发展和国民全面进步的助推器，充分发展研究生教育，不断提高其质量。

2. 招生模式

在印度、巴西和墨西哥攻读硕士学位，一般需要通过硕士研究生入学考试。巴西研究生招生政策与美国模式类似，申请入学者需提供推荐信、书面意见和参加面试。三国研究生入学考试的内容主要包括研究生专业学习所需的基础知识考试和与各专业相关的外语阅读能力考试。

三国博士研究生招生政策差异较大。在印度，课程硕士和论文硕士想继续深造，需考哲学硕士，获得学位后，可以直接申请博士学位。而博士入学则无须考试，只要符合条件通过面试即可。但在巴西和墨西哥攻读博士学位，必须具备硕士学位或同等学力，通过博士班入学考试，或经申请入学录取。不过，直接攻读或推荐免试攻读博士学位的比重不断加大，博士生导师招收博士研究生的自主性在不断提高。取得学位前，研究生应按规定多次注册，博士生需全日制投入学习活动，但学习期限不应超过教学计划中规定的最长期限（规定学习期限的一倍时间）。

3. 培养机制

印度、巴西和墨西哥硕士研究生学制通常为两年，但不同学科并非整齐划一。例如，印度工程技术硕士学位一年半即可获得，农学和计算机技术等学科的硕士学位学制年限则由各学校确定。但三国对其硕士研究生教育质量控制严格，并非所有硕士研究生都能获得学位。据统计，印度获得学位的研究生仅占入学学生的 50%～60%。

上述三国硕士研究生均采用分类培养模式。其中，印度硕士学位分为课程硕士和论文硕士，课程硕士仅需通过考试便可获得，而论文硕士还要通过论文答辩。墨西哥硕士研究生教育包括专业化课程和硕士学位课程两种类型。其专业化课程主要培养能研究和处理某学科领域中具体问题的人才，而硕士学位课程侧重培养能参与分析具体问题、进行革新开发并能将成果运用于实践的人才。巴西研究生教育培养模式总体上与墨西哥类似，硕士培养也主要包括应用型和研究型两类。

三国的博士研究生学制一般都在 4 年以上。印度攻读博士学位无须进行入学考试，但在硕士研究生和博士研究生中间增加了副博士课程，其学制一般为两年。从副博士升为博士研究生还必须通过课程学习成绩和专题论文能力两方面的测定。博士生最终获得博士学位一般需要 5 年时间，但整个攻读博士学位的过程长达 7 年。巴西和墨西哥攻读博士学位通常也需4年的全日制学习。

总之，在三国获得博士学位都是相当困难的。印度每年只有约两千人可获得博士资格。为了保持博士生水平，印度国家科技研究委员会将主持一年两次的联合择优考试。博士生的论文答辩若被答辩委员会否定，此博士生将不得再进行二次答辩，也就是说其丧失了获得博士学位的机会。在巴西，博士生必须完成更深层次的研究生课程学习，并通过博士资格考试，博士论文答辩需通过至少由5名教授构成的答辩小组(答辩小组中必须有2名是校外专家)主持的公开口试，论文的结论一般要达到在专业杂志、国际会议论文集上发表或以专著形式出版的水平。墨西哥博士学位课程具有扩展知识面、深化知识体系的特点，要求博士生掌握专业领域的全面知识，并创造性地深化某研究领域，直至触及专业顶点。

4. 研究生教育的集聚态势

印度、巴西和墨西哥研究生教育都有向经济发达地区和优势研究生院集聚的态势。根据对印度人力资源部高等教育司发布的《2005～2006年度选定教育统计数据》中的相关数据研究，印度研究生教育存在明显的邦际差异：截至2005年，印度经济排名前11的邦(印度理工学院等名校均集中在该区域)在学研究生数为596597人，占全印研究生总数的79.78％，剩余地区仅占不到21％的份额[6]。在学研究生最多的是北方邦，有208102人，而米佐拉姆邦等4地区却无一人，可见在学研究生人数的邦际差别之大。巴西的研究生教育同样存在地区差异。2003年，巴西共有39所博士/研究型大学，54所硕士学位授予大学。就博士/研究型大学分布来看，经济发达的南部和东南部有26所，贫穷的东北部仅有7所，而在亚马逊区域仅有1所[7]。巴西东南部是全国最发达的地区，博士生的72.6％和硕士生的54.6％都集中在此地。从墨西哥研究生分布地域来看，在首都墨西哥城地区，无论是研究生课程点，还是人数，均存在高度集中现象。50％的研究生集中在首都地区的公私立大学，有5个州占32％，其他22个州仅占18％，甚至有3个州没有开设研究生课程[8]。首都地区集聚了全国40％的研究生和85％的博士生。

三国在研究生教育经费投入上同样存在优势资源集聚现象。巴西教育部对研究生教育的资助在各地区的分配如下：东南部地区为37.6％，东北部地区为28.0％，南部地区为18.7％，中西部地区为10.0％，北部地区为5.7％。[9]巴西教育部对各地研究生院的资助差异，虽然加剧了地区间的不平衡，但越高水平的研究生院获得的资助越多，使“强者更强”形成了优势资源集聚的态势，这有利于集中资源建设国际一流的高水平研究型大学。

5. 经费投入机制

三国研究生教育经费主要依靠政府拨款，特别是1990年以前，研究生教育实行免费教育，并对学生住宿和食品供应进行补贴。但随着研究生教育规模的扩大，仅依靠政府拨款的投资模式已不能适应研究生教育发展的需要。为此，在继续加大对研究生教育经费投入的基础上，各国积极寻求新的研究生教育经费融资渠道。主要措施有：① 提高研究生教育收费标准和收费学生比例，达到培养成本的完全回收或部分回收。② 提高学费标准的同时，采取多种奖学金激励制度，如印度高等教育机构广泛实施优秀成绩与贫困生奖学金、博士奖学金、政府奖学金挂钩等措施。③ 实行研究生贷款制度。实行贷款制度将研究生教育融资渠道从政府逐渐转向学生和家长。④ 扩大和增加研究生教育经费的社会来源，各研究生院开始努力争取社会各界的捐助和提高自身收入。

当然，不断扩大的政府直接投资依然是研究生教育经费的支柱，如表1所示。

表1 各国高等教育政府投资表

国家	年度	公共教育投资占GDP比例/%	高等教育占公共教育投资比例/%	高等教育投资占GDP比例/%
巴西	2006	5.10	17	0.867
墨西哥	2006	5.50	17	0.935
印度	2005	3.20	19	0.608
中国	2006	2.54	19.84	0.504

数据来源：根据 http://stats.uis.unesco.org/unesco 提供的数据计算。

从表1可以看出，拉美两国对高等教育的投资比例明显大于印度和中国，而我国高等教育投资占GDP的比例最低。巴西甚至在宪法中明确规定，每年联邦政府提供给教育的公共经费不得少于18%，相当于国民生产总值(GDP)的5%。联邦区、州政府和市政府必须把其财政税收的至少25%投资于教育(包括那些来自于联邦政府的经费)。这三级政府投资教育的比例大致为联邦政府20%，州政府50%，市政府30%[10]。

6. 质量评估机制

印度、巴西和墨西哥在研究生教育快速发展时期都存在着不同程度的研究生教育质量下降问题，三国均通过教育评估机制改革促进研究生质量的提高。

三国都成立了专门的研究生教育质量鉴定评估机构。1986年印度成立研究生教育质量鉴定委员会，负责全印度研究生教育质量鉴定与评估工作。1994年印度大学拨款委员会倡导建立了国家认证委员会，对研究生课程进行评定，改进研究生教学和科研模式。1988年巴西重建国家高等教育委员会，对公立大学特别是以研究生教育为主体的研究型大学教育质量予以系统化的评估。从1997年开始，巴西教育部组织专家对巴西各研究型大学实行教育机构评价体系，对研究生院的导师队伍、创新课程开发、大型实验室建设等进行评估，并分等级进行公布。墨西哥于1989年成立全国高等教育评价委员会，旨在以持续的评价工作作为指导研究生体系改革的基本手段。

三国对研究生教育质量的评估方式、政策有所不同。2004年印度国家评估与鉴定委员会确定了对研究生教育评估再鉴定的框架，从质量的维持、质量的提高及第一次鉴定报告对研究生院的作用这三个方面，考察高校在第一次鉴定结束后5年内为发展核心价值所做出的努力。这种综合评估的实施对研究生教育质量起到了良好的监督和提高作用。巴西国家高等教育委员会对研究生教育的评价，范围包括对个人、部门、项目、院校系统4个层次，分自我评价、内部评价及外部评价多层次进行。其中，对各院校及特定项目的外部评价由学术界知名人士组成的专家小组进行。在墨西哥，研究生教育在不同的学校和地区存在较为明显的多样性和差异性，加之学校之间缺乏联系，使得墨西哥研究生教育评估机制具有相对的灵活性。评估中会更多地考虑各学校发展的程度、各课程发展的阶段以及研究生课程的实效及影响。

对我国研究生教育发展的启示

近年来，我国研究生教育发展很快，现已跻身于世界研究生培养数量大国之列。截至2008年年底，全国在学研究生已达128.3万人[11]，平均每万人中已有9.66个研究生，可授予硕士学位的高等学校有 795 所,可授予博士学位的高等学校有近 300 所。借鉴上述三个多人口发展中国家的研究生教育改革和发展模式,对实现我国研究生教育从数量大国向质量强国的转变,具有重要的现实意义。

1. 发展研究生教育应成为我国国家战略的重要组成部分

印度、巴西和墨西哥都非常重视研究生教育在经济和社会发展中的作用,将其作为国家战略的重要组成部分。研究生教育作为现代国民教育的顶层,直接关系知识经济时代一个国家的竞争力。我国研究生教育起步较晚,对其体系的改革与发展直接影响创新型国家建设的进程。作为"人才强国"和"科教兴国"战略重要结合点和制高点的研究生教育无疑应成为我国国家战略的重要组成部分。

2. 重点扶持一些具有比较优势的研究型大学

通过对三国研究生教育政策的研究,发现三国政府都采取了集中资助那些基础好、科研强的研究型大学的措施,重点发展其博士生教育,而这些受资助的大学也确实成为国家高校科研发展的中坚力量。我国也应进一步发挥优质研究生院在我国学位与研究生教育中的骨干和示范作用,在财力有限的情况下,博士生教育层面应重点资助那些具有比较优势的、拥有较为雄厚科研实力的研究型大学,把它们建设成高水平的研究生培养基地,充分发挥优质研究生教育资源的效益,让办学水平高的研究型大学在研究生教育改革中发挥示范和引领作用;在硕士生教育层面,应考虑区域布局的协调,对于中西部地区应适当予以政策倾斜。

3. 建立和完善研究生教育质量保障体系

对印度、巴西和墨西哥研究生教育的研究表明,三国在扩大研究生招生规模的同时出现了不同程度的研究生教育质量下降的问题,三国政府通过形成和完善科学、合理的教育质量评估体系等改革措施保障了研究生教育的质量和效益。

当前,我国研究生教育持续大规模增长已经对研究生培养质量提出了挑战。要解决这一问题,建立和完善研究生教育质量保障体系势在必行。研究生教育质量评估体制应逐步由以政府为主体的单一的行政监控模式转向以教育主管部门宏观指导、社会中介质量评价机构参与、培养单位自律和社会用人单位评价的多元、多层次的质量评估机制,让社会参与监督和评估研究生培养质量,这有助于研究生教育适应社会的需求,也增强了质量评估的公正性和科学性。在研究生培养单位内部,应逐步下放研究生院的行政权力,建立以导师为核心和第一责任人的微观质量把关体系,真正建立研究生培养激励机制和淘汰机制。

4. 改革研究生教育培养模式,优化研究生教育结构

研究表明,印度、巴西和墨西哥在研究生培养模式方面有许多可供借鉴的环节,它们的研究生教育理念和培养模式与欧美等先进国家的研究生教育有诸多异曲同工之处。当前我国研究生教育环境和形势(如规模、社会需求、就业环境等)已经发生了重大变化,研究生培养模式改革势在必行。借鉴三国研究生培养模式的成功经验,在研究生培养模式改革方面应适应形势发展的需要,增加应用型硕士生的比重,扩大专业学位硕士生教育规模,稳定博士生培养规模,优化研究生教育的学科结构和层次结构;重点发展博士生教育,适当延长博士生学制,增加硕博连读的比重,突出对博士生创新能力的培养,努力构建与我国高等教育和社会、经济发展相适应的精品博士生教育体系,提升我国博士生教育的国际地位。

5. 加大对研究生教育的投入,创新筹资手段,形成多渠道融资格局

对三国研究生教育经费投入机制的研究表明,虽然研究生教育经费来源渠道呈多元化趋势，但政府投入依然是主体[12]。从表1中的数据可看出，巴西、墨西哥、印度三国对高等教育的投资比例明显大于中国，而我国的高等教育投资在GDP中所占的比例最低。研究生教育发展的进程、高校科研能力和水平的发展与政府投入增长的快慢成直接正相关。我国创新型国家建设和科教兴国战略，为研究生教育提供了历史的发展机遇。当前，国家应加大对高等教育包括研究生教育经费的投资力度，增加高等教育投入经费在GDP中的比重。与此同时，需要进一步优化研究生教育经费来源结构，要充分抓住研究生培养机制改革的契机，解放思想，转变观念，构建一个以政府投资为主体，社会、企业、家庭、捐助多元的融资体系，实现研究生教育的快速、持续、健康发展。

参考文献

[1][6] Selected Educational Statistics-2005-06[J/OL]. http://education. nic. in/stats/statpub. asp.

[2] 顾明远，梁忠义. 世界教育大系：巴西教育[M]. 长春：吉林教育出版社，2000：197.

[3] Programa Nacional del Posgrado(1959-1994)[Z]. Modernización Educativa VI，SEP. Mēxico. 1990.

[4] 何亮姬，王根顺. 印度高等教育评析及启示[J]. 中国农业教育，2008(2)：17.

[5] See the Ministry of Science and Technology Web-siteLink To Indicadores de Ciência e Tecnologia. http://www. mct. gov. br.

[7] 马万华. 研究型大学建设：拉美与亚洲国家高等教育政策取向[J]. 清华大学教育研究，2007(1)：99.

[8] Programa Nacional del Posgrado(1959-1994)[Z]. Modernización Educativa，SEP. Mēxico. 1990.

[9] 顾明远，梁忠义. 世界教育大系：巴西教育[M]. 长春：吉林教育出版社，2000：206.

[10] Rebecca Marlow-Ferguson. World Education Encyclopedia(Second edition)[Z]. Volume I. Printed by the United States of America，2002：168.

[11] 2008年国民经济和社会发展统计公报[Z]. http://www. gov. cn/test/2009-02/26/content_1249960_5. htm.

[12] 裴旭，张淑林. 从国际研究生教育改革与发展的若干趋势评析当前我国研究生教育中的变化[J]. 中国高教研究，2005(4)：16.

【摘自《中国科大研究生教育》2009年第2期，总第75期】

协同创新环境下的研究生联合培养人才资源共享机制改革

文/李金龙 裴 旭 李 昂 陈宏波

摘要：协同创新环境下研究生联合培养事业进展的好坏，关键在于是否拥有雄厚的、能够在协同育人活动中交互合作的"既成人才资源"和一大批能够深度参与科教结合或产学融合工作的"储备人才资源"。推进联合培养人才资源共享机制改革，必须从两类人才资源"融合""协同""交互"的需求和定位出发，构建师生资源分层配置、课程资源优化共建、课题研究全程互动的协同创新环境下研究生联合培养人才资源共享机制体系。

关键词：联合培养；人才资源；共享

研究生联合培养人才资源生态化配置原理

"导师遴选"和"生源选拔"是实现联合培养人才资源共享的第一环节，只有遴选出合格的导师和合乎要求的优质生源，才能在课程教学环节、课题研究环节实现人才资源的优质互动与互补。目前，在联合培养活动中，存在着严重的人才培养模式、人才来源结构、人才所需层次和师生配置类型彼此混乱的现象，极易导致培养层次不清、办学层次交叉、合作秩序混乱、多元组织职能相互串位、既成人才资源和储备人才资源浪费等现象。因此，需要从联合培养初始阶段明确界定导师遴选的规则和生源选拔的层次，使其相互对应、相互匹配，实现人才资源的最优化配置与共享，在此基础上，有针对性地构建各层次人才资源所需的课程教学和课题研究体系。

从生态学角度来看，联合培养是一个由政产学研多元组织构成的具有生态属性的人工生态系统，是既成人才资源（教育者）配置结构和储备人才资源（受教育者）培养功能的统一体，遵循生态运动的竞合互补原理和耦合平衡规律。所谓联合培养人才资源的生态化配置，其实质为借助生态学中的生态位原理，对联合培养系统内所有培养模式、培养主体进行分类，使联合培养多元组织在配置既成人才资源和储备人才资源时能够密切结合培养能力、培养目标等实际情况优化资源配置方式与资源共享结构，促进联合培养资源配置与共享的结构生态化。由于来自政产学研多元组织的"双导师"是联合培养事业中"既成人才资源"的核心要素，"储备人才资源"可统一视为"研究生"，而且只有"双导师"在联合培养师资力量共享中真正实现生态化配置和在高端人才培养各模式中真正实现全流程融合，才能从根本上保证研究生的培养质量，因此，本研究将"双导师"和"研究生"作为资源生态化配置的重心，探讨其配置与共享机制的优化路径。

要进行人才资源的合理配置，首先须对联合培养模式进行分类，依据前述研究成果，本研究将联合培养模式的层次划分为三个类型，即科学前沿领军型人才培养模式（第一类型）、行业产业高技术人才培养模式（第二类型）、区域发展应用型和文化传承创新型人才培养模式（第三类型），根据这三个类型的人才培养目标可明晰确定其所需的人才来源、人才模块和师生类型，以及各模块间人才互流的路径及通道。此种划分方法可清楚显示联合培养系统内各人才资源所处的不同生态位，从而为联合培养多元组织在开展导师遴选和生源选拔工作时科学配置和共享人才资源提供明确依据（图 1）。

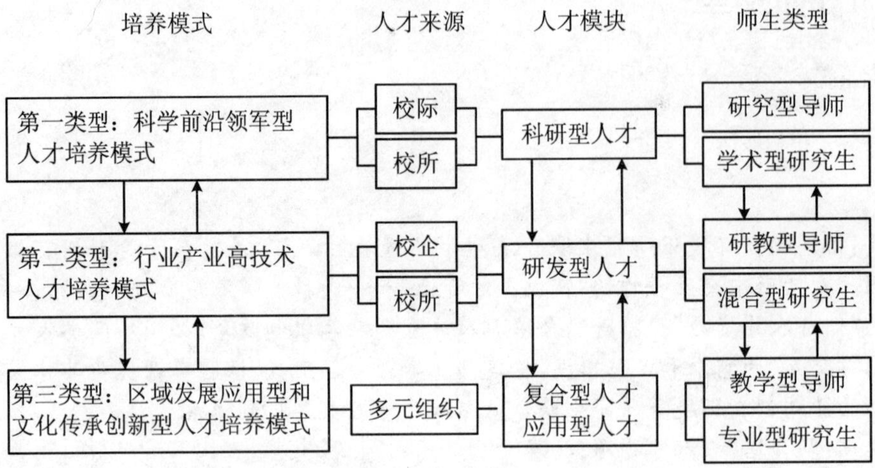

图 1　研究生联合培养人才资源生态化配置示意图

联合培养第一类型人才资源共享

研究生联合培养第一类型中的"科研型人才"资源是国家基础科学研究、前沿学术探索的第一梯队力量和最高水平代表之一，联合培养多元组织应严格遵循"科学前沿领军型人才"这一培养目标，以"科研成就、学术功底"作为第一层次导师遴选的主要标准，以"科研潜力、学术志趣"作为第一层次生源选拔的主要依据，遴选最优秀的科学家和著名学者合作培养以学术研究为志趣的拔尖创新人才。

具体而言，第一类型中的"既成人才资源"主要为高校和高校、高校和科研院所中的科研型人才，在"2011 计划"和创新驱动发展战略对高端人才的需求日益迫切的现实境况下，政府及联合培养其他组织应秉持开放、负责、共享的理念，根据学科方向从高校和科研院所内遴选出最优秀或最合适的研究型导师参与联合培养工作，为此类导师提供尽可能优良的物质条件、科研项目、研究经费等基本保障，使双导师能够在完备的外部条件保障下全身心投入学术型研究生的指导与培养工作中；并制定明晰的双导师合作规定，依据研究生的学籍归属，可由来自高校的科研型人才作为主导师，亦可由来自科研院所的科研型人才作为主导师；明确主导师对学术型研究生培养的各环节和全过程负主要责任，合作导师的主要职责为协助主导师为学术型研究提供必需的科研训练课题和平台、学术学位论文指导以及前沿课程讲座教学服务；建立严谨、科学的知识共享、技术共享体系，除严格遵守知识产权相关法律法规外，双导师应在共享实践开展前订立知识产权保护协议和信息技术管理契约，并根据各主体自身的人才培养目标和资源优势，在协商一致的基础上开展知识共享、技术共享工作。

相应地，第一类型中的"储备人才资源"主要为具有扎实的学科知识基础、突出的科学研究潜质、浓厚的学术探究志趣的学术型研究生。高校与科研院所应充分利用自身的研究生导师资源及学术资源为其设立优势学科培养平台，使学术型研究生能够在校际或校所两个不同的培养单位之间轮转时始终如一地在本学科范畴内从事前沿知识积累和艰深学术探索工作，并开设多种研究生创新计划项目，全力提升研究生的协同科研能力和国际学术交流能力；注重鼓励来自校际、校所的双导师为学术型研究生开展前沿学术报告工作，介绍本学科内学术发展的最新动态和前沿科研成果。最为重要的是，学术型研究生必须参与双导师的重大科研课题，严格按照学术型研究生的培养标准按时提交科研成果，真正“把导师和学术‘捆绑’在一起，以科研项目为依托，推动资源的共享和学科交叉”。

第一类型中的科研型人才资源居于研究生联合培养人才资源生态系统的最高层，具有人才资源下行流动的绝对优势，某些必要情况下，第一类型中的某些研究型导师或学术型研究生可根据自身职业（学业）发展意愿或人才培养工作需要下行至第二类型。

联合培养第二类型人才资源共享

研究生联合培养第二类型中的“研发型人才”资源是工程科学研究、应用技术研发的重要力量，联合培养多元组织应按照“行业产业高技术人才”培养目标，以“工程经验、技术能力”作为第二类型导师遴选的主要依据，以“研发潜力、创造志趣”作为第二类型生源选拔的重要标准，遴选杰出的工程师、企业技术和大学骨干教师合作培养以研发创造、工程应用为志趣的高端人才。

具体而言，第二类型中的“既成人才资源”主要为高校和企业、高校和科研院所中的研发型人才。在单一导师指导模式的弊端日益凸显、全日制专业学位研究生和部分科学学位研究生的工程应用能力提升诉求日益强烈的情况下，高校应鼓励校内的研发型人才积极参与高技术开发工程与项目、产业行业研讨活动等，借此提升其高技术研发经验与工程素养意识，还要主动“走出去”与专业领域内的知名科研院所及企业开展联合培养工作，共同遴选出既具有一定学术功底，又兼具应用型知识基础或丰富的工程实践技能经验的研发型人才，使其与高校内的研发型人才共同构成研教型导师队伍。在实现研教型双导师资源共享互补、提升双方合作效益效率方面：

1. 高校应联合合作单位加强“双导师制”制度建设

以明晰的协议章程和合作制度规范双导师在高技术人才培养进程中的责权利；在人才观念上要对校外导师和校内导师一视同仁，重视校外导师的反馈意见和合理建议，鼓励校内导师的理论课程与校外导师的研发项目有效对接；加强对双导师的激励与评估，对于双导师合作申请的重大科研项目、获得的重要教学科研奖项、取得的突出育人成果提供配套政策支撑、物质资金保障或荣誉授予激励，并通过双师互评、学生评价、专家评议等形式开展双导师合作质量评估监督活动，依据各项评估结果对双导师的协同育人资质实施动态调整；营造双导师合作育人氛围与联合培养质量文化，通过导师上岗培训、导师教学论坛等活动提升双导师的责任意识和质量意识，使其合作育人的责任心和使命感不断增强。

2. 企业或科研院所应树立开放意识和人才意识

企业或科研院所应明确洞悉知识经济时代特质，即“知识经济发展的特点之 是通过个创新开发一个产品，通过一个产品启动一个市场，通过一个市场发展一个企业，通过一个企业创建一个基地，通过一个基地推动一个产业，从而带动整个经济的发展”，树立开放意识和人才意识，鼓励企业技术人员或科研人员主动与高校合作，吸收一批“储备人才资源”到本单位开展研发实践和技术创新工作，并为受聘于高校的研发型人才提供科研课题或经费资助，保障其协同育人工作的顺利开展。

3. 政府与产业学会、行业协会等组织应发挥其政策调控优势

加强顶层设计与全局引导，保障行业产业高技术人才培养的正确方向；重视协调管理，对于行业产业重点研发项目，应给予校企联合培养（含基地建设）、校所联合培养（含成果转化）等活动一定的政策倾斜或资金扶持；根据不同培养主体的人力资源优势，制定积极的内部政策推动不同主体间优质人才的有效、自由流动，以合理的物质、精神奖励手段充分释放行业产业领袖人物在不同平台、不同环境下的技术研发动力、应用转化活力和人才培养潜力。

第二类型中的“储备人才资源”主要为具有一定的工程应用知识基础、浓厚的研发创造志趣的学术型或专业型研究生。此类“储备人才资源”参与校所或校企联合培养，可在一定程度上改善各组织高技术研发、工程实践项目创新力量不足的现状，推进科研课题与项目研究成果应用转化的进程，是实现高校教学与社会需求双向互补、研究生教育与行业产业研发实践有机结合、推进技术改革创新甚至产业革命的重要力量。在校企、校所联合培养中实现“储备人才资源”共享，各组织须做到：正确认知其“研究生”与“研发人才”的双重身份，既要注重其在研发项目中的实际贡献，又要重视对其工程知识的传授、学术道德的培育和心理健康的指导；为联合培养研究生制定针对性的培养方案和学位标准，注重其在研发项目中的技术改造能力的提升，并以技术创新及应用效益、专著专利发明成果和获奖经历等作为学位授予的重要参考标准，引导研究生全身心地投入校企、校所的研发事业当中；开展研究生对校内导师的课程教学质量、校外导师的研发指导质量的评估以及研究生自我学习质量的评估，以完备的评估制度督促双导师重视研究生的教学实践指导工作。

第二类型中的研发型人才资源居于研究生联合培养人才资源生态系统的中间层，具有人才资源上行、下行流动的多种可能。联合培养多元组织可依据评估反馈结果，对该层次中的研发型人才身份与层次做出适当调整，即优秀的研发型人才资源可在其意愿的前提下进入第一类型，而各项评估指标均不理想的研发型人才则须自动下调至第三类型或终止其研发教学资质。

联合培养第三类型人才资源共享

研究生联合培养第三层次中的“复合型人才或应用型人才”资源是推动地区政治、经济、社会、文化等事业发展的主力军。联合培养多元组织应按照“区域发展应用型和文化传承创新型人才”的培养目标，以“实践经历、教学经验”作为导师遴选的主要标准，以“应用潜力、职业志趣”作为生源选拔的主要依据，遴选具有一定社会实践经验的工程师、管理者或专业人员和大学教师合作培养具有突出职业胜任能力的复合型、应用型人才。

具体而言，第三类型中的“既成人才资源”主要为政府、企业、高校、科研院所以及其他相关组织机构中的具有一定工程背景、社会实践阅历或管理经验的人才。在实现双导师资源共享的进程中，高校应联合政府、企业和科研院所共同打造管理硕士、法律硕士、工程硕士等多种类、多类型联合培养实习实践基地，并重视联合培养基地的制度建设，严格落实并及时修订已有相关管理文件与规章制度，使双导师能够在规范的制度体系下形成稳定的“双导师协同编制教学计划、协同制订研究生培养计划、协同指导论文实践”等“三个协同”联合培养关系。具体而言，双导师根据所培养研究生的情况，协商确定研究生校内修读课程，为实习实践做充分的基础理论准备；在研究生的实习实践阶段，双导师以课题或项目为平台共同指导研究生的业务实践;在研究生论文撰写阶段,双导师从实践和理论角度共同指导其论文研究选题和论文撰写方案。

第三类型中的"储备人才资源"主要为具有一定理论基础、以提升行业或职业实际工作能力为学习目的的专业型研究生,联合培养多元组织应围绕提升其"职业胜任能力"这一基本定位,在课程教学与实习实践两个环节中加大改革力度。在课程教学环节:

1. 采用"属性+模块"的课程体系

"特性"注重文史科和理工科课程特征的应用性和实践性,"模块"注重课程教学的专题化和体系化。

2. 构建与职业需求相适切的理论与实践课程模块

为确保该课程体系的有效施行,高校应注重吸收既成人才资源的意见和建议,根据行业规律、职业要求、市场所需、学习阶段等因素,确定文史类或理工类核心课程和主要课程,构建与职业需求相适切的理论与实践课程模块,提升研究生的职业素养和基本技能。

3. 遵循"DBT 循环"规律开展课程研发工作

导师在研发新型课程体系的进程中,应进行多次"设计—构建—测试"循环,在课程研发中实现教学相长,从而不断修正课程设计和教学方式,以最优化实现课程教学的知识、技能、经验的传授功能。在实习实践环节,联合培养多元组织应遵循"课题引领、基地保障"的理念,并要求双导师必须具备一定的课题项目和研究经费,所培养的研究生在学期间必须赴联合培养基地,在双导师的协同指导下参与工程项目或实践课题,努力实现双导师与专业型研究生的全流程互动,并鼓励研究生就参与的课题项目开展案例研究或论文撰写工作。

第三类型中的应用型或复合型人才资源居于研究生联合培养人才资源生态系统的底层,仅具备人才资源上行流动的可能,对于其中一部分研发能力突出、研发志趣浓厚的应用型或复合型人才,联合培养多元组织应为其开通上行至第二层次的通道,以此达到高端人才资源的合理利用与有效共享。

【摘自《中国科大研究生教育》2015 年第 3 期,总第 100 期】

有了学会就有了自己的“家”

——访中国学位与研究生教育学会副会长、中国科大副校长张淑林教授

文/李　璐　李金龙

二十载春秋风云，中国学位与研究生教育学会披荆斩棘，渐入佳境。在探索与交流中总结经验，推进创新，追求卓越，是学会每个成员的心之所向。中国学位与研究生教育学会副会长、中国科学技术大学副校长张淑林教授也是如此。这位虽年过半百，却依旧奋战于研究生教育战线上的“老兵”，目光炯炯，言辞有力，豁达豪气处不乏缕缕温情。对张淑林来讲，学会早已成为她与所有志同道合者的温馨家园——“有了学会就有了自己的家”是她在此次访谈中最常提及的一句话。她将学位与研究生教育学会视为充满爱与力量的大家庭，每一位会员都将从中汲取养分，获取知识，也终将以自己的进步与成长反哺于学会。

学会是研究生教育工作者的集结号

《中国研究生》合肥通联站通讯员（以下简称“《中研》合肥通联站”）：张校长，您好！非常高兴您能接受《中国研究生》杂志的采访。1982 年，您从中国科学技术大学毕业后选择留校工作，至今已在研究生教育领域耕耘了三十余年。今年，中国学位与研究生教育学会也将迎来成立二十周年的盛会。您作为一个亲眼见证学会成长并亲身参与学会具体工作的研究生教育工作者，是何时与中国学位与研究生教育学会结下不解之缘的呢？

张淑林：从 1982 年到 1994 年，中国的学位与研究生教育事业处于起步阶段，这十三年中，我和全国的研究生教育工作者都是“各自为战”并且“摸着石头过河”。学会成立后就不一样了，我们这些热衷于研究生教育事业的人终于有了一个互相交流、互相学习、互相借鉴的平台。我始终记得，1994 年 7 月 26 日，学会正式成立的那一天，我的心潮涌动不已。相信跟我年龄相仿的研究生教育工作者也都会记得那一天那一刻的澎湃心情。中国学位与研究生教育学会是一个非常广阔的舞台，它的成立给我们这些研究生教育工作者带来了希望、方向和归属感。

《中研》合肥通联站：也就是说，学会像一个集结号？

张淑林：正是如此，学会是研究生教育工作者的集结号。正像集结号吹响，战士们就有了力量一样，学会的成立也向全国学位与研究生教育战线的工作者吹响了号角。学会将奋斗在研究生教育工作一线的广大工作人员和专家学者召集到一起，大家通过各种形式的研讨会、交流会、学术论坛、科研课题等分享研究生教育工作经验，精研研究生教育改革难题，探索研究生教育创新路径。二十年中，在学会奏响的一次次集结号中，我们全体研究生教育工作者以点滴的努力逐步奠定了研究生教育事业的发展基石，也基本勾勒出了中国学位与研究生教育事业的未来蓝图。

学会给了我荣誉，也给了我成长的舞台

《中研》合肥通联站：在中国科学技术大学，您从一名基层工作人员做起，先后担任研究生院学位办公室主任、校学位委员会办公室主任、研究生院常务副院长等职，如今，您已身居中国科大副校长的重要职位。在您一路以来的成长过程中，学会起了什么样的作用？

张淑林：自我加入学会起，学会就一直陪伴着我的成长。工作伊始，我是中国科大基层的一名工作人员，基层的工作经历让我对研究生教育工作有着很深的了解和积累。但研究生教育工作十分复杂，在中国科大的工作生涯中我也会不断面临关于研究生教育工作新的难题、新的挑战，每当这时，我就会从学会这个营养库中汲取养分，并将同行的有效经验、学界的最新成果逐渐转化到具体的工作当中；与学会同仁的深入交流也让我不断思考新的问题，探讨新的研究生教育改革方案，这也使我能够为中国科大的研究生教育工作提供可资借鉴的正确建议。如此可见，学会是我在中国科大不断成长的基石与源泉。这期间，我也积极参与学会工作，从事与研究生教育相关的更宽广领域的学术研究，在学会中也从一名普通的成员成长为第三届、第四届学会常务理事到第五届学会副会长。在中国科大的成长与在学会的成长是相辅相成、密不可分的。

《中研》合肥通联站：您在中国科大与学会的成长经历是如何相互作用的？

张淑林：中国科大的工作要求我身临研究生教育战场，要摆兵布阵，亲自操练，这是研究生教育工作的实践阵地；学会则是我与广大研究生教育同仁交流学术、分享工作经验的舞台，是汲取知识的学术家园。每次，我都思考如何把从学会那里吸收的阳光与养分运用到中国科大的研究生教育具体工作当中，也将在中国科大遇到的实践难题或总结到的有效经验带到学会中来。不断充实的理论积累和一线的工作经验加深了我对研究生教育事业的认知，帮助我更好地总结研究生教育的发展规律，以更好地推进改革与创新。

《中研》合肥通联站：去年学会授予您“学会显著贡献个人奖”，您如何看待这份荣誉？

张淑林：我不刻意寻求荣誉，但仍感激学会赋予我的荣誉，这是对我工作的认可与肯定。学会给予了我荣誉，更给了我成长的舞台。在学会中，我收获的绝不仅仅是职位的提升，更重要的是人生阅历的丰富、学术能力的精进和同行情谊的缔结，这是一个让我不断成长的舞台，相较于荣誉，我更感谢乃至感恩这个拓宽了我生命宽度的舞台。

有了学会就有了自己的“家”

《中研》合肥通联站：您在学会除了个人事业的发展之外，还收获了什么？

张淑林：“三更有梦书当枕，千里怀人月在峰。”这可以很形象地形容学会对我的影响。学会进一步激发了我从事研究生教育工作和研究的激情，让我以其为枕。学会更让我有幸结识了一批德高望重的学者，可以聆听学术大家的真知灼见；还结交到一批志同道合的学术良友，他们所关注的研究议题和所提供的学术创见让我能够身居简地而思达天下。情谊的收获是学会给予我的最珍贵的礼物。

《中研》合肥通联站：在学会中，哪些情谊令您感动？

张淑林：学会对于我来讲就像一个大家庭，每个成员都能给我带来感动。在这里，我尤其要感谢赵沁平会长、西安交大的张文修教授和清华大学的陈皓明教授。他们是德高望重的专家和学者，给予了我无私的指导、帮助和提携。对于我来讲，他们是益友，更是良师。正

是在他们的支持下我积累了更多的工作经验，也更有成效地开展了更为系统的研究生教育工作。同时，也要感谢学会的其他朋友，因为大家志同道合，所以这份情谊更值得珍惜。

《中研》合肥通联站：学会对于您来讲，意味着什么？

张淑林：学会是家。家虽然就一个字，但大家都知道这个字最饱含温暖和深情。对我来讲，学会就是我们这批研究生教育工作者的家，有了学会，我们也就有了自己的家。当然，作为家的一分子，我们不仅要从家中获取力量，还要精心爱护我们的家，共同守护、回馈、建造这个带给我们爱与温暖的温馨家园。

学会应成为海纳百家真知灼见的高端阵地

《中研》合肥通联站：您认为学会在未来的发展中，要始终坚守哪些东西？

张淑林：学会成立的初衷就是探索研究生教育规律，培养一支本领过硬的研究生教育管理队伍，以更好地为我国政府决策部门提供科学建议，不断发展与优化我国的研究生教育事业。学会已经走过了二十年的风雨历程，在这路途中虽然有很多艰辛和不易，但也做出了很多卓有成效的工作。学会在未来的发展中应不忘初心，继续服务好会员、社会与政府，努力将学会建设成我国学位与研究生教育的政策智囊机构、全体会员的研讨交流平台、我国学位与研究生教育同行的合作交流桥梁。

《中研》合肥通联站：您认为学会在哪些方面可以发挥更大的作用？

张淑林：学会这个大家庭可以更好地发挥交流作用，让广大研究生教育工作者与研究者进入这个大家庭，分享经验，探讨问题，最终成为汲取知识、海纳百川真知灼见的高端阵地。学会应更活跃，成为我国学位与研究生教育行业交流学术、分享工作经验的大型嘉年华。在交流的过程中，我们这些奋斗在研究生教育战线的工作人员也可以联络情感、增进友谊，合力将学会打造成为温馨家园。

我将继续做好一名老兵

《中研》合肥通联站：作为学会的副会长，您对您自己下一步的工作有何打算？

张淑林：相较“副会长”这一称呼，我更乐意别人称我为学位与研究生教育战线的一名“老兵”。老兵的首要职责就是站好自己的岗。我将继续履行好自己的职责，做好全国工程硕士教育指导委员会、评估委员会、文理科工作委员会等方面的相关工作，做好全国学位与研究生教育的评估工作。此外，还要努力将学会会刊《研究生教育研究》办成学术声誉高、影响力大的优秀期刊，成为我国研究生教育管理者和研究者重要的学术交流平台。作为老兵，另外一个重要职责就是发挥好传帮带作用，带动、发展、培养好一批青年骨干力量。

《中研》合肥通联站：您认为从事研究生教育工作的年轻人怎样才能成长为青年骨干？

张淑林：年轻人是我们的希望。首先，有志于从事研究生教育工作的年轻人一定要热爱自己所从事的事业，要始终铭记：你在从事一项伟大的事业。其次，年轻人要积极参与学会活动，要多向前辈学习，多与他人交流。无论是“老兵”还是“新兵”，大家一定不能关起门来单打独斗，要在学会这个大家庭中交流思想，碰撞火花。从学会角度来讲，学会要为年轻人创造更多的机会。事实上，学会已经通过发布大量研究课题为年轻人提供了很好的平台。在接下来的工作中，学会可以组织开展面向青年工作者、青年骨干的培训活动，进一步增强其业务本领。同时，学会还可以为青年人才提供向国际同行交流学习的机会。总之，长江后浪推前浪，希望年轻人不怕吃苦，勤奋努力，争做时代的弄潮儿。

《中研》合肥通联站：今年是学会的二十岁生日，作为一名老兵，您想对学会送上什么样的生日祝福？

张淑林：我要对学会这个大家庭说一声“生日快乐”。感谢学会给我的成长动力，我将继续做好一名老兵，为学会贡献自己的应有力量。

【摘自《中国科大研究生教育》2014年第3期，总第96期】

适应新常态，开启新征程

——全面培养世界一流的拔尖创新人才

文/张淑林　李　璐　裴　旭

摘要：新常态下的拔尖创新人才应具有全新的时代内涵：一流的创新能力、强烈的社会担当、宽广的国际视野，研究生教育作为拔尖创新人才培养的重要基地，必须紧跟新形势，在人文素质、国际化、质量文化等方面加快改革步伐，以形成有利于拔尖创新人才不断涌出的研究生教育新环境与新氛围，全面开启拔尖创新人才培养的新征程。

关键词：新常态；世界一流；拔尖创新人才

我国经济正在向形态更高级、分工更复杂、结构更合理的阶段演化，经济发展进入新常态。经济新常态具有三个特点：一是从高速增长转为中高速增长；二是经济结构不断优化升级；三是从要素驱动、投资驱动转向创新驱动。在这样的大背景下，我国高等教育尤其是研究生教育也进入了新常态，具体表现为：教育资源的跨境流动更为频繁，创新能力的培养更为迫切，人才素质的要求更为多元化。刘延东副总理明确提出，认识新常态、适应新常态、引领新常态，是当前和今后一个时期经济发展的主旋律，也是教育工作者的大逻辑。为适应新常态，我国启动了统筹推进世界一流大学和一流学科建设的战略部署。新战略的重要一环就是加强培养拔尖创新人才。研究生教育作为拔尖创新人才培养的高地和"双一流"建设的重要引擎与助推器，也必须适应新形势，把握新机遇，全面开启培养世界一流拔尖创新人才的新征程。

适应新常态：拔尖创新人才应具有崭新的时代内涵

拔尖创新人才是先进生产力和先进文化的代表，是引领世界科技和文化进步的重要力量。在全球进入新一轮科技创新活跃期的新环境下，谁能拥有一批世界一流的拔尖创新人才谁就将引领世界浪潮，为全球科技革命做出原始贡献。因此，拔尖创新人才培养是全球教育界面临的共同任务，也是我国高等教育尤其是研究生教育必须承载的时代使命。当前，国际竞争风起云涌，我国也进入改革开放的深水区和经济发展的新常态，在全新的国际环境和国内形势下，拔尖创新人才必须具备全新的时代内涵。

1. 拔尖创新人才必须具有一流的创新能力

目前，全球正在进入新一轮科技创新活跃期，各国科技竞争更趋强烈，创新能力将成为新一轮科技革命与产业革命的引爆点。同时，我国正在进入经济发展新常态，创新能力将成为我国从要素驱动转为创新驱动的关键点。随着工业 4.0 的全面深入、中国制造 2025 战略的全面实施，创新将越来越成为一个民族进步的灵魂，一个国家兴旺发达的不竭源泉，更将越来越成为中华民族最鲜明的民族禀赋。在创新能力越来越成为关键性因素的新形势下，拔尖创新人才必须具有一流的创新能力，成为我国向创新驱动经济模式转型升级的重要推手，成为推动世界新一轮科技革命的重要力量，为全球科技革命和产业革命做出原始创新贡献。

21世纪是科学技术和生产力高速发展的时代，各国竞争的实质是创新人才和创新能力的竞争，一批具有一流创新能力的拔尖创新人才将是各国在激烈国际竞争中赢得主动的重要砝码。为了培养具有创新能力的拔尖创新人才，我国在国家层面组织实施了一系列重要规划。《国家中长期人才发展规划纲要(2010－2020年)》《国家中长期教育改革和发展规划纲要(2010－2020年)》等文件中都明确提出要适应创新型国家的建设需要，提高人才的自主创新能力，培养出一批高素质拔尖创新人才。在"大众创业，万众创新"的新浪潮下，我国研究生教育也大力开展了创新创业教育，研究生创新能力取得了长足发展。但是，我们也必须清醒地意识到，我国研究生创新能力仍处于总体发展水平较弱的态势，不能很好地满足社会对创新人才的需要。据调查数据显示，我国研究生创新能力尤其是原创能力较差，集中表现为：创新意识差，参与创新研究机会少，有影响的创新成果少。[1]未来十几年，是我国进一步深化改革发展的攻坚阶段，更是我国人才事业发展的重要战略机遇期，在日趋激烈的国际人才竞争格局中，我国拔尖创新人才必须具有一流的创新能力。

一流的创新能力首先表现为具有创新意识和创新人格。拔尖创新人才应具有强烈的好奇心、敏锐的洞察力、丰富的想象力和敢于批判质疑的勇气与魄力。创新的过程是一个充满艰辛、曲折的过程，拔尖创新人才必须具备坚定的信念与意志力、强大的自信心与抗压能力、良好的独立性与团队合作能力，乐于挑战，善于突破，超越自我，在否定乃至失败中寻求发展。其次，一流的创新能力还表现为要具有创新性思维。创新性思维是创新能力的核心和关键，其强弱在很大程度上决定了创新能力的高低。拔尖创新人才应善于从独特的、新颖的角度发现并提出问题，创造性地分析问题并提出解决问题的新方案、新途径，他们还善于探索和开拓新领域，能够取得常人不易取得的新成果、新进展。再次，一流的创新能力还需具有丰富的创新技能，能够创造性地获取知识、利用知识、转化知识，能最大限度地开发人的创造力，发挥人的潜能，通过发明创造取得突破，产出创新成果，提高人类解决复杂问题的能力。如果说创新意识、创新人格和创新思维是拔尖创新人才创新品格的根与叶，决定了创新素质的积累量，那么创新技能便是拔尖创新人才的果实，是创新由量变到质变的关键。

2. 拔尖创新人才必须具有强烈的社会担当

全球化对人才提出了更为多元化的要求，大学责任也成为全球教育界共同关注的重要议题。大学是社会的重要组成部分，大学需要从社会中获得资源，也必须承担社会赋予大学的责任。大学责任的重要使命就是培养一批德才兼备的拔尖创新人才，这批人才不仅具有过硬的本领与能力，还具有强烈的责任心与社会担当。时下，"双一流"建设即将开启，"双一流"建设中明确要求"坚持立德树人，突出人才培养的核心地位，着力培养具有历史使命感和社会责任心，富有创新精神和实践能力的各类创新型、应用型、复合型优秀人才"，由此可见，"德"成为拔尖创新人才的重中之重。新时期的拔尖创新人才必须具有德性，成为知识完善、能力突出与品格优秀的卓越者。

美国著名社会学家戴维斯曾说："放弃了自己对社会的责任，就意味着放弃了自身在这个社会中更好的生存机会。"作为中国顶尖型人才的拔尖创新人才必须具有强烈的社会担当。强烈的社会担当首先表现为要坚持正确的政治立场。政治素质是拔尖创新人才人生观与世界观的鲜明体现，集中表现为为谁服务的问题。拔尖创新人才应具有坚定的政治立场、明确的政治观点、忠诚的政治态度，热爱党、拥护党，坚守社会主义核心价值观，为祖国发展、民族富强和人类进步做出贡献。强烈的社会担当还表现为具有公民意识和责任担当。美国高等教育经典文献《哈佛通识教育红皮书》强调要将学生培养成有责任感的人和公民，认为"教育的目标是培养完整的人，培养'好'人、'好'的公民和有用的人"[2]。拔尖创新人才应是对社会负责的成人，坚守公民道德与学术道德，对自己的行为结果负责，积极从社会发展的角度考虑问题，关注国家及社会的建设发展，以实际行动，自觉担当社会、国家、人类赋予他们的重要使命，积极投身于和谐社会的建设中，融入全面建成小康社会的浪潮里。再次，团队合作意识与能力也是强烈社会担当的重要内容。拔尖创新人才要认识到"整体大于部分之和"的重要性，理解竞争的含义，意识到团队的重要性，学会与他人合作，善于进行知识与创造性想法的共享，并能在团队合作中找到适合自己的位置。

3. 拔尖创新人才还须具有宽广的国际视野

当下，教育资源的跨境流动、共享成为新常态。据教育部国际合作与交流司涉外办学处处长闫炳辰介绍，2014 年我国已经成为世界最大的留学生输出国家和第三大接收留学生的国家。[3]同时，世界优质教育资源也不断向我国涌入，哈佛大学设立上海中心，斯坦福大学成立中国中心，东京大学在北京设代表处等等，这昭示着我国与跨境教育资源合作的步伐正不断迈进。随着"一带一路"等系列重要国际合作战略的全面开展，教育资源的跨境流动必将更为频繁。教育资源的跨境流动赋予了拔尖创新人才培养新的时代使命：实施全球发展战略，将国际化纳入培养体系。

观念的国际化是拔尖创新人才国际化的基本前提。美国高等教育专家克拉克·科尔提出，教育关注的是整个世界，而不是其中的某一部分。拔尖创新人才应具有国际理解意识、和平发展意识、国际正义意识，善于理解时代潮流，正确把握世界大势，积极关注国际问题，能从国际社会和全人类的广阔视野出发判断事物。宽广的国际视野还表现为具有国际交流能力和跨国合作能力。交流合作的国际化是拔尖创新人才国际化的重要体现。拔尖创新人才应具备娴熟的外语水平，了解世界文化，掌握国际竞争规则，能够与国际同行交流，主动参与全球性竞争与合作。再次，跨文化传播能力也是宽广国际视野的重要方面。随着我国综合国力的不断提升，国际社会迫切希望深层次了解中国。拔尖创新人才是促进多元文化理解与沟通的最好纽带，他们不但要有宽广的国际视野，更要具备突出的跨文化交流与沟通能力，能自觉将聪明才智和毕生精力与祖国复兴的远大抱负结合起来。

拔尖创新人才具备上述三个方面的强有力的素质，必将能为国家、社会做出应有的贡献，成为引领这个时代的"弄潮儿"。

开启新征程：推进研究生教育改革，全方位培养拔尖创新人才

研究生教育作为拔尖创新人才培养的重要基地，必须紧跟新形势，在人文素质、国际化、质量文化等方面加快改革步伐，以形成有利于拔尖创新人才不断涌出的研究生教育新环境与新氛围。

1. 加强德育与人文素质教育，丰富教育本质与内涵，真正实现有灵魂的卓越

从教育的本质而言，教育必须实现人的发展，人的发展是全面的发展。大教育家雅斯贝尔斯指出："教育是人的灵魂的教育，而非理性知识的堆积。有灵魂的教育意味着追求无限广阔的精神生活，追求人类永恒的精神价值：智慧、美、真、公正、自由、希望和爱，以及建立与此有关的信仰。真正的教育理应成为负载人类终极关怀的有信仰的教育，它的使命是给予

并塑造学生的终极价值，使他们成为有灵魂、有信仰的人，而不只是热爱学习和具有特长的准职业者。”[4]德育与人文素质教育可以增强责任、涵养道德、丰富思想，有利于拔尖创新人才发展高尚的德性、人性与灵性。因此，研究生教育在拔尖创新人才培养方面必须加强德育与人文素质教育，不断丰富教育的本质与内涵，实现拔尖创新人才的全面发展。

一要创新德育教育工作方式，尊重个性，以人为本，培养研究生的爱国意识和责任意识。实施灵活多样的教育形式，充分调动研究生的积极性，以研究生的主体视角理解社会主义核心价值观和拔尖创新人才的理想、责任、使命。尊重研究生的个性，选择符合其特点的德育方式，加强平等对话与交流沟通。充分发挥社团、社会实践等第二课堂的作用，帮助研究生了解国情社会，锻炼自身能力，学会服务与奉献社会。

二要加强人文素质教育，培养研究生的人文精神。构建和完善人文素质必修课程体系，开设人文素质选修课程，让研究生学习人文知识和人文方法，增强文化积累，提高文学修养和文化修养。发挥大师作用，在专业课程教育中渗透人文教育，对研究生进行专业的人文思维训练。创建大学人文氛围，拓宽研究生视野，激发其探究知识的好奇心和想象力，引导其将知识升华和转化为内在品质和精神气质，实现研究生人文精神的成长和人性的卓越。

三要重视社会服务实践，培养拔尖创新人才的公民意识和合作精神。将社会实践纳入拔尖创新人才培养方案，制定完善的社会实践计划和评价制度。与企业、科研机构、社会组织等共建实践基地，将专业课程与服务学习紧密结合，鼓励研究生进行社会调研、课题研究、科技服务和挂职锻炼。设立多样的社会服务组织，举办和开展多种形式的社区服务实践活动，为研究生提供丰富的社会服务实践机会。

2. 推进研究生教育国际化，形成国际化的精神气质和文化氛围

纵观世界知名大学，尤其是研究型大学，都是国际性机构和国际化人才培养基地，注重培养人才的国际意识和国际能力已成为全球教育界的共识。在我国“双一流”建设即将开启的时代背景下，研究生教育必须意识到国际化的重要性，建设具有国际化水平的研究生教育，提升研究生教育的国际竞争力，让拔尖创新人才在具有国际化的精神气质和文化氛围中成长成才。

一要确定国际化战略发展目标和人才培养目标。树立研究生教育国际化理念，制定研究生教育层面的国际化战略规划和长远目标，将研究生教育的改革发展置于世界大环境与大背景之中。建立研究生教育国际化管理机构，加强研究生教育国际化理论研究，提升国际化管理能力，加快推进研究生教育“走出去”，采取开放、多元的国际化培养模式和机制，提高研究生的国际素质，增强全球意识和国际化观念，培养具有国际化视野和眼光、全球性竞争与合作能力的拔尖创新人才。

二要注重与国际接轨，推动课程建设国际化。以国际标准高质量、高要求地改革拔尖创新人才的课程体系，创新教学内容和教学方法，实行完善的学分互认和互换制度，确保课程达到国际标准和拔尖创新人才培养的国际化。增设国际化课程，让课程具有国际观点和广阔视野，让研究生了解重大国际事务，接触国际热点和前沿，把握最新研究方向，增强其在国际化和多元文化社会环境下的生存与发展本领。鼓励开展跨文化研究，培养研究生的全球意识、分析解决国际问题的能力与跨国合作能力。

三要深化合作交流，实现教育资源共享。要加强研究生交流的国际化、教师交流的国际化和科研活动的国际化。通过联合培养、短期交换、访学考察、合作办学等多种方式促进拔尖创新人才和教师的国际流动，让其感受不同的文化氛围，掌握国际最前沿的知识方法。要拓宽与不同国家高水平大学交流合作的广度与深度，与世界顶尖大学建立实质性的合作关系，创建和加入重要的国际大学联盟并积极发挥作用。要有效利用网络课程和MOOC教学，开展多层次合作，实现与世界大学教育资源的共享，形成深层次、宽领域、全方位的合作交流格局。

3. 创建以追求卓越为核心的质量文化，以一流的质量文化营造有利于创新人才不断涌出的生态环境

一流的创新能力已成为拔尖创新人才的重要特质，如何提高研究生的创新能力已成为研究生教育的重要使命。就我国研究生教育培养现状而言，大多数培养单位都十分注重通过具体的、有形的措施来提高研究生创新能力，如建设一流的学科平台、师资队伍和科研实践平台；推进学科交叉融合和产学研用互动；出台一系列科研奖励制度，提高研究生待遇等。但是，除此之外，一流创新能力的培养更离不开追求卓越的质量文化。质量文化作为内生性要素，能充分凝聚、导向、激励和约束研究生教育各参与者，促使其自发将追求卓越、不断创新作为自身的内生诉求，从而实现创新由外部驱动向内在诉求转变，这种无形的力量是加强一流创新能力培养的最高境界。创建以追求卓越为核心的质量文化建设，关键要激发导师、研究生和培养单位的活力和创造性，以一流的导师质量自觉文化、一流的研究生质量认同文化、一流的培养单位质量服务文化营造有利于创新人才不断涌出的生态环境。

一要激发导师的质量需求和质量自觉行为，引导其自觉打造勤勉认真、恪守职责的导师品牌。导师是研究生教育的实施主体和第一责任人，导师的责任意识和质量意识对研究生的培养质量具有重要影响。要充分发挥质量文化的动力功能，激发研究生导师的质量需求，要充分相信导师，下放权力，引导其自觉将质量意识贯穿到研究生招生、培养计划制订、助研岗位设置、日常教学科研、毕业论文指导的研究生教育全过程。要引导导师重视品牌建设，通过品牌建设让导师自觉增强责任意识，恪守育人职责，保证指导质量，提供有利于一流创新能力培养的导师质量自觉文化保障。

二要增强研究生的质量意识和质量认同，培育其自发树立追求卓越、不断创新的正确态度。强烈的质量意识和质量文化认同感有助于研究生克服学习和科研中急功近利的思想，帮助其砥砺意志、勤奋学习，自发将追求卓越、不断创新作为实现自我价值和社会价值的内生动力。要加深研究生对质量文化的理解，在研究生招生宣传活动、研究生入学教育、学位授予仪式等重要场合反复阐明追求卓越的文化精髓，注重用质量文化熏陶与影响研究生，激发他们自觉肩负起国家和社会赋予他们的重要使命，秉承热爱科学、追求真理、勇于创新、超越自我的质量追求，提供有利于一流创新能力培养的研究生质量认同文化保障。

三要提高培养单位的质量服务意识和质量服务能力，建立起与质量文化相适应的质量管理机制。一流的质量服务文化要求培养单位紧扣质量主题，革新管理理念，树立以导师和学生为中心的服务意识，将为导师和学生提供优质、便捷、人性化的服务作为研究生教育管理工作的第一要义。培养单位还要充分利用信息技术，优化管理流程，让导师和学生有更多的时间和精力专注投入到教书育人和学习科研活动之中，从而建立有利于一流创新能力培养的培养单位质量服务文化，促使研究生教育管理从管理到服务转变，从有形到无形转变。

新形势赋予拔尖创新人才崭新的时代内涵，作为拔尖创新人才培养高地的研究生教育任重而道远，让我们认真思考与牢牢把握拔尖创新人才培养在新形势与新环境下的时代要求，尊重教育的本质与规律，全面开启培养世界一流拔尖创新人才的新征程！

参考文献

[1] 袁本涛.延建林.我国研究生创新能力现状及其影响因素分析:基于三次研究生教育质量调查的结果[J].北京大学教育评论,2009(4),7(2):12-20.
[2] 哈佛委员会.哈佛通识教育红皮书[M].北京:北京大学出版社,2010:58.
[3] 张文凌.我国已成世界最大跨境教育资源国家[N].中国青年报,2015-05-09(2).
[4] 雅思贝尔斯.什么是教育[M].北京:三联书店,1991:125.

【摘自《中国科大研究生教育》2016年第2期,总第103期】

后　记

为了回顾中国科大研究生教育近十年来的发展历程，以更好的姿态展望未来，秉着优中选优、面面俱全的原则，《中国研究生》合肥通联站决定精心整理2007～2016年发表于《中国科大研究生教育》杂志上的优秀文章，以飨读者，与大家共同分享这10年间中国科大研究生教育的发展历程与珍贵记忆。

十年合集的整理工作历时6个月，共设置了十个版块，从师生榜样、学术新秀、文化生活等多角度摘选了近100篇优秀文章，来展现中国科大研究生教育的特色与风采。

在此，特别感谢研究生院的各位领导、各位老师对本次工作的高度认可，为十年文萃工作的顺利展开提供了大力支持；特别感谢合肥通联站通讯员们的聪明才智和辛勤付出，为十年文萃合集的顺利问世提供了丰富的智慧结晶。

同时，特别感谢工作小组成员的努力与坚持。感谢中国科大公共事务学院博士研究生李璐、硕士研究生唐丽佳对文萃工作的总体把控和跟进，感谢中国科大管理学院硕士研究生黄红、硕士研究生李芹娜对合集“科大学人”“化成天下”“卷首语”“情寄母校”四个版块的整理，感谢中国科大管理学院硕士研究生刘华，博士研究生崔育宝、陈宏波对“科大新星”“缤纷科大”“读书行路”“学海行思”四个版块的归总，感谢中国科大管理学院硕士研究生王晶、博士研究生张学谦对“攻略调查”“探索思考”两个版块的整合。同时，也非常感谢安徽省直党校李宪奇教授对本书的指导，以及《中国研究生》合肥通联站通讯员、我校校友李昂博士、孟雷硕士、马睿祥硕士等人的长期关注与支持。希望这本合集能让大家在字里行间重温科大研究生教育的过往，感受科大研究生教育的发展与创新。

征途漫漫，我们始终不忘初心、牢记使命，相知、相伴、相守，感谢大家长期以来的关注和支持。未来的日子，《中国研究生》合肥通联站和《中国科大研究生教育》将与大家继续同行！

编　者

2017年9月12日